# ENCUENTROS MARAVILLOSOS

## GRAMÁTICA A TRAVÉS DE LA LITERATURA

**Abby Kanter**

Scott Foresman
Addison Wesley

Editorial Offices: Glenview, Illinois • Menlo Park, California
Sales Offices: Reading, Massachusetts • Atlanta, Georgia • Glenview, Illinois
Carrollton, Texas • Menlo Park, California

http://www.sf.aw.com

## Dedication

This book is dedicated, with much love, to the faculty, staff, and students, past and present, of Dwight-Englewood School, who have made it such a nurturing place for the mind and the spirit.

ISBN 0-673-21595-4 Hardcover

ISBN 0-673-21596-2 Softcover

Copyright © 1998 Addison Wesley Longman

910 ARK 0403

# Credits

## Text

### Capítulo 1

**Wylie, Aitken & Stone:** "El otro" from *El libro de arena* by Jorge Luis Borges. Copyright © 1989 by María Kodama. Reprinted with the permission of Wylie, Aitken & Stone, Inc.

### Capítulo 2

**Agencia Literaria Carmen Balcells, S.A.:** "Un perro ha muerto" from *Jardín de invierno* by Pablo Neruda. Poems from *Libro de las preguntas* by Pablo Neruda. Reprinted by permission of Agencia Literaria Carmen Balcells.

### Capítulo 3

**Agencia Literaria Carmen Balcells, S.A.:** "Viajes" and "Tortugas y Cronopios" from *Historias de cronopios y de famas* by Julio Cortázar. Reprinted by permission of Agencia Literaria Carmen Balcells.

### Capítulo 4

**Miguel de Unamuno Adarraga:** Excerpt from *Nada menos que todo un hombre* by Miguel de Unamuno. Copyright 1939 by Espasa-Calpe. Reprinted by permission of Miguel de Unamuno Adarraga.

### Capítulo 5

**Ediciones Destino, S.A.:** "El niño al que se le murió el amigo" from *Los niños tontos* by Ana María Matute. Reprinted by permission of Ediciones Destino, S.A.

### Capítulo 6

**Agencia Literaria Carmen Balcells, S.A.:** Excerpt from *Cien años de soledad* by Gabriel García Márquez. Reprinted by permission of Agencia Literaria Carmen Balcells.

### Capítulo 7

**Mercedes Casanovas:** Excerpt from *Como agua para chocolate* by Laura Esquivel. Copyright by Laura Esquivel. Reprinted by permission of Mercedes Casanovas.

### Capítulo 8

**William Peter Kosmas, Esq.:** "Romance de la luna, luna" by Federico García Lorca from *Obras Completas* (Aguilar, 1993 edition). Copyright © 1993 by Herederos de Federico García Lorca. All rights reserved. For information regarding rights and permissions for works by Federico García Lorca, please contact William Peter Kosmas, Esq., 77 Rodney Court, 6/8 Maida Vale, London W9 1TJ, England.

### Capítulo 9

**Agencia Literaria Carmen Balcells, S.A.:** Excerpt from *La casa de los espíritus* by Isabel Allende. Reprinted by permission of Agencia Literaria Carmen Balcells.

### Capítulo 10

**Editorial Seix Barral, S.A.:** Excerpt from *El hablador* by Mario Vargas Llosa. Reprinted by permission of Editorial Seix Barral, S.A.

### Capítulo 11

**Curbstone Press:** "Carta a un desterrado" from *Fugues* by Claribel Alegría. Copyright © 1993 by Curbstone Press. "Día de las madres" from *Clean Slate* by Daisy Zamora. Copyright © 1993 by Curbstone Press. Reprinted by permission of Curbstone Press. Distributed by Consortium.

**Imprenta Rosgal, S.A.:** "Soy un ser peligroso" from *Nunca pensé en un libro . . .* by Antonio Curis. Copyright © 1991 by Antonio Curis. Reprinted by permission of Imprenta Rosgal, S.A.

### Capítulo 12

**Susan Bergholz Literary Services:** Excerpt from "Frankenstein: una versión política del mito de la maternidad" from *Sitio a Eros* by Rosario Ferré. Copyright © 1980 by Rosario Ferré. Published by Joaquín Mortiz, México. Reprinted by permission of Susan Bergholz Literary Services, New York. All rights reserved.

**Joy Laville de Ibargüengoitia:** "Insultos modernos" from *Instrucciones para vivir en México* by Jorge Ibargüengoitia. Copyright © 1990 by Joaquín Mortiz, México. Reprinted by permission of the estate of Jorge Ibargüengoitia.

### Capítulo 13

**Santillana, S.A.:** "Rebelde" from *Obras Completas* by Juana de Ibarbourou. Reprinted by permission of Santillana, S.A.

**Editorial Porrúa, S.A.:** "En Paz" from *Elevación* by Amado Nervo. Copyright © 1985 by Amado Nervo. Reprinted by permission of Editorial Porrúa, S.A.

### Capítulo 14

**Agencia Literaria Carmen Balcells, S.A.:** "El ahogado más hermoso del mundo" from *La increíble y triste historia de la cándida Eréndira y de su abuela desalmada* by Gabriel García Márquez. Reprinted by permission of Agencia Literaria Carmen Balcells.

## Photos

### Capítulo 1

**4:** Reprinted from Americas, Pan American Union

# Tabla de materias

Premio
Nobel
de
Literatura

# Capítulo 5

# Capítulo 6

# Capítulo 7

# Capítulo 8

# Capítulo 9

# Capítulo 10

# Capítulo 11

# Capítulo 12

# Capítulo 13

# Capítulo 14

# Introduction

*Encuentros maravillosos* is designed for the upper level high school Spanish student. The purpose of the book is to instill in students a love of modern Hispanic literature while aiding them in their very real desire for self-expression.

In order to motivate students to make the effort needed to communicate well in a second language, irresistible topics must be presented. Students will respond to issues that touch them personally and build on their eagerness to express their opinions and tell about their own relevant experiences. By definition, good literature contains vital, universal themes. The problem has always been selecting accessible works geared to the linguistic level of the students and presenting them in a way that avoids frustration. *Encuentros maravillosos* contains readings chosen with great care so as to help students discover that this new world of Spanish and Latin American literature is both wondrous and familiar at the same time. The literary selections, some excerpts and others reprinted in their entirety, include many of the best loved writers: Isabel Allende, Jorge Luis Borges, Laura Esquivel, Federico García Lorca, Gabriel García Márquez, Ana María Matute, Pablo Neruda, Miguel de Unamuno, and many others. The works have been selected for their linguistic accessibility and for their ability to promote meaningful conversations through relevant, stimulating themes. Above all, the choice has been based on the desire to introduce students to literature they will enjoy.

*Encuentros maravillosos* contains the following features:

## Vocabulary

- Significant and more generally useful vocabulary from each literary selection is presented before students read. This provides for greater ease of comprehension and the satisfaction of recognizing the new words when they are encountered in the reading.

- All words chosen from each literary selection to be learned as vocabulary are explained in Spanish and illustrated with a sample sentence to clarify usage.

- Exercises to reinforce vocabulary are presented in contexts related to the chapter theme.

**Expresión personal** exercises encourage students to use the new words in a context that is personally meaningful and that will thus stimulate class discussion. Vocabulary is consistently recycled throughout the book to aid in retention.

## Literature

- **Vocabulary** needed only to facilitate reading is presented in footnotes. Almost all words are defined in Spanish.

- **Selection of literature** has been based on accessibility and intrinsic interest to students. Consideration has also been given to pairing grammar with literary themes that can best generate discussions fostering practice and reinforcement of the grammar in the chapter.

- **Preguntas de comprensión** check for comprehension in a meaningful way, avoiding the mechanical "regurgitating" of the text.

- **Preguntas de discusión** guide students to recognize and to relate personally to literary themes. Questions encourage students to make connections between the chapter themes and the occurrence of the same or related issues in their own culture and in their own lives. Literary themes selected for their appeal to students and their capacity to promote discussion include:

Dreams vs. reality

Coping with the loss of someone or something special

Personal idiosyncrasies

Response to parental expectations

Pivotal childhood experiences

The real, the unreal, and the absurd

Intergenerational conflict

Superstitions

Extraordinary behavior

Cultural diversity and tolerance

Societal expectations and stereotypes

Modern perspectives

Attitudes about life and death

Solidarity vs. solitude

A wide choice of discussion possibilities is offered, so that any topic that does not stimulate classroom discussion can and should be dropped in favor of a more fruitful one.

- **Composición dirigida** offers imaginative suggestions for creative writing, as well as essays directly related to the reading.
- **Diálogo** offers suggestions for paired or group activities relevant to each literary selection.
- Whenever possible, reference is made to themes and ideas from previous chapters, so that there is both continuity and recycling.

## Grammar

- All grammar is presented in Spanish and illustrated through the use of examples pertaining to the theme, author, or literary selection in each chapter. Grammar, when based on and presented in meaningful contexts, can become more than a necessary but tedious chore.
- Grammar usage is reinforced through exercises that are also related contextually to the chapter theme. Additional reading selections, as well as themes from other works written by the author(s) featured in the chapter, are used as the context for grammar exercises. Familiar contexts, such as fairy tales, well-known books, movies, television programs, and mythology, are incorporated whenever appropriate. Humor is frequently used.
- Each grammar structure is also reinforced through an *Expresión personal* exercise designed to stimulate self-expression and conversation among students as they practice the grammar.

## Repaso

- Each chapter (except Chapter 1) is followed by a set of review exercises to reinforce grammar from previous chapters.
- The end vocabulary provides a Spanish-English dictionary that includes all active vocabulary as well as any vocabulary used in the chapters that might not be generally known to an upper level high school Spanish student.

## Acknowledgments

I wish to acknowledge my enormous and deeply felt gratitude to many dear friends and colleagues who generously offered help, advice, and support during the preparation of *Encuentros maravillosos.* I am grateful to my wonderful and supportive Language Department colleagues, especially to Kathy Glowski for her generosity and expertise; to José Luis (Joe) Murphy, without whose skill, patience, and persistence in the obtaining of literary permissions there would be no book; to my other wonderful office mates, Peter Bograd, John Stott, and Eli Kaufman; to Jane White, our department chair; to Juliana Anglada for her able proofreading, advice, and kindness; to Barbara Catalano and the staff of the Dwight-Englewood library for their gracious help; and to my dear friends Iris Jiménez and Vicente Jiménez, who, once again, have given generously of their time and skills. I would also like to express my heartfelt thanks to Ana Colbert, Marisol Maura, Nancy F. Kelly, and Adam Strieker, who read the manuscript chapter-by-chapter, offering suggestions and providing encouragement. I also want to thank Lyn McLean, whose imagination and enthusiasm guided the inception and concept of *Encuentros maravillosos,* and Pat Echols, whose great care and editorial skills brought the book to completion. In addition, I wish to thank the many wonderful students at Dwight-Englewood School, who tried out the materials and helped me improve their clarity. In particular, many thanks to my Honors students of 1996–97 for their insightful suggestions. I also want to express loving gratitude to nine students who are very special and very dear to me. They were the first to use the materials, and they have shared with me their perspectives, wisdom, and love: Jamie Bastek, Chelsea Bendell, Lori Feiler, Stephanie Gayol, Noreen Haider, Emilio Jiménez, Elizabeth King, Jen Nash, and Adriana Suárez. Finally, I wish to thank my parents, Phyllis and Murray Finston, my wonderful children, Jason and Wendy Kanter, and Kristine Lindsey and Scott Carroll, my extended family; their love makes all else possible.

# Capítulo 1

## ¿Sueños o realidad?

| Lectura | "El otro", de *El libro de arena,* de Jorge Luis Borges |
|---|---|
| Gramática | El presente del indicativo; el pretérito; la voz pasiva con *se* |

## Vocabulario

**acercarse a** andar más cerca de algo o alguien. Después de una separación larga, los novios <u>se acercaron</u> con gran alegría.

**el armario** sitio para guardar la ropa; mueble con puertas donde se pone la ropa. El dormitorio parecía limpio y ordenado, pero al abrir la puerta del <u>armario</u>, muchas cosas cayeron al suelo.

**asustarse** espantarse; tener miedo. La gente <u>se asustó</u> mucho cuando el monstruo del Sr. Frankenstein se le acercó.
**el susto** sorpresa, alarma, miedo. La tarántula que nadaba en la sopa me dio un <u>susto</u>.

**bastar** ser suficiente; tener lo suficiente de algo. Aunque tengo mucha hambre, tres hamburguesas me <u>bastan</u>. No quiero oír más. ¡<u>Basta</u> ya!

**confundir** mezclar sin orden; no saber una cosa de la otra. <u>Confundí</u> la sal con el azúcar y eché a perder *(I ruined)* el café.
**confundirse** llegar a estar confuso; cometer un error. La niña busca la casa de sus abuelos pero <u>se confunde</u> porque todas son iguales.

**dejar** permitir; abandonar. Mis padres no me <u>dejan</u> invitar a mis amigos a mi casa cuando ellos no están en casa. No pude hacer la tarea porque <u>dejé</u> mis libros en la sala de clases.
**dejar de** no hacer una cosa más, cesar de hacerla. Después de tres divorcios, la mujer <u>dejó de</u> casarse.

**durar** existir durante cierto tiempo; continuar siendo. Normalmente una película <u>dura</u> dos horas.

**esconder** poner algo donde no se puede encontrar. <u>Escondieron</u> el cadáver debajo del estadio y no se encontró hasta muchos años después.
**esconderse** ponerse donde no se puede encontrar. Conchita siempre <u>se escondía</u> en el armario cuando jugábamos a las escondidas *(hide-and-seek)*.

**fingir** simular; presentar como cierto o real lo que es imaginario o irreal *(to pretend)*. Fernando <u>fingió</u> estar enfermo el día del examen.

**mentir (ie, i)** no decir la verdad. Se dice que Jorge Washington es el único político que no <u>mintió</u> nunca.

**mezclar** unir dos cosas, combinar. <u>Mezclamos</u> la pintura amarilla con la azul para producir el color verde.

**parecerse** tener algo o alguien la misma apariencia que otro. Los dos hermanos <u>se parecen</u> tanto que es posible confundir el uno con el otro.
    **Me parece que . . .** Tengo la impresión de que . . . <u>Me parece que</u> Gabriel García Márquez y Jorge Luis Borges son los mejores escritores de nuestro siglo.

**probar (ue)** demostrar que algo es verdad. Perry Mason es un buen abogado que siempre puede <u>probar</u> la inocencia de su cliente. Experimentar; examinar las cualidades de algo. Antes de comprar el coche, debes <u>probarlo</u> para ver si funciona bien.
    **la prueba** acción y efecto de probar; razón para demostrar la verdad o falsedad de una cosa. El permiso de manejar se usa como <u>prueba</u> de tener cierta edad.

**raro, -a** extraño; no usual. Es muy <u>raro</u> estar solo en la escuela de noche.

**soñar (ue) con** ver escenas o imágenes mientras que uno duerme. Anoche <u>soñé con</u> mi perro, que se murió hace años.
    **el soñador, la soñadora** una persona que sueña. Los <u>soñadores</u> del mundo nos han dado arte magnífico y grandes inventos.

## Ejercicios de vocabulario

### A. Completa la frase

Usa la palabra apropiada del vocabulario.

1. En sus películas, Steven King _____ lo real con lo

   sobrenatural. Los dos elementos se combinan de una manera fascinante.

2. Cosas extrañas pasan en las películas de Steven King. Él ha creado un mundo

   muy _____.

3. En una película del Sr. King, un niño teme que un monstruo esté escondido

   detrás de la ropa en el _____ del dormitorio.

4. El niño tiene miedo de los monstruos. Por eso no quiere

   _____ al armario, sino quedarse muy lejos de él.

5. Muchas veces el niño _____ debajo de la cama para que el

monstruo no pueda encontrarlo.

6. A veces en una película de terror, un sueño parece tan real que es posible

_____ entre el sueño y la realidad.

7. Después de _____ con una gallina

enorme que atacaba al mundo, la niña nunca quiso

comer más pollo frito.

8. Otro protagonista de una película de terror tuvo un gran

_____ al encontrar una araña

(spider) enorme en su cama.

9. ¿Te _____ fascinantes las películas

de terror o tienes otra opinión?

## B. Expresión personal

1. Vas a leer un cuento muy raro y extraño. Piensa en otro cuento, novela o película rara que has conocido. ¿Por qué te parece raro?
2. A veces en los cuentos de Jorge Luis Borges, es difícil distinguir entre los sueños y la realidad. ¿Te parecen reales tus sueños a veces? Da un ejemplo.
3. ¿Qué película has visto en la que se confunden la realidad y los sueños? ¿En qué película u obra de literatura se mezclan lo real y lo irreal?
4. ¿Eres soñador(a) o persona realista y práctica?
5. ¿Cuánto tiempo duran los sueños? ¿Cuánto tiempo parecen durar?
6. ¿Sueñas con cosas absurdas u horrorosas a veces? ¿Te asustas a veces en tus sueños? Describe un sueño tuyo.
7. Borges ha especulado que no somos más que sueños en la mente de Dios. Si es verdad, ¿qué nos pasará si Dios deja de soñarnos?

# LECTURA

### Estrategia para leer

Para mejorar la comprensión de la lectura que sigue, debes prestar atención a las terminaciones de los verbos. Hay dos personajes: el narrador (el que nos cuenta la historia) y el otro. Para no confundirte sobre quién habla, nota que el narrador habla en primera persona, la forma "yo" del verbo.

## JORGE LUIS BORGES

Jorge Luis Borges (1899-1986) nació en Buenos Aires. En 1914 la familia Borges se mudó a Ginebra, Suiza, donde el joven Borges pasó cinco años. Este gran escritor argentino se destaca como uno de los genios literarios de nuestro siglo. Escribió ensayos y poesía, pero es conocido mejor por sus cuentos, en los cuales se mezclan la realidad y los sueños, la realidad y la ficción, de una manera que nos confunde y nos encanta a la vez.

En su cuento "El otro", Borges incluye elementos reales de su propia vida. La acción ocurre en 1969 en Cambridge, Massachusetts, donde Borges ofreció los Norton Lectures sobre la literatura en Harvard. Al principio del cuento, Borges estaba sentado en un banco frente al río Charles, cuando otro hombre se sentó en el mismo banco y le dirigió unas palabras. La voz del otro le dio un susto a Borges. Como Borges nos dice, refiriéndose a la voz:

## El otro (fragmento)

La reconocí con horror.

Me le acerqué y le dije:

—Señor, ¿usted es oriental[1] o argentino?

—Argentino, pero desde el catorce[2] vivo en
5   Ginebra —fue la contestación.

Hubo un silencio largo. Le pregunté:

—¿En el número diecisiete de Malagnou, frente a la iglesia rusa?

Me contestó que sí.

10   —En tal caso —le dije resueltamente— usted se llama Jorge Luis Borges. Yo también soy Jorge Luis Borges. Estamos en 1969, en la ciudad de Cambridge.

—No —me respondió con mi propia voz un
15   poco lejana.

Al cabo de un tiempo insistió:

—Yo estoy aquí en Ginebra, en un banco, a unos pasos del Ródano[3]. Lo raro es que nos parecemos, pero usted es mucho mayor, con la
20   cabeza gris.

Yo le contesté:

—Puedo probarte que no miento. Voy a decirte cosas que no puede saber un desconocido. En casa hay un mate[4] de plata con un pie de serpiente, que
25   trajo del Perú nuestro bisabuelo. En el armario de tu cuarto hay dos filas de libros. Los tres volúmenes de *Las mil y una noches* de Lane, con grabados[5] en acero, el diccionario latino de Quicherat, un Don Quijote de la casa Garnier, una
30   biografía de Amiel y, escondido detrás de los demás, un libro en rústica[6] sobre las costumbres sexuales de los pueblos balcánicos. No he olvidado

---

1. **oriental** de Uruguay
2. **el catorce** referencia a 1914, el año en el que la familia Borges se mudó a Ginebra, Suiza

3. **Ródano** río de Suiza y Francia (Rhone)
4. **mate** recipiente (*urn or pot*) para mate, un tipo de té
5. **grabados** ilustraciones
6. **en rústica** *paperback*

tampoco un atardecer[7] en un primer piso de la plaza Dubourg.

35 —Dufour —corrigió.

—Está bien. Dufour. ¿Te basta con todo eso?

—No —respondió—. Esas pruebas no prueban nada. Si yo lo estoy soñando, es natural que sepa lo que yo sé. Su catálogo prolijo[8] es del todo 40 vano.

La objeción era justa. Le contesté:

—Si esta mañana y este encuentro son sueños, cada uno de los dos tiene que pensar que el soñador es él. Tal vez dejemos de soñar, tal vez 45 no. Nuestra evidente obligación, mientras tanto, es aceptar el sueño, como hemos aceptado el universo y haber sido engendrados[9] y mirar con los ojos y respirar.

—¿Y si el sueño durara? —dijo con ansiedad.

50 Para tranquilizarlo y tranquilizarme, fingí un aplomo[10] que ciertamente no sentía. Le dije:

—Mi sueño ha durado ya setenta años. Al fin y al cabo, al recordarse, no hay persona que no se encuentre consigo misma. Es lo que nos está 55 pasando ahora, salvo[11] que somos dos. ¿No querés saber algo de mi pasado, que es el porvenir[12] que te espera?

Asintió[13] sin una palabra. Yo proseguí un poco perdido:

60 —Madre está sana y buena en su casa de Charcas y Maipú, pero padre murió hace unos treinta años. Murió del corazón. Murió con impaciencia de morir pero sin una queja.

*Después de charlar algún rato, el joven le* 65 *pregunta al viejo:*

—Si usted ha sido yo, ¿cómo explicar que haya olvidado su encuentro con un señor de edad que en 1918 le dijo que él también era Borges?

No había pensado en esa dificultad. Le respondí 70 sin convicción:

—Tal vez el hecho fue tan extraño que traté de olvidarlo.

*Por fin, después de pensarlo mucho, el narrador* *llega a la siguiente conclusión sobre su encuentro* 75 *con el otro:*

Creo haber descubierto la clave[14]. El encuentro fue real, pero el otro conversó conmigo en un sueño y fue así que pudo olvidarme; yo conversé con él en la vigilia[15] y todavía me atormenta[16] el recuerdo.

---

7. **atardecer** caer el día, fin del día

8. **prolijo** largo, extenso

9. **engendrados** creados; nacidos

10. **aplomo** serenidad, tranquilidad

11. **salvo** excepto

12. **porvenir** futuro

13. **Asintió** Dijo que sí

14. **clave** secreto; explicación

15. **vigilia** estado del que no está durmiendo

16. **atormenta** causa tormento; tortura

## PREGUNTAS DE COMPRENSIÓN

1. ¿Qué describe el narrador? ¿Por qué?

2. ¿Quién es el narrador del cuento?

3. ¿Quién es el otro personaje?

4. ¿Dónde está el narrador? ¿Y el otro?

5. Según el narrador, ¿cuándo ocurre la acción del cuento? ¿Según el otro?

6. ¿Qué información le ofrece el narrador al otro para convencerle de su identidad?

7. El otro sigue creyendo que quizás todo lo que pasa es un sueño. ¿Por qué?

8. El narrador dice: "mi sueño ha durado ya setenta años". ¿Qué significa *sueño* en esta frase? ¿Qué se implica aquí?

9. Según el narrador, ¿por qué no recuerda este encuentro?

10. ¿A qué conclusión llega el narrador por fin sobre el encuentro?

11. ¿Por qué un personaje emplea "tú" mientras que el otro le trata de "usted"? Comenta la implicación de esta diferencia.

## PREGUNTAS DE DISCUSIÓN

1. ¿Has tenido sueños que te hayan parecido reales? ¿A veces es difícil distinguir entre los sueños y la realidad? Explica en términos de "El otro" y de tu experiencia personal.

2. Ya hemos discutido novelas y películas que tratan el tema de mezclar el sueño con la realidad o la ficción con la realidad. ¿Por qué es tan fascinante y universal este tema?

3. Según el narrador es necesario "aceptar el sueño como hemos aceptado el universo". ¿Qué punto de vista se expresa aquí con respecto al problema de distinguir entre los sueños y la realidad?

4. *La vida es sueño* es un drama escrito por el gran dramaturgo español Pedro Calderón de la Barca (1600-1681). El protagonista del drama, Segismundo, pasa su niñez encerrado en una torre, porque su padre, el rey, había creído un pronóstico (profecía) astrológico según el cual Segismundo sería el asesino de su padre. Después de veinte años, el padre, que ahora tiene dudas con respecto al pronóstico, trae a Segismundo a la corte. Allí el joven conoce por primera vez la sociedad civilizada. Segismundo se asusta y se confunde a causa del contraste enorme entre la torre y la corte. Le parece que o la vida de la torre es un sueño y la corte es la realidad o al revés, pero no puede decidir. Por fin decide que no importa porque "Toda la vida es sueño, y los sueños, sueños son". Compara esta conclusión con la filosofía expresada por el narrador de "El otro".

5. ¿Puedes probar sin duda que existes en realidad en este momento y que no estás soñando todo esto? ¿Puedes probar que no existes sólo como producto del sueño de otro? ¿Cómo sabes que otra persona (o quizás Dios) no te está soñando? ¿Cómo puedes estar seguro(a)? Explica.

6. La infinidad es un tema frecuente en las obras de Borges. Se puede decir que "El otro" refleja un ciclo infinito, un cuento sin fin. Explica.

## COMPOSICIÓN DIRIGIDA

1. Imagínate que tú, joven, te encuentras contigo mismo(a), viejo(a). Escribe un diálogo entre tú joven y tú viejo(a). ¿Qué querrías saber de tu futuro? ¿Qué no querrías saber?

2. La mezcla de sueño y realidad es un tema de "El otro". Piensa en otro cuento, novela o película en la que se mezclan lo real y lo irreal. En un ensayo bien organizado, compara "El otro" y la otra obra en términos de este tema.

3. En un párrafo bien organizado, comenta el concepto del tiempo que se encuentra en "El otro". ¿En qué dos tiempos ocurre el cuento? ¿Cómo se relacionan las dos épocas? ¿Cómo se juntan?

## DIÁLOGO

Puedes viajar por el tiempo para hablar con una figura histórica o cualquier persona del pasado. ¿Con quién querrías hablar? ¿Qué preguntas le harías? Con un(a) compañero(a) de clase, prepara un diálogo en forma de una entrevista con alguien del pasado.

# GRAMÁTICA

## El presente

### Ejemplos

a. Siempre <u>leo</u> los cuentos de Borges más de una vez.

b. Sus cuentos normalmente <u>terminan</u> de un modo sorprendente.

c. Borges <u>mezcla</u> lo real con lo irreal de una manera que nos <u>confunde</u>.

d. Nunca nos <u>aburrimos</u> con las obras de Borges.

e. En este momento <u>estudiamos</u> "El otro".

f. <u>Puedes</u> ver la película de uno de sus cuentos, pero el cuento <u>es</u> mejor.

g. Hace muchos años que no <u>leo</u> literatura en inglés porque <u>prefiero</u> la latinoamericana.

### Función

El presente se usa (como en inglés) para expresar una acción que:

- ocurre como de costumbre (Ejemplos a, b, c, d)
- ocurre ahora (Ejemplos e, f)

Dos funciones del presente en español que no se encuentran con frecuencia en inglés son:

- para expresar una acción que está ocurriendo ahora mismo, en este momento (Ejemplo e)
- para expresar una acción empezada en el pasado que sigue en el presente (Ejemplo g)

### Formación

#### Verbos regulares

| mirar | | vender | | vivir | |
|---|---|---|---|---|---|
| miro | miramos | vendo | vendemos | vivo | vivimos |
| miras | miráis | vendes | vendéis | vives | vivís |
| mira | miran | vende | venden | vive | viven |

#### Verbos de cambio radical

| cerrar (e → ie) | | perder (e → ie) | | sentir (e → ie) | |
|---|---|---|---|---|---|
| cierro | cerramos | pierdo | perdemos | siento | sentimos |
| cierras | cerráis | pierdes | perdéis | sientes | sentís |
| cierra | cierran | pierde | pierden | siente | sienten |
| **contar (o → ue)** | | **volver (o → ue)** | | **pedir (e → i)** | |
| cuento | contamos | vuelvo | volvemos | pido | pedimos |
| cuentas | contáis | vuelves | volvéis | pides | pedís |
| cuenta | cuentan | vuelve | vuelven | pide | piden |

Otros verbos de cambio radical son: *empezar* y *preferir (e → ie); recordar, poder, dormir* y *morir (o → ue); repetir* y *vestir (e → i )*.

**Verbos que terminan en *-uir***

| huir *(i → y)* | | construir *(i → y)* | |
|---|---|---|---|
| hu**y**o | hu**imos** | constru**y**o | constru**imos** |
| hu**y**es | hu**ís** | constru**y**es | constru**ís** |
| hu**y**e | hu**y**en | constru**y**e | constru**y**en |

**Verbos que terminan en consonante + *-cer* o vocal + *-ger* o *-gir***

Éstos cambian *c → z* o *g → j* ante la *a* o la *o* para mantener el sonido suave de la *c* o de la *g*. Necesitan el cambio solamente en la primera persona.

| convencer→ | **yo convenzo** | vencer | → | **yo venzo** |
|---|---|---|---|---|
| coger | → | **yo cojo** | dirigir | → | **yo dirijo** |

**Verbos que terminan en vocal + *-cer* o *-cir***

En éstos la *c* cambia a *zc* solamente en la primera persona.

| conocer | → | **yo conozco** | producir | → | **yo produzco** |
|---|---|---|---|---|---|

**Verbos que terminan en *-guir***

En éstos la *u* sólo sirve para mantener el sonido fuerte de la *g*. Así la *u* desaparece ante la *o* de la primera persona.

| distinguir | → | **yo distingo** | seguir | → | **yo sigo** |
|---|---|---|---|---|---|

**Verbos irregulares solamente en la primera persona**

| caber | → | **yo quepo** | dar | → | **yo doy** |
|---|---|---|---|---|---|
| estar | → | **yo estoy** | hacer | → | **yo hago** |
| poner | → | **yo pongo** | saber | → | **yo sé** |
| salir | → | **yo salgo** | traer | → | **yo traigo** |

**Verbos de cambio radical, irregulares en la primera persona**

| decir | | tener | | venir | |
|---|---|---|---|---|---|
| **digo** | decimos | **tengo** | tenemos | **vengo** | venimos |
| dices | decís | tienes | tenéis | vienes | venís |
| dice | dicen | tiene | tienen | viene | vienen |

**Verbos totalmente irregulares**

| ir | | oír | | ser | |
|---|---|---|---|---|---|
| **voy** | **vamos** | **oigo** | **oímos** | **soy** | **somos** |
| **vas** | **vais** | **oyes** | **oís** | **eres** | **sois** |
| **va** | **van** | **oye** | **oyen** | **es** | **son** |

## Ejercicios

### A. Completa la frase

Emplea la forma correcta del presente.

1.  La profesora _____ (conocer) bien las obras de Borges.

2.  La mezcla de los sueños y la realidad _____ (ser) un tema

    muy frecuente en las obras de Borges.

3.  Los alumnos _____ (leer) sus cuentos con gran entusiasmo.

4.  Muchas veces el protagonista no _____ (poder) distinguir

    entre lo real y lo irreal.

5.  A veces nosotros tampoco _____ (poder) estar seguros.

6.  Lo cierto _____ (ser) que los cuentos nos

    _____ (hacer) pensar mucho.

7.  A veces yo _____ (soñar) con situaciones borgianas.

8.  A veces yo _____ (seguir) soñando después de que

    _____ (sonar) el despertador y yo me

    _____ (convencer) de que el sonido es parte del sueño.

### B. Expresión personal

Contesta con frases completas.

1.  ¿Siempre distingues fácilmente entre tus sueños y la realidad?
2.  ¿Conoces a una persona famosa? ¿Quién es?
3.  ¿Prefieres ir al cine o ver videos en casa? ¿Por qué?
4.  ¿De qué tienes miedo?
5.  Cuando comes helado, ¿qué sabor sueles escoger?
6.  ¿Haces figuras de nieve? ¿Castillos de arena en la playa?
7.  ¿Dónde te sientes más tranquilo(a) y cómodo(a)?
8.  ¿Qué sabes hacer bien? ¿Qué no puedes hacer bien?
9.  ¿Comes más cuando estás triste o contento(a)?
10. ¿Qué haces cuando estás nervioso(a)?
11. ¿Tienes un perro? ¿Cómo se llama? ¿Cómo es? ¿Lo quieres mucho?
12. ¿Adónde vas para estar solo(a)?
13. ¿A quién le cuentas tus problemas?

14. ¿Eres una persona organizada?

15. ¿Cuál es el aspecto más fuerte de tu carácter? ¿Cuál es el aspecto más débil?

16. ¿Cuánto tiempo hace que conoces a tu mejor amigo(a)?

# El pretérito

## Ejemplos

a. Jorge Luis Borges <u>nació</u> en Buenos Aires y <u>murió</u> en Ginebra.

b. Yo <u>fui</u> a la Argentina y <u>visité</u> la casa del gran autor.

c. Jorge Luis Borges se <u>casó</u> por segunda vez a los ochenta y pico años.

d. Borges y su segunda mujer <u>viajaron</u> por todo el mundo.

e. Borges <u>perdió</u> la vista hace muchos años.

f. Tú <u>leíste</u> parte de un cuento borgiano al principio de este capítulo.

## Función

El pretérito se usa para expresar una acción terminada en el pasado.

## Formación

### Verbos regulares

- **Verbos totalmente regulares**

| mirar | | vender | | vivir | |
|---|---|---|---|---|---|
| miré | mir**amos** | vend**í** | vend**imos** | viv**í** | viv**imos** |
| mir**aste** | mir**asteis** | vend**iste** | vend**isteis** | viv**iste** | viv**isteis** |
| mir**ó** | mir**aron** | vend**ió** | vend**ieron** | viv**ió** | viv**ieron** |

- **Verbos regulares con un cambio solamente en la primera persona** *(yo)*

El cambio se hace para conservar el sonido fuerte de la *c* en verbos que terminan en *-car* y de la *g* en verbos que terminan en *-gar*. La misma razón se aplicaba a la *z* en verbos que terminan en *-zar* pero hace muchos años la fonética de la lengua cambió de manera que en la actualidad, por la mayor parte, sólo hay un sonido de la *z:* el sonido suave como la *s*.

| buscar *(c → qu)* | | llegar *(g → gu)* | | empezar *(z → c)* | |
|---|---|---|---|---|---|
| **busqué** | buscamos | **llegué** | llegamos | **empecé** | empezamos |
| buscaste | buscasteis | llegaste | llegasteis | empezaste | empezasteis |
| buscó | buscaron | llegó | llegaron | empezó | empezaron |

En verbos que terminan en *-guar,* la *u* se convierte a *ü* en la primera persona para conservar el sonido.

| averiguar *(u → ü)* | |
|---|---|
| **averigüé** | averiguamos |
| averiguaste | averiguasteis |
| averiguó | averiguaron |

- **Verbos regulares con cambios en la tercera persona del singular y la tercera persona del plural** *(él / ella / Ud.; ellos / ellas / Uds.)*

Hay dos clases:

**Verbos cuya raíz termina en vocal** *(caer, creer, huir, leer, oír)*

La *i* de la terminación se cambia a *y.*

| caer *(i → y)* | |
|---|---|
| caí | caímos |
| caíste | caísteis |
| **cayó** | **cayeron** |

**Verbos de cambio radical de la tercera conjugación: verbos que terminan en *-ir* *(dormir, morir, preferir, mentir, servir, vestir, pedir, repetir)***

| dormir *(o → u)* | | mentir *(e → i )* | | pedir *(e → i)* | |
|---|---|---|---|---|---|
| dormí | dormimos | mentí | mentimos | pedí | pedimos |
| dormiste | dormisteis | mentiste | mentisteis | pediste | pedisteis |
| **durmió** | **durmieron** | **mintió** | **mintieron** | **pidió** | **pidieron** |

**Verbos irregulares**

- **Dar**

*Dar* tiene una crisis de identidad. Cree que es un verbo de *-er* en vez de *-ar,* y así usa las terminaciones opuestas.

| dar | |
|---|---|
| **di** | **dimos** |
| **diste** | **disteis** |
| **dio** | **dieron** |

- *Ir* y *ser*

No se parecen a ningún otro verbo, pero se parecen uno al otro.

| ir / ser | |
|---|---|
| **fui** | **fuimos** |
| **fuiste** | **fuisteis** |
| **fue** | **fueron** |

- **Otros verbos irregulares en el pretérito**

Todos estos verbos son irregulares en la raíz y en las terminaciones. (Las terminaciones son las mismas para todos.)

**Raíces**

| andar | → | **anduv-** | estar | → | **estuv-** | tener | → | **tuv-** |
|---|---|---|---|---|---|---|---|---|
| poner | → | **pus-** | querer | → | **quis-** | venir | → | **vin-** |
| caber | → | **cup-** | saber | → | **sup-** | poder | → | **pud** |
| hacer | → | **hic-*** | decir | → | **dij-†** | traer | → | **traj-†** |
| producir | → | **produj-†** | | | | | | |

**Terminaciones**

| estar | |
|---|---|
| estuv**e** | estuv**imos** |
| estuv**iste** | estuv**isteis** |
| estuv**o** | estuv**ieron** |

---

**Observa:**    Ningún verbo irregular del pretérito tiene acento.

---

*hacer → **él hizo**

†Cuando la raíz irregular termina en *j,* se omite la *i* de la terminación *-ieron: decir → ellos dijeron; traer → ellos trajeron; producir → ellos produjeron.* Se incluyen todos los verbos que terminan en *-ecir (bendecir, contradecir, predecir, etc.)* y *-ucir (conducir, producir, reducir, traducir, etc.)*

# Ejercicios

## A. Completa la frase

Emplea la forma correcta del pretérito.

1. Cuando yo _____ (leer) un cuento de Borges por primera vez

   me _____ (dar) cuenta de que el autor es un genio.

2. Borges _____ (aprender) a leer en inglés antes que en

   español, y, de niño, _____ (leer) *Don Quijote* en inglés.

3. A la edad de seis años, Borges le _____ (decir) a su padre

   que quería ser escritor. ¡Imagínate, seis años!

4. Cuando tenía diez años Borges _____ (traducir) el cuento "El

   príncipe feliz" de Oscar Wilde del inglés al español. La traducción se

   _____ (publicar) en el periódico *El País* de Buenos Aires.

5. Borges _____ (trabajar) de bibliotecario en la Biblioteca

   Nacional de Buenos Aires hasta 1946.

6. Borges _____ (perder) la vista cuando tenía cuarenta y pico

   años a causa de un defecto genético, como todos los varones (hombres) de su

   familia.

7. El primer matrimonio de Borges no _____ (durar) mucho

   tiempo.

8. Borges _____ (casarse) por segunda vez cuando tenía ochenta

   y pico años.

9. Borges y su segunda mujer _____ (tener) unos años de

   felicidad antes de la muerte del autor.

10. Una vez mi amigo y yo _____ (conocer) a un hombre que

    había sido amigo de Borges.

11. Me _____ (alegrar) mucho estrechar la mano que había

    estrechado la mano de Jorge Luis Borges.

## B. Expresión personal

Contesta con frases completas.

1. ¿Dónde y cuándo naciste?
2. ¿Dónde conoció tu padre a tu madre? ¿Cómo se conocieron?
3. ¿Cuál fue la primera película que viste? ¿Te gustó?
4. ¿Cuál fue el mejor día de tus vacaciones?
5. ¿Mentiste alguna vez? ¿A quién? ¿Sobre qué?
6. ¿Quién te dio los mejores consejos de tu vida?
7. La última vez que viste un insecto horroroso, ¿qué hiciste? ¿Lo mataste?
8. ¿En qué momento de tu vida tuviste mucha suerte?
9. ¿Pudiste leer el fragmento de "El otro" sin problemas?
10. ¿En qué momento de tu vida te encontraste más confundido(a)?

# La voz pasiva con *se*

## Ejemplos

a. En la Argentina, el país de Borges, <u>se habla</u> español.
b. Las mejores novelas de hoy <u>se escriben</u> en Latinoamérica.
c. <u>Se puede</u> encontrar la literatura latinoamericana traducida al inglés.
d. *Como agua para chocolate* <u>se publicó</u> en México.
e. <u>Se dice</u> que Jorge Luis Borges fue un genio.

## Función

La voz pasiva se usa cuando el sujeto de la frase no hace la acción sino que recibe la acción. En otras palabras, el sujeto es pasivo. La palabra *se* transforma la frase:

En España las langostas **comen** mucho.

© Scott Foresman - Addison Wesley

En España las langostas **se comen** mucho.

Esta estructura se usa cuando no se menciona el agente, o el que hace la acción. Se usa también en frases impersonales:

> **Se dice** que el perro es el mejor amigo del hombre.
>
> Esto no **se hace** aquí.
>
> No **se puede** creer todo lo que **se oye.**
>
> **Se cree** que el amor siempre triunfa.

### Formación

> *se* + verbo en tercera persona (singular o plural) + sujeto
>
> **Se encuentran** vampiros en Transilvania.
>
> *o*
>
> sujeto + *se* + verbo en tercera persona (singular o plural)
>
> *Como agua para chocolate* **se publicó** en México.

## Ejercicios

### A. Cambia la frase a la voz pasiva con *se*

Es necesario omitir el sujeto de la frase original. Por ejemplo:

> Muchos hablan español aquí.
>
> *Aquí se habla español.*

**Recuerda:** En la frase pasiva, el sujeto *muchos* ya no se usa.

1. Muchas personas en EE.UU. leen la literatura de Borges.

2. Ellos traducen los cuentos a muchos idiomas.

_____

3. Encontramos muchas palabras raras en las obras de Borges.

_____

4. Muchas personas usan un diccionario para leer los cuentos de Borges.

_____

5. Celebramos el cumpleaños de Borges el veinticuatro de agosto.

_____

6. Encontramos situaciones raras en las obras de Borges.

_____

7. Perdemos el concepto rígido de la realidad.

_____

8. Publicaron un libro de poesía de Borges en 1923.

_____

9. No oímos tanto de su poesía como de sus cuentos.

_____

10. Por todo el mundo la gente entiende los temas borgianos porque son universales.

_____

## B. Expresión personal

Contesta con frases completas, usando la voz pasiva con _se_.

1. En tu pueblo, ¿dónde se sirve la mejor pizza?

_____

2. ¿Cuándo se da tu programa favorito? ¿Cuál es?

_____

3. ¿Se puede estudiar y ver la televisión a la vez?

_____

4. En nuestra sociedad, ¿qué problema se discute mucho?

_____

5. En los EE.UU., ¿qué clase de literatura se lee más?

_____

6. ¿En qué película se encuentra la escena más cómica? ¿Más triste? ¿Más horrorosa?

_____

7. ¿Dónde se fabrican los mejores automóviles?

_____

8. ¿Para qué se usan los apuntes que se llaman *Cliff Notes?* ¿Se permite emplearlos en tu escuela?

_____

9. ¿Cuál es una cosa que no se permite nunca en tu casa?

_____

10. En Washington, ¿se oye la verdad con frecuencia?

_____

## C. Completa la frase

Usa tus propias palabras y tu imaginación.

1. Se dice que _____

2. No se puede _____

3. Se cree que _____

4. Se puede _____

5. No se permite _____

## D. Traduce la frase al español

Usa la voz pasiva con *se.*

1. You can't do that in our house.

   _____

2. They used to believe that the Earth was flat.

   _____

3. They say that we all have a double.

   _____

4. You can't please everyone.

   _____

5. Many people believe they can see ghosts at midnight.

   _____

# Estrategia para comunicarse

## ¿Cómo se dice?

Explica las siguientes ideas en español. No es necesario traducir palabra por palabra ni emplear la palabra exacta. No se permiten diccionarios. Lo único importante es comunicar la idea.

1. The children played "hide-and-seek."

   _____

2. The little girl played dress-up in her mother's clothes.

   _____

3. Her mind was clouded because of the shock of what she saw.

   _____

4. They never quit lying.

   _____

5. It strikes me as strange.

   _____

6. I got mixed up.

   _____

7. One closet is not enough for me!

   _____

8. Rock 'n' roll is heard on MTV.

   _____

9. You can't see the floor in her bedroom.

   _____

10. Elvis is often seen in dreams and other places.

   _____

# Capítulo 2

## *La pérdida de un ser querido*

| | |
|---|---|
| **Lectura** | "Un perro ha muerto", de *Jardín de invierno*, de Pablo Neruda |
| **Gramática** | El imperfecto; el presente perfecto; el pluscuamperfecto; los usos de *ser* y *estar* |

## Vocabulario

**la amistad** cariño entre amigos. Cuando estoy apenada o triste, cuento con la <u>amistad</u> de mi mejor amigo.

**brincar** saltar, elevarse en el aire. El gato <u>brinca</u> de una silla a otra sin tocar el suelo.

**el cielo** espacio que está sobre nosotros, azul de día y negro de noche; paraíso adonde van los buenos después de morir. Los ángeles en el <u>cielo</u> esperan el alma del buen hombre que se murió.

**la cola** en los animales vertebrales, prolongación de la columna vertebral. Cuando el perro está contento, agita la <u>cola</u>.

**el compañero, la compañera** una persona que está contigo, que te acompaña. Malos <u>compañeros</u> pueden dañar el carácter de un(a) niño(a).

**contra** opuesto o contrario. Mucha gente está en <u>contra</u> del aborto.

**dulce** se aplica a lo que tiene un sabor parecido al azúcar. El bizcocho es muy <u>dulce</u> porque se hace con mucho azúcar.
   **el dulce** un caramelo u otra golosina dulce. Manolo le regaló unos <u>dulces</u> a su novia para el Día de los Enamorados.

**la educación** instrucción, enseñanza; maneras, modales.
   **la mala educación** se aplica al niño que no ha recibido buena educación de sus padres, que no sabe portarse bien. El chico tiró comida a los otros niños en la fiesta; a todos les disgustó su <u>mala educación</u>.

**enterrar (ie)** poner algo bajo tierra o cubrir algo con tierra. La policía no podía encontrar el lugar donde los asesinos <u>enterraron</u> al cadáver.

**hacer(le) falta** ser necesario; causar pena la ausencia de alguien, extrañar. A Pablo <u>le hace falta</u> su mujer Matilde cuando está lejos de ella.

**íntimo, -a** familiar, cariñoso. Tenemos una amistad muy <u>íntima</u>, y puedo decirte todos mis secretos.
    **la intimidad** relación íntima entre personas. Entre ella y su esposo hay mucha <u>intimidad</u>.

**jamás** nunca. No debes mentir <u>jamás</u>.

**juntar** unir dos cosas. En la ensalada <u>se juntan</u> todos los ingredientes. Reunirse dos personas en un mismo lugar. ¡Qué alegría <u>juntarme</u> con mi viejo amigo!
    **junto a** al lado de, muy cercano a. La casa del poeta está <u>junto al</u> mar.
    **junto, -a** unido. Dos personas <u>juntas</u> pueden hacer más que una sola.

**la mentira** falsedad, acción de mentir. Si dices <u>mentiras</u> con frecuencia, no te van a creer cuando digas la verdad.

**molestar** fastidiar, irritar, hacer cosas desagradables. La gente egotista me <u>molesta</u> mucho.

**la rodilla** la parte del cuerpo humano entre el muslo y la pierna. La gente cayó de <u>rodillas</u> ante su dios.

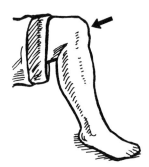

**la soledad** estado de estar solo. Cuando estoy leyendo una buena novela, no necesito compañía; me gusta la <u>soledad</u>.

**vanidoso, -a** egotista, lo contrario de humilde. Raúl es tan <u>vanidoso</u> que cree que todas las mujeres están enamoradas de él.

## Ejercicios de vocabulario

### A. Completa la frase

Usa la palabra apropiada del vocabulario.

1. Mi perro, que se murió hace un año, era mi mejor amigo. Teníamos una

    _____ muy íntima.

2. Este perro mío se llamaba Rover, nombre poco original, pero así lo habían

    llamado en el refugio de animales. Rover y yo pasábamos mucho tiempo

    _____; él era mi _____ constante.

3. Aunque yo siempre le decía a Rover que era el perro más guapo e inteligente, el

    mejor perro del mundo, Rover nunca se puso _____ como los

    seres humanos egotistas.

4. Cuando Rover se murió, yo lo _____ en el jardín cerca de

    mi casa.

5. Rover siempre está en mis pensamientos. No me olvidaré de él

   _____. No paso un día sin pensar en él.

6. Cada día cuando yo regresaba de la escuela, Rover _____ de

   alegría al verme, agitando su _____ larga.

7. Rover me hace _____ ahora que no está conmigo.

8. A veces me siento muy solo y me molesta la _____.

## B. Expresión personal

1. ¿Tienes perro, gato u otro animal? ¿Cómo se caracteriza tu relación con este animal?
   a. Es el animal que vive en la casa.
   b. Es un miembro más de la familia.
   c. Tenemos una amistad muy íntima.
   d. Es mi compañero favorito.
2. ¿Te parece mejor compañero el perro o el gato? Explica. En tu opinión, ¿cuál es el animal más dulce?
3. ¿Te molesta a veces la soledad? Cuando uno está solo, ¿es posible que a veces la compañía de un animal consuele tanto como la presencia de una persona?
4. ¿Te gusta a veces la soledad? ¿En qué ocasiones?
5. ¿Te molesta la gente vanidosa? ¿Qué característica humana te molesta mucho?
6. Vas a leer un poema sobre la muerte de un perro bien querido. ¿Has perdido a alguien o algo a quien querías? ¿Cuántos años tenías cuando ocurrió?

# LECTURA

## Estrategia para leer

En la poesía se dice mucho en pocas palabras. Por eso, hay que leer con gran cuidado, pasando tiempo en cada imagen. Nota el uso del tiempo imperfecto ("me miraba. . .", "perdía el tiempo. . . ") cuando el poeta describe las actitudes o actividades usuales del perro en el pasado.

## PABLO NERUDA

Pablo Neruda (1904-1973), gran poeta chileno, recibió el premio Nobel en 1971. Su poesía, muy variada de tema y técnica, incluye poemas sobre el amor, la política, la historia hispanoamericana y celebraciones de cosas ordinarias. A través de toda su obra se percibe un respeto profundo por la libertad y la dignidad humana. El poema que sigue se incluye en la colección *Jardín de invierno,* 1974.

### Un perro ha muerto

Mi perro ha muerto.

Lo enterré en el jardín
junto a una vieja máquina oxidada.[1]


Allí, no más abajo,
5  ni más arriba,
se juntará conmigo alguna vez.
Ahora él ya se fue con su pelaje[2],
su mala educación, su nariz fría.
Y yo, materialista que no cree
10  en el celeste cielo prometido
para ningún humano,
para este perro o para todo perro
creo en el cielo, sí, creo en un cielo
donde yo no entraré, pero él me espera
15  ondulando[3] su cola de abanico[4]
para que yo al llegar tenga amistades.

Ay no diré la tristeza en la tierra
de no tenerlo más por compañero
que para mí jamás fue un servidor.

---

1. **oxidada** *rusted*
2. **pelaje** pelo de animal
3. **ondulando** moviendo
4. **abanico** *fan*

20 Tuvo hacia mí la amistad de un erizo[5]
que conservaba su soberanía[6],
la amistad de una estrella independiente
sin más intimidad que la precisa[7],
sin exageraciones:
25 no se trepaba[8] sobre mi vestuario[9]
llenándome de pelos o de sarna[10],
no se frotaba[11] contra mi rodilla
como otros perros obsesos sexuales.
No, mi perro me miraba
30 dándome la atención que necesito,
la atención necesaria
para hacer comprender a un vanidoso
que siendo perro él,
con esos ojos, más puros que los míos,
35 perdía el tiempo, pero me miraba
con la mirada que me reservó
toda su dulce, su peluda[12] vida,
su silenciosa vida,
cerca de mí, sin molestarme nunca,
40 y sin pedirme nada.

Ay cuántas veces quise tener cola
andando junto a él por las orillas
del mar, en el Invierno de Isla Negra,
en la gran soledad: arriba el aire
45 traspasado de pájaros glaciales
y mi perro brincando, hirsuto[13], lleno
de voltaje marino en movimiento:
mi perro vagabundo[14] y olfatorio
enarbolando[15] su cola dorada[16]
50 frente a frente al Océano y su espuma[17].

---

5. **erizo** *porcupine*
6. **soberanía** independencia
7. **precisa** necesaria
8. **trepaba** subía
9. **vestuario** toda la ropa
10. **sarna** enfermedad de los perros *(mange)*
11. **frotar** *to rub*
12. **peluda** de mucho pelo
13. **hirsuto** de mucho pelo
14. **vagabundo** que va de una parte a otra
15. **enarbolando** levantando con orgullo
16. **dorada** color de oro
17. **espuma** *foam*

Alegre, alegre, alegre
como los perros saben ser felices,
sin nada más, con el absolutismo
de la naturaleza descarada[18].

55 No hay adiós a mi perro que se ha muerto.
Y no hay ni hubo mentira entre nosotros.

Ya se fue y lo enterré, y eso era todo.

---

18. **descarada** insolente, fresca

## PREGUNTAS DE COMPRENSIÓN

1. ¿Qué frases o palabras expresan más claramente la pena y soledad del poeta por la muerte de su perro?

2. ¿Cómo se caracteriza el perro? ¿Cómo se caracteriza la relación entre el poeta y el perro?

3. Como resultado de la muerte del perro, el poeta cambió su creencia con respecto al cielo. Explica.

4. ¿Qué imagen emplea el poeta para expresar un recuerdo muy feliz?

## PREGUNTAS DE DISCUSIÓN

1. ¿Cuál es el efecto del cambio entre el título, "Un perro ha muerto", y la primera línea, "Mi perro ha muerto"? ¿Por qué dice el poeta "ha muerto" en vez de "murió"?

2. A veces el estereotipo de un perro es el de un animal totalmente sumiso. ¿Cómo es diferente el perro del poeta? ¿Qué emoción te provoca esta descripción del perro?

3. Discute los elementos antropomórficos (las cualidades humanas) del perro del poeta. ¿Crees que los animales sienten y a veces piensan igual que los seres humanos? ¿Cómo reaccionas ante la idea de tratar a un perro o a un gato como un miembro de la familia?

4. ¿Cuál es la línea o la imagen del poema que te provoca la emoción más fuerte? ¿Por qué?

5. El poeta se refiere dos veces al entierro del perro: "Lo enterré en el jardín / junto a una vieja máquina oxidada", y al final, "Ya se fue y lo enterré, y eso era todo". ¿Cuál es el tono de estas líneas? ¿Cómo las interpretas? ¿Cuál es el tono general del poema? ¿Cuál es la relación entre estas líneas y el tono del resto del poema?

## COMPOSICIÓN DIRIGIDA

En "Un perro ha muerto", Neruda expresa la pena que siente por la ausencia de su perro. Hay una canción popular titulada "¡Qué falta tú me haces!" (en otras palabras, ¡Cómo sufro por tu ausencia!). Escribe un poema, cuento o ensayo titulado "¡Qué falta tú me haces!". Puedes dirigir tu composición a un animal o a una persona querida que se ha muerto, un(a) amigo(a) o pariente que se ha mudado y está lejos, un aspecto de tu niñez, o cualquier cosa que hayas perdido.

## EXPRESÁNDONOS

1. Actualmente hay mucha controversia sobre los derechos de los animales. Con unos compañeros de clase prepara un debate sobre los derechos de los animales. Se pueden incluir los siguientes puntos:

    a. ¿Debemos llevar abrigos hechos de pieles de animales?

    b. ¿Se debe sacrificar la vida de ciertos animales en estudios científicos para el bienestar de los seres humanos?

    c. ¿Es aceptable sacrificar la vida de animales para alimentarnos o debemos ser todos vegetarianos?

2. Tu perro querido ha muerto y tienes una pena profunda. Le hablas a un(a) amigo(a) íntimo(a), buscando consuelo y compasión, pero tu amigo(a), que nunca ha tenido perro o gato, no entiende tu tristeza. El (la) amigo(a) sugiere que te compres otro perro. Con un(a) compañero(a) de clase prepara un diálogo en el que tratas de explicarle al(a la) amigo(a) la importancia en tu vida del perro perdido.

3. A veces nos reímos de las actividades de los animales que nos parecen tontas, como el perro que persigue su propia cola. Con un(a) compañero(a) de clase, imagínense que son dos perros que observan las tonterías de los seres humanos. Preparen un diálogo en el que comenten lo absurdo del ser humano desde el punto de vista del perro.

# GRAMÁTICA

## El imperfecto

### Ejemplos

a. Neruda nos dice en su autobiografía que cuando era niño, le fascinaba la naturaleza: "Me atraían los pájaros" y "me asombraba la perfección de los insectos".

b. Pablo Neruda ya no era joven, tenía casi cuarenta y cinco años, cuando encontró a Matilde, el gran amor de su vida.

c. El poeta estaba en México cuando conoció a Matilde.

d. Eran las dos de la tarde cuando la vio por primera vez.

e. En un soneto dedicado a Matilde, el poeta describió su vida antes de conocerla: "Antes de amarte, amor, nada era mío. . . / Nada contaba ni tenía nombre. . . / Todo estaba vacío, muerto y mudo".

f. Según Neruda, los ojos de Matilde tenían "color de luna".

g. En sus poemas, Neruda glorificó cada aspecto de Matilde porque la quería mucho.

h. Cada vez que el poeta <u>decía</u> el nombre de su amada, <u>sentía</u> gran alegría.

i. Yo <u>iba</u> a regalarte una antología de Neruda en inglés pero las traducciones son terribles.

## Función

El imperfecto se usa para expresar acciones pasadas que no son "perfectas" porque no tienen límites claros o un fin definido. La falta de límites fijos del imperfecto contrasta con el carácter bien definido del pretérito, que expresa acciones pasadas claramente terminadas. El imperfecto se usa para:

- expresar la edad de una persona o de una cosa (Ejemplos a, b)
- expresar una acción indefinida que continúa en el pasado interrumpida por otra acción pasada terminada (Ejemplos b, c)
- decir la hora en el pasado (Ejemplo d)
- describir acciones o circunstancias que existían en el pasado sin duración definida (Ejemplo e)
- describir condiciones o características físicas en el pasado (Ejemplo f)
- expresar emociones o estados mentales en el pasado (Ejemplo g)
- expresar acciones repetidas en el pasado. Es la única manera de traducir el concepto inglés *used to.* (Ejemplos h, a)
- referirse al futuro, con el verbo *ir.* Se usa *ir* en el imperfecto + *a* + infinitivo. (Ejemplo i)

**Observa:** Verbos como *conocer, saber, poder* y *querer* cambian de significado en el pasado según el uso del imperfecto o del pretérito. Por ejemplo:

1. Tina Modotti era una amiga de Pablo Neruda; él la <u>conocía</u> bien. La <u>conoció</u> *(met)* en México.

2. Los padres de Luis <u>sabían</u> que su hijo no era muy organizado, pero al entrar en su dormitorio <u>supieron</u> *(found out)* lo desorganizado que era.

3. Ayer Laura me dijo que <u>podía</u> ayudarme a estudiar para mi examen de matemáticas pero <u>no pudo</u> *(didn't manage to)* hacerlo.

4. Eduardo no <u>quería</u> salir y aunque le pedimos otra vez, <u>no quiso</u> *(refused)*.

## Formación

**Verbos regulares**

| mirar | | vender | | vivir | |
|---|---|---|---|---|---|
| miraba | mir**ábamos** | vend**ía** | vend**íamos** | viv**ía** | viv**íamos** |
| mira**bas** | mir**abais** | vend**ías** | vend**íais** | viv**ías** | viv**íais** |
| miraba | mira**ban** | vend**ía** | vend**ían** | viv**ía** | viv**ían** |

**Verbos irregulares**

| ir | | ser | | ver | |
|---|---|---|---|---|---|
| iba | íbamos | era | éramos | veía | veíamos |
| ibas | ibais | eras | erais | veías | veíais |
| iba | iban | era | eran | veía | veían |

# Ejercicios

## A. Completa la frase

Emplea la forma correcta del imperfecto o del pretérito según el sentido de la frase.

1. Dorothy _____ (ser) una chica bonita que

   _____ (tener) catorce años y _____

   (vivir) en Kansas con su tía Em.

2. Ella _____ (querer) mucho a su perro Toto, que

   _____ (ir) con ella a todas partes.

3. Un día un tornado se _____ (llevar) la casa con Dorothy y

   Toto adentro, y la _____ (dejar) caer en la Tierra de Oz. Al

   caerse, la casa _____ (matar) a una bruja mala.

4. Dorothy _____ (querer) volver a Kansas, y los Munchkins (la

   gente pequeña de Oz) le _____ (decir) que el Mago de Oz

   podría ayudarla.

5. Mientras Dorothy y Toto _____ (andar) por el Camino de

   Ladrillos Amarillos, ellos _____ (conocer) a tres nuevos

   amigos: el Espantapájaros, el Hombre de Estaño, y el León Cobarde.

6. Mientras los nuevos amigos _____ (buscar) al Mago de Oz,

   la hermana de la bruja muerta, que también _____ (ser) fea y

   mala, los _____ (capturar).

7. Mientras Dorothy y Toto _____ (viajar) por la Tierra de Oz,

   Dorothy les _____ (decir) a todos: "Quiero volver a casa,

   quiero volver a Kansas".

8. Por fin Dorothy y Toto _____ (volver) a Kansas.

   _____ (Ser) las tres de la tarde cuando

   _____ (llegar).

9. La tía Em _____ (trabajar) en el jardín cuando

   _____ (ver) a Dorothy.

10. La tía Em _____ (estar) muy contenta de ver a Dorothy y le

    _____ (dar) un beso.

## B. Completa la frase

Emplea la forma correcta del imperfecto o del pretérito del verbo según el sentido de la frase.

1. Mis hijos y yo _____ (ir) al refugio de animales, y cuando

   _____ (ver) a Rover por primera vez,

   _____ (saber) que _____ (ir) a ser

   nuestro.

2. Rover _____ (tener) dos años cuando yo lo

   _____ (adoptar).

3. Cuando Rover _____ (entrar) en nuestra casa,

   _____ (tener) miedo.

4. El pobre perro _____ (estar) nervioso al encontrarse en un

   sitio extraño, pero después de un rato _____ (tranquilizarse).

5. La primera noche Rover _____ (dormir) en la cocina, pero

   después siempre _____ (pasar) la noche en mi dormitorio.

6. Rover _____ (querer) a los niños más que a nadie. Siempre

   que ellos _____ (jugar) Rover se _____

   (encontrar) por medio.

7. Rover _____ (vivir) diez años felices con nosotros.

## C. Expresión personal

Contesta con frases completas.

1. ¿Cuántos años tenían tus padres cuando se enamoraron? ¿Qué hacían cuando se vieron por primera vez?

   _____

2. ¿Qué estilo de ropa se llevaba hace años que no se lleva hoy?

   _____

3. Nombra una máquina que tenemos hoy que no existía cuando tus padres eran jóvenes.

   _____

4. ¿Qué hacía la gente antes de la invención de la televisión?

   _____

5. ¿Qué clase de música escuchaban tus padres cuando eran jóvenes?

   _____

6. ¿Qué programa de televisión veías cuando eras un(a) niño(a) pequeño(a)?

   _____

## D. Entrevista

Imagínate que eres un(a) desterrado(a) / un(a) exiliado(a) de un país ideal que ya no existe, que fue destruido; un paraíso perdido. Con un(a) compañero(a) de clase, prepara una entrevista. El (la) entrevistador(a) hace preguntas sobre cómo era la vida en el país perdido. El (la) desterrado(a) contesta, describiendo la vida ideal que tenía, lo que causó la destrucción, cómo se escapó, etc. Emplea el imperfecto o el pretérito de los verbos, según el sentido de la frase.

# Los tiempos perfectos

## El presente perfecto

### Ejemplos

a.  El poeta está triste porque su perro <u>ha muerto</u>.

b.  No voy a darle más de comer al perro hoy porque ya <u>ha comido</u> bastante con el biftec enorme que mamá había preparado para nuestra cena.

c.  Siempre <u>he buscado</u> el consuelo de mi perro cuando me siento solo.

d.  Muchas veces <u>hemos andado</u> juntos por el parque.

e.  No <u>he visto</u> jamás (nunca) a un perro tan lindo como el mío.

### Función

El presente perfecto se usa, como en inglés, para expresar:
*   una acción que ocurrió en el pasado reciente pero sin tiempo específico (Ejemplos a, b)
*   una acción pasada que se puede repetir en el presente (Ejemplos c, d)
*   una acción que no ocurrió, con <u>jamás</u> o <u>nunca</u> (Ejemplo e)

### Formación

#### Los verbos regulares

El presente perfecto se forma con el presente del verbo *haber* y el participio pasado.

| haber | |
|---|---|
| he | hemos |
| has | habéis |
| ha | han |

#### El participio pasado

| amar | → | **amado** | querer | → | **querido** | vivir | → | **vivido** |
|---|---|---|---|---|---|---|---|---|

#### Los participios pasados irregulares

| abrir | → | **abierto** | cubrir | → | **cubierto** | decir | → | **dicho** |
|---|---|---|---|---|---|---|---|---|
| escribir | → | **escrito** | hacer | → | **hecho** | imprimir | → | **impreso** |
| morir | → | **muerto** | poner | → | **puesto** | resolver | → | **resuelto** |
| romper | → | **roto** | ver | → | **visto** | volver | → | **vuelto** |

*   Observa que verbos similares llevan la misma irregularidad:

| devolver | → | **devuelto** | imponer | → | **impuesto** |
|---|---|---|---|---|---|
| describir | → | **descrito** | descubrir | → | **descubierto** |

- Observa también que los verbos que tienen una vocal doble en el infinitivo (excepto el grupo vocálico *ui*) necesitan un acento sobre la *i* del participio pasado:

| caer | → | **caído** | creer | → | **creído** |
| leer | → | **leído** | oír | → | **oído** |

## Ejercicios

### A. Completa la frase

Emplea la forma correcta del presente perfecto del verbo (el presente de *haber* y el participio pasado).

1. Yo _____ (leer) muchos libros sobre la amistad entre el ser humano y el perro, y _____ (ver) muchas películas sobre el mismo tema.

2. Carlitos siempre _____ (decir) que Snoopy es su mejor amigo.

3. En la película de terror *Cujo,* éste es un perro que se _____ (volver) loco.

4. Los padres de Enriquito ya _____ (encontrar) al perro perdido, y el niño está contentísimo porque se _____ (juntar) de nuevo con su mejor amigo.

5. El perro del poeta Pablo Neruda _____ (morir) y Neruda lo _____ (enterrar) en el jardín.

6. El poeta nos _____ (dejar) un recuerdo cariñoso de su perro.

7. Muchos autores _____ (escribir) sobre animales queridos.

8. Otro hispanohablante que _____ (ganar) el premio Nobel es Juan Ramón Jiménez, quien expresó un gran cariño por su burrito querido en *Platero y yo.*

## B. Expresión personal

Contesta con frases completas.

1. ¿Has tenido un animal querido en tu casa?

   _____

2. ¿Qué película has visto en la que el personaje principal es un animal? ¿Te gustó?

   _____

3. ¿Has sufrido por la muerte de un animal?

   _____

4. ¿Has leído cuentos de animales? Nombra uno.

   _____

5. ¿Qué animal ha estado en peligro de extinción y se ha salvado?

   _____

## C. ¿Qué quieres hacer?

Usando los verbos siguientes, prepara una lista de cosas que no has hecho pero que quieres hacer en el futuro. Por ejemplo:

**hablar**    *No he hablado con una persona famosa.*

1. ver _____

2. encontrar _____

3. viajar _____

4. escribir _____

5. decir _____

6. oír _____

## D. Preguntas y respuestas

Usando los siguientes verbos, prepara preguntas para hacer a un(a) compañero(a) de clase. Usa el presente perfecto en tus preguntas. Por ejemplo:

**ver**    *¿Cuál es la película más triste que has visto?*

1. leer _____

2. escribir _____

3. oír _____

4. hacer _____

5. conocer _____

# El pluscuamperfecto

## Ejemplos

  a. Neruda <u>había nacido</u> solamente unos meses antes de la muerte de su madre.

  b. El poeta <u>se había casado</u> dos veces antes de enamorarse de Matilde Urrutia.

  c. Neruda <u>había ganado</u> el premio Nobel antes de escribir su último libro de poemas.

## Función

El pluscuamperfecto se usa para expresar una acción pasada que ocurrió antes de otra acción también en el pasado (Ejemplos a, b, c).

## Formación

El pluscuamperfecto se forma con el imperfecto del verbo *haber* y el participio pasado.

| haber | |
|---|---|
| había | habíamos |
| habías | habíais |
| había | habían |

**El participio pasado**

dejar  →  **dejado**      esconder  →  **escondido**      fingir  →  **fingido**

# Ejercicios

## A. Completa la frase

Usa la forma correcta del pluscuamperfecto del verbo (el imperfecto de *haber* y el participio pasado).

1. Antes de la muerte del animal, el poeta _____ (pasar) muchas horas felices con su perro.

2. Él no _____ (conocer) jamás compañero más fiel que su perro.

3. La niña tenía miedo de los perros porque _____ (oír) historias de perros peligrosos.

4. La mañana de la Navidad, el niño se alegró al ver el perrito que sus padres le

    _____ (comprar).

5. Este niño siempre _____ (soñar) con tener su propio perro.

6. Mi perro Rover _____ (pasar) seis meses en un refugio de

    animales antes de que yo lo adoptara.

7. Yo me _____ (sentir) muy sola antes de adoptar a Rover.

8. Dorothy y su perro Toto _____ (entrar) en la casa antes

    del tornado.

## B. Expresión personal

Contesta con frases completas.

1. ¿Habías oído hablar de Pablo Neruda antes de leer "Un perro ha muerto"?

    _____

2. ¿Habías tenido miedo de algo o de alguien que después descubriste que era
   inofensivo? ¿Qué o quién era?

    _____

## C. Acontecimientos de la niñez

Emplea el pluscuamperfecto para nombrar dos cosas importantes de tu vida que ya te
habían pasado antes de cumplir cinco años. Por ejemplo:

   *Antes de cumplir cinco años yo ya había vivido en tres países distintos.*

1. _____

2. _____

Emplea el pluscuamperfecto para nombrar dos cosas importantes que ya te habían
pasado antes de cumplir diez años.

3. _____

4. _____

# Los usos de *ser* y *estar*

## Ejemplos

a. Mi perro es dulce e independiente.

b. Pablo Neruda es de Chile; su mujer es chilena también.

c. La casa del poeta es de piedra y está cerca del mar.

d. Ahora la casa está vacía; nadie vive allí.

e. El perro de Neruda está muerto y está enterrado en el jardín.

f. El poeta estaba enamorado de Matilde desde que la vio por primera vez.

g. Está triste porque ya no tiene su compañero.

h. Pablo Neruda no era muy viejo cuando se murió.

i. La conferencia donde se lee poesía de Neruda es en la biblioteca.

## Función

- El verbo *ser* se usa para describir características esenciales, las características que *identifican,* que forman parte de la identidad de algo o alguien (Ejemplos a, b, c, h). Por ejemplo, al servir la sopa de pollo, la sopa *está* caliente. Después de unos momentos, la sopa *está* fría. Caliente o fría no es una característica esencial de una sopa de pollo. Pero el gazpacho es una sopa de tomate española que sólo se sirve fría. Se define como una sopa fría. Si se calienta, lo que tenemos es sopa de tomate muy extraña, pero ya no es gazpacho. Por eso:

  La sopa de pollo **está** caliente o fría.

  El gazpacho **es** frío.

- El verbo *ser* también se usa para expresar dónde algo *ocurre* o *tiene lugar:* La fiesta es en casa de Juancito (Ejemplo i).

- El verbo *estar* se usa para expresar la colocación (dónde está algo o alguien) o la condición de algo o alguien (Ejemplos c, d, e, f, g).

## Ejercicios

### A. Completa la frase

Usa la forma correcta del imperfecto de *ser* o *estar* según el sentido de la frase.

1. Neruda _____ un poeta muy famoso y bien amado.

2. Neruda y Matilde ya no _____ jóvenes cuando se

   enamoraron.

3. El poeta _____ más contento cuando

   _____ con Matilde.

4. En uno de sus poemas Neruda dijo que cuando Matilde _____

   lejos de él, el día _____ muy largo.

5. Según los poemas de Neruda, Matilde _____ la mujer más

   bella del mundo.

## B. Completa la frase

Usa la forma correcta del presente de *ser* o *estar* según el sentido de la frase.

1. *Las odas elementales* de Neruda _____ muy simples y

   celebran las cosas más comunes de la vida diaria.

2. En "Oda a la papa", la papa _____ "dulce" y "honrada", y se

   presenta como "tesoro interminable de los pueblos".

3. La "Oda a los calcetines" describe calcetines que _____ tan

   hermosos "que mis pies me parecen inaceptables".

4. Por lo general pensamos en el jabón como cosa utilitaria, que nos sirve cuando

   las manos _____ sucias. Pero en "Oda al jabón", tiene olor de

   "corazón mojado" y _____ como "pescado ciego en la

   profundidad de la bañera".

5. En la "Oda a la casa abandonada", el poeta escribe con cariño y tristeza sobre su

   casa que _____ vacía mientras que su familia

   _____ de vacaciones. Todas las ventanas

   _____ cerradas, y hay "una opresiva noche prematura" en las

   habitaciones.

6. Cuando leo *Las odas elementales* de Neruda, siempre _____

   sorprendida y divertida al pensar en los aspectos raros de cosas ordinarias. El

   mundo de Neruda _____ nuevo y fantástico.

## C. Expresión personal

### ¿Quién eres tú?

Emplea el verbo *ser* para escribir diez frases que te definen o que te identifican. Puedes incluir características importantes de tu personalidad, nacionalidad, religión, ocupación, relaciones con amigos o parientes, etc.

1. _____
2. _____
3. _____
4. _____
5. _____
6. _____
7. _____
8. _____
9. _____
10. _____

### ¿Cómo estás?

Emplea el verbo *estar* para dar información sobre ti. Puedes usar adjetivos como *nervioso, contento, triste, enfermo, furioso, tranquilo, etc.* Por ejemplo:

*Estoy nerviosa porque voy a ir al dentista.*

*Cuando estoy enferma me quedo en la cama todo el día.*

1. _____
2. _____
3. _____
4. _____
5. _____
6. _____

## D. ¿Quién soy?

En el juego de *¿Quién soy?,* una persona toma una identidad secreta. El resto de la clase trata de determinar quién es, haciendo preguntas de sí o no. Por ejemplo, "¿Es usted real?" o "¿Está usted vivo(a)?" Si no empleas *ser* o *estar* correctamente, la pregunta no debe recibir respuesta. Puedes usar el vocabulario de abajo para ayudarte a jugar a este juego.

**real / ficticio, -a**

**el varón** (persona del sexo masculino) / **la hembra** (persona o animal del sexo femenino)

**macho** (animal del sexo masculino)

**viejo, -a / joven**

**guapo, -a / feo, -a**

**famoso, -a**

**el (la) atleta, el político / la política, el actor / la actriz, etc.**

## E. Oda elemental

En sus *Odas elementales* Pablo Neruda celebra la magia de cosas consideradas ordinarias. En este fragmento de "Oda al primer día del año", el poeta le habla directamente al día y le dice:

. . . . . .
y eres
oh día
nuevo
oh nube venidera,
plan nunca visto
torre
permanente!

Escribe tu propia "Oda elemental", en la que hablas directamente con una cosa ordinaria. Debes incluir varias líneas que empiecen *Eres. . .*

## F. Imagínate

Imagínate que puedes convertirte en un animal. Puedes ser un animal real o inventado. ¿Qué animal eres? Utiliza el verbo *ser* para describirte a ti mismo(a) como animal. ¿Por qué quieres ser ese animal?

# Repaso

## A. *Libro de las preguntas*

En su *Libro de las preguntas,* que se publicó en 1974, después de la muerte del poeta, Neruda escribió una serie de poemas en forma de preguntas sencillas, diversas y muchas veces caprichosas. Las preguntas siguientes son de este libro. En cada pregunta, traduce las palabras inglesas al español, empleando el infinitivo o el tiempo verbal apropiado: el presente, el pretérito, el imperfecto, el presente perfecto o el pluscuamperfecto.

1. ¿Hay algo más tonto en la vida que _____ *(to call oneself)*

   Pablo Neruda?

2. ¿A quién le _____ *(can I)* preguntar qué

   _____ *(I came)* a hacer en este mundo?

3. ¿Dónde _____ *(is)* el niño que yo fui? ¿Sigue adentro de mí o

   _____ *(did he go away)?*

4. ¿Por qué no morimos los dos cuando mi infancia se _____

   *(died)?*

5. Y si el alma se me _____ *(fell)*, ¿por qué me sigue el

   esqueleto?

6. Dime, ¿la rosa _____ *(is)* desnuda o sólo

   _____ *(has)* ese vestido?

7. ¿_____ *(Have you,* fam., *thought)* de qué color es el abril de

   los enfermos?

8. Cuando _____ *(used to cry)* Baudelaire,

   ¿_____ *(did he cry)* con lágrimas negras?

9. Si todos los ríos _____ *(are)* dulces, ¿de dónde saca sal el

   mar?

10. ¿Qué _____ *(did learn)* el árbol de la tierra para conversar

    con el cielo?

## B. Preguntas

Escribe tus propias preguntas. Puedes emplear el estilo caprichoso de Neruda o
cualquier otro estilo que prefieras. Puedes escribir preguntas serias o cómicas. No te
olvides de usar el tiempo verbal apropiado.

# Capítulo 3

## *Las idiosincrasias personales*

| | |
|---|---|
| **Lectura** | "Viajes", de *Historias de cronopios y de famas,* de Julio Cortázar |
| **Gramática** | Los verbos reflexivos; los complementos directos e indirectos; los verbos *faltar, gustar, importar, molestar* y *parecer* |

## Vocabulario

**la alfombra** lo que se usa para cubrir el suelo. El perro anduvo por la sala con pintura en las patas, y ahora no se pueden limpiar las manchas de la alfombra.

**averiguar (ü)** llegar a saber algo, descubrir; hacer preguntas sobre algo. El policía tiene que averiguar la verdad sobre el crimen.

**la calidad** atributo o distinción de una cosa. Los poemas de Neruda son de la calidad más alta. Se paga más por un objeto de mejor calidad.

**cobrar** recibir dinero por algún trabajo u objeto. Los jugadores de béisbol cobran mucho dinero por su participación en el juego.

**la costumbre** hábito que resulta de la repetición. El conde Drácula tiene la mala costumbre de beber sangre.
**acostumbrarse a** adquirir una costumbre; llegar a no encontrar raras ciertas cosas. Hace dos años que se me murió mi perro, pero nunca me he acostumbrado a su ausencia.

**desanimarse** perder el ánimo o espíritu para hacer algo; deprimirse. Empecé a arreglar mi dormitorio pero era una tarea tan grande que después de media hora me desanimé. El alumno se desanimó porque sacó una F después de estudiar tanto.

**el desorden** desorganización; falta de estructura. El tornado dejó el pueblo en un estado de desorden y destrucción.

**desorganizado, -a** se aplica a lo que no tiene ni estructura ni orden. La profesora es muy desorganizada; pasa mucho tiempo buscando sus libros y otras cosas que ha perdido.

**el detalle** cada uno de los elementos que forman parte de una descripción o lista. El joven enamorado se interesa por cada detalle de la vida de su amada.

**el lío** situación de desorden o confusión. ¡Este dormitorio es un lío! Hay ropa, papeles y comida por todas partes.

**lleno, -a** ocupado; completo; lo contrario de vacío. No puedo estacionar el automóvil en el garaje porque el garaje está lleno de bicicletas, cajas y otras cosas. El vaso está lleno de agua.

**marcharse** irse; salir de un sitio. Llegué a la estación a las ocho y diez, pero el tren se había marchado a las ocho.

**molestarse** sufrir una molestia o algo desagradable. Luis me abandonó cuando lo necesitaba. Ahora ¿por qué debo molestarme en ayudarlo?

**los muebles** los objetos en una casa, por ejemplo una cama, una silla, una mesa, etc. Uno no puede sentarse en el sofá o las sillas porque hay ropa sobre todos los muebles de la casa.

**el orden** organización. El general insiste en mantener orden entre los hombres de su tropa.

**organizado, -a** se aplica a lo que tiene una estructura y orden. Mi mamá es muy organizada; mantiene todas sus posesiones en su sitio.

**el precio** el valor monetario que tiene una cosa. Las cosas más importantes de la vida no se pueden comprar; no tienen precio. El precio de un Rolls Royce es muy alto.

**reunirse (ú)** unir de nuevo; juntarse. Vamos a reunirnos en la casa de mi abuela para celebrar su cumpleaños.

**la sábana** pieza de tela que se usa para cubrir la cama. Si comes en la cama, vas a encontrar comida en las sábanas.

## Ejercicios de vocabulario

### A. Completa la frase

Usa la palabra apropiada del vocabulario.

1. Mi mamá es una persona totalmente _____. Ella insiste en un

   orden perfecto en la casa.

2. Todas las sillas, mesas, sofás y otros _____ de la casa tienen

   su lugar fijo.

3. Yo soy todo lo contrario de mi mamá. Mi dormitorio es un

   _____ total, con libros y ropa por todas partes.

4. No se puede ver el color de las _____ en mi cama porque

   está cubierta de ropa.

5. A veces tengo la _____ de dormir en el suelo porque no

   puedo encontrar la cama.

6. Mi hija es tan desordenada como yo. Hace tantos años que no veo la

   _____ en el suelo de su dormitorio que no me acuerdo

   del color.

7. No puede sentarse uno en las sillas porque están _____ de

   ropa y otras cosas.

8. La última vez que mi mamá me visitó, le molestó tanto el lío que ella

   _____ de prisa.

9. Ella siempre reacciona con sorpresa y horror al lío en mi casa; no puede

   _____ al desorden.

10. Ahora cuando queremos vernos, _____ en la casa de ella.

11. Cuando yo era joven mi mamá trataba de enseñarme a ser más organizada, pero

    después de mucho tiempo ella _____ frente a la

    imposibilidad de cambiarme.

12. Al conocer a una persona por primera vez, siempre le hago preguntas para

    _____ si es una persona organizada como mi mamá o

    desorganizada como yo.

## B. Expresión personal

1. ¿Eres organizado(a) o desorganizado(a)? Explica o da un ejemplo.
2. ¿A tus padres les molesta el desorden?
3. Si tienes un(a) compañero(a) de cuarto muy distinto a ti, ¿puedes acostumbrarte a vivir con una persona mucho más organizada (o desorganizada) que tú?
4. ¿Qué costumbres de otras personas te molestan? ¿Por qué? ¿Qué costumbres tienes que les molestan a otros?
5. Cuando conoces a una persona por primera vez, ¿qué aspecto de su personalidad te inspira curiosidad? ¿Qué cosas quieres averiguar?
6. Al tratar de hacer algo difícil, ¿te desanimas fácilmente? ¿Cómo reaccionas a la frustración?
7. Cuando planeas un viaje o una fiesta, ¿te preocupas mucho por los detalles?

# LECTURA

### Estrategia para leer

El propósito del autor de este cuento es divertir a sus lectores mientras hace un comentario sobre el carácter humano. Mientras lees, trata de formar una imagen mental de la gente que se describe. Piensa en tus amigos y parientes y decide quiénes son similares a las personalidades del cuento.

## JULIO CORTÁZAR

Julio Cortázar (1914-1984) nació en Bruselas, de padres argentinos. Volvió con su familia a la Argentina cuando tenía cuatro años. Es uno de los autores más estimados del "Boom" literario latinoamericano, el gran florecimiento de la literatura de este siglo. Mucha de la obra de Cortázar pertenece al género llamado *realismo mágico,* o literatura fantástica. Los cuentos de Jorge Luis Borges también se caracterizan por este realismo mágico.

"Viajes" es de una colección de cuentos que se llama *Historias de cronopios y de famas* (1962). Estos cuentos divertidos y cómicos presentan un ambiente de fantasía distinta de la fantasía del realismo mágico. En *Historias de cronopios y de famas,* el autor ha creado tres clases de seres: los cronopios, totalmente desorganizados; los famas, organizados y compulsivos; y las esperanzas, que son, más o menos, observadores de la vida y no se molestan en relacionarse con nadie. Estos seres son caricaturas divertidas del ser humano. Pero a la vez que nos reímos, nos reconocemos en ellos.

## Viajes

Cuando los famas salen de viaje, sus costumbres al pernoctar[1] en una ciudad son las siguientes: Un fama va al hotel y averigua cautelosamente[2] los precios, la calidad de las sábanas y el color de las
5 alfombras. El segundo se traslada[3] a la comisaría[4] y labra un acta[5] declarando los muebles e inmuebles[6] de los tres, así como el inventario del contenido de sus valijas[7]. El tercer fama va al hospital y copia las listas de los médicos de guardia
10 y sus especialidades.

Terminadas estas diligencias[8], los viajeros se reúnen en la plaza mayor de la ciudad, se comunican sus observaciones, y entran en el café a beber un aperitivo. Pero antes se toman de las
15 manos y danzan en ronda. Esta danza recibe el nombre de "Alegría de los famas".

1. **pernoctar** pasar la noche en alguna parte; dormir
2. **cautelosamente** con gran cuidado
3. **se traslada** transporta, se dirige, se va, cambia de lugar
4. **comisaría** oficina de la policía
5. **labra un acta** escribe una lista oficial
6. **muebles e inmuebles** todas las posesiones
7. **valijas** maletas
8. **diligencias** tareas necesarias para realizar un proyecto

Cuando los cronopios van de viaje, encuentran los hoteles llenos, los trenes ya se han marchado, lleve a gritos, y los taxis no quieren llevarlos o
20 les cobran precios altísimos. Los cronopios no se desaniman porque creen firmemente que estas cosas les ocurren a todos, y a la hora de dormir se dicen unos a otros: "La hermosa ciudad, la hermosísima ciudad". Y sueñan toda la noche que
25 en la ciudad hay grandes fiestas y que ellos están invitados. Al otro día se levantan contentísimos, y así es como viajan los cronopios.

Las esperanzas, sedentarias[9], se dejan viajar por las cosas y los hombres, y son como las estatuas
30 que hay que ir a ver porque ellas no se molestan.

___

9. **sedentarias** inmóviles; se aplica a la persona que no se mueve mucho, que se queda sentada

## ¿VERDAD O FALSO?

1. Los famas prestan mucha atención a los detalles. _____

2. Antes de salir de vacaciones, los cronopios planean con gran cuidado.

   _____

3. Los cronopios se enojan mucho con los problemas que encuentran.

   _____

4. Por lo general las esperanzas no viajan. _____

## PREGUNTAS DE COMPRENSIÓN

1. Los famas se preocupan de muchos detalles de su viaje. ¿Cuáles son?
2. ¿Qué hacen los famas para protegerse en caso de que haya un robo?
3. Después de resolver todos los problemas posibles del viaje, ¿qué hacen los famas para expresar su felicidad?
4. En tus propias palabras, ¿qué problemas tienen los cronopios al viajar?
5. ¿Por qué tienen estos problemas los cronopios y no los famas?
6. ¿Cómo reaccionan los cronopios a estos problemas?
7. ¿Por qué no viajan las esperanzas?

## ¿DE QUIÉN SE HABLA?

Decide si cada persona de quien se habla abajo es fama, cronopio o esperanza.

1. Arturo arregla todos sus discos, casetes y discos compactos en orden alfabético.

   Arturo es _____.

2. Teresa tiene seis bolsas de azúcar en varios sitios de la cocina, pero compra otra

   en el supermercado porque no se acuerda de que ya tiene seis, o se ha olvidado

   de dónde están. Teresa es _____.

3. Raúl mira los deportes en la tele, pero no juega a ninguno ni asiste a los juegos.

   Raúl es _____.

4. Rosa es capaz de pagar la misma cuenta dos veces, y no tiene la menor idea de

   cuánto dinero tiene en el banco. Rosa es _____.

5. Los hijos de Isabel juegan con una pelota dura en la casa. Por accidente, la pelota

   da contra la pared de la sala y hace un agujero (espacio vacío). Los niños meten

   un papel blanco, del color de la pared, en el agujero. Después de dos años su

   mamá todavía no lo ha notado. La mamá es _____.

6. Amalia invita a Salvador a cenar a las siete. Salvador toca a la puerta de Amalia a

   las siete en punto. Nadie contesta porque Amalia todavía está arriba, bañándose.

   Amalia es _____; Salvador es _____.

7. Viviana tiene cincuenta y dos álbumes de fotos, todos marcados con la fecha y la

   descripción de la foto. Ana tiene algunas fotos en una caja, otras entre las páginas

   de varios libros y otras aquí y allá, por varios sitios de la casa. Viviana es

   _____; Ana es _____.

8. Pablo y Adela son esposos, pero son muy diferentes. Planean una cena para sus amigos. Durante los días antes de la cena, Adela invita a varios amigos que encuentra en la calle. No sabe cuántos de ellos van a venir a la fiesta, pero no le molesta. A Pablo le molesta muchísimo porque ya hace dos días que puso la mesa, y no le gusta cambiarla. Pablo es _____; Adela es

_____.

9. Carmen no invita a sus amigos a cenar porque le parece mucho trabajo y no quiere molestarse. Carmen es _____.

10. El padre de Adriana le ha dado un archivo para guardar todos sus documentos importantes. Ella busca los documentos relacionados con la salud de su perro. No puede encontrarlos y se olvida si están bajo "P" para perro, "R" para Rover, "V" para veterinario, o "G" para González, el nombre del veterinario. Adriana es

_____.


## ¿QUIÉN ES?

Escribe tus propios ejemplos de famas y cronopios. Los otros estudiantes tratarán de adivinar de quién se habla.

## PREGUNTAS DE DISCUSIÓN

1. ¿Eres fama, cronopio o esperanza? Explica. ¿Quieres ser diferente de lo que eres? ¿De qué manera?

2. ¿Cómo se caracterizan tus padres? ¿Son famas, cronopios o esperanzas? Da ejemplos.

3. Los famas son siempre puntuales. La puntualidad puede ser una cualidad individual o determinada por la cultura. Discute lo que sabes de diferencias culturales con respecto a la puntualidad y al tiempo por lo general. ¿Eres tú puntual?

4. Según una teoría, los cronopios siempre se casan con los famas. Piensa en todos los matrimonios que conoces. ¿Te parece verdad la teoría? Explica.

5. ¿Cuáles son los beneficios cuando un cronopio vive con un fama? ¿Cuáles son los beneficios de dos cronopios que viven juntos? ¿Dos famas? ¿Cúales son las desventajas?

6. En tu opinión, ¿qué grupo es más feliz, los cronopios, los famas o las esperanzas? ¿Por qué?

7. ¿Cómo sería el mundo si todos fueran famas? ¿Si todos fueran cronopios?

8. Tu amiga es un cronopio que se ha enamorado de un fama. El fama viene a comer por primera vez a la casa del cronopio. ¿Debe ella organizar la casa antes de su visita? ¿O es mejor que el fama sepa la verdad desde el principio?

## COMPOSICIÓN DIRIGIDA

1. Escribe un ensayo en el que describes a la persona más cronopio y a la persona más fama que conoces. ¿Cómo viven estas personas? ¿Cómo reaccionan a varias situaciones? Puedes describir personas reales o imaginarias.

2. Escribe un cuento corto en el que el protagonista es un cronopio o un fama.

## EXPRESÁNDONOS

1. En tu residencia universitaria, conoces por primera vez a tu compañero(a) de cuarto. Es obvio que uno de ustedes es un fama extremo y el otro, el más cronopio de los cronopios. Con un(a) compañero(a) de clase, prepara un diálogo entre los compañeros de cuarto. Puede ser un diálogo del primer día, o puede ocurrir después de unos meses.

2. De los dos candidatos para presidente del gobierno estudiantil, uno es fama y el otro cronopio. Con un(a) compañero(a) de clase, prepara un debate entre los dos candidatos.

3. Dos jóvenes están enamorados y van a casarse. El único problema que tienen es que uno es fama y el otro es cronopio. Con un(a) compañero(a) de clase, prepara un diálogo entre estos novios, en el que hablan sobre cómo podrán vivir felizmente.

# GRAMÁTICA

## Los verbos reflexivos

### Ejemplos

a. Los famas se levantan a las siete para explorar la ciudad. Yo no me levanto hasta el mediodía.

b. Las esperanzas no se molestan en relacionarse con otras personas.

c. Mi hermano y yo no nos hemos acostumbrado a la rigidez de nuestros padres.

d. Soy muy desorganizada y a veces me olvido de hacer cosas importantes.

e. Uds. se reúnen con los otros famas cada viernes a las ocho en punto.

f. Los famas y cronopios tienen una cosa en común: sin amor, se mueren.

g. "Adiós, me voy", dijo la esperanza.

h. Cuando un cronopio se casa con un fama, tienen que acostumbrarse a sus diferencias.

### Función

Un verbo se llama reflexivo cuando se usa con un pronombre reflexivo *(me, te, se; nos, os, se)*. El sujeto del verbo y su objeto, el pronombre reflexivo, se refieren a la misma persona. Hay tres aspectos del uso del reflexivo:

- El sujeto del verbo recibe la acción del verbo (Ejemplos a; b, segundo verbo; e). *Me levanto. = Yo levanto a mí mismo(a).*

- Muchos verbos reflexivos se usan para indicar un proceso, una transición o un cambio (Ejemplos b, c, f, h). *Me casé. = Era soltera y ahora estoy casada.*

- Hay verbos que se pueden usar como reflexivos o no reflexivos: *permitir (a otro); permitirse (a uno mismo).* Algunos verbos cambian su significado cuando se usan con pronombres reflexivos (Ejemplo g). *Irse* tiene el significado de *salir* de cierto lugar.

### Formación

Los pronombres reflexivos son:

| me | nos |
|----|-----|
| te | os |
| se | se |

### Colocación

Los pronombres reflexivos se colocan antes de los verbos, con tres excepciones: el infinitivo, el gerundio y el mandato afirmativo.

#### Uso del pronombre reflexivo antes del verbo

Los famas se reúnen a las ocho en punto.

Los cronopios no se reunieron anoche porque todos se olvidaron de la hora y de la fecha.

Siempre <u>me reunía</u> con mis amigos esperanzas en la casa de ellos porque no <u>se molestaban</u> en visitarme.

**Uso del pronombre reflexivo después del verbo**

El fama no puede <u>acostumbrarse</u> al lío de mi casa.

Poco a poco estoy <u>acostumbrándome</u> a los hábitos de mi amigo.

¡<u>Acostúmbrese</u> al nuevo orden!

---

**Observa:** Cuando se le añade el pronombre reflexivo al gerundio o al mandato afirmativo de más de una sílaba, hay que escribir un acento para indicar que el acento todavía cae en la misma sílaba.

---

## Algunos verbos reflexivos

- **Verbos reflexivos que se encuentran en los Capítulos 1, 2 y 3**

| | | |
|---|---|---|
| acercarse a | acostarse *(o → ue)* | acostumbrarse a |
| asustarse | desanimarse | despertarse *(e → ie)* |
| irse | juntarse | marcharse |
| molestarse | preocuparse de | reunirse *(u → ú)* |

- **Otros verbos reflexivos comunes**

**acordarse de** *(o → ue)* tener una cosa en la memoria

**burlarse de** reírse de alguien

**casarse con** unirse en matrimonio

**dejarse** permitirse

**divertirse** *(e → ie) (e → i)* alegrarse; entretenerse; encontrar alegría haciendo algo

**dormirse** *(o → ue) (o → u)* no estar despierto; pasar de despierto a dormido

**enamorarse de** empezar a sentir amor por otra persona

**enojarse** irritarse; sentir ira

**equivocarse** cometer un error

**morirse** *(o → ue) (o → u)* pasar de la vida a la muerte

**olvidarse de** no tener una cosa en la memoria

**quedarse** permanecer, no irse

**quejarse de** expresar descontento o pena

## Ejercicios

### A. Completa la frase

Emplea uno de los verbos reflexivos de la lista. (En ciertas frases hay más de un verbo posible.)

1. El cronopio llegó tarde a la estación y el tren ya _____.

2. Al fama le gusta _____ con sus amigos para bailar "La alegría de los famas".

3. El cronopio trataba de ser más organizado y se hizo una lista de todas las cosas que necesitaba hacer. Pero después de perder la lista, el cronopio _____ con la imposibilidad de cambiarse y decidió quedarse como era.

4. Ya no voy a _____ con organizarme. No vale la pena.

5. Mi madre _____ al ver mi dormitorio. Ella nunca había visto un lío tan enorme.

6. Aunque el fama y su novia cronopio son muy diferentes ellos _____ y ahora van a la iglesia para _____. Todos los famas _____ temprano para ir juntos a la iglesia. Pero los cronopios llegan tarde a la iglesia porque _____ de sus casas en el último momento.

7. La esposa cronopio no tiene buena memoria y a veces no _____ de la fecha del aniversario pero no _____ nunca del amor que tiene por su esposo.

8. Hace años que viven juntos y el esposo ya no _____ por la desorganización de su mujer. Él controla sus emociones y no _____ perder la paciencia cuando ella llega tarde o pierde las llaves de la casa.

## B. Contesta con frases completas

1. ¿Cómo se llama el creador del Ratón Miguelito y del Pato Donaldo?

   _____

2. ¿Dónde se sentaba la Srta. Muffet?

   _____

3. ¿Por qué se asustó la Srta. Muffet?

   _____

   _____

4. ¿Se equivoca el lobo al entrar por la chimenea?

   _____

   _____

5. ¿Qué personaje de ficción se enojaba mucho durante la Navidad?

   _____

   _____

6. ¿Se divierte mucho la Cenicienta en el baile? ¿Por qué se preocupa a medianoche? ¿Con quién se casa después?

   _____

7. ¿Quién se durmió después de comer una manzana envenenada *(poisoned)?*

   _____

8. En *La Bella y la Bestia,* ¿quién se enamoró de la Bella?

   _____

## C. Expresión personal

Contesta con frases completas.

1. ¿De qué se quejan Uds. con respecto a la escuela?

   _____

2. ¿De qué aspecto de tu vida te quejas?

   _____

3. ¿De qué se quejan tus padres?

   _____

4. ¿De qué se quejan los maestros?

   _____

5. ¿Cuándo te enfadas mucho? ¿Qué haces cuando te enfadas?

   _____

6. ¿Cuándo se enojan tus padres contigo?

   _____

7. ¿En qué momento de tu vida te asustaste mucho?

   _____

8. ¿En qué día de tu vida te divertiste más?

   _____

9. Si estás en una fiesta y muchos de los jóvenes toman demasiado alcohol, ¿te quedas o te vas? ¿Por qué?

   _____

10. ¿Te duermes a veces en las clases o en el cine?

    _____

11. ¿Es posible enamorarse a primera vista?

    _____

# Los complementos directos e indirectos

## Los complementos directos

### Ejemplos

a. Mi amigo el cronopio no es muy observador. A veces parece que <u>me</u> mira sin ver<u>me</u>.

b. "Yo <u>te</u> quiero", le dice el cronopio a la fama.

c. El cronopio escribió una lista, pero después, cuando <u>la</u> buscó, no pudo encontrar<u>la</u>.

d. "Búsca<u>la</u> por favor", dijo el fama.

e. Nuestra amiga la esperanza no <u>nos</u> visita.

f. El cronopio no está aquí. Estamos esperándo<u>lo</u>.

g. Llega tarde porque perdió las llaves y todavía no <u>las</u> ha encontrado.

### Función

Los complementos directos se usan para sustituir a un sustantivo, persona o cosa. El complemento directo recibe directamente la acción del verbo.

### Formación

Los complementos directos son:

| | |
|---|---|
| me | nos |
| te | os |
| lo<br>la | los<br>las |

### Colocación

El complemento directo se coloca antes del verbo excepto en el caso del infinitivo, el gerundio y el mandato afirmativo.

> Preparé la cena y mi familia se **la** comió.

> Ejemplos: a (**me** mira); b (**te** quiero); c (**la** buscó); e (**nos** visita); g (**las** ha encontrado)

Hay tres casos en los que el complemento directo se coloca después del verbo, unido directamente a él:

- El infinitivo. Voy a hacer la tarea otra vez y no voy a perder**la** (Ejemplo a: ver**me**; c: encontrar**la**).

- El gerundio. Hace tres años que el cronopio no limpia su dormitorio, pero está limpiándo**lo** ahora (Ejemplo f: esperándo**lo**).

- El mandato afirmativo. Mi mamá se asustó al ver el lío, y me dijo: "Organíza**te**" (Ejemplo d: Búsca**la**).

> **Observa:** Cuando se le añade el complemento directo al gerundio o al mandato afirmativo de más de una sílaba, hay que escribir un acento para indicar que el acento todavía cae en la misma sílaba.

Observa las siguientes posibilidades:

> Debo organizar mis cosas.
>
> Voy a organizar**las**. *o* **Las** voy a organizar.
>
> Estoy organizándo**las** ahora. *o* **Las** estoy organizando ahora.

Observa también que en el caso del mandato afirmativo sólo hay una posibilidad: *Organízate.* (Pero: *No **te** organices.*)

# Lectura

## Vocabulario

**la tortuga** *turtle*

**la velocidad** rapidez en el movimiento; cuan rápidamente se mueve

**la tiza** materia blanca que se usa para escribir en la pizarra

**dibujar** representar una figura con un lápiz u otro utensilio *(to draw)*

**la golondrina** pájaro bonito que habita comunmente en España

**el caparazón** la parte dura que cubre la espalda de la tortuga

Lee el cuentito y después haz los ejercicios.

## Tortugas y cronopios

### Julio Cortázar

Ahora pasa que las tortugas son grandes admiradoras de la velocidad, como es natural.
Las esperanzas lo saben, y no se preocupan.
Los famas lo saben, y se burlan.
Los cronopios lo saben, y cada vez que encuentran una tortuga, sacan la caja de tizas de colores y sobre la redonda pizarra de la tortuga dibujan una golondrina.

# Ejercicios

## A. "Tortugas y cronopios"

Escribe la frase de nuevo, empleando el complemento directo en vez del sustantivo indicado.

1. El cronopio mira <u>la tortuga</u>.

   _____

2. La tortuga, a quien le falta la velocidad, admira <u>la velocidad</u>.

   _____

3. La golondrina es capaz de volar a gran velocidad, y por eso simboliza <u>la velocidad</u>.

   _____

4. El cronopio quiere ayudar a <u>la tortuga</u>.

   _____

5. El cronopio se imagina un pájaro bonito, y dibuja <u>el pájaro</u> en el caparazón de la tortuga.

   _____

## B. Tú eres la tortuga

Contesta como si fueras la tortuga del cuento. Contesta usando el complemento directo en vez del objeto directo. Por ejemplo:

—_¿Por qué miras al pájaro?_

—_Lo miro porque es bonito._

1. ¿Por qué admiras tanto la velocidad?

   _____

2. ¿Quién quiere ayudarte?

   _____

3. ¿Quién dibujó el pájaro en tu caparazón?

   _____

# Los complementos indirectos

## Ejemplos

a. Mi amigo el fama <u>me</u> dio un regalo.

b. "<u>Te</u> compré un archivo *(file cabinet)* para organizar tus papeles", <u>me</u> dijo mi amigo, lleno de entusiasmo.

c. Cada vez que <u>le</u> hablo, mi amigo <u>me</u> hace la misma pregunta: "¿Qué tal el archivo? ¿Estás organizándote?"

d. Por fin tuve que decir<u>le</u> la verdad: que no había colocado ni un papel en mi archivo.

e. Ahora mi amigo está enseñánd<u>ome</u> su sistema de organización.

f. "Me resulta difícil empezar", le dije. "Enséña<u>me</u> tu sistema".

## Función

El complemento indirecto sustituye a la persona que recibe el complemento directo. El complemento indirecto no recibe la acción del verbo directamente. La acción del verbo afecta el complemento indirectamente:

> Mi amigo **me** compró un archivo.

El objeto directo, *el archivo,* recibe la acción del verbo *comprar.* Yo, el objeto indirecto, recibe el archivo y por lo tanto se emplea el complemento indirecto *me.*

## Formación

| me | nos |
|----|-----|
| te | os |
| le | les |

## Colocación

En la colocación del complemento indirecto, se sigue la misma regla del complemento directo: antes del verbo (Ejemplos a, b, c) excepto en el caso del infinitivo (Ejemplo d), el gerundio (Ejemplo e), y el mandato afirmativo (Ejemplo f), donde se coloca detrás del verbo.

---

**Observa:** Cuando se le añade el complemento indirecto al gerundio o al mandato afirmativo de más de una sílaba, hay que escribir un acento para indicar que el acento todavía cae en la misma sílaba.

## Los complementos directos e indirectos en la misma frase

Cuando hay dos complementos en la misma frase, el complemento indirecto se coloca delante del complemento directo:

—¿Quién te dio el archivo?

—Mi amigo **me lo** dio.

Cuando los dos complementos empiezan con una *l, (le* o *les* combinados con *lo, la, los* o *las)* el complemento indirecto, *le* o *les,* cambia a *se:*

—¿Por fin le dijiste la verdad al fama?

—Sí, **se la** dije.

—¿Quiénes van a enseñarles el sistema a los cronopios?

—Los famas van a enseñár**selo.**

—¿Vas a explicarle las reglas al fama?

—Sí, estoy explicándo**selas** ahora.

—¿Debo darle la maleta a la esperanza mañana?

—No, dá**sela** al cronopio. La esperanza no viaja.

---

**Observa:**    Cuando se le añade el complemento indirecto junto con el complemento directo al infinitivo, al gerundio o al mandato afirmativo, hay que escribir un acento para indicar que el acento todavía cae en la misma sílaba.

---

# Ejercicios

## A. Expresión personal

Contesta empleando los complementos directos e indirectos.

1. ¿Quién les enseña español este año?

   _____

2. ¿Le hablas inglés al (a la) profesor(a) de español?

   _____

3. ¿Les piden Uds. más tarea a los profesores?

   _____

4. ¿Cuál fue el mejor regalo que recibiste? ¿Quién te lo dio?

   _____

5. ¿Vas a pedirle un Lambourghini al Papá Noel?

   _____

6. ¿Quién está gobernando el país?

   _____

7. ¿Mandaste una tarjeta de San Valentín a tu novio(a)?

   _____

8. ¿Quién le trajo mucha alegría al poeta Pablo Neruda?

   _____

9. ¿Quién está enseñándote la historia?

   _____

10. ¿Quién te leía cuentos cuando eras pequeño(a)?

    _____

## B. Cuentos de hadas

Contesta empleando los complementos directos e indirectos. (Las respuestas se encuentran entre paréntesis.)

1. ¿Quién le dio los zapatos de vidrio a la Cenicienta? (el Hada Madrina)

   _____

   _____

2. ¿Quién le dio los zapatos mágicos a Dorotea? (la Bruja Buena)

   _____

   _____

3. ¿Quién le pidió un corazón al Mago de Oz? (el Hombre de Estaño)

   _____

   _____

4. ¿Quién les destruyó las casas a dos de los tres cerditos? (el Lobo)

   _____

   _____

5. ¿Quién le dio una manzana envenenada a Blancanieves? (la Reina Mala)

   _____

6. ¿Quién quería comerse a Hansel y Gretel? (la Bruja)

   _____

7. ¿Quién le dijo mentiras a su papá? (Pinocho *Pinocchio*)

   _____

8. ¿Quién perdió sus ovejas? (La pequeña Bo Peep)

   _____

9. ¿Quién les comió la avena a los tres osos? (Ricitos de Oro)

_____

_____

10. ¿Quién le dio un beso a la Bella Durmiente? (el Príncipe Encantador)

_____

_____

## Verbos comunes que con frecuencia se emplean con el complemento indirecto

**encantar** Al niño <u>le encantan</u> los dulces.

**faltar** El automóvil no anda porque <u>le falta</u> gasolina.

**gustar\*** Vives en la Florida porque <u>te gusta</u> el sol.

**hacer falta** Desde que te fuiste, <u>me haces falta</u>.

**importar** Al Sr. Scrooge <u>le importa</u> mucho el dinero.

**molestar** Fumar es una costumbre que <u>les molesta</u> a muchos.

**parecer** <u>Me parece</u> que los cronopios son muy generosos.

### Más ejemplos

a. A los famas <u>les encanta</u> el orden.

b. Al cronopio <u>le faltan</u> los pantalones.

c. A Neruda <u>le hace falta</u> su perro.

d. Al fama <u>le importan</u> los detalles.

e. Al fama <u>le molesta</u> la desorganización del cronopio.

f. A Borges no <u>le parece</u> extraño encontrarse con el joven Borges.

\*No se puede traducir literalmente _I like cronopios,_ sino _Cronopios are pleasing to me:_ Me gustan los cronopios.

# Ejercicios

## A. Famas y cronopios

Contesta con frases completas.

1. ¿Qué característica o cualidad les falta a los cronopios?

   _____

2. ¿Qué características le importan mucho a un fama?

   _____

3. Si llegas tarde a una fiesta, ¿le molesta más a un fama o a un cronopio?

   _____

4. ¿Te parecen divertidas las esperanzas?

   _____

5. ¿Te gusta más viajar con un fama o con un cronopio?

   _____

6. ¿A las esperanzas les gusta viajar?

   _____

## B. ¿Qué le falta?

Contesta con una frase completa.

1. ¿Qué le falta a la Sra. Gómez?

   _____

2. ¿Qué le falta a la casa?

   _____

3. ¿Qué le falta al jinete?

4. ¿Quién le hace falta a Isabel?

Ramiro

## C. Expresión personal

Contesta empleando los complementos indirectos.

1. ¿Les gusta a Uds. la comida en la cafetería?

2. ¿Les gusta a tus padres la condición de tu dormitorio?

3. ¿Qué película te gustó más este año?

4. ¿Qué te hace falta para ser totalmente feliz?

5. ¿Te importan mucho las notas? ¿Les importan a tus padres?

6. ¿Te parece que nos importan demasiado las posesiones materiales?

7. ¿Les gusta a tus padres Bruce "Primaverasteen" *(Springsteen)*? ¿Los Muertos Agradecidos *(Grateful Dead)*?

8. ¿Qué grupo musical te encanta?

_____

9. ¿Qué profesión te parece la más noble?

_____

10. ¿Qué virtud le falta más a nuestra sociedad?

_____

11. ¿Qué característica te molesta más de la personalidad de otros?

_____

12. ¿Qué característica te importa mucho en un(a) amigo(a)?

_____

13. ¿Qué haces a veces que les molesta a otros?

_____

14. ¿Qué comida te gusta más?

_____

## D. Traduce la frase al español

1. The light bothers Count Dracula.

_____

2. The Grinch doesn't like Christmas.

_____

3. King Midas cares a lot about money. (Money is very important to him.)

_____

4. Fish like to swim, birds like to fly.

_____

5. My dog likes to sleep near the fire.

_____

6. I miss you. Do you miss me?

   _____

7. Cinderella *(La Cenicienta)* needs a new dress.

   _____

8. I care about you.

   _____

9. I can't finish the homework. I'm missing the last two questions.

   _____

10. Do politicians generally lack integrity?

    _____

# Repaso

## A. La Cenicienta

Completa la frase con la forma correcta del verbo según el sentido de la frase. Selecciona entre el presente, el pretérito, el imperfecto, el presente perfecto, el pluscuamperfecto y el infinitivo.

1. Hace muchos años se le _____ (morir) la madre a la Cenicienta, dejándola sola con su padre. Después de algunos años, el padre _____ (casarse), por segunda vez, con una mujer horrorosa y cruel como todas las madrastras de los cuentos de hadas. La madrastra _____ (traer) consigo a la casa de la Cenicienta a sus dos hijas feas, vanidosas y mal educadas.

2. La Cenicienta _____ (ser) todavía muy joven cuando _____ (perder) también a su papá. Antes de la muerte del padre, la madrastra _____ (haber / fingir) cariño hacia la Cenicienta, pero después todo _____ (cambiar). La madrastra y sus dos hijas _____ (juntarse) contra la Cenicienta y la _____ (convertir) en una sirvienta en su propia casa.

3. Ahora _____ (haber / pasar) unos años y la Cenicienta _____ (ser) una joven bonita y dulce que no _____ (haber / perder) su dulzura, aunque ahora tiene una vida dura. Ella _____ (haber / acostumbrarse) a hacer todo el trabajo de la casa sin _____ (quejarse). Ella nunca _____ (desanimarse).

4. Esta noche hay un baile en el palacio. La Cenicienta _____ (pensar) que no _____ (poder) asistir porque no _____ (tener) un vestido. Pero con la ayuda de su Hada Madrina, la Cenicienta _____ (ir) al baile y

_____ (conocer) al príncipe. El príncipe

_____ (acercarse) a la Cenicienta y los dos

_____ (enamorarse) a primera vista. Ellos van a

_____ (casarse) y _____ (vivir) felizmente

para siempre. La semana que viene, la Cenicienta va a _____

(estar) en el _Show de Geraldo_ sobre "Mujeres que _____

(escaparse) de la pobreza al _____ (casarse) con príncipes".

## B. Los tres cerditos

Completa la frase con la forma correcta del presente de _ser_ o _estar_ según el sentido de la frase.

1. Los tres cerditos _____ hermanos. Ellos

   _____ jóvenes y guapos, pero también

   _____ perezosos (no les gusta trabajar). Sus casas

   _____ en el bosque. Una casa _____ de

   madera, otra de paja y otra de ladrillo _(brick)_.

2. Un día llega un lobo. Al lobo le gusta comer cerditos. Al lobo le parece que los

   cerditos _____ deliciosos. El lobo _____

   muy agresivo, y quiere entrar en las casas de los tres cerditos para comérselos.

3. Los cerditos _____ dentro de sus casas y las puertas

   _____ cerradas. El lobo se acerca a las casas de paja y de

   madera y sopla fuertemente. Destruye las dos casas. Sólo la casa de ladrillo

   _____ bastante fuerte para resistir.

4. Ahora los tres cerditos _____ en la casa de ladrillo. El lobo,

   que _____ muy listo, trata de entrar por la chimenea. Pero los

   cerditos no _____ tontos. Ponen una olla de agua debajo de la

   chimenea. El agua _____ muy caliente. Después de caerse en

   el agua, el lobo _____ muy triste.

## C. Cuentos de hadas

Contesta usando los complementos directos e indirectos. (Las respuestas para los números 1, 2 y 3 se encuentran entre paréntesis.)

1. ¿Quién le lee cuentos de hadas a Peter Pan? (Wendy)

   _____

2. ¿Quién le comió la mano al Capitán Hook? (el cocodrilo)

   _____

3. ¿Quién les prepara las comidas a los "Niños perdidos"? (Wendy)

   _____

4. ¿Vas a leerles cuentos de hadas a tus hijos algún día?

   _____

## D. Más cuentos

Contesta usando la voz pasiva con *se.*

1. ¿En qué cuento de hadas se pierde un zapato de vidrio?

   _____

2. ¿En qué cuento de hadas se encuentra una bruja que quiere comerse a dos niños?

   _____

3. ¿Se puede decir que los cuentos de hadas son demasiado espantosos *(scary)* para los niños?

   _____

4. En los cuentos de hadas, ¿cómo se presentan las mujeres jóvenes?

   _____

5. ¿Cómo se presentan las mujeres viejas?

   _____

## E. Traduce la frase al español

Usa la voz pasiva con *se*.

1. They say that all princes are handsome.

   _____

2. You can't find an ugly prince.

   _____

3. Fairy tales are read all over the world.

   _____

4. Are fairy tales written today?

   _____

## F. Discusión

¿Crees que los cuentos de hadas son sexistas? Explica.

## G. Composición dirigida

Escribe un cuento de hadas moderno. Puedes inventar tu propio cuento o puedes escribir una parodia antisexista de un cuento de hadas antiguo.

# Capítulo 4

## *Las reacciones a las expectativas de los padres*

| | |
|---|---|
| **Lectura** | *Nada menos que todo un hombre,* Miguel de Unamuno |
| **Gramática** | El presente del subjuntivo; el uso del subjuntivo después de verbos o expresiones de voluntad, duda, negación y emoción; el presente perfecto del subjuntivo |

## Vocabulario

**el agüero** lo que anuncia la buena o mala fortuna futura que va a pasar. Algunos creen que los gatos negros son animales de mal <u>agüero</u>.

**aprovechar** utilizar; beneficiar, obtener beneficio; servirse de alguien o algo. <u>Aproveché</u> la ausencia de mis padres para dar una fiesta.
    **aprovecharse de uno** abusar. El político deshonesto <u>se aprovechó de</u> la gente que creía en él.

**la belleza** cualidad de bello o muy bonito; perfección estética. Las flores son bellas, y una mañana radiante de primavera también lo es, pero no hay <u>belleza</u> como la de la cara de una persona querida.

**el bienestar** estado de felicidad y paz. La salud y el amor son necesarios para el <u>bienestar</u> del ser humano.

**darse cuenta de** observar; llegar a saber algo. Al ver la condición de la casa, mis padres <u>se dieron cuenta de</u> que hubo una fiesta allí cuando ellos no estaban.

**la desgracia** mala suerte, mala fortuna; miseria. Lancelot tuvo la <u>desgracia</u> de enamorarse de la esposa del rey Arturo.
    **por desgracia** desafortunadamente. <u>Por desgracia</u> el héroe no pudo llegar a tiempo.

**entristecer** hacer que alguien esté triste. A la Madre Teresa le <u>entristece</u> la pobreza de los pobres.
    **entristecerse** ponerse triste. <u>Me entristezco</u> porque me hace falta mi perro.

**la esperanza** sentimiento optimista de que ocurrirá algo que se desea. Tenemos la <u>esperanza</u> de un mundo sin racismo.

**la hermosura** belleza. Muchos hombres se enamoraron de Remedios la bella por su gran <u>hermosura</u>.

**impedir (i)** no permitir que ocurra algo; servir de obstáculo para algo. El lío en mi dormitorio <u>impide</u> que se vea la alfombra.

**inquietar** quitar la tranquilidad. Me <u>inquieta</u> mucho oír un ruido cuando estoy sola en la casa.

**lucir** brillar, en el sentido de las apariencias. La Cenicienta lleva un vestido muy bonito al baile; ella <u>luce</u> muy bella.

**la pesadumbre** gran tristeza; pena. Después de la muerte de John Kennedy, todo el país estaba lleno de <u>pesadumbre</u>.

**el porvenir** futuro. Algunos dicen que en el futuro toda la literatura se leerá por computadora; se imagina un <u>porvenir</u> sin libros.

**profundo, -a** muy hondo; a mucha distancia de la superficie; muy intenso. El amor de los padres por sus hijos es el amor más <u>profundo</u> del mundo.

**soler (ue)** tener la costumbre de hacer algo; acostumbrar. El cronopio <u>suele</u> dejar ropa, libros, papeles y otras cosas por todo su dormitorio.

**temer** tener miedo de algo o alguien. Todos <u>temen</u> a Freddy Krueger porque es un monstruo con uñas largas que mata a muchas personas.

**tonto, -a** de poca inteligencia, bobo, estúpido. En la película *Jules y Jim,* dos hombres buenos se enamoran de una mujer superficial. Muchos los llaman románticos; a mí me parecen <u>tontos</u>.
  **la tontería** una cosa tonta. Es una <u>tontería</u> casarse sin pensarlo bien.

**valer** costar, importar; servir. Un cuadro de Picasso <u>vale</u> millones de dólares.
  **vale la pena** es útil, merece el esfuerzo. La obra de Borges es compleja, pero <u>vale la pena</u> leerla porque nos da nuevas perspectivas.

**vigilar** observar con cuidado. La madre <u>vigila</u> al niño enfermo.

## Ejercicios de vocabulario

### A. Completa la frase

Usa la palabra apropiada del vocabulario.

1. Muchas veces en nuestra sociedad, se da un valor muy alto a la

   _____ física en vez de a las cualidades espirituales.

2. Es importante considerar los valores más _____ y no sólo

   los superficiales.

3. Muchas personas guapas _____ la vejez porque no pueden

   aceptar la idea de perder la atracción juvenil. Ellas tratan de

   _____ los indicios de la vejez.

4. A estas personas les _____ ver las primeras canas (pelos

   grises). (Hay dos respuestas posibles.)

5. Conozco a una mujer que _____ pasar horas cada día

   mirándose en el espejo. ¡Qué costumbre tan rara!

6. Algunos hombres y mujeres basan su amor propio *(self-esteem)* en la belleza

   física y, según ellos, todo su _____ y felicidad depende de su

   apariencia.

7. Estas personas tratan de _____ de todos los nuevos métodos

   científicos para mantenerse jóvenes.

8. Se aplican toda clase de cremas y maquillajes (cosméticos) y así tienen la

   _____ de ser atractivos para siempre, de siempre

   _____ guapos.

9. Pero _____ no es posible lucir igual a los sesenta años que a

   los veinte.

## B. Expresión personal

1. ¿Qué características superficiales valen más en nuestra sociedad? ¿Crees que hay otras características que deben valer más? ¿Cuáles son?
2. Todos tenemos nuestras tonterías individuales. ¿Cuál es una tontería tuya? ¿La de otra persona?
3. ¿Cuál es la pesadumbre más terrible que puedes imaginar?
4. ¿Crees en los agüeros? ¿Es posible saber algo del porvenir por los sueños? ¿Por las líneas de la palma de la mano? ¿Por lo que dice un adivino *(fortune teller)?*
5. ¿Qué personaje de un cuento de hadas solía pasar mucho tiempo delante del espejo?

## C. Completa la frase

1. Me entristezco cuando pienso en _____

2. Me inquieta la idea de _____

3. Una gran desgracia de que se quejan muchos es _____

4. Cada día suelo _____

5. Algo que impide el bienestar del ser humano es _____

# LECTURA

## Estrategia para leer

Tanto en su prosa como en su poesía, las obras de Miguel de Unamuno tratan de motivos íntimos de sus personajes: sus obsesiones o los secretos del alma. En el fragmento que sigue, nota la falta de descripción de aspectos físicos. Observa cuánto aprendemos sobre las personalidades de los personajes y de la relación entre ellos, aunque el trozo es bastante corto. Según Unamuno, para crear seres vivos, "no acumules detalles, no te dediques a observar exterioridades de los que contigo conviven, sino trátalos, excítalos si puedes, quiérelos sobre todo y espera a que un día — acaso nunca — saquen a luz y desnuda el alma de su alma.[1]" "Dios planta un secreto en el alma de cada uno de los hombres[2]" y la función del escritor es encontrarlo e iluminarlo. Observa con cuidado lo que se revela del alma de cada personaje en el fragmento que sigue.

## MIGUEL DE UNAMUNO

Miguel de Unamuno (1864-1936) nació en Bilbao, al norte de España, en el País Vasco. Como miembro del grupo de escritores que se llama La Generación del 98, Unamuno expresa gran interés por la identidad y la filosofía de España durante una época de problemas nacionales. Otro tema de gran importancia para Unamuno es el conflicto entre la fe y la razón, tema que refleja una crisis de fe que sufrió el autor en su juventud.

Julia, la protagonista de *Nada menos que todo un hombre,* es típica de las criaturas unamunianas en que tiene una obsesión que determina todo lo que hace. Julia es una mujer hermosa que desea, con gran ansiedad, ser amada no sólo por su belleza sino por sí misma.

### Nada menos que todo un hombre (fragmento)

La fama de la hermosura de Julia estaba esparcida[3] por toda la comarca[4] que ceñía[5] a la vieja ciudad de Renada; era Julia algo así como su belleza oficial, o como un monumento más, pero
5 viviente y fresco, entre los tesoros arquitectónicos de la capital. "Voy a Renada —decían algunos— a ver la Catedral y a ver a Julia Yáñez." Había en los ojos de la hermosa un agüero de tragedia. Su porte[6] inquietaba a cuantos la miraban. Los viejos
10 se entristecían al verla pasar, arrastrando tras sí las

1. Miguel de Unamuno, *Tres novelas ejemplares y un prólogo,* 11th ed. (Madrid: Colección Austral, 1964), pp. 55-56.
2. Miguel de Unamuno, "El secreto de la vida", *Obras completas* (Afrodisio Aguado S.A.), p. 720.
3. **esparcida** extendida
4. **comarca** región, territorio, lugar
5. **ceñía** rodeaba, extendía alrededor
6. **porte** aire, apariencia, aspecto de una persona debido a su propia figura, manera de vestirse, etc.

miradas de todos, y los mozos se dormían aquella noche más tarde. Y ella, consciente de su poder, sentía sobre sí la pesadumbre de un porvenir fatal. Una voz muy recóndita[7], escapada de lo más
15 profundo de su conciencia, parecía decirle: "¡Tu hermosura te perderá!" Y se distraía para no oírla.

El padre de la hermosura regional, don Victorino Yáñez, sujeto de muy brumosos[8] antecedentes morales, tenía puestas en la hija todas sus últimas
20 y definitivas esperanzas de redención[9] económica. Era agente de negocios, y éstos le iban de mal en peor. Su último y supremo negocio, la última carta que le quedaba por jugar, era la hija. Tenía también un hijo; pero era cosa perdida, y hacía tiempo que
25 ignoraba su paradero[10].

—Ya no nos queda más que Julia —solía decirle a su mujer—; todo depende de cómo se nos case o de cómo la casemos. Si hace una tontería, y me temo que la haga, estamos perdidos.
30 —¿Y a qué le llamas hacer una tontería?

—Ya saliste tú con otra[11]. Cuando digo que apenas si tienes sentido común, Anacleta. . .

—¡Y qué le voy a hacer, Victorino! Ilústrame tú, que eres aquí el único de algún talento[12] . . .
35 —Pues lo que aquí hace falta, ya te lo he dicho cien veces, es que vigiles a Julia y le impidas que ande con esos noviazgos estúpidos, en que pierden el tiempo, las proporciones y hasta la salud las renatenses[13] todas.
40 —¿Y qué le voy a hacer?

—¿Qué le vas a hacer? Hacerla comprender que el porvenir y el bienestar de todos nosotros, de ti y mío, y la honra, acaso, ¿lo entiendes. . . ?

—Sí, lo entiendo.
45 —¡No, no lo entiendes! La honra, ¿lo oyes?, la honra de la familia depende de su casamiento. Es menester que se haga valer[14].

—¡Pobrecilla!

—¿Pobrecilla? Lo que hace falta es que no
50 empiece a echarse novios absurdos, y que no lea esas novelas disparatadas[15] que lee y que no hacen sino llenarle la cabeza de humo.

—¡Pero y qué quieres que haga. . . !

—Pensar con juicio, y darse cuenta de lo que
55 tiene con su hermosura, y saber aprovecharla.

—Pues yo, a su edad. . .

—¡Vamos, Anacleta, no digas más necedades[16]! No abres la boca más que para decir majaderías[17]. Tú, a su edad. . . Tú, a su edad. . . Mira que te
60 conocí entonces. . .

—Sí, por desgracia. . .

Y separábanse los padres de la hermosura para recomenzar al siguiente día una conversación parecida.
65 Y la pobre Julia sufría, comprendiendo toda la hórrida hondura de los cálculos de su padre. "Me quiere vender —se decía—, para salvar sus negocios comprometidos[18]; para salvarse acaso del presidio.[19]" Y así era.
70 Y por instinto de rebelión, aceptó Julia al primer novio.

---

7. **recóndita** secreta
8. **brumosos** oscuros, no claros; nebulosos
9. **redención** salvación
10. **paradero** lugar donde se queda alguien
11. **Ya saliste tú con otra.** Ya dijiste otra tontería.
12. **talento** inteligencia
13. **renatenses** las jóvenes de Renada

14. **Es menester que se haga valer.** Es necesario que ella tenga éxito en la vida.
15. **disparatadas** absurdas; locas
16. **necedades** tonterías
17. **majaderías** tonterías
18. **comprometidos** deshonrados
19. **presidio** cárcel, prisión

## PREGUNTAS DE COMPRENSIÓN

1. ¿Por qué se compara a Julia con un monumento?
2. ¿Cuál es el efecto de la belleza de Julia sobre otras personas?
3. ¿Qué miedo secreto tiene Julia?
4. Identifica: a) Anacleta, b) don Victorino.
5. ¿Qué problema tiene el padre de Julia? ¿Cómo espera resolverlo?
6. Anacleta le dice a don Victorino: "Ilústrame tú, que eres aquí el único de algún talento . . ." ¿Cuál es el tono con que se dice?
7. Según don Victorino, ¿cuál es la "tontería" que Anacleta debe impedir?
8. ¿Cómo reacciona Julia al plan de su padre? ¿Qué hace como resultado?

## PREGUNTAS DE DISCUSIÓN

1. ¿Cómo nos comunica Unamuno la gran belleza de Julia sin describirla directamente?
2. ¿Qué aprendemos del carácter de don Victorino? ¿Cómo se caracteriza?
3. Por el diálogo corto entre Anacleta y don Victorino aprendemos mucho de su matrimonio. ¿Cómo se caracteriza la relación entre ellos? ¿Quién domina? ¿Qué palabras indican las emociones de Anacleta?
4. ¿Cuál es el concepto de don Victorino de la honra? ¿Qué ironía se encuentra aquí?
5. ¿Cómo va a expresar Julia su "rebelión" contra su padre? Imagínate cómo será el novio que ella acepta.

## COMPOSICIÓN DIRIGIDA

1. La rebelión de los jóvenes contra un aspecto del control de sus padres es un tema universal. En un ensayo bien organizado, discute la rebelión de un(a) hijo(a) contra sus padres. Puedes contar un suceso que te pasó a ti o a un(a) amigo(a). Si prefieres, puedes emplear la forma de cuento corto en vez de un ensayo.
2. Escribe una carta a Julia en la que expresas tus reacciones a sus problemas. Explícale los cambios en la sociedad en años recientes, y las semejanzas y diferencias entre nuestra sociedad y la de ella.
3. En la obra de Unamuno la vida de cada personaje gira alrededor de su secreto íntimo, o su obsesión. Julia está obsesionada con el deseo de ser amada. En otra novela de Unamuno, *San Manuel Bueno, mártir,* don Manuel es un cura, el líder espiritual de una iglesia, obsesionado por su incapacidad de creer en la vida eterna. Si tú fueras un personaje unamuniano, ¿cuál sería tu secreto u obsesión? Explica en un ensayo bien organizado.

## EXPRESÁNDONOS

1. Eres un(a) joven que ha encontrado el (la) novio(a) perfecto(a) para fastidiar a tus padres. Con tres compañeros de clase, prepara un diálogo en el que presentas a tu novio(a), el (la) "novio(a) del infierno", a tus padres.

2. El fragmento de *Nada menos que todo un hombre* que leíste refleja los valores sociales relacionados con la belleza física y con el dinero. ¿Qué se puede aprender de los valores y la moralidad de nuestra sociedad por la publicidad, las propagandas o anuncios de varios productos? Trae a la clase unos anuncios de periódicos o revistas y discute las implicaciones sociales.

3. Eres un(a) joven que quiere rebelarse contra sus padres. Has decidido afeitarte la cabeza o cambiar el color del pelo o tatuarte. Con unos compañeros de clase presenta un diálogo entre tú y tus padres.

# GRAMÁTICA

## El presente del subjuntivo

### Ejemplos

a. Julia espera que un hombre la <u>quiera</u> por sí misma.

b. Pero ella teme que los hombres no <u>vean</u> más que su belleza.

c. Don Victorino insiste en que su hija <u>se case</u> por dinero.

d. Él no permite que Julia <u>salga</u> con hombres pobres.

e. Según don Victorino es necesario que un hombre <u>tenga</u> dinero para mantener la honra de la familia.

f. La mamá de Julia se entristece al pensar que el padre <u>pueda</u> seleccionar al novio.

g. La madre duda que la pobre Julia <u>encuentre</u> la felicidad.

h. No es probable que un matrimonio por dinero <u>sea</u> feliz.

### Función

El uso del subjuntivo es fascinante porque representa una mezcla de gramática y filosofía de la vida. El propósito del subjuntivo es dividir todo lo que decimos en dos categorías: lo que se presenta como realidad y lo que no se presenta como realidad. Todos los tiempos verbales que expresan la realidad se llaman *tiempos indicativos.* Todos los tiempos verbales que has aprendido hasta ahora son tiempos verbales indicativos. El grupo de tiempos verbales que expresan acciones o condiciones que no se presentan como realidad segura se llaman *tiempos verbales subjuntivos.*

Muchas veces el subjuntivo se usa en una cláusula introducida por *que,* como en el ejemplo:

Julia espera **que** su novio la quiera para siempre.

La única realidad segura de esta frase es que *Julia espera;* por eso se usa el presente del indicativo del verbo *esperar. Que su novio la quiera para siempre* es una esperanza, una posibilidad, pero no se presenta como realidad segura. Por eso se usa el subjuntivo *quiera.*

A causa del uso del subjuntivo, si la segunda cláusula está separada de la primera, la segunda no será interpretada como realidad. Por ejemplo, si la Sra. López escribe en inglés en un papel:

I don't believe that all politicians tell the truth.

y si el papel se rompe así:

I don't believe   that all politicians tell the truth.

alguien que sólo lee la segunda cláusula va a pensar: "¡Qué tonta es la Sra. López, que cree tal cosa!" Pero la misma frase en español emplea el subjuntivo y así no permite el mismo error:

No creo       que todos los políticos **digan** la verdad.

En la segunda cláusula, el uso del subjuntivo *digan,* en vez del indicativo *dicen,* muestra que la cláusula <u>no</u> se presenta como realidad. ¡La Sra. López no va a parecer tonta!

Si según el verbo de la primera cláusula, la segunda cláusula representa la verdad, se usa el indicativo:

Creo que algunos políticos **dicen** la verdad.

Al decir *Creo que* estoy presentando la realidad en mi opinión. Por eso empleo el indicativo *dicen.* Quiero que mi opinión sea aceptada como realidad.

Las categorías más comunes de verbos o expresiones que necesitan el uso del subjuntivo en la segunda cláusula son:
* verbos o expresiones de voluntad: *esperar, permitir, desear, querer, insistir en, prohibir, preferir, es importante, es necesario, es mejor* (Ejemplos a, c, d, e)
* verbos o expresiones que expresan emoción: *entristecerse de, alegrarse de, temer, es una lástima, ojalá* (Ejemplos b, f)
* verbos o expresiones de duda o negación: *dudar, es probable, es posible, es imposible, es dudoso* (Ejemplos g, h)

Observa que después de verbos de emoción se usa el subjuntivo aunque se exprese una realidad. Por ejemplo:

Es una lástima que don Victorino no **sea** un buen padre.

Observa que cuando la segunda cláusula tiene el mismo sujeto se usa el infinitivo:

Don Victorino quiere que Julia **se case** por dinero.

Julia quiere **casarse** por amor.

## Formación

### Verbos regulares

El presente del subjuntivo normalmente se forma usando la primera persona singular del presente del indicativo (yo). Se quita la -o, y se añaden las terminaciones de la vocal opuesta a la raíz.

| hablar | | volver | | decir | |
|---|---|---|---|---|---|
| hable | hablemos | vuelva | volvamos | diga | digamos |
| hables | habléis | vuelvas | volváis | digas | digáis |
| hable | hablen | vuelva | vuelvan | diga | digan |

Observa que los verbos que terminan con -car, -gar, y -zar necesitan cambios ortográficos para mantener el sonido:

tocar → **toque**     llegar → **llegue**     empezar → **empiece**

### Verbos de cambio radical de la tercera conjugación

En la primera y la segunda persona plural, cambian igual al cambio de las terceras personas del pretérito:

| dormir | | sentir | | pedir | |
|---|---|---|---|---|---|
| duerma | durmamos | sienta | sintamos | pida | pidamos |
| duermas | durmáis | sientas | sintáis | pidas | pidáis |
| duerma | duerman | sienta | sientan | pida | pidan |

### Verbos irregulares

Sólo los verbos que no terminan en o en la primera persona singular del presente son irregulares en la formación del presente del subjuntivo.

dar → **dé**     estar → **esté**

haber → **haya**     ir → **vaya**

saber → **sepa**     ser → **sea**

Todas las demás formas (tú, él, ella, Ud.; nosotros, vosotros, ellos, ellas, Uds.) del presente del subjuntivo de los verbos irregulares siguen la primera persona singular (yo).

# Ejercicios

## A. Completa la frase

Emplea la forma correcta del presente del subjuntivo del verbo.

1. Es una lástima que las relaciones entre los padres y sus hijos

   _____ (ser) difíciles a veces.

2. Muchos padres son como el de Julia. Don Victorino quiere que Julia

   _____ (vivir) según reglas determinadas por él.

3. Algunos padres insisten en que sus hijos _____ (estudiar) por

   muchas horas, _____ (llevar) el pelo corto o que

   _____ (vestirse) de cierta manera.

4. Los padres impiden que sus hijos _____ (lucir) como quieren.

   No creen que los jóvenes _____ (tener) el derecho de decidir

   su arreglo personal.

5. ¡Ojalá que tú _____ (poder) llevarte mejor con tus hijos

   algún día!

## B. Eréndira

"La increíble y triste historia de la cándida Eréndira y de su abuela desalmada" es un cuento de Gabriel García Márquez. Como el padre de Julia, la abuela de la joven Eréndira exige que ella haga cosas injustas. Completa las frases del resumen que sigue. Emplea la forma correcta del presente del indicativo o del presente del subjuntivo del verbo.

1. La abuela de Eréndira es muy severa e insiste en que la joven

   _____ (hacer) todo el trabajo de la casa. La abuela no

   permite que Eréndira _____ (salir) con sus amigos porque

   quiere que la joven siempre _____ (estar) allí para servirle.

   La vieja prohibe que su nieta _____ (ir) a fiestas con otros

   jóvenes y aun impide que Eréndira _____ (dormirse) antes de

   terminar todo el trabajo de la casa. Es obvio que la abuela no

   _____ (querer) a su nieta.

2. Una noche Eréndira está cansadísima, y es imposible que

   _____ (hacer) otra cosa más. Por fin la pobrecita se duerme

   de pie, sin apagar las velas *(candles)* de la casa. A causa del fuego que resulta, la

   casa de la abuela se destruye. La abuela insiste en que la joven

   _____ (trabajar) hasta que _____ (poder)

   pagarle el costo de la casa destruida. La vieja quiere que su nieta

   _____ (vivir) sólo para servirle. Es una lástima que la pobre

   Eréndira _____ (tener) una abuela tan cruel.

## C. Los padres menos ideales

Completa la frase empleando la forma correcta del presente del indicativo, del presente del subjuntivo o el infinitivo.

1. Me parece que la madre de Julia de veras _____ (querer) a su

   hija pero no creo que a don Victorino le _____ (importar) el

   bienestar de su hija.

2. Es una lástima que su madre no _____ (luchar) contra la

   voluntad de don Victorino.

3. Creo que a algunos padres les _____ (faltar) el instinto

   maternal o paternal.

4. Por ejemplo, el papá león a veces _____ (tener) la mala

   costumbre de comerse a sus hijos.

5. Saturno, el dios griego también _____ (comer) a sus hijos

   porque quiere impedir que uno de ellos le _____ (quitar) el

   poder a él algún día. No creo que se _____ (celebrar) el Día

   del Padre en casa de Saturno.

6. También dudo que la madre de Boabdil _____ (recibir)

   muchas tarjetas el Día de la Madre. Boabdil, el último rey moro de Granada,

   llora por haber perdido la ciudad a los españoles. Una buena madre debe decirle:

   "¡Ay, hijo, qué lástima que _____ (haber) perdido la ciudad!

   ¡Ojalá que tú _____ (conquistar) otra para gobernar!" Al

   contrario la madre de Boabdil le dice: "No llores como mujer por lo que no

   pudiste defender como hombre". Dudo que ella _____

   (sentir) mucha compasión por su hijo. Es importante que una madre

   _____ (poder) entender la pena de su hijo.

7. Los casos tristes que acabo de _____ (contar) son casos

extremos. Me alegro de que la mayoría de los padres _____

(querer) mucho a sus hijos. Dudo que muchos padres _____

(ser) tan egoístas como don Victorino y la abuela de Eréndira. Creo que por lo

general los padres _____ (trabajar) por el bienestar de

sus hijos.

## D. Expresión personal

Completa la frase empleando la forma correcta del presente del subjuntivo.

1. Es importante que los padres _____

2. Mis padres insisten en que yo _____

3. Me alegro de que mis padres _____

4. Mis padres prohiben que yo _____

5. Mis padres prefieren que mis amigos _____

6. Prefiero que mis padres _____

7. Voy a permitir que mis hijos _____

8. Voy a insistir en que mis hijos _____

## E. Actividades

Cada estudiante de la clase tiene cuatro tiras *(strips)* de papel. En los papelitos,
completa las frases que siguen:

| | |
|---|---|
| Dudo que . . . | Ojalá que . . . |
| Es una lástima que . . . | Creo que . . . |

Cada estudiante debe romper el papel después de la palabra *que.*

| | |
|---|---|
| Dudo que | Fred Flintstone sea el próximo presidente. |
| Creo que | Neruda es un poeta magnífico. |

Todos los papelitos se colocan en dos cestas: una para las primeras cláusulas y otra
para las segundas. Cada estudiante escoge un papel de cada cesta y decide si se
pueden unir. También trata de adivinar quién es el (la) autor(a) de cada frase. Después
cada estudiante debe buscar a quien tiene la otra mitad de su frase.

# El presente perfecto del subjuntivo

## Ejemplos

a. Es una lástima que Boabdil <u>haya perdido</u> la ciudad.

b. Don Victorino ha encontrado un novio para Julia. Ahora Julia teme que su padre la <u>haya vendido</u> a un novio rico.

c. Mi amiga se casó la semana pasada. Espero que <u>se haya casado</u> por amor.

d. La abuela no puede encontrar a Eréndira. Es posible que la joven <u>se haya escapado</u>.

## Función

El presente perfecto del subjuntivo se usa cuando hablamos de un evento pasado que no se presenta como realidad segura (Ejemplos a, b, c, d). Compara:

> Ella va a casarse en junio. Espero que ella **se case** con un buen hombre.

> Ella se casó hace un año. Espero que **se haya casado** con un buen hombre.

En la primera frase, no sabemos si ella va a casarse con un buen hombre o no. En la segunda frase, sabemos que ella ya se casó, pero no sabemos si el hombre es bueno.

## Formación

El presente perfecto del subjuntivo se forma con el presente del subjuntivo del verbo *haber* y el participio pasado.

| **mirar** | |
|---|---|
| haya mirado | hayamos mirado |
| hayas mirado | hayáis mirado |
| haya mirado | hayan mirado |
| **vender** | |
| haya vendido | hayamos vendido |
| hayas vendido | hayáis vendido |
| haya vendido | hayan vendido |
| **vivir** | |
| haya vivido | hayamos vivido |
| hayas vivido | hayáis vivido |
| haya vivido | hayan vivido |

- Recuerda que hay algunos participios pasados irregulares. Por ejemplo: *abierto, cubierto, descrito, descubierto, devuelto, dicho, escrito, hecho, impreso, impuesto, muerto, puesto, resuelto, roto, visto, vuelto.*

- Recuerda también que hay algunos participios pasados como *caído, creído, leído* y *oído* que necesitan un acento sobre la *i*.

# Ejercicios

## A. Completa la frase

Emplea la forma correcta del presente perfecto del subjuntivo del verbo (el presente del subjuntivo de *haber* y el participio pasado).

1. La esposa de Saturno no ve a sus hijos. Ella teme que su esposo se los

   _____ (comer).

2. Dudo que Julia _____ (tener) una niñez feliz.

3. Es una lástima que el padre de Julia _____ (perder) todo su

   dinero.

4. Anacleta no cree que don Victorino _____ (ser) un buen padre.

5. Es posible que la madre de Boabdil siempre le _____ (decir)

   palabras crueles.

6. Cuando una persona no tiene amor propio, es dudoso que

   _____ (tener) buenos padres.

## B. Expresión personal

Completa la frase con la forma correcta del presente perfecto del subjuntivo.

1. Ayer había un bizcocho entero en el refrigerador. Ahora no lo veo. Es probable

   que _____

2. Anoche Manuel asistió a una fiesta hasta las tres de la mañana. Hoy tomó un

   examen en la clase de historia. Dudo que _____

3. Dos niños jugaban en el árbol. Ahora no los veo. Temo que _____

4. Mis amigos debían haber llegado a las siete. Son las ocho y todavía no han

   llegado. Espero que no _____

5. Les dije la verdad a mis padres, pero es una verdad absurda. Es imposible que

   ellos_____

# Repaso

## A. Cada loco con su tema

Completa la frase con la forma correcta del verbo según el sentido de la frase. Selecciona entre el presente, el pretérito, el imperfecto, los tiempos perfectos, el presente del subjuntivo, el presente perfecto del subjuntivo y el infinitivo.

1. Según Unamuno, cada persona tiene su obsesión o secreto. "Cada loco con su tema" quiere decir que todos tenemos nuestra propia manía o locura, que

   _____ (influir) mucho en nuestra vida.

2. Creo que la teoría de Unamuno _____ (ser) cierta. Una tía

   mía, Cecilia, que _____ (morirse) hace muchos años cuando

   ya _____ (ser) muy vieja, _____ (ser) una

   loca graciosa. La obsesión de la tía Cecilia _____ (ser) la

   salud. Ella _____ (pasar) muchos años sola porque

   _____ (tener) miedo de los gérmenes y no

   _____ (querer) acercarse a nadie.

3. El escritor norteamericano James Thurber _____ (haber /

   escribir) mucho sobre sus parientes locos. Una tía suya tiene miedo de los

   ladrones. Ella no _____ (preocuparse) tanto por la pérdida de

   sus posesiones. Ella teme que el ladrón _____ (utilizar)

   cloroformo (una droga para anestesiarla) antes de _____

   (robar) sus cosas. Por eso, cada noche la tía _____ (poner)

   todas sus cosas fuera de la puerta y _____ (dejar) una nota

   que dice: "Eso es todo lo que _____ (tener). Tómelo y no

   utilice su cloroformo, porque esto es todo lo que _____ (tener)".

4. En la película *Dormir con el enemigo (Sleeping with the Enemy)*, Julia Roberts es

una mujer que _____ (estar) casada con un loco. Este loco,

un fama al extremo, insiste en que ella _____ (mantener) un

orden absoluto en la casa. Cada cosa tiene que _____ (estar)

en su sitio, y es necesario que cada detalle de la casa _____

(ser) perfecto. Si las toallas del baño no están arregladas perfectamente es posible

que el esposo _____ (volverse) loco. Es una lástima que Julia

_____ (haber / casarse) con un hombre tan loco. Ella quiere

_____ (divorciarse) pero teme que él la

_____ (matar). El esposo la vigila todo el día para impedir

que ella _____ (irse). Cuando por fin ella

_____ (escaparse), se alegra mucho de

_____ (estar) libre. Pero no vive tranquila. Siempre

_____ (preocuparse) de que él la _____

(encontrar) y le _____ (destruir) la vida. ¡Ojalá que el loco

no _____ (averiguar) nunca dónde está!

5. Espero que te _____ (haber / gustar) estas historias de

obsesiones. ¿Cuál _____ (ser) la tuya?

## B. Composición dirigida

Escribe un cuento, poema o ensayo con el título *Cada loco con su tema*. Este refrán,
muy usado en español, significa que cada persona tiene su propia obsesión o manía.

# Capítulo 5

## *Las experiencias que nos definen*

| | |
|---|---|
| **Lectura** | "El niño al que se le murió el amigo", de *Los niños tontos,* de Ana María Matute |
| **Gramática** | El futuro; el futuro perfecto; el condicional; el condicional perfecto; el uso de *se* y el complemento indirecto para hablar de eventos inesperados |

## Vocabulario

**acabar** terminar, dar fin a una cosa; consumir totalmente una cosa. El niño tuvo que <u>acabar</u> sus tareas antes de jugar con los amigos. Tendré que tomar el café negro porque se me <u>acabó</u> la leche.
    **acabar de + infinitivo** se usa para indicar que la acción del infinitivo ha ocurrido poco antes. Ustedes <u>acaban de leer</u> un fragmento de *Nada menos que todo un hombre.*

**el camión** vehículo grande y resistente para el transporte de mercancías. Un <u>camión</u> lleno de limones chocó con otro lleno de agua y el camino se convirtió en un río de limonada.

**el codo** la parte del brazo donde se dobla. Según algunos, es una gran descortesía poner los <u>codos</u> en la mesa mientras se come.

**crecer** aumentar, llegar a ser más grande. El amor entre los dos amantes <u>crecía</u> a lo largo de los años.

**la estrella** la figura que brilla en el cielo de noche. Las <u>estrellas</u> parecen luces en la oscuridad del cielo.

**el juguete** objeto con el que juegan los niños. El niño recibió muchos <u>juguetes</u> como regalos de Navidad.

**llenar** hacer lleno. El Papá Noel <u>llena</u> su bolsa de juguetes para los niños buenos.

**el lugar** sitio, colocación o posición. No le gusta viajar; su propia casa es su <u>lugar</u> favorito.
    **en lugar de** en sustitución de, en vez de. Me equivoqué y eché sal al café <u>en lugar de</u> azúcar.

**el muñeco, la muñeca** figura en forma de persona, con la que juegan los niños. La <u>muñeca</u> Barbie es muy popular.

**el polvo** conjunto de partículas de tierra muy seca, que con cualquier movimiento se levantan en el aire y se caen sobre los objetos. Hace meses que mi madre no limpia la casa y hay mucho <u>polvo</u> en los muebles.

**ya no** ahora no; se refiere a una situación que existía en el pasado y no en el presente. La cucaracha <u>ya no</u> puede caminar porque le faltan las dos patas de atrás.

## Ejercicios de vocabulario

### A. Completa la frase

Usa la palabra apropiada del vocabulario.

1. Hace tres meses que no llueve y hay mucho _____ en el camino.

2. Mi hija llevó tantas cosas consigo cuando se fue a la universidad, que tuvimos que alquilar un _____ para transportarlas.

3. Los niños pasan muchas horas jugando con sus camioncitos, muñecas y otros _____.

4. Después de pasar muchas horas sin comida, los pobres niños sólo pensaron en _____ las barrigas (estómagos).

5. Hace unos años todos los niños querían las muñecas del Cabbage Patch, pero ahora _____ son tan populares como antes.

6. Pinocho *(Pinocchio)* era un _____ que se convirtió por magia de un juguete a un chico real.

7. La nariz de Pinocho era pequeña al principio pero _____ cada vez que él mentía.

8. Si vas a usar los patines *(roller blades)* debes protegerte la cabeza, las rodillas y los _____.

9. Nosotros _____ de estudiar el vocabulario del Capítulo 5.

10. En el campo, de noche, hay tantas _____ en el cielo, que no se pueden contar.

## B. Expresión personal

1.  ¿Cuál es tu lugar favorito? ¿Por qué?

2.  En tu opinión, ¿cómo se explica la popularidad de la muñeca Barbie? ¿Qué se refleja sobre los valores de nuestra sociedad?

3.  De niño(a), ¿cuál era tu juguete favorito?

4.  Nombra algo que te gustaba de niño(a) que ya no te gusta.

5.  ¿Cuáles son algunas supersticiones asociadas con las estrellas? ¿Crees que son ciertas?

# LECTURA

## Estrategia para leer

En el cuento que sigue, la autora nos enseña un momento dramático en la vida de un niño. Vemos un cambio profundo en su punto de vista y manera de pensar. Mientras lees, observa cómo se manifiesta este cambio.

## ANA MARÍA MATUTE

Ana María Matute, que nació en Barcelona, España, en 1926, tenía sólo diez años cuando estalló la Guerra Civil Española. El horror y sufrimiento de la guerra influyeron en Matute como en toda su generación de escritores. Los temas predominantes de Matute son la perspectiva de los niños, que es muy distinta de la de los adultos, y el aislamiento que resulta de la falta de comunicación entre los seres humanos.

## El niño al que se le murió el amigo

Una mañana se levantó y fue a buscar al amigo, al otro lado de la valla[1]. Pero el amigo no estaba, y, cuando volvió, le dijo la madre: "El amigo se murió. Niño, no pienses más en él y busca otros para jugar". El niño se sentó en el quicio[2] de la puerta, con la cara entre las manos y los codos en las rodillas. "Él volverá", pensó. Porque no podía ser que allí estuviesen las canicas[3], el camión y la pistola de hojalata[4], y el reloj aquel que ya no andaba, y el amigo no viniese a buscarlos. Vino la noche, con una estrella muy grande, y el niño no quería entrar a cenar. "Entra, niño, que llega el frío", dijo la madre. Pero, en lugar de entrar, el niño se levantó del quicio y se fue en busca del amigo, con las canicas, el camión, la pistola de hojalata y el reloj que no andaba. Al llegar a la cerca[5], la voz del amigo no le[6] llamó, ni le oyó en el árbol, ni en el pozo[7]. Pasó buscándole toda la noche. Y fue una larga noche casi blanca, que le llenó de polvo el traje y los zapatos. Cuando llegó el sol, el niño, que tenía sueño y sed, estiró los brazos y pensó: "Qué tontos y pequeños son esos juguetes. Y ese reloj que no anda, no sirve para nada". Lo tiró todo al pozo, y volvió a la casa, con mucha hambre. La madre le abrió la puerta, y dijo: "Cuánto ha crecido este niño, Dios mío, cuánto ha crecido". Y le compró un traje de hombre, porque el que llevaba le venía muy corto.

---

1. **valla** pared baja
2. **quicio** *doorjamb; front stoop*
3. **canicas** bolas pequeñas de cristal, con las cuales juegan los niños; *marbles*
4. **hojalata** *tin*
5. **cerca** valla, pared baja
6. **le** Observa que en España a veces se usa como complemento directo para personas *le* en lugar de *lo.*
7. **pozo** hoyo *(hole)* profundo que se hace en la tierra para encontrar agua

## PREGUNTAS DE COMPRENSIÓN

1. ¿A quién busca el niño? ¿Por qué no puede encontrarlo?
2. Según la madre, ¿qué debe hacer el niño?
3. ¿Cómo pasó la noche el niño?
4. Por la mañana el niño tiene otra opinión con respecto a los juguetes. ¿Qué le parecen ahora?
5. ¿De qué manera le parece el niño diferente a su madre?

## PREGUNTAS DE DISCUSIÓN

1. ¿Cómo se caracteriza la reacción de la madre al decirle al niño lo que pasó?
2. Describe el cambio en la perspectiva del niño. ¿Cómo ha cambiado su manera de pensar?
3. ¿Qué utiliza la autora para simbolizar el cambio dentro del niño?
4. ¿Cómo ha cambiado la percepción que tiene la madre de su hijo? ¿Cómo se manifiesta esta diferencia de percepción?
5. En tu opinión, ¿de qué manera será el niño diferente de aquí en adelante?
6. Describe cómo y cuándo ocurrió tu primer conocimiento de la muerte. ¿Cómo reaccionaste?

## COMPOSICIÓN DIRIGIDA

1. En "El niño al que se le murió el amigo", Matute escribe sutilmente sobre la pena que sufre un niño. En forma de un cuento o ensayo, describe la experiencia más triste de tu niñez. Trata de recordar algo que sufriste de la manera única en la que sufren los niños.
2. En "El niño al que se le murió el amigo", el niño pasa por una experiencia que le cambia para siempre ciertas percepciones de la vida. Escribe un cuento en el que el protagonista experimente algo que cambie su manera de pensar o escribe un ensayo sobre una experiencia personal.
3. En un ensayo bien organizado, describe tus propias reacciones al entender por primera vez el concepto de la muerte.

## EXPRESÁNDONOS

1. Tú eres el padre o la madre de un(a) hijo(a) cuyo perro acaba de morir. Con un(a) compañero(a) de clase, prepara un diálogo en el que el padre o la madre le explica la muerte al (a la) hijo(a) y el (la) hijo(a) le hace preguntas.
2. Muchas veces los jóvenes sienten que los mayores no los entienden. Selecciona un asunto o problema difícil de comunicar. Con un(a) compañero(a) de clase prepara un diálogo en el que el (la) joven trate de explicarle al adulto algo que el adulto tiene dificultad en entender.

# GRAMÁTICA

## El futuro

### Ejemplos

a. El amigo del niño no <u>volverá</u> nunca.

b. El niño <u>estará</u> solo y triste por algún tiempo.

c. Los dos amigos no <u>jugarán</u> juntos nunca más.

d. Nosotros <u>seremos</u> amigos para siempre, y sé que siempre me <u>entenderás</u>.

e. La madre le promete al niño que le <u>comprará</u> un juguete nuevo.

f. Este niño parece mayor que sus amigos. ¿Cuántos años <u>tendrá</u>?

g. El reloj no anda. ¿Qué hora <u>será</u>?

h. No puedo encontrar a mi amigo Carlos. ¿Dónde <u>estará</u>?

i. Me pregunto qué hora <u>será</u>. Mi reloj no funciona.

j. Carlos me dijo que necesita algunos libros. Él <u>estará</u> en la biblioteca.

### Función

El futuro se usa para:

- expresar acciones que van a pasar en el futuro. Corresponde al inglés *will* (Ejemplos a, b, c, d, e).
- traducir el concepto inglés de *I wonder*. Cuando se emplea de esta manera, siempre se usa en forma de una pregunta directa o indirecta (Ejemplos f, g, h, i).
- expresar posibilidades o probabilidades en el presente (Ejemplo j)

### Formación

#### Verbos regulares

El futuro de los verbos regulares emplea todo el infinitivo como raíz.
Al infinitivo se añaden las siguientes terminaciones:

| mirar | | vender | | vivir | |
|---|---|---|---|---|---|
| miraré | mira**remos** | venderé | vender**emos** | viviré | vivi**remos** |
| mirar**ás** | mirar**éis** | vender**ás** | vender**éis** | vivir**ás** | vivir**éis** |
| mirar**á** | mirar**án** | vender**á** | vender**án** | vivir**á** | vivir**án** |

#### Verbos irregulares

- Hay cinco verbos en los que se cambia la *e* o la *i* del infinitivo en una *d*.

  poner → **pondré***    salir → **saldré**    tener → **tendré***

  valer → **valdré**    venir → **vendré***

*Se incluyen todos los derivados de los verbos *poner (imponer, suponer, etc.), tener (entretener, mantener, obtener, etc.)* y *venir (convenir, intervenir, etc.).*

© Scott Foresman - Addison Wesley

- Hay cinco verbos en los que se omite la *e* del infinitivo.

| caber | → | **cabré** | haber | → | **habré** | poder | → | **podré** |
| querer | → | **querré** | saber | → | **sabré** | | | |

- *Decir* y *hacer*

| decir | → | **diré** | hacer | → | **haré** |

# Ejercicios

## A. Completa la frase

Emplea la forma correcta del futuro del verbo.

1. Al niño le _____ (hacer) mucha falta su amiguito muerto.

2. La vida le _____ (parecer) muy diferente.

3. No _____ (jugar) nunca más con su amigo.

4. El niño _____ (llevar) pantalones largos de aquí en adelante.

5. ¿_____ (Leer) tú más cuentos de Matute?

6. El año que viene nosotros _____ (estudiar) otra novela suya,

   *Fiesta al Noroeste.*

7. Sé que ustedes _____ (llorar) al leer esta novela porque es

   muy triste.

8. Es obvio que Juan Medinao, el protagonista de *Fiesta al Noroeste,* no

   _____ (tener) nunca un verdadero amigo.

9. Juan es una figura trágica. Nadie lo ha amado ni lo _____

   (amar) nunca.

10. Al final de la novela ustedes _____ (sentir) gran compasión

    por Juan.

## B. Expresión personal: Imagínate el futuro

Contesta con frases completas empleando el futuro.

1. ¿Cuántos años tendrás al casarte?

   _____

2. ¿Cuántos niños tendrás?

   _____

3. ¿Habrá una presidenta en el siglo que viene? ¿Quién será?

   _____

4. ¿Estarás en contacto con tu mejor amigo(a) en diez años?

   _____

5. En el siglo XXI, ¿habrá libros o leerán sólo por computadora?

   _____

6. ¿Qué película popular hoy todavía se verá en cien años?

   _____

7. ¿Habrá paz por todo el mundo algún día?

   _____

8. ¿Podremos impedir otra guerra mundial?

   _____

9. ¿Durará para siempre nuestro mundo?

   _____

10. ¿Dejaremos de destruir el medio ambiente algún día?

   _____

## C. Traduce la frase al español

Emplea el futuro.

1. We will live forever.

_____

2. The child will look for his friend.

_____

3. I wonder where he is.

_____

4. He's probably near the toys.

_____

5. I wonder how he is.

_____

6. He must be very sad.

_____

## D. Expresándonos

Tú eres periodista. Con un(a) compañero(a) de clase prepara una entrevista con una de las personas siguientes. Debes emplear el futuro para averiguar sus planes para el porvenir.

1. un ser de otro planeta (un extraterrestre) que acaba de llegar a la Tierra
2. un hombre que acaba de salir de la cárcel después de pasar diez años allí por un crimen que no cometió
3. la primera mujer elegida presidenta
4. una persona que acaba de ganar diez millones de dólares en la lotería

## E. Composición dirigida

1. Los científicos acaban de anunciar que el mundo terminará dentro de un año. Empleando tu imaginación, describe lo que pasará en el futuro. ¿Cómo reaccionarás? ¿Cómo reaccionarán tus amigos y tu familia? ¿Cómo reaccionarán los líderes políticos? ¿Los líderes espirituales?
2. Según tu visión ideal del porvenir, ¿cómo será el mundo del futuro?

# El futuro perfecto

## Ejemplos

a. En junio ya <u>habremos terminado</u> este libro.

b. Ustedes ya <u>habrán leído</u> una novela de Matute antes de graduarse.

c. Antes de volver a casa el niño <u>se habrá dado</u> cuenta de que su amigo está muerto.

d. ¿Dónde <u>habrá pasado</u> la noche el niño? ¿Qué <u>habrá hecho</u>?

e. <u>Habrá pasado</u> la noche entre los juguetes del amigo muerto.

## Función

El futuro perfecto se usa para:

- expresar una acción que habrá terminado antes de cierto punto del futuro (Ejemplos a, b, c)

- expresar el concepto de *I wonder* con respecto a algo del pasado (Ejemplo d)

- expresar posibilidad o probabilidad en el pasado (Ejemplo e)

## Formación

El futuro perfecto se forma con el futuro del verbo *haber* y el participio pasado.

| ver | |
|---|---|
| habré visto | habremos visto |
| habrás visto | habréis visto |
| habrá visto | habrán visto |

## Ejercicios

### A. Completa la frase

Emplea la forma correcta del futuro perfecto del verbo (el futuro de *haber* y el participio pasado).

1. Antes de terminar una novela de Matute, tú _____ (llorar)

   más de una vez.

2. Después de pasar la noche afuera, pensando, el mundo del niño

   _____ (cambiar) mucho.

3. Al llegar a ser padres, ustedes ya _____ (olvidar) mucho de

   su propia niñez.

4. ¿De veras _____ (cambiar) el niño o solamente le parece así

   a la madre?

5. Él no _____ (crecer) físicamente en una noche. No es posible.

6. Matute escribe tanto de la pena de los niños. ¿Qué experiencias infantiles le

   _____ (influir)?

7. Ella estaba enferma con frecuencia. _____ (Estar) muy sola.

## B. Expresión personal

Imagínate y pronostica el futuro empleando el futuro perfecto. Pensando en todos tus amigos:

1. ¿Quién ya se habrá casado antes de los veintitrés años?

   _____

2. ¿Quién ya habrá ganado un millón de dólares antes de los treinta años?

   _____

3. ¿Quién habrá viajado por todo el mundo antes de establecerse en un lugar?

   _____

4. ¿Quién ya habrá escrito una novela famosa antes de los veinticinco años?

   _____

5. ¿Quién ya habrá perdido sus libros tres veces antes del fin de este año?

   _____

6. ¿Quién ya habrá sido castigado *(grounded)* por sus padres dos veces en el próximo mes? ¿Por qué?

   _____

## C. Traduce la frase al español

Emplea el futuro perfecto.

1. You will have finished this chapter by next week.

   _____

2. I wonder if Matute wrote other stories about children.

   _____

3. She's probably written many.

_____

4. I wonder where the children went.

_____

5. They must have grown a lot.

_____

# El condicional

## Ejemplos

a. Sin amigos, el niño <u>estaría</u> solo y triste.

b. Matute no <u>podría</u> describir las emociones infantiles sin sus propios recuerdos.

c. La madre le prometió al niño que le <u>compraría</u> pantalones nuevos.

d. Al principio el niño creía que su amigo <u>volvería</u>.

e. ¿Qué hora <u>sería</u> cuando el niño volvió a casa?

f. <u>Serían</u> las ocho de la mañana, más o menos.

## Función

El condicional se usa para:

- expresar acciones potenciales o condicionales. Corresponde al concepto *would* (Ejemplos a, b, c, d).

- expresar el concepto *I wonder* cuando se aplica a acciones pasadas (Ejemplo e). Observa que muchas veces se emplea el futuro perfecto. (Ve la página 100, Ejemplo d, bajo *el futuro perfecto.*)

- expresar posibilidades o probabilidades en el pasado (Ejemplo f)

## Formación

### Verbos regulares

El condicional de los verbos regulares emplea todo el infinitivo como raíz.
Al infinitivo se añaden las siguientes terminaciones:

| **mirar** | | **vender** | | **vivir** | |
|---|---|---|---|---|---|
| miraría | miraríamos | vendería | venderíamos | viviría | viviríamos |
| mirarías | miraríais | venderías | venderíais | vivirías | viviríais |
| miraría | mirarían | vendería | venderían | viviría | vivirían |

### Verbos irregulares

Los mismos verbos irregulares del futuro tienen la misma irregularidad en el condicional.

- Hay cinco verbos en los que se cambia la *e* o la *i* del infinitivo a una *d:*

  poner → **pondría\***    salir → **saldría**      tener → **tendría\***

  valer → **valdría**      venir → **vendría\***

- Hay cinco verbos en los que se omite la *e* del infinitivo.

  caber → **cabría**      haber → **habría**      poder → **podría**

  querer → **querría**    saber → **sabría**

- *Decir* y *hacer*

  decir → **diría**      hacer → **haría**

## Ejercicios

### A. Completa la frase

Emplea la forma correcta del condicional del verbo.

1. Los padres les dijeron a los niños que el Papá Noel _____

   (llegar) aquella noche.

2. Los niños le habían prometido que _____ (ser) buenos.

3. Los niños creían que el Papá Noel les _____ (traer) muchos

   juguetes.

4. ¿Cuántos años _____ (tener) el niño del cuento?

5. No estoy seguro; _____ (tener) unos seis años.

6. ¿_____ (Querer) el niño jugar con los juguetes sin su amigo?

7. Él no _____ (poder) jugar como antes.

8. Una persona mayor _____ (entender) la muerte mejor que un

   niño, me parece.

\*Se incluyen todos los derivados de los verbos *poner, tener* y *venir.*

## B. Expresión personal

Contesta con frases completas empleando el condicional.

**Si tuvieras que pasar un año solo(a) en una isla, . . .**

1. ¿Qué tres cosas llevarías contigo?

_____

2. ¿Qué dos personas querrías que fueran contigo? ¿Por qué?

_____

3. ¿Qué comida comerías?

_____

4. ¿Qué juego o juguete llevarías?

_____

5. ¿Preferirías una isla tropical o una isla templada? ¿Por qué?

_____

6. ¿Qué animales querrías en tu isla?

_____

## C. Traduce la frase al español

Emplea el condicional.

1. I would rather (prefer to) be a dog than a cat.

_____

2. They would want to know the secret.

_____

3. He promised that he would tell the truth.

_____

4. He must be sick or he would be here.

_____

5.  I wonder what time it was when he got back.

    _____

6.  It was probably after midnight.

    _____

## D. Expresándonos

Con un(a) compañero(a) de clase prepara una serie de preguntas y respuestas sobre actividades peligrosas o tontas. Usa el condicional. Por ejemplo:

> —¿*Saltarías al* "Bungee"?

> —*Sí, saltaría.*

## E. Composición dirigida

Si pudieras tener un poder mágico, ¿qué poder querrías? ¿Qué harías con tu poder mágico? Contesta en forma de un ensayo.

# El condicional perfecto

## Ejemplos

a.  <u>Habríamos leído</u> otra novela de Matute pero no tuvimos tiempo.
b.  El niño <u>habría jugado</u> con su amigo pero no pudo encontrarlo.
c.  Yo <u>habría ido</u> al cine con ustedes pero ya había visto la película.
d.  ¿Quién <u>habría abandonado</u> al pobre niño?
e.  <u>Habría sido</u> una persona sin corazón.
f.  Nadie contestó el teléfono. Ya <u>se habrían ido</u> cuando llamé.

## Función

El condicional perfecto se usa para:
*   hablar en el pasado de una acción que no se realizó (Ejemplos a, b, c)
*   expresar el concepto de *I wonder* en el pasado (Ejemplo d)
*   expresar probabilidad o posibilidad en el pasado (Ejemplos e, f)

## Formación

El condicional perfecto se forma con el condicional del verbo *haber* y el participio pasado.

| ver | |
| --- | --- |
| habría visto | habríamos visto |
| habrías visto | habríais visto |
| habría visto | habrían visto |

# Ejercicios

## A. Completa la frase

Emplea la forma correcta del condicional perfecto del verbo (el condicional de *haber* y el participio pasado).

1. Hansel y Gretel _____ (comer) toda la casa, pero la bruja se

   lo impidió.

2. Ricitos de Oro _____ (dormir) toda la noche en la cama del

   oso pequeño, pero los tres osos volvieron a casa.

3. El Lobo se _____ (comer) a Caperucita Roja, pero un

   hombre llegó para salvarla.

4. La Reina Mala _____ (estar) contenta si hubiera sido la

   más bella.

5. La Bella Durmiente _____ (dormir) para siempre, pero un

   príncipe la despertó con un beso.

## B. Expresión personal

Emplea el condicional perfecto para nombrar cuatro cosas que habrías hecho de una manera diferente si pudieras cambiar el pasado. Por ejemplo:

*Habría estudiado más para mi último examen de historia.*

1. _____

2. _____

3. _____

4. _____

Emplea el condicional perfecto para nombrar cuatro cosas que no habrías hecho si pudieras cambiar el pasado. Por ejemplo:

*No le habría mentido a mi papá.*

1. _____

2. _____

3. _____

4. _____

## C. Traduce la frase al español

Emplea el condicional perfecto.

1. I would have eaten the whole cake, but I didn't want to get fat *(engordarme).*

    _____

2. We would have left early, but I couldn't find my shoes.

    _____

3. I wonder why they had left so early.

    _____

4. They had probably realized their error.

    _____

5. They had probably known the truth for a long time.

    _____

# El uso de *se* y el complemento indirecto para hablar de eventos inesperados

### Ejemplos

a. El cuento se llama "El niño al que <u>se le murió</u> el amigo".

b. <u>Se me acabaron</u> los dulces.

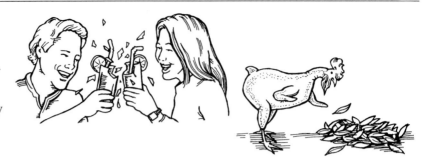

c. <u>Se nos rompieron</u> los vasos.

d. <u>Se le cayeron</u> las plumas.

e. <u>Se me olvidaron</u> los libros y
   no pude hacer la tarea.

## Función

Se usa para expresar un evento que ocurre sin querer. El complemento indirecto indica la persona afectada por el evento. En el Ejemplo a, el amigo se murió. El uso de *le* para referirse al niño indica que es él quien es afectado por la muerte del amigo.

A veces el uso de esta estructura sirve para disculpar a la persona responsable. En el Ejemplo c, en vez de decir: *Rompimos los vasos,* decimos que se rompieron los vasos y nos afectó el evento.

## Formación

*se* + el complemento indirecto *(me, te, le, nos, os, les)* + verbo (singular

o plural según el número del sujeto pasivo)

**Se me olvidó** el nombre de la chica que conocí ayer.

## Ejercicios

### A. Describe los dibujos

Completa la frase empleando *se* + el complemento indirecto + verbo. Usa los verbos *acabar, perder, caer, romper* y *olvidar.* Por ejemplo:

**nuestros exámenes**   *A la profesora se le perdieron nuestros exámenes.*

**Manolo**

1. _____

   _____ el auto.

2. _____

_____ la leche.

**Olivia**

3. _____

_____ el dinero.

Dejamos el dinero en casa.

4. _____

_____ los zapatos.

¿Dónde estarán los zapatos?

5. _____

_____ los pantalones.

## B. Traduce la frase al español

Emplea *se* + el complemento indirecto + verbo.

1. My TV broke down on me.

_____

2. We ran out of sugar.

_____

3. All my furniture broke.

_____

4. The children lost their toys.

_____

5. You *(fam.)* forgot your tickets.

_____

# Repaso

## A. Completa la frase

Emplea la forma correcta del verbo según el sentido de la frase. Selecciona entre el presente, el pretérito, el imperfecto, los tiempos perfectos, el futuro, el condicional, el presente del subjuntivo, el presente perfecto del subjuntivo y el infinitivo.

1. Ana María Matute _____ (tener) dieciocho años cuando

   _____ (escribir) su primera novela.

2. La familia de Ana María _____ (ser) de Barcelona. Cuando

   Ana María _____ (ser) muy joven, la niña

   _____ (quedarse) con frecuencia en la casa de sus abuelos

   cuando ella _____ (estar) enferma.

3. Es una lástima que ella _____ (haber / ser) una niña solitaria.

   Pero es posible que los niños solitarios _____ (ser) más

   creativos que los que tienen muchos amigos.

4. Matute, que actualmente _____ (vivir) en España,

   _____ (haber / escribir) nueve novelas y muchos

   cuentos cortos.

5. Ella _____ (tener) un hijo que _____

   (llamarse) Juan Pablo, que _____ (nacer) en 1954.

6. Uno de mis cuentos favoritos de Matute _____ (llamarse)

   "La rama seca".

7. En este cuento, una niña pobre tiene una rama *(twig)* que ella

   _____ (fingir) que es una muñeca.

8. La niña está muy triste y _____ (quejarse) de que su hermano

   le _____ (haber / quitar) su "muñeca".

9. Una vecina muy simpática, doña Clementina, quiere _____

   (ayudar) a la niña. Doña Clementina quiere que la niña _____

   (estar) contenta y por eso le _____ (comprar) una muñeca

   bonita.

10. Doña Clementina cree que la niña _____ (estar) contenta al

    recibir la muñeca, pero la mujer _____ (haber / equivocarse).

11. A la niña no le importa que la muñeca _____ (ser) nueva y

    bonita. Ella sólo desea que su hermano le _____ (devolver) la

    misma rama seca que ella ama.

## B. Contesta la pregunta

Emplea los complementos directos e indirectos.

1. ¿Quién le quitó la rama seca a la niña?

   _____

2. ¿Quién le compró una muñeca a la niña?

   _____

3. Cuando eras muy joven, ¿quién te compró tu juguete favorito? ¿Cuál fue?

   _____

4. ¿Vas a comprarles muñecas o muñecos *(action figures)* a tus hijos algún día?

   _____

5. ¿Les comprarías una muñeca Barbie o un muñeco como el Hombre Murciélago
   *(Batman)?*

   _____

## C. Completa la frase

Emplea la forma correcta del presente de *ser* o *estar* según el sentido de la frase.

1. El niño _____ muy joven y por eso no entiende que su amigo

   _____ muerto.

2. La niña _____ triste porque perdió su muñeca.

3. La rama seca no _____ bonita, pero a la niña no le importa.

4. La manera de pensar de los niños _____ diferente de la de los

   adultos.

5. Aunque muchos cuentos de Matute _____ deprimentes, su

   obra literaria _____ magnífica.

# Capítulo 6

## *Lo real, lo irreal y lo absurdo*

| | |
|---|---|
| **Lectura** | "La peste del insomnio", de *Cien años de soledad,* de Gabriel García Márquez |
| **Gramática** | El imperfecto del subjuntivo; el pluscuamperfecto del subjuntivo |

## Vocabulario

**alcanzar** llegar a cierto punto. Corrí muy rápido pero no pude <u>alcanzar</u> el autobús. Obtener, conseguir. Después de muchos años de trabajo, <u>alcanzó</u> la vida que siempre había deseado. Haber bastante. Los dulces no <u>alcanzan</u> para todos los niños.

**amenazar** decir a alguien que le hará daño; presentar la posibilidad de un daño. Un hombre con una pistola entró en el autobús y <u>amenazó</u> a los pasajeros.
**la amenaza** El SIDA *(AIDS)* es una <u>amenaza</u> a la salud de todo el mundo.

**la casualidad** se aplica a las cosas que ocurren sin planearlas. Fue una pura <u>casualidad</u> que los dos se conocieron.
**por casualidad** por suerte, por coincidencia, inesperadamente. Los dos enemigos no querían verse, pero se encontraron en el mismo tren <u>por casualidad</u>.

**colgar (ue)** suspender una cosa de otra. Las perlas <u>cuelgan</u> del cuello de la mujer.

**conseguir (i)** lograr, obtener; llegar a alcanzar un fin u objeto deseado. Después de seis horas de espera, por fin <u>conseguí</u> dos entradas para el concierto de los Muertos Agradecidos *(Grateful Dead).*

**desterrar (ie)** mandar que alguien salga de su patria; forzar al exilio. El dictador <u>desterró</u> a todos los que no estaban de acuerdo con sus ideas políticas.
**el destierro** el estado de exilio. Muchos cubanos viven en el <u>destierro</u> en los EE.UU.

**eficaz,** *pl.* **eficaces** se aplica a lo que consigue el efecto deseado; que funciona bien; eficiente; poderoso. La aspirina es muy <u>eficaz</u> cuando uno tiene dolor de cabeza.
**la eficacia** capacidad de lograr el efecto deseado. No hay duda sobre la <u>eficacia</u> del amor para motivar al ser humano.

**la época** período, cierta cantidad de tiempo. La <u>época</u> más feliz de mi vida fue cuando mis niños eran pequeños.

**hay que** es necesario. <u>Hay que</u> ser paciente y cariñoso para ser un buen padre.

**hundirse** irse al fondo; irse debajo del agua; lo contrario de flotar. El *Titanic* fue un barco muy famoso que <u>se hundió</u> en el Océano Atlántico.

**el letrero** escrito colocado en un lugar para avisar o informar. Un <u>letrero</u> nos indicó el lugar de la venta.

**obligar** mandar que alguien haga una cosa; tener la fuerza o la autoridad para conseguir una acción de parte de otra persona. Mi mamá me <u>obliga</u> a limpiar mi dormitorio.

**la oscuridad** falta de luz. Muchos niños duermen con una luz encendida porque tienen miedo de la <u>oscuridad</u>.
   **oscuro, -a** se aplica a la falta de luz. Tengo miedo de entrar en la casa <u>oscura</u>.

**pegar** juntar una cosa con otra. La profesora <u>pegó</u> los mejores papeles de los alumnos en la pared de la sala de clases. Golpear. El padre, enojado, le <u>pegó</u> al niño.

**recordar (ue)** no olvidar, acordarse de; tener algo en la mente o en la memoria. <u>Recuerdo</u> claramente el día en que nació mi hijo. Traer algo a la mente de alguien. El olor del pan en el horno me <u>recuerda</u> la casa de mi abuela.

**el rincón** ángulo formado por el encuentro de dos paredes. Raúl siempre se sienta en el <u>rincón</u> de la sala de clases, lo más lejos del profesor.

**el ruido** sonido, algo que se oye. El bebé dormía hasta que un <u>ruido</u> lo despertó.

**sonar (ue)** producir un sonido, un ruido, algo que se puede oír. El teléfono <u>sonó</u> a las tres de la mañana y despertó a todos menos al tío Pepe, que duerme como un lirón *(sleeps like a log, soundly)*.

**el vicio** defecto, costumbre de hacer algo malo. Mi perro tiene el <u>vicio</u> de comer zapatos.

# Ejercicios de vocabulario

## A. Completa la frase

Usa la palabra apropiada del vocabulario.

1. Gabriel García Márquez, el gran escritor colombiano, pasó muchos años en el

   _____ lejos de su patria, por razones políticas, pero ahora ha

   vuelto a vivir a Colombia.

2. La obra literaria de García Márquez _____ gran fama con la

   publicación de *Cien años de soledad,* en 1967.

3. En *El amor en los tiempos del cólera,* García Márquez escribe sobre la

   _____ en la que muchos sufrieron del cólera, una

   enfermedad grave.

4. García Márquez tiene gran cariño por sus personajes, y aun parece aceptar la irracionalidad y otros _____ del ser humano.

5. En *Crónica de una muerte anunciada,* otra novela de García Márquez, los eventos más importantes no están planeados sino que ocurren

    _____.

6. García Márquez y muchos otros autores hispanos critican el código de honor de la sociedad. En *Crónica,* el código de honor _____ a dos hermanos a matar a un amigo suyo aunque ellos no quieren hacerlo.

7. Según esa sociedad, _____ proteger el honor porque es la cosa más importante de la vida.

8. En *Cien años de soledad,* cuando los personajes sufren del olvido, ellos _____ letreros por todas partes para recordarles de los nombres de las cosas.

9. Hay que _____ un letrero del cuello de la vaca para recordarle a la gente que es el animal que da leche.

10. ¿Te parece una manera _____ de recordar las identidades de las cosas?

## B. Expresión personal

1. Si suena el teléfono mientras duermes, ¿cómo reaccionas? ¿Te despiertas por completo? ¿Duermes profundamente?
2. ¿Cuál es tu peor vicio? ¿El de tu amigo(a)?
3. En tu opinión, ¿cuál es la mayor amenaza de nuestra época?
4. Si pudieras vivir en otra época histórica, ¿cuál sería? ¿Por qué?
5. ¿Cuál es el primer evento de tu niñez que puedes recordar?
6. ¿Eras un(a) niño(a) mimado(a) que siempre conseguías lo que querías?
7. Cuando eras niño(a), ¿tenías miedo de la oscuridad?

# LECTURA

### Estrategia para leer

Al leer el fragmento de *Cien años de soledad* que sigue, vas a entrar en el mundo del realismo mágico de Gabriel García Márquez. En este mundo se mezclan elementos reales e irreales, pero el autor nunca nos aparta totalmente de la realidad. Hay que abrir la mente a las posibilidades maravillosas de nuestro mundo. Observa el tono y el ambiente con los que se presentan los elementos raros o absurdos. Observa también la actitud de los personajes con respecto a estos elementos.

Acostumbrados al humor obvio que se ve en la televisión, a veces perdemos el humor más sutil pero muy divertido de la palabra escrita. ¡Presta atención a las escenas graciosas que describen la lucha contra el olvido! Forma tus propias imágenes mentales de la "realidad escurridiza" *(slippery)* que se describe.

## GABRIEL GARCÍA MÁRQUEZ

Gabriel García Márquez nació en Aracataca, Colombia, en 1928. En sus propias palabras, el autor no se considera nada más que "uno de los dieciséis hijos del telegrafista de Aracataca".[1] De joven pasó mucho tiempo en casa de los abuelos, donde la abuela le contaba historias folklóricas y sobrenaturales con un tono tranquilo y natural. Este estilo de narrar influyó mucho en el joven escritor. Varios cuentos y novelas de García Márquez tienen lugar en Macondo, el nombre ficticio de Aracataca.

Gabriel García Márquez es uno de los autores más leídos y más queridos de hoy día. Ha creado un mundo fantástico que tiene las raíces bien plantadas en la realidad. García Márquez ganó el premio Nobel de Literatura en 1982. El fragmento que sigue es de *Cien años de soledad,* su novela más famosa.

## La peste[2] del insomnio (fragmento de *Cien años de soledad*)

### Personajes

> **Visitación** una indígena (india) que trabaja en la casa de José Arcadio Buendía. Antes, era una princesa en su propia tierra. Ahora vive en el destierro.

> **José Arcadio Buendía** el patriarca de la familia Buendía y el fundador del pueblo Macondo. Es un gran soñador.

> **Úrsula** la esposa de José Arcadio Buendía. Es una mujer muy capaz, muy fuerte y muy práctica.

---

1. Plinio Apuleyo Mendoza. *El olor de la guayaba*
   (Editorial La Oveja Negra, 1982), p. 8.

2. **peste** enfermedad contagiosa que causa la muerte de
   mucha gente

**Rebeca** una niña que apareció sola un día a la puerta de los Buendía y ellos la adoptaron. Al principio ella tiene la mala costumbre de comer tierra cuando está nerviosa.

**Pilar Ternera** una mujer muy cariñosa con poderes místicos. Ella está muy unida a la familia Buendía por haber tenido hijos con varios varones de la familia.

Una noche, por la época en que Rebeca se curó del vicio de comer tierra y fue llevada a dormir en el cuarto de los otros niños, la india que dormía con ellos despertó por casualidad y oyó un
5 extraño ruido intermitente en el rincón. Se incorporó[3] alarmada, creyendo que había entrado un animal en el cuarto, y entonces vio a Rebeca en el mecedor[4], chupándose[5] el dedo y con los ojos alumbrados como los de un gato en la
10 oscuridad. Pasmada de terror, atribulada[6] por la fatalidad de su destino, Visitación reconoció en esos ojos los síntomas de la enfermedad cuya amenaza los había obligado, a ella y a su hermano, a desterrarse para siempre de un reino
15 milenario[7] en el cual eran príncipes. Era la peste del insomnio.

*   *   *

Nadie entendió la alarma de Visitación. "Si no volvemos a dormir, mejor", decía José Arcadio Buendía, de buen humor. "Así nos rendirá[8] más la
20 vida". Pero la india les explicó que lo más temible de la enfermedad del insomnio no era la imposibilidad de dormir, pues el cuerpo no sentía cansancio alguno, sino su inexorable[9] evolución hacia una manifestación más crítica: el olvido.
25 Quería decir que cuando el enfermo se acostumbraba a su estado de vigilia[10], empezaban a borrarse de su memoria los recuerdos de la infancia, luego el nombre y la noción de las cosas, y por último la identidad de las personas y aun la

30 conciencia del propio ser, hasta hundirse en una especie de idiotez sin pasado. José Arcadio Buendía, muerto de risa, consideró que se trataba de una de tantas dolencias inventadas por la superstición de los indígenas[11]. Pero Úrsula, por si
35 acaso, tomó la precaución de separar a Rebeca de los otros niños.

*   *   *

*Pero a pesar de los esfuerzos, después de varias semanas toda la familia y todo el pueblo se encontraron con insomnio. Los habitantes de*
40 *Macondo*
. . . no consiguieron dormir, sino que estuvieron todo el día soñando despiertos. En ese estado de alucinada lucidez, no sólo veían las imágenes de sus propios sueños, sino que los unos veían las
45 imágenes soñadas por los otros. Era como si la casa se hubiera llenado de visitantes.

*   *   *

Al principio nadie se alarmó. Al contrario, se alegraron de no dormir, porque entonces había tanto que hacer en Macondo que el tiempo apenas
50 alcanzaba. Trabajaron tanto, que pronto no tuvieron nada más que hacer, y se encontraron a las tres de la madrugada con los brazos cruzados, contando el número de notas que tenía el valse de los relojes.

---

3. **se incorporó** se levantó
4. **mecedor** una silla en la que se puede mecer *(rocking chair)*
5. **chupándose** cuando el niño mete el dedo en la boca para consolarse *(sucking)*
6. **atribulada** preocupada
7. **milenario** muy viejo
8. **rendirá** ofrecerá
9. **inexorable** que no se puede parar
10. **vigilia** estado del que no está durmiendo

11. **indígenas** gente nativa de cierta tierra

\*    \*    \*

55 *Los habitantes de Macondo trataron de impedir*
*la contaminación de los extranjeros por la peste.*
*Les quitaron las campanitas[12] a los chivos y se*
*las colgaron a los cuellos de los visitantes . . .*
Todos los forasteros[13] que por aquel tiempo
60 recorrían las calles de Macondo tenían que hacer
sonar su campanita para que los enfermos
supieran que estaba sano[14]. No se les permitía
comer ni beber nada durante su estancia[15], pues
no había duda de que la enfermedad sólo se
65 transmitía por la boca, y todas las cosas de comer
y de beber estaban contaminadas de insomnio.
En esa forma se mantuvo la peste circunscrita al
perímetro de la población. Tan eficaz fue la
cuarentena, que llegó el día en que la situación
70 de emergencia se tuvo por cosa natural, y se
organizó la vida de tal modo que el trabajo
recobró su ritmo y nadie volvió a preocuparse
por la inútil costumbre de dormir.
　　Fue Aureliano quien concibió la fórmula que
75 había de defenderlos durante varios meses de las
evasiones de la memoria. La descubrió por
casualidad. Insomne experto, por haber sido uno
de los primeros, había aprendido a la perfección
el arte de la platería[16]. Un día estaba buscando el
80 pequeño yunque[17] que utilizaba para laminar los
metales, y no recordó su nombre. Su padre se lo
dijo: "tas". Aureliano escribió el nombre en un
papel que pegó con goma[18] en la base del
yunquecito: *tas.* Así estuvo seguro de no
85 olvidarlo en el futuro. No se le ocurrió que fuera
aquella la primera manifestación del olvido,
porque el objeto tenía un nombre difícil de
recordar. Pero pocos días después descubrió que
tenía dificultades para recordar casi todas las
90 cosas del laboratorio. Entonces las marcó con el
nombre respectivo, de modo que le bastaba con

leer la inscripción para identificarlas. Cuando su
padre le comunicó su alarma por haber olvidado
hasta los hechos más impresionantes de su niñez,
95 Aureliano le explicó su método, y José Arcadio
Buendía lo puso en práctica en toda la casa y más
tarde lo impuso a todo el pueblo. Con un hisopo[19]
entintado marcó cada cosa con su nombre: *mesa,*
*silla, reloj, puerta, pared, cama, cacerola.* Fue al
100 corral y marcó los animales y las plantas: *vaca,*
*chivo, puerco, gallina, yuca, malanga, guineo.*
Poco a poco, estudiando las infinitas posibilidades
del olvido, se dio cuenta de que podía llegar un día
en que se reconocieran las cosas por sus
105 inscripciones, pero no se recordara su utilidad.
Entonces fue más explícito. El letrero que colgó en
la cerviz[20] de la vaca era una muestra ejemplar de
la forma en que los habitantes de Macondo
estaban dispuestos a luchar contra el olvido: *Ésta*
110 *es la vaca, hay que ordeñarla[21] todas las mañanas*
*para que produzca leche y a la leche hay que*
*hervirla para mezclarla con el café y hacer café*
*con leche.* Así continuaron viviendo en una
realidad escurridiza[22], momentáneamente
115 capturada por las palabras, pero que había de
fugarse[23] sin remedio cuando olvidaran los valores
de la letra escrita.
　　En la entrada del camino de la ciénaga se había
puesto un anuncio que decía *Macondo* y otro más
120 grande en la calle central que decía *Dios existe.* En
todas las casas se habían escrito claves[24] para
memorizar los objetos y los sentimientos. Pero el
sistema exigía tanta vigilancia y tanta fortaleza
moral, que muchos sucumbieron al hechizo[25] de
125 una realidad imaginaria, inventada por ellos
mismos, que les resultaba menos práctica pero más
reconfortante. Pilar Ternera fue quien más
contribuyó a popularizar esta mistificación,
cuando concibió el artificio de leer el pasado en
130 las barajas[26] como antes había leído el futuro.

---

12. **campanitas** *little bells*
13. **forasteros** *strangers, outsiders*
14. **sano** de buena salud, no enfermo
15. **estancia** visita
16. **platería** el arte de hacer cosas de la plata, un metal
    precioso
17. **yunque** *anvil, metal object on which metal is hammered*
18. **goma** sustancia que se usa para pegar o juntar dos cosas
    *(glue)*

---

19. **hisopo** objeto que se usa para pintar o escribir con tinta
    *(brush)*
20. **cerviz** cuello
21. **ordeñar** extraer o sacar la leche de la vaca
22. **escurridiza** *slippery*
23. **fugarse** huir, escaparse
24. **claves** palabras o signos que explican algo
25. **hechizo** encantamiento mágico *(magic spell)*
26. **barajas** naipes *(cards)*

*Por fin se resolvió el problema con la ayuda mágica de Melquíades, un amigo gitano de José Arcadio Buendía. Melquíades volvió a Macondo mientras el pueblo "se hundía sin remedio" en el* 135 *olvido más profundo. El gitano trajo consigo un líquido mágico que le dio a José Arcadio. Fue esta bebida que por fin le curó de la peste del insomnio y le devolvió la memoria.*

## PREGUNTAS DE COMPRENSIÓN

1. ¿Cómo reacciona Visitación al ver a Rebeca despierta? ¿Por qué reacciona así?

2. ¿Se preocupa José Arcadio Buendía al saber de la peste? ¿Por qué sí o por qué no?

3. ¿Cuál es el aspecto más grave de la peste del insomnio?

4. ¿Qué hace Úrsula para proteger a la familia? ¿Tiene éxito?

5. Describe el aspecto raro de los sueños de la familia.

6. ¿Qué hace la gente de Macondo para proteger a los forasteros de la peste?

7. ¿Cuál es el primer indicio del olvido?

8. ¿Qué hace José Arcadio Buendía para luchar contra el olvido?

9. Este método de José Arcadio Buendía no servirá por mucho tiempo. ¿Por qué?

10. Por fin, ¿qué forma de "realidad" emplean los habitantes de Macondo para sustituir la realidad olvidada?

## PREGUNTAS DE DISCUSIÓN

1. Describe la actitud de José Arcadio Buendía y la de los otros habitantes de Macondo al no poder dormir. Comenta la filosofía de la vida que se refleja aquí. ¿Cómo reaccionarías tú?

2. Discute los elementos cómicos o absurdos que se encuentran en el fragmento.

3. En Macondo, después de poco tiempo, "llegó el día en que la situación de emergencia se tuvo por cosa natural". Piensa en ejemplos de la vida real o de películas o de literatura en que situaciones difíciles o absurdas llegan a ser aceptadas como normales.

4. Los habitantes de Macondo se refugian en "una realidad imaginaria, inventada por ellos mismos, que les resultaba menos práctica pero más reconfortante". Discute las ventajas de una realidad o un pasado inventado.

5. En "La peste del insomnio", la gente considera el insomnio un beneficio. ¿Se puede decir que dormir es una necesidad desafortunada de la vida? Hay personas que tratan de dormir lo menos posible para lograr más y gozar más de la vida. ¿Estás de acuerdo con ellos? Discute tus propias actitudes con respecto al sueño. ¿Te gusta dormir? ¿Necesitas cierto número de horas de sueño? ¿Duermes mucho durante el fin de semana?

## COMPOSICIÓN DIRIGIDA

1. El realismo mágico se puede definir como una mezcla de lo real y lo fantástico. En un ensayo bien organizado, compara el realismo mágico de García Márquez en "La peste del insomnio" con el de Borges en "El otro". Puedes incluir cómo se presentan los elementos reales y mágicos, y el tono o ambiente en el que se presentan.

2. Un elemento frecuente del realismo mágico es que lo fantástico o absurdo se presenta de una manera natural. Así lo fenomenal llega a parecer normal u ordinario. Por ejemplo, en un cuento de Julio Cortázar, "Carta a una señorita en París", un hombre sufre de la rara aflicción de vomitar conejos de vez en cuando, y ha llegado a aceptar su condición como parte de la vida. Escribe tu propio cuento corto en el que algo raro llegue a ser aceptado como normal.

## EXPRESÁNDONOS

1. Escribe cinco letreros al estilo del letrero que José Arcadio Buendía le colgó a la vaca. Identifica la cosa (persona, animal, objeto o lugar) por sus cualidades que te parecen más significativas. Presenta tus letreros a la clase e invita a tus compañeros a expresar sus propias opiniones sobre las características más importantes de los objetos. Por ejemplo, un letrero posible para identificar un perro: *Éste es un perro. Hay que cuidarlo y amarlo, y así tendrás un compañero fiel y gracioso.* Es posible que el letrero de otra persona sea diferente: *El perro se usa para proteger la casa.*

2. Tú y tus amigos acaban de descubrir que tienen un insomnio permanente. No podrán dormir, pero no se sentirán cansados. Prepara un diálogo con unos amigos de la clase en el que discuten qué harán con todo el tiempo libre, y cómo será la vida diferente.

# GRAMÁTICA

## El imperfecto del subjuntivo

### Ejemplos

a. Al principio José Arcadio Buendía no creyó que <u>hubiera</u> tal cosa como la peste del insomnio.

b. Úrsula había querido que Rebeca <u>se quedara</u> lejos de los otros niños para protegerlos de la peste, pero no lo logró.

c. No importaba que nadie <u>pudiera</u> dormir en Macondo.

d. La gente estaba esperando que la peste no <u>contaminara</u> a los forasteros.

e. Si los habitantes de Macondo <u>pudieran</u> dormir, no trabajarían tanto.

f. A veces Úrsula trataba a José Arcadio Buendía como si <u>fuera</u> un niño.

### Función

El imperfecto del subjuntivo, igual que el presente del subjuntivo, se usa para expresar situaciones o acciones que no se presentan como realidad segura. Cuando el verbo indicativo de la cláusula principal está en el presente, generalmente se usa el presente del subjuntivo o el presente perfecto del subjuntivo en la segunda cláusula. El imperfecto del subjuntivo se usa en la segunda cláusula cuando el verbo indicativo de la cláusula principal está en el pasado: el pretérito (Ejemplo a); el imperfecto (Ejemplo c); el pluscuamperfecto (Ejemplo b); el imperfecto progresivo (Ejemplo d); el condicional (Ejemplo e).

En las cláusulas con *si*, el imperfecto del subjuntivo se usa para expresar condiciones contrarias a la realidad (Ejemplo f). El uso del imperfecto del subjuntivo *pudieran* (Ejemplo e) nos dice claramente que en realidad los habitantes *no* pueden dormir.

El imperfecto del subjuntivo siempre se usa después de *como si*, pues esta frase siempre introduce una condición contraria a la realidad (Ejemplo f).

### Formación

El imperfecto del subjuntivo se forma usando la tercera persona plural del pretérito:

mira**ron**    vendie**ron**    vivie**ron**

Se quita la **-ron,** y se añaden las terminaciones del imperfecto del subjuntivo:*

| **-ra** | **-ramos** |
|---|---|
| **-ras** | **-rais** |
| **-ra** | **-ran** |

| **mirar** | | **vender** | | **vivir** | |
|---|---|---|---|---|---|
| mira**ra** | mirá**ramos** | vendie**ra** | vendié**ramos** | vivie**ra** | vivié**ramos** |
| mira**ras** | mira**rais** | vendie**ras** | vendie**rais** | vivie**ras** | vivie**rais** |
| mira**ra** | mira**ran** | vendie**ra** | vendie**ran** | vivie**ra** | vivie**ran** |

*Además de la forma -ra, hay otra forma del imperfecto del subjuntivo (usada principalmente en España) que termina en -se: *mirase, mirases, mirase; mirásemos, miraseis, mirasen.* Esta forma no va a ser practicada en este libro.

¡Buenas noticias! No hay irregularidades en la formación de este tiempo verbal. El imperfecto del subjuntivo de todos los verbos se forma según la regla.

- Los verbos de cambio radical de la tercera conjugación *(dormir, mentir, morir, pedir, preferir, repetir, servir y vestir)* y aquéllos en los que la raíz termina en vocal *(caer, creer, huir, leer y oír)* mantienen los mismos cambios en el imperfecto del subjuntivo. Por ejemplo:

| Infinitivo | Pretérito | Imperfecto del subjuntivo |
|---|---|---|
| dormir | durmieron | durmie**ra** |
| mentir | mintieron | mintie**ra** |
| pedir | pidieron | pidie**ra** |
| caer | cayeron | caye**ra** |
| oír | oyeron | oye**ra** |

- Los verbos irregulares en el pretérito también mantienen los mismos cambios en el imperfecto del subjuntivo. Aquí está una lista de algunos de estos verbos:

| Infinitivo | Pretérito | Imperfecto del subjuntivo |
|---|---|---|
| andar | anduvieron | anduvie**ra** |
| dar | dieron | die**ra** |
| estar | estuvieron | estuvie**ra** |
| decir | dijeron | dije**ra** |
| hacer | hicieron | hicie**ra** |
| ir | fueron | fue**ra** |
| poder | pudieron | pudie**ra** |
| poner | pusieron | pusie**ra** |
| querer | quisieron | quisie**ra** |
| saber | supieron | supie**ra** |
| ser | fueron | fue**ra** |
| tener | tuvieron | tuvie**ra** |
| traer | trajeron | traje**ra** |
| venir | vinieron | vinie**ra** |

## Ejercicios

### A. Completa la frase
Emplea la forma correcta del imperfecto del subjuntivo del verbo.

1.  La bisabuela de Úrsula se asustó durante un ataque del pirata Francis Drake. Por

    eso siempre temía que los piratas _____ (volver).

2.  Su esposo quería que ella _____ (poder) vivir tranquila y por

    eso se mudaron lejos del mar. Creía que si la mujer _____

    (estar) lejos del mar, ya no tendría miedo.

3.  Pero la mujer siguió teniendo sueños malos de piratas. Por eso el esposo le

    construyó un dormitorio sin ventanas para impedir que _____

    (entrar) los piratas de los sueños. Si no _____ (haber)

    ventanas, los piratas, reales o imaginarios, no podrían entrar.

4.  Esta mujer y su esposo eran los antepasados de José Arcadio Buendía y Úrsula,

    que, años después se mudaron a Macondo. Un día, un hombre, Prudencio

    Aguilar, insultó a José Arcadio Buendía, y éste lo mató. Fue una lástima que

    Prudencio _____ (haber / tener) que morir por el machismo.

5.  Después, Úrsula vio el espíritu de Prudencio, que andaba por la casa tratando de

    escaparse de la soledad de la muerte. Al principio José Arcadio Buendía no creía

    que un muerto _____ (andar) por su casa, pero después él lo

    vio también. El espíritu andaba por la casa como si _____

    (estar) vivo.

6.  Cada marzo los gitanos volvían a Macondo, trayendo consigo los nuevos inventos

    de todo el mundo. José Arcadio Buendía siempre llevaba a los niños a ver la feria

    de los gitanos. Quería que sus hijos _____ (conocer) las

    maravillas que traían los gitanos.

7. A José Arcadio Buendía le encantaban los nuevos inventos, y reaccionaba como si _____ (ser) un niño con un juguete nuevo. Cuando consiguió por primera vez una cámara, se escondió debajo de la escalera, esperando que Dios _____ (aparecer). ¡José Arcadio quería sacarle una foto a Dios!

8. Muchos dudaban que _____ (ser) posible fotografiar al Señor, pero José Arcadio Buendía creía que sí.

9. José Arcadio Buendía era un gran soñador, pero Úrsula, una mujer práctica, insistía en que su esposo _____ (hacer) algún trabajo en la casa y que les _____ (prestar) atención a los niños.

10. Cuando José Arcadio Buendía hacía sus experimentos científicos, Úrsula tenía que impedir que su esposo _____ (destruir) la casa con sus locuras.

11. Pero era imposible que José Arcadio Buendía _____ (poner) límites a su imaginación.

## B. Completa la frase

Usa el indicativo o el subjuntivo según el sentido de la frase.

1. Cuando era muy joven siempre quería que mi mamá _____

2. Mi primera maestra insistía en que los niños _____

3. Cuando era un(a) niño(a), temía que _____

4. Yo nunca dudaba que _____

5. Era una lástima que _____

6. Mis padres estarían muy contentos si yo _____

7. Mi papá estaba seguro de que _____

8. Me alegró de que _____

9. A veces los adultos tratan a los niños como si _____

10. Mis padres dudaban que _____

11. La profesora dijo que _____

12. Los niños esperaban que _____

13. Yo nunca creía que _____

14. Yo siempre creía que _____

## C. Traduce la frase al español

(Recuerda que *would* en inglés a veces se traduce por el condicional y a veces por el imperfecto del subjuntivo, según el sentido de la frase.)

1. Úrsula hoped that José Arcadio Buendía would be more practical.

   _____

2. If I were Úrsula, his habits wouldn't bother me.

   _____

3. José Arcadio Buendía wanted his children to learn the gypsies' secrets.

   _____

4. Aureliano and his brother were glad that their dad took them to see the gypsies.

   _____

5. José Arcadio Buendía knew that Úrsula would force him to help in the house.

_____

6. Úrsula feared that her husband would spend all his time in the laboratory.

_____

7. José Arcadio Buendía believed that it was possible to turn metal into gold, but Úrsula doubted that it was true. If he could do it, they would be rich.

_____

_____

8. Aureliano had 17 sons and wanted them all to be named Aureliano.

_____

9. José Arcadio Buendía hoped that his family would remember the past. Without memory, it was as if they had no past.

_____

_____

10. The plague of insomnia prevented the people from sleeping. (Usa *impidió que.*)

_____

11. I couldn't believe that they saw each other's dreams!

_____

12. It was as if they were asleep and awake at the same time.

_____

# El pluscuamperfecto del subjuntivo

## Ejemplos

a. Un día Úrsula no podía encontrar a su hijo y temía que <u>se hubiera ido</u> con los gitanos.

b. Era una lástima que los piratas <u>hubieran espantado</u> a la bisabuela de Úrsula.

c. Cada año cuando llegaban los gitanos, José Arcadio Buendía esperaba que le <u>hubieran traído</u> nuevos inventos.

d. Si José Arcadio Buendía <u>hubiera podido</u> sacar una foto de Dios, todos habrían querido verla.

e. Si Visitación no les <u>hubiera dicho</u> que fue la peste del insomnio, los Buendía no habrían sabido la verdad.

f. Cuando se murió el último Buendía fue como si la familia nunca <u>hubiera existido</u>.

## Función

El pluscuamperfecto del subjuntivo se usa para expresar una acción pasada que se tiene que expresar en el subjuntivo. (Ejemplos a, b, c). Por ejemplo, yo sabía que mi perro tenía la costumbre de irse de vez en cuando y así siempre me preocupaba de que se fuera. Pero un día cuando no pude encontrar al perro, temía que se hubiera ido para siempre. Cuando el verbo de la cláusula principal está en el pasado, es posible emplear el pluscuamperfecto del subjuntivo en vez del imperfecto del subjuntivo. El uso del pluscuamperfecto en vez del imperfecto del subjuntivo depende del significado de la frase. Por ejemplo:

> Úrsula temía que los niños **cogieran** *(would catch)* la peste.

> Úrsula temía que los niños ya **hubieran cogido** *(had already caught)* la peste.

En las cláusulas con *si,* que son contrarias a la realidad, se puede usar el pluscuamperfecto del subjuntivo (Ejemplos d, e, f) o el imperfecto del subjuntivo.

Observa que en ciertas frases, se puede usar el pluscuamperfecto del subjuntivo en lugar del condicional perfecto (Ejemplo e):

> Si Visitación no les hubiera dicho que fue la peste del insomnio, los Buendía no **hubieran sabido** la verdad.

## Formación

El pluscuamperfecto del subjuntivo se forma usando el imperfecto del subjuntivo del verbo *haber* y el participio pasado.*

| mirar | |
|---|---|
| hubiera mirado | hubiéramos mirado |
| hubieras mirado | hubierais mirado |
| hubiera mirado | hubieran mirado |
| vender | |
| hubiera vendido | hubiéramos vendido |
| hubieras vendido | hubierais vendido |
| hubiera vendido | hubieran vendido |
| vivir | |
| hubiera vivido | hubiéramos vivido |
| hubieras vivido | hubierais vivido |
| hubiera vivido | hubieran vivido |

# Ejercicios

## A. Completa la frase

Emplea el pluscuamperfecto del subjuntivo del verbo (el imperfecto del subjuntivo de *haber* y el participio pasado).

1. En "La Santa", otro cuento de García Márquez, Margarito, el protagonista, no

   tenía más que una hija a quien quería con toda el alma. Era una gran lástima que

   la madre de la niña _____ (morirse) muchos años antes.

2. Margarito dedicó su vida a hacer feliz a la niña. Un día, de repente, la niña se

   murió y el padre temía que _____ (perder) su única razón

   para vivir.

*Ademas de la forma *-ra* del pluscuamperfecto del subjuntivo, hay otra forma (usada principalmente en España) que termina en *-se: hubiese mirado, hubieses mirado, hubiese mirado; hubiésemos mirado, hubieseis mirado, hubiesen mirado.* Esta forma no va a ser practicada en este libro.

3. Doce años después, los oficiales del pueblo de Margarito anunciaron que iban a mudar el cementerio a otro lugar y todos tuvieron que desenterrar a sus queridos muertos. ¡Qué susto recibió Margarito al ver a su hija! Era imposible que después de doce años el cuerpo de la niña _____ (conservarse), pero era cierto. El cuerpo de la niña estaba como si _____ (dormirse) en vez de muerto.

4. Si no _____ (tener) que desenterrarla, Margarito no habría descubierto este milagro.

5. Muchos cuentos y novelas de García Márquez tienen elementos mágicos. Cuando leí *Cien años de soledad* por primera vez, fue como si yo _____ (entrar) en un mundo mágico.

6. Si el autor no _____ (pasar) su niñez escuchando los cuentos fantásticos de su abuela, tal vez no habría escrito *Cien años de soledad*.

7. Al conocer el realismo mágico de García Márquez y otros autores hispanos, puedo ver posibilidades mágicas en la realidad que no habría visto si no _____ (leer) esta literatura maravillosa.

## B. Completa la frase

Emplea el pluscuamperfecto del subjuntivo.

1. El mundo sería mejor si _____

2. Mi vida sería muy diferente si _____

3. Adán y Eva todavía estarían en el Jardín del Edén si _____

4. La Cenicienta no habría encontrado a su príncipe si _____

5. El lobo no habría podido destruir las casas de los dos cerditos si _____

# Repaso

## A. La soledad

Completa la frase con la forma correcta del verbo según el sentido de la frase. Selecciona entre el presente, el pretérito, el imperfecto, los tiempos perfectos, el futuro, el condicional, el presente del subjuntivo, el presente perfecto del subjuntivo, el imperfecto del subjuntivo, el pluscuamperfecto del subjuntivo y el infinitivo. Lee toda la frase antes de contestar.

1. La soledad es un tema que _____ (encontrarse) en muchas

   obras de García Márquez y otros escritores.

2. Me parece que tantos escritores _____ (haber / escribir) sobre

   la soledad porque es un problema universal del ser humano.

3. Melquíades, el gitano de *Cien años de soledad,* _____ (haber

   / morirse) pero _____ (volver) porque no podía aguantar la

   terrible soledad de la muerte.

4. Onésimo Sánchez, el protagonista de "Muerte constante más allá del amor",

   _____ (sentirse) solo porque sabe que dentro de seis meses él

   _____ (estar) muerto. Todos sabemos que

   _____ (morir) algún día pero no sabemos cuándo. Onésimo

   _____ (haber / vivir) más o menos contento antes de

   _____ (descubrir) que iba a morir. ¡Qué lástima que Onésimo

   _____ (tener) que vivir con este conocimiento. ¿Qué

   _____ (hacer) tú si supieras cuándo ibas a morir?

5. Onésimo _____ (sentirse) solo hasta que se enamoró de una

   joven, Laura Farina. Según Onésimo: "Es bueno _____

   (estar) con alguien cuando uno _____ (estar) solo". Quería

   que Laura _____ (estar) con él en su momento final, pero no

   _____ (resultar) así. Onésimo _____

(morirse) solo, llamando a Laura. Fue una lástima que ella no

_____ (poder) consolarlo.

6. Clotilde Armenta, un personaje de _Crónica de una muerte anunciada,_

experimenta otro aspecto de la soledad. Ella trata de proteger a un vecino,

Santiago Nasar, cuando dos hombres lo _____ (amenazar)

con la muerte. Clotilde quiere que alguien la _____ (ayudar)

a salvarlo, pero nadie lo _____ (hacer). Después ella dice:

"Ese día me _____ (dar) cuenta de lo solas que

_____ (estar) las mujeres en este mundo".

7. Hay otras causas de la soledad. En _Cien años de soledad,_ a varias personas les

_____ (faltar) la capacidad de amar. Es imposible que estas

personas _____ (comunicar) sus emociones.

8. Me parece imposible que a algunas personas les _____

(gustar) estar siempre solas. Dudo que ellos _____ (querer)

vivir totalmente solos. Para mí es necesario que la casa _____

(estar) llena de amigos, familia, perros, etc.

9. En la obra de García Márquez, la solidaridad _____ (ser) lo

contrario de la soledad. Según el autor, es necesario que la gente

_____ (unirse) para _____ (escaparse) de

la soledad y para _____ (mejorar) la sociedad.

10. No dudo que García Márquez _____ (tener) razón.

## B. Completa la frase

Emplea la forma correcta de *ser* o *estar* según el sentido de la frase.

1. Varios personajes de *Cien años de soledad* _____ solos

   porque _____ incapaces de amar.

2. Según García Márquez, _____ posible sentir la soledad aun

   cuando uno _____ muerto.

3. El mundo _____ lleno de gente sola.

4. Si todas las personas solas pudieran encontrarse, ya no _____

   solas.

## C. Contesta la pregunta

Emplea la voz pasiva con *se*.

1. ¿Se puede vivir sin otra gente?

   _____

2. ¿Dónde se encuentran muchas personas solas?

   _____

3. ¿Cómo se puede escapar de la soledad?

   _____

4. ¿En qué época del año se siente más la soledad?

   _____

# Capítulo 7

## *Los conflictos entre las generaciones*

| | |
|---|---|
| **Lectura** | *Como agua para chocolate,* Laura Esquivel |
| **Gramática** | Los mandatos; otros usos del subjuntivo: el subjuntivo después de antecedentes negativos e indefinidos; el subjuntivo después de ciertos adverbios y conjunciones |

## Vocabulario

**afortunado, -a** se aplica al que tiene buena suerte. Marcos tiene buena salud, una familia cariñosa y un trabajo que le gusta; es un hombre muy <u>afortunado</u>.

**ambos, -as** dos personas o dos cosas; los dos. En "El otro" de Borges, hay dos hombres, un joven y un viejo, pero <u>ambos</u> son el mismo hombre, Jorge Luis Borges.

**añorar** desear fuertemente; recordar con dolor la ausencia de alguien o de algo. El poeta <u>añora</u> las horas felices que pasó con su perro.

**atreverse a** ser capaz de hacer algo sin temor. El pequeño David <u>se atrevió a</u> luchar contra el gigante Goliat.
> **atrevido, -a** se aplica al que se atreve a hacer muchas cosas. Martín es muy <u>atrevido</u>; sólo le gustan actividades y deportes peligrosos.

**la cebolla** planta cuyo bulbo es de olor fuerte y sabor más o menos picante y que se puede comer *(onion).* Ella comió mucha <u>cebolla</u> y no quiere besar a su novio porque tiene mal aliento.

**corresponder** responder, pertenecer. Juana la Loca quería a su esposo con toda el alma pero él no <u>correspondía</u> su amor. El profesor debe explicar bien la lección, pero la responsabilidad de aprender le <u>corresponde</u> al alumno.

**cuidar** atender a una persona. Los padres deben <u>cuidar</u> a sus hijos con diligencia y con cariño.

**encerrar (ie)** meter a alguien en un lugar del que le es imposible salir. Hansel y Gretel <u>encerraron</u> a la bruja en el horno. Contener. El joven enamorado le escribió una carta que <u>encerraba</u> todas sus emociones a su querida.

**esforzarse (ue)** tratar de lograr algo, hacer esfuerzos. El estudiante <u>se esfuerza</u> mucho en el curso y va a sacar una A.

**gozar de** experimentar placer y satisfacción; disfrutar. <u>Gozamos de</u> la buena literatura latinoamericana.

**intentar** tratar de, esforzarse. <u>Intenté</u> trabajar toda la noche pero me dormí.

**jurar** afirmar o prometer algo con gran fuerza. Pablo le <u>juró</u> amor eterno a Matilde, y cumplió su palabra.

**la lágrima** una de las gotas de agua que salen de los ojos cuando uno llora. Ella lloró tanto que las <u>lágrimas</u> le mojaron el vestido.

**negar (ie)** declarar que algo no es verdad. El Sr. Nixon siempre <u>negó</u> que fuera culpable de un crimen. No permitir que tenga una persona lo que desea. La mujer cruel les <u>negó</u> a los niños la comida que pedían.

**picar** morder. La Srta. Muffet temía que la araña le <u>picara</u>. Cortar en pedacitos. Siempre lloro al <u>picar</u> cebollas.

**pleno, -a** lleno, totalmente completo. Estas flores necesitan un lugar a <u>pleno</u> sol.

**sensible** capaz de percibir sensaciones, sensitivo; se aplica a las personas que reaccionan fuertemente a acciones o emociones ajenas. Mi amigo es muy <u>sensible</u>; siempre entiende mis problemas.

**sordo, -a** se aplica a una persona que no puede oír. El ruido no despertó a mi abuelo porque es <u>sordo</u>.

**el vientre** estómago, barriga *(abdomen)*. Jonás estaba en el <u>vientre</u> de la ballena.

# Ejercicios de vocabulario

## A. Completa la frase

Usa la palabra apropiada del vocabulario.

1. Los desterrados cubanos _____ su isla querida. Mantienen

   sus costumbres y comida tradicional para no olvidarlas.

2. Isabel está enamorada de un hombre que no le _____ su

   amor. Por eso ella está tan triste que come sin cesar para consolarse.

3. La mamá acusa al niño de haber comido el bizcocho pero el niño

   _____ que lo haya hecho.

4. El niño _____ esconder el bizcocho medio comido debajo de

   la mesa pero su mamá lo vio.

5. Cuando mi mamá nos llama al comedor, mi tío no la oye porque es

   _____, pero se da cuenta de que es la hora de comer por el olor.

6. La bruja _____ a Hansel y Gretel dentro de la casa de dulces

   para que no pudieran escaparse.

7. No pude decidir entre el bizcocho y el helado, así que comí

   _____.

8. El niño _____ le quitó los dulces ante las propias narices de

   su mamá sin que ella lo viera.

9. Después de comer tantos dulces, los niños tenían dolor de

   _____.

10. En _____ invierno, cuando hace mucho frío, me gusta

    cocinar sopas y guisados.

11. Una manera de _____ a los seres queridos es cocinar comidas

    buenas para la salud.

12. Al casarse, mi bisabuela le _____ a su esposo que siempre

    estaría esperándole al fin del día con una cena bien preparada.

## B. Expresión personal

1. ¿Qué aspecto o época de tu niñez añoras más?
2. ¿A quién consideras una persona muy afortunada? ¿Por qué?
3. ¿Tratas a veces de esconder tus lágrimas?
4. ¿Te consideras una persona sensible? ¿Quién es la persona más sensible que conoces?

## C. Completa la frase

1. Una persona sensible es la que _____

2. Soy una persona afortunada porque _____

3. Una cosa que juro hacer por toda mi vida es _____

4. Una cosa que juro no hacer nunca es _____

# LECTURA

## Estrategia para leer

Al leer el fragmento, ten en cuenta los siguientes aspectos:

- **Narración**

  ¿En qué persona se escribe? ¿Cuál es la relación entre la narradora y la protagonista?

- **Simbolismo**

  En la novela *Como agua para chocolate,* la comida tiene un significado literal y simbólico. Es así también en la vida. Piensa en tus propias actitudes y las de tu familia con respecto a la comida.

- **El realismo mágico**

  Has encontrado el realismo mágico en las obras de Jorge Luis Borges y de Gabriel García Márquez que has leído. Presta atención a cómo Laura Esquivel lo presenta.

## LAURA ESQUIVEL

Laura Esquivel nació en 1950 en la Ciudad de México. *Como agua para chocolate,* su primera novela, gozó de una popularidad instantánea. La novela se divide en doce partes que corresponden a los meses del año. Cada mes se presenta con una receta relacionada con lo que pasa en el capítulo.

## Como agua para chocolate (fragmento)

*Al principio de la narración, la narradora está cocinando y nos dice que ella llora sin parar mientras corta la cebolla.*

No sé si a ustedes les ha pasado pero a mí la
5 mera verdad sí. Infinidad de veces. Mamá decía que era porque yo soy igual de sensible a la cebolla que Tita, mi tía abuela.

Dicen que Tita era tan sensible que desde que estaba en el vientre de mi bisabuela lloraba y
10 lloraba cuando ésta picaba cebolla; su llanto[1] era tan fuerte que Nacha, la cocinera de la casa, que era medio sorda, lo escuchaba sin esforzarse. Un día los sollozos[2] fueron tan fuertes que provocaron que el parto[3] se adelantara[4]. Y sin que mi
15 bisabuela pudiera decir ni pío[5], Tita arribó a este mundo prematuramente, sobre la mesa de la cocina, entre los olores de una sopa de fideos que se estaba cocinando, los del tomillo, el laurel, el cilantro, el de la leche hervida, el de los ajos y, por
20 supuesto, el de la cebolla. Como se imaginarán, la consabida[6] nalgada[7] no fue necesaria pues Tita nació llorando de antemano, tal vez porque ella

---

1. **llanto** acción de llorar

2. **sollozos** sonidos que se hacen al llorar fuerte
3. **parto** la acción de dar a luz a un bebé
4. **se adelantara** se fuera hacia adelante; pasara
5. **decir ni pío** decir palabra
6. **consabida** bien sabida o conocida
7. **nalgada** golpe dado en las nalgas *(rear end)*

sabía que su oráculo[8] determinaba que en esta vida le estaba negado el matrimonio. Contaba Nacha que Tita fue literalmente empujada a este mundo por un torrente impresionante de lágrimas que se desbordaron[9] sobre la mesa y el piso de la cocina.

En la tarde, ya cuando el susto había pasado y el agua, gracias al efecto de los rayos del sol, se había evaporado, Nacha barrió el residuo de las lágrimas que había quedado sobre la loseta[10] roja que cubría el piso. Con esta sal rellenó un costal[11] de cinco kilos que utilizaron para cocinar por bastante tiempo. Este inusitado[12] nacimiento determinó el hecho de que Tita sintiera un inmenso amor por la cocina y que la mayor parte de la vida la pasara en ella . . .

*       *       *

*Por eso no es extraño que a Tita* . . . *se le haya desarrollado un sexto sentido en todo lo que a comida se refiere. Tita* . . . confundía el gozo del vivir con el de comer, *y gozaba mucho de cada aspecto de cocinar. Por ejemplo, a Tita le gustaba mucho la preparación de tortas rellenas de chorizo porque* . . . es muy agradable gozar del olor que despide, pues los olores tienen la característica de reproducir tiempos pasados junto con sonidos y olores nunca igualados en el presente.

*       *       *

*Una tradición de la familia de Tita era la manera de preparar chorizos. Todas las hijas se sentaban alrededor de la mesa para participar en la preparación, y* . . .

Una de esas tardes, antes de que Mamá Elena dijera que ya se podían levantar de la mesa, Tita, que entonces contaba con quince años, le anunció con voz temblorosa que Pedro Muzquiz quería venir a hablar con ella . . .

—¿Y de qué me tiene que venir a hablar ese señor?

Dijo Mamá Elena luego de un silencio interminable que encogió[13] el alma de Tita.

Con voz apenas perceptible respondió:

—Yo no sé.

Mamá Elena le lanzó una mirada que para Tita encerraba todos los años de represión que habían flotado sobre la familia y dijo:

—Pues más vale que le informes que si es para pedir tu mano no lo haga. Perdería su tiempo y me haría perder el mío. Sabes muy bien que por ser la más chica de las mujeres a ti te corresponde cuidarme hasta el día de mi muerte.

Dicho esto, Mamá Elena se puso lentamente de pie, guardó sus lentes dentro del delantal y a manera de orden final repitió:

—¡Por hoy, hemos terminado con esto!

Tita sabía que dentro de las normas de comunicación de la casa no estaba incluido el diálogo, pero aun así, por primera vez en su vida intentó protestar a un mandato de su madre.

—Pero es que yo opino que . . .

—¡Tú no opinas nada y se acabó! Nunca, por generaciones, nadie en mi familia ha protestado ante esta costumbre y no va a ser una de mis hijas quien lo haga.

*       *       *

*Después Tita piensa en su primer encuentro con Pedro:*

Nunca olvidaría el roce[14] accidental de sus manos cuando ambos trataron torpemente de tomar la misma charola[15] al mismo tiempo.

Fue entonces cuando Pedro le confesó su amor.

—Señorita Tita, quisiera aprovechar la oportunidad de poder hablarle a solas para decirle que estoy profundamente enamorado de usted. Sé que esta declaración es atrevida y precipitada[16], pero es tan difícil acercársele que tomé la decisión de hacerlo esta misma noche. Sólo le pido que me diga si puedo aspirar[17] a su amor.

—No sé qué responderle; déme tiempo para pensar.

---

8. **oráculo** se aplica a la persona cuya autoridad nadie disputa

9. **desbordaron** salieron de sus límites *(overflowed)*

10. **loseta** *tile*

11. **costal** saco o bolso grande

12. **inusitado** raro, extraordinario

13. **encogió** hizo más pequeño *(shrank)*

14. **roce** acción de tocarse

15. **charola** bandeja de metal o de otra materia que se usa para servir dulces, refrescos y otras cosas *(tray)*

16. **precipitada** se aplica a lo que pasa de repente o rápidamente y sin aviso

17. **aspirar** desear con esperanzas de lograr algo

—No, no podría, necesito una respuesta en este momento: el amor no se piensa: se siente o no se siente. Yo soy hombre de pocas, pero muy firmes palabras. Le juro que tendrá mi amor por 120 siempre. ¿Qué hay del suyo? ¿Usted también lo 105 siente por mí?

—¡Sí!

Sí, sí y mil veces sí. Lo amó desde esa noche para siempre.

*       *       *

110   *Como Mamá Elena le había prohibido a Tita que se casara, se concertó un matrimonio entre Pedro y una hermana mayor de Tita. Tita se vio obligada a preparar el pastel para la boda de su hermana y Pedro. Se puede imaginar la tristeza* 115   *de Tita, que lloraba mucho mientras preparaba el pastel, y sus lágrimas se mezclaron con la*

*masa. El día de la boda este pastel tuvo un efecto extraño sobre los invitados que lo comieron:*

Una inmensa nostalgia se adueñaba[18] de todos 120 los presentes en cuanto le daban el primer bocado al pastel. Inclusive Pedro, siempre tan propio, hacía un esfuerzo tremendo por contener las lágrimas. Y Mamá Elena, que ni cuando su esposo murió había derramado una infeliz lágrima, lloraba 125 silenciosamente. Y eso no fue todo, el llanto fue el primer síntoma de una intoxicación rara que tenía algo que ver con una gran melancolía y frustración que hizo presa[19] de todos los invitados y los hizo terminar en el patio, los corrales y los baños 130 añorando cada uno al amor de su vida. Ni uno solo escapó del hechizo[20] y sólo algunos afortunados llegaron a tiempo a los baños; los que no, participaron de la vomitona colectiva que se organizó en pleno patio.

## PREGUNTAS DE COMPRENSIÓN

1. ¿Qué tienen en común la narradora y Tita?

2. ¿Cómo se utiliza el agua que queda en el suelo después del nacimiento de Tita?

3. ¿Cuál es la actitud de Tita con respecto a la cocina? ¿Cómo se explica esta actitud?

4. ¿En qué sentido es Tita la víctima de una tradición de la familia de Mamá Elena?

5. ¿Cómo se caracteriza Mamá Elena? ¿Qué se revela aquí de la relación entre Tita y su madre?

6. ¿Qué pasó la primera vez que Tita y Pedro se vieron?

7. ¿Cuáles son los efectos extraños que el pastel de boda produce en los invitados que lo comen?

## PREGUNTAS DE DISCUSIÓN

1. Además de satisfacer el hambre, ¿qué otros aspectos o cualidades de la comida se presentan en el fragmento?

2. La comida es una necesidad universal. Todo el mundo tiene que comer para vivir. Pero cada persona tiene su propia actitud con respecto a la comida. Algunos utilizan la comida como un premio por un trabajo bien hecho, o para consolarse si alguien los rechaza o los lastima. Algunos comen mucho cuando están deprimidos (muy tristes); otros pierden el apetito. Algunos padres se esfuerzan en ejercer demasiado control sobre lo que comen sus hijos. ¿Cuáles son tus propias idiosincrasias y las de tu familia con respecto a la comida?

18. **se adueñaba** se hacía dueño, llegaba a tener poder sobre

19. **hizo presa** poseyó *(took possession of)*

20. **hechizo** encantamiento mágico *(magic spell)*

3. ¿Te parece realista la escena del primer encuentro entre Tita y Pedro? ¿Crees en el amor a primera vista?

4. Compara la relación entre Tita y su mamá y la relación entre muchos padres e hijos en nuestra cultura.

## COMPOSICIÓN DIRIGIDA

1. En un ensayo bien organizado, discute el simbolismo de la comida en el fragmento. Debes incluir la sal que quedó después de que se evaporó el agua del parto (nacimiento) de Tita; el efecto de los olores de la comida; el uso de la comida como un instrumento del realismo mágico.

2. En un ensayo bien organizado, discute los aspectos universales, los aspectos culturales y los aspectos individuales del conflicto entre Tita y Mamá Elena.

## EXPRESÁNDONOS

1. Tita sufre a causa de una tradición de su familia que le impone límites a su vida. ¿Cuál es una tradición de tu familia o de nuestra cultura que te parece injusta o molesta? Con un(a) compañero(a) de clase prepara y presenta un diálogo entre un(a) joven y su madre, padre u otro adulto sobre el deseo del (de la) joven de cambiar esta tradición.

2. Con un(a) compañero(a) de clase, prepara y presenta una escena en la que la reacción a la comida refleja un estado emocional.

# GRAMÁTICA

## Los mandatos

### Los mandatos formales, afirmativos y negativos; los mandatos familiares negativos

#### Ejemplos

a. <u>Pique</u> (Ud.) la cebolla finamente.

b. <u>No dejes</u> (tú) que se quemen los frijoles.

c. <u>No mezclen</u> (Uds.) la sal y el azúcar.

d. <u>No tengas</u> prisa (tú); hay que cocinar con paciencia.

e. <u>Prueben</u> (Uds.) el plato que preparé.

f. <u>Páseme</u> (Ud.) la sal, por favor, Sra. Rodríguez.

g. No <u>comáis</u> (vosotros) demasiado.

h. Niños, les preparé una sopa rica. ¡<u>Cómanla</u> ahora! ¡<u>No la dejen</u> enfriar!

i. <u>Vámonos</u> al restaurante Rincón de España. <u>Reunámonos</u> a las siete. <u>Comamos</u> juntos.

#### Función

Los mandatos afirmativos se usan para decirle a alguien que haga cierta cosa (Ejemplos a, e, f, h, i). Los mandatos negativos se usan para decirle a alguien que no haga cierta cosa (Ejemplos b, c, d, g, h). El mandato afirmativo con *nosotros* se usa para expresar el concepto *"Let's . . ."* (Ejemplo i).

#### Formación

Todos los mandatos formales y los mandatos familiares negativos son iguales a las formas correspondientes del presente del subjuntivo. Por ejemplo consideremos el presente del subjuntivo del verbo *volver*. Todos los mandatos menos *tú* afirmativo y *vosotros* afirmativo se forman con el presente del subjuntivo.

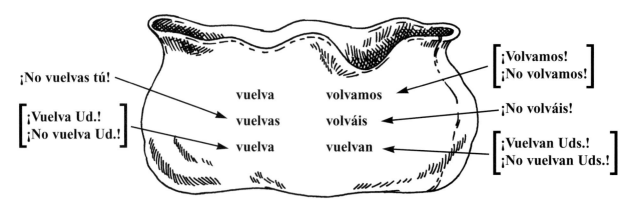

**Excepción:** Para el verbo *ir*, el mandato afirmativo con *nosotros* se forma con el presente del indicativo en vez del subjuntivo: *¡Vamos! ¡Vámonos!*

## Los mandatos afirmativos con *tú*

### Ejemplos

a. <u>Llena</u> la taza de café.

b. <u>Averigua</u> la calidad de los ingredientes.

c. <u>Levántate</u> temprano para preparar el pan.

d. <u>Come</u> todos los vegetales.

e. <u>Sirve</u> la comida a los invitados.

f. <u>Pon</u> la cacerola en el horno ahora. <u>Ponla</u> en el horno inmediatamente.

g. <u>Ten</u> paciencia cuando cocinas.

h. <u>Sé</u> inteligente; no comas muchos dulces.

### Función

El mandato afirmativo con *tú* se usa para decirle o pedirle a alguien, con quien empleas *tú,* que haga cierta cosa.

### Formación

**Verbos regulares**

Los mandatos afirmativos con *tú* son iguales a la tercera persona singular del presente del indicativo (Ejemplos a, b, c, d).

**Verbos irregulares**

(Ve los Ejemplos f, g, h.)

| | | | | | | | | |
|---|---|---|---|---|---|---|---|---|
| decir | → | **di** | hacer | → | **haz** | ir | → | **ve** |
| poner | → | **pon** | salir | → | **sal** | ser | → | **sé** |
| tener | → | **ten** | valer | → | **val** | venir | → | **ven** |

## Los mandatos afirmativos con *vosotros*

### Ejemplos

a. <u>Mezclad</u> la salsa.

b. <u>Bebed</u> la leche.

c. <u>Id</u> a la cocina; no comáis en la sala.

### Función

El mandato afirmativo con *vosotros* se usa para decirles o pedirles que hagan algo a personas con quienes empleas *vosotros.*

### Formación

El mandato afirmativo con *vosotros* se forma con el infinitivo del verbo. Se quita la *r* final y se añade una *d.*

| | | | | | | | | |
|---|---|---|---|---|---|---|---|---|
| estar | → | **estad** | ser | → | **sed** | venir | → | **venid** |

## Colocación de los complementos directos e indirectos y los pronombres reflexivos

Los pronombres siguen a los mandatos afirmativos y se colocan delante de los mandatos negativos.

Recuerda que cuando se le añade el pronombre al mandato afirmativo de más de una sílaba, hay que escribir un acento para indicar que el acento todavía cae en la misma sílaba.

| | |
|---|---|
| Levánta**te.** | No **te** levantes. |
| Da**me** los dulces. | No **me los** des. |
| Prepáre**me** los frijoles. | No **se los** prepare a él. |

> **Observa:** En el mandato afirmativo con *nosotros* de verbos reflexivos, se omite la *s* final del mandato: *Vámonos. Levantémonos.* En el mandato afirmativo con *vosotros* de verbos reflexivos, se omite la *d* final del mandato: *Levantaos.*

## Los mandatos indirectos

### Ejemplos

  a. No quiero hacerlo. ¡Que lo haga Jorge!

  b. Si no tienen pan, ¡que coman pastel!

  c. Si Juan no puede venir hoy, que venga mañana.

### Función

Se usa cuando el mandato se dirige a una persona a quien no estás hablando directamente.

### Formación

    *que* + el presente del subjuntivo

        Mamá Elena no quiere preparar la cena. **¡Que la prepare Tita!**

# Ejercicios

## A. Completa la frase

Emplea el mandato apropiado según el sentido de la frase.

1. Niños, _____ (lavarse) las manos. No

   _____ (comer) con las manos sucias.

2. _____ (Sentarse) aquí, Sra. Esquivel. Quisiera servirle un

   plato muy rico.

3. No _____ (comer) toda la torta, Anita.

   _____ (Dejar) una porción para tu hermano.

4. No _____ (poner) (Uds.) los tomates en el refrigerador. Así

   pierden el sabor.

5. No _____ (fingir) haber preparado el plato cuando en

   realidad lo compraste. ¡No _____ (ser) mentiroso!

6. ¡Niños, no _____ (esconder) los vegetales debajo de la

   alfombra! _____ (Comer / los).

7. El chocolate es muy malo para los perros. No _____ (dar / se

   lo (tú). ¡Que los perros _____ (comer) su propia comida!

8. No _____ (marcharse) sin comer, niño. Que

   _____ (esperar) tus amigos hasta que termines.

9. La botella de vinagre se parece mucho a la botella de vino. No

   _____ (confundirse) Uds.

10. El fama le aconseja al cronopio: "Cuando comas en un restaurante,

    _____ (averiguar) la calidad de la comida,

    _____ (preguntar) si el pescado está fresco,

    _____ (acordarse) de mirar los precios y no

    _____ (olvidarse) de inspeccionar la cocina antes de comer".

## B. Completa la frase

Emplea el mandato apropiado. Usa *a* para un mandato afirmativo y *b* para un mandato negativo.

1. Si quieres bajar de peso

   a. _____

   b. _____

2. Si quieres mantener buena salud

   a. _____

   b. _____

3. Si ustedes quieren probar la mejor comida del mundo

   a. _____

   b. _____

4. Si estás cuidando a un bebé a la hora de comer

   a. _____

   b. _____

5. Si quiere preparar una cena romántica

   a. _____

   b. _____

6. Si queremos comer bien con poco dinero

   a. _____

   b. _____

## C. Expresándonos

Selecciona tres personas famosas. Pueden ser reales o ficticias, contemporáneas o de la historia. Prepara dos consejos para cada persona. Presenta tus consejos a la clase en forma de mandatos.

## D. Gazpacho

Emplea el mandato formal (usted) para completar la receta que sigue. Busca en el vocabulario que aparece a fines de este libro las palabras que no sepas. Prepara el gazpacho. Sírvelo a la clase o a tu familia.

**Gazpacho**

1. _____ (Pelar) 3 tomates grandes y

   _____ (cortar / los) reteniendo el jugo.

2. _____ (Picar) en pedazos pequeños 2 pimientos rojos.

3. _____ (Pelar) y _____ (cortar) un pepino.

4. _____ (Mezclar) estos ingredientes.

5. _____ (Añadir) 2 tazas de agua y media taza de migas de

   pan y _____ (remojar) los vegetales por media hora.

6. Después _____ (añadir):

   2 dientes de ajo machacados
   4 cucharadas de aceite de oliva
   1/2 cucharadita de comino molido
   1 cucharadita de sal
   2 cucharadas de vinagre rojo de vino

7. _____ (Mezclar) todo en una licuadora y

   _____ (colar / lo) todo en un colador grande.

8. _____ (Enfriar / lo) bien.

9. _____ (Servir / lo) con apio, pepino, cebolleta y huevos

   duros; todo bien picado.

10. ¡_____! (Disfrutar)

# Otros usos del subjuntivo

## Antecedentes negativos

### Ejemplos

    a. Tita cocina con amor. No hay ninguna comida que <u>sea</u> más rica que la suya.

    b. No había nadie que <u>cocinara</u> como mi abuela.

    c. Ella es vegetariana. No hay nada que ella <u>pueda</u> comprar en una carnicería.

### Función

El subjuntivo se usa después de cláusulas negativas. El uso del subjuntivo refleja una condición que no existe en la realidad. Por ejemplo: En el Ejemplo c, ella *no* puede comprar nada en la carnicería. Así, *ella pueda comprar* está en el subjuntivo porque representa una condición contraria a la realidad: Ella *no* puede comprar nada.

## Antecedentes indefinidos

### Ejemplos

    a. Buscamos un helado que no <u>tenga</u> calorías.

    b. Quieren comer en un restaurante en que sólo se <u>sirva</u> comida orgánica.

    c. Tita quería decir algo que <u>cambiara</u> la opinión de Mamá Elena.

### Función

El subjuntivo se usa en cláusulas que se refieren a un concepto indefinido, que no existe o que no existe de seguro. Por ejemplo, en el Ejemplo c, se usa el imperfecto del subjuntivo, *cambiara,* porque no estamos seguros de que haya sido posible cambiar la opinión de Mamá Elena. Así, *cambiara la opinión* es una situación que no pasó de seguro. Se usa el imperfecto y no el presente del subjuntivo porque el verbo *quería* está en el pasado.

# El subjuntivo después de ciertos adverbios y conjunciones

## Ejemplos

a. Comeremos cuando <u>llegue</u> papá.

b. ¡Qué hambre tengo! Tan pronto como <u>llegue</u> a casa voy a comer algo.

c. "Mientras <u>vivas</u> en mi casa, comerás lo que preparo yo", dijo la abuela.

d. Por favor, no me ofrezcas dulces hasta que <u>pierda</u> cinco libras.

e. Aunque Luisa <u>pierda</u> diez libras, siempre creerá que necesita perder más.

f. Cuando estoy preparando galletas, mi hija siempre come la masa antes de que yo <u>pueda</u> ponerla en el horno.

g. Una vez, ella comió gran parte de la masa sin que yo la <u>viera</u>.

h. Siempre tengo galletas o una torta en casa en caso de que <u>lleguen</u> amigos inesperados.

i. La mamá les ofrece fruta a los niños para que no <u>coman</u> tantos dulces.

j. No vamos a visitarla a menos que ella nos <u>visite</u>.

k. Eduardo va a preparar sopa de tortilla para la fiesta con tal de que Elena <u>prepare</u> buñuelos.

## Función

El subjuntivo se usa después de ciertos adverbios y conjunciones, según la misma filosofía básica del subjuntivo: el subjuntivo se usa para expresar una condición que no se presenta como realidad. Es decir, se usa después de ciertos adverbios o conjunciones para expresar algo que no se sabe por seguro o para expresar una acción, condición o suceso que todavía no ha pasado o que no se sabe si va o no va a pasar. Por ejemplo: *Cuando* se usa con el indicativo para describir una acción habitual:

Siempre comemos cuando **llega** papá.

Pero cuando hablamos de una acción que todavía no ha pasado, se usa el subjuntivo porque la acción todavía no se ha realizado y por eso puede ser que no pase:

Hoy comeremos cuando **llegue** papá (Ejemplo a).

Es posible que hoy papá no llegue, que haya huido a Acapulco para tomar el sol. La misma idea se aplica a *tan pronto como* y sus sinónimos *(así que, en cuanto* y *luego que)*. Por ejemplo:

Siempre como algo tan pronto como **llego** a casa.

En esta frase se usa el indicativo, *llego*. Pero si hablo de algo que todavía no ha pasado:

Hoy comeré tan pronto como **llegue** a casa.

Aquí se usa el subjuntivo *llegue* porque es posible que hoy yo sea capturada por extraterrestres entre la escuela y mi casa. *Aunque* se usa con el subjuntivo cuando describe algo que no se sabe por seguro. En el Ejemplo e, no sabemos si Luisa va a perder diez libras. Pero en la siguiente frase:

> Aunque Luisa **perdió** diez libras, todavía cree que necesita perder más.

se usa el indicativo porque es cierto que Luisa perdió diez libras.

### Expresiones que a veces necesitan el uso del subjuntivo y a veces el indicativo, según el sentido de la frase

| | | | |
|---|---|---|---|
| **así que** | **aunque** | **cuando** | **después de que** |
| **en cuanto** | **hasta que** | **luego que** | **mientras** |
| **tan pronto como** | | | |

(Ve los Ejemplos a, b, c, d, e.)

### Expresiones que siempre necesitan el uso del subjuntivo

| | | |
|---|---|---|
| **a menos que** | **antes de que** | **con tal de que** |
| **en caso de que** | **para que** | **sin que** |

(Ve los Ejemplos f, g, h, i, j, k.)

---

**Observa:**   *Antes de que, después de que, para que* y *sin que* son conjunciones. No hay que confundirlas con *antes de, después de, para* y *sin,* las cuales son preposiciones y van seguidas de infinitivo.

Mamá Elena se va **sin** decirle palabra a nadie.

Mamá Elena se va **sin que** nadie le diga una palabra.

---

# Ejercicios

## A. Completa la frase

Emplea el subjuntivo, el indicativo o el infinitivo según el sentido de la frase.

1. Tita lloraba en el vientre de su mamá antes de _____ (nacer).

2. Cuando Tita era un bebé, su mamá la dejó en la cocina para que la cocinera la

   _____ (cuidar).

3. Ella aprendió a cocinar antes de que _____ (poder) andar.

4. Tita siempre está contenta cuando _____ (cocinar).

5. Según la tradición de la familia, la hija menor tiene que cuidar a la mamá hasta

   que ésta _____ (morir).

6. Tan pronto como _____ (ver) a Pedro, Tita se enamoró

   locamente de él.

7. Mamá Elena ha impedido que Tita y Pedro _____ (casarse).

   Pero aunque ellos no _____ (poder) casarse, van a quererse

   para siempre, sin que nadie _____ (poder) impedírselo.

8. Aunque Tita _____ (vivir) cien años, no tendrá otro amor

   como Pedro.

9. Mamá Elena insiste en que Tita _____ (quedarse) en casa

   para que ella no _____ (estar) sola cuando

   _____ (ser) vieja.

10. Mientras Mamá Elena _____ (tener) fuerzas, nadie de su

    familia gozará de la libertad.

## B. Completa la frase

Ten cuidado con los tiempos verbales: Usa el presente o el futuro del indicativo con el presente del subjuntivo y el pasado del indicativo (el pretérito, el imperfecto o el condicional) con el imperfecto del subjuntivo.

1. Voy a viajar tan pronto como _____

2. Me casaría con mi querido(a) aunque _____

3. Estaré contento(a) cuando _____

4. Habrá paz en el mundo cuando _____

5. Daré una fiesta para celebrar cuando _____

6. Es difícil dar una fiesta de sorpresa sin que alguien _____

7. Vivieron en la misma casa por diez años sin que ninguno de los dos

_____

8. Siempre quiero trabajar en una carrera que me guste aunque

_____

9. Viviré en mi hogar hasta que

_____

10. Los padres sacaron el televisor de la casa para que los niños

_____

## C. Traduce la frase al español

1. I prepared all the food before the guests arrived.

   _____

2. It seems that they will stay until the sun comes up. (salir)

   _____

3. My mother always washes the dishes as soon as the guests leave.

   _____

4. As soon as they leave we will go to bed.

   _____

5. I have looked at the clock many times without their seeing me.

   _____

6. Although you may be tired, you must be polite.

   _____

7. It must have been past midnight when they left.

   _____

# Repaso

## A. Traduce las palabras inglesas al español

Emplea la voz pasiva con *se*.

1. La importancia del comer en la vida y en la psicología humana

   _____ *(is reflected)* a través de toda la cultura.

2. Muchos ejemplos _____ *(are found)* en los cuentos de hadas.

3. También en la Biblia _____ *(is seen)* el poder de la comida.

   En el Jardín del Edén _____ *(it is permitted)* comer casi todo

   lo que _____ *(is grown,* cultivar*)* allí, pero

   _____ *(it is forbidden)* comer la manzana.

## B. Completa la frase

Emplea la forma correcta del verbo según el sentido de la frase. Selecciona entre el presente, el pretérito, el imperfecto, los tiempos perfectos, el futuro, el condicional, el presente del subjuntivo, el imperfecto del subjuntivo, los mandatos o el infinitivo.

1. En "Hansel y Gretel" la bruja _____ (haber / construir) una

   casa de dulces para que los niños hambrientos _____

   (acercarse). Mientras los niños _____ (comer) la bruja

   apareció y ellos _____ (asustarse) mucho al verla. La bruja

   los _____ (coger) porque quería comérselos. Ella no

   _____ (ser) una mujer simpática. Y, ¿cuál es el mensaje o la

   moraleja del cuento? Es probable que _____ (ser) que

   algunas comidas son peligrosas. O que tú no _____ (comer)

   en casa de una bruja.

2. En la mitología inca, se _____ (encontrar) el mismo

simbolismo que en la Biblia. Al principio del mundo no había violencia y todo

_____ (ser) perfecto. Estaba prohibido que los incas

_____ (comer) la carne de los animales. Pero un día el

Espíritu del Mal le _____ (decir) al oído de un hombre:

"_____ (Probar) la carne; te _____ (ir) a

gustar". El hombre no _____ (resistir) la tentación, y en ese

momento _____ (acabarse) el paraíso.

3. En *La Odisea* había una nación de hombres que sólo _____

(comer) la fruta de la planta loto. Cuando Odiseo (Ulises) y sus hombres

_____ (llegar) a la Tierra de los Comedores del Loto *(Land of*

*the Lotus Eaters),* ellos también lo _____ (comer), todos

menos Odiseo. Esa fruta, igual que la comida en *Como agua para chocolate,*

tenía poderes mágicos y así _____ (producir) un efecto raro

en los hombres de Odiseo. Después de _____ (comer) la

fruta, ellos _____ (olvidarse) de su patria y

_____ (querer) quedarse en la Tierra de los Comedores del

Loto. Por eso, Odiseo tuvo que emplear gran fuerza física para que sus hombres

_____ (irse) con él.

## C. Contesta la pregunta

Emplea los complementos directos e indirectos.

1. ¿Quién les ofreció dulces a los niños?

_____

2. ¿Quiénes les sirvieron la fruta mágica a los hombres de Odiseo?

_____

3. ¿Quién te preparó la cena más inolvidable de tu vida?

_____

4. ¿Les has preparado una cena especial a tus amigos?

_____

## D. Composición dirigida

Escribe un cuento en el que una comida tenga un poder mágico.

# Capítulo 8

## *Las supersticiones*

| | |
|---|---|
| **Lectura** | "Romance de la luna, luna", de *Obras completas,* de Federico García Lorca |
| **Gramática** | Los tiempos progresivos; el uso del infinitivo; *por* y *para* |

## Vocabulario

**el anillo** adorno en forma de un círculo que se pone en los dedos de la mano. La mujer llevaba tantos <u>anillos</u> que le costó trabajo levantar la mano.

**el collar** adorno que se pone alrededor del cuello. La mujer siempre llevaba un <u>collar</u> de perlas que le había dado su esposo.

**conmover (ue)** causar una fuerte emoción; inspirar compasión. La niña lloraba porque había perdido su muñeca. Sus lágrimas <u>conmovieron</u> a la vieja, que quería consolarla.

**discriminar** tratar de una manera injusta a ciertas personas por razones de religión, raza, grupo étnico, etc. En los EE.UU. se ha <u>discriminado</u> con frecuencia a los afroamericanos.

**enseñar** instruir. La maestra <u>enseña</u>. Mostrar. Los padres de Sofía invitaron al novio de ella a su casa. Le <u>enseñaron</u> tantas fotos de su viaje que el pobre se durmió.

**el estereotipo** imagen, idea u opinión muy simplificada de una persona o de un grupo. El <u>estereotipo</u> de la mujer la presentaba como una figura débil e indefensa.

**juzgar** formar opiniones o juicios morales. No debes <u>juzgar</u> a una persona antes de conocerla y entenderla.

**pisar** poner el pie sobre algo. <u>Pisé</u> la alfombra nueva de mi madre con los zapatos sucios y ella se enojó mucho.

**el prejuicio** opinión o actitud que se forma de alguien o de algo antes de conocerlo. Los <u>prejuicios</u> contra varios grupos étnicos les ha impedido el progreso económico.

**el seno** pecho; cada uno de los órganos que producen la leche en la mujer. El bebé toma la leche del <u>seno</u> de su mamá. Sentido figurado: protección, refugio. Por lo general, el joven es muy independiente, pero cuando está enfermo busca consuelo en el <u>seno</u> de su familia.

**sentir (ie, i)** experimentar o percibir una sensación. Juan se durmió mientras cenaba con los padres de su novia. Al despertarse, <u>sentía</u> mucha vergüenza. También significa "oír". <u>Sentí</u> los pasos del monstruo acercándose.

**velar** estar despierto durante un tiempo cuando normalmente estarías dormido; vigilar, cuidar de alguien. La mamá <u>veló</u> al niño enfermo.

## Ejercicios de vocabulario

### A. Completa la frase

Usa la palabra apropiada del vocabulario.

1. No me gusta llevar muchos _____ porque me molestan

   cuando trabajo con las manos. Tampoco me gusta llevar un

   _____ pesado en el cuello.

2. El hombre era tan duro e insensible que ni la muerte del niño le

   _____.

3. Después de pasar tanto tiempo en la ciudad, me gusta estar en el campo y

   _____ la hierba fresca bajo los pies descalzos.

4. El bebé se siente más cómodo y seguro junto al _____ de su

   mamá.

5. Con gran orgullo, el niño me _____ el premio que había

   ganado.

6. La niña _____ toda la Nochebuena, esperando al Papá Noel.

7. Además de los prejuicios étnicos, religiosos y raciales, muchas personas

   _____ también a los viejos.

8. Un ejemplo de un _____ que muchos creen de los viejos es

   que siempre se olvidan de todo.

9. Al conocer a alguien por primera vez, algunos _____ a la

   persona por su apariencia física, otros, por la riqueza que parece tener.

10. Nos dimos cuenta de que los jinetes (hombres a caballo) se acercaban porque

    pudimos _____ el ruido de las patas de los caballos.

## B. Expresión personal

1. ¿Cómo juzgas a otra persona? ¿Qué te impresiona de manera positiva? ¿Negativa?

2. ¿Eres culpable a veces de juzgar demasiado rápido a otra persona, sin saber todos los detalles de una situación? ¿Has sido juzgado de una manera injusta por otros? Explica.

3. ¿A qué grupos todavía se discrimina en nuestra sociedad? ¿Cómo se manifiesta este prejuicio?

4. ¿Cúales son los estereotipos asociados con los siguientes grupos:
   a. choferes de camión
   b. intelectuales
   c. jóvenes
   d. profesores
   e. viejos
   f. mujeres
   g. hombres
   h. abogados
   i. tu propio grupo étnico o religioso

   Comenta y discute estos estereotipos.

# LECTURA

## Estrategia para leer

La poesía, sobre todo la de García Lorca, se debe escuchar, no sólo leer. Después de leer "Romance de la luna, luna", repítelo en voz alta para gozar de la musicalidad de las frases, el ritmo y el efecto de la repetición de ciertas palabras. Un gran placer de leer a García Lorca resulta de las imágenes tan expresivas que crea el autor. Mientras lees, presta atención a las palabras utilizadas para crear cierta impresión de los gitanos y de la luna, y forma tu propia representación mental.

Los gitanos en España han sufrido gran discriminación y prejuicio, y son estereotipados como ignorantes, sucios y ladrones. Para García Lorca son figuras de gran pasión, belleza y misterio, que viven en unidad con la naturaleza.

Para García Lorca, la luna está asociada con la muerte. Entre las varias supersticiones con respecto a la luna es que una fascinación con ella puede provocar la muerte.

Observa que en la segunda estrofa la puntuación "—"(—Huye, luna, luna, luna.) indica un diálogo entre el niño y la luna.

## FEDERICO GARCÍA LORCA

Federico García Lorca nació en Granada en 1899. Desde niño manifestó gran amor por la poesía, el arte y la música. Antes de morir asesinado en 1936, al principio de la Guerra Civil Española, había llegado a ser un poeta y dramaturgo de fama universal.

### Romance de la luna, luna

La luna vino a la fragua[1]
con su polisón[2] de nardos[3].
El niño la mira, mira.
El niño la está mirando.

5 En el aire conmovido
mueve la luna sus brazos
y enseña, lúbrica[4] y pura,
sus senos de duro estaño[5].
—Huye, luna, luna, luna.

---

1. **fragua** lugar donde se fabrican objetos de metal por medio del fuego *(forge)*
2. **polisón** *bustle*
3. **nardos** flores aromáticas
4. **lúbrica** lujuriosa, lasciva, obscena
5. **estaño** metal que se usa para fabricar latas *(tin)*

10 Si vinieran los gitanos,
harían con tu corazón
collares y anillos blancos.
—Niño, déjame que baile.
Cuando vengan los gitanos
15 te encontrarán sobre el yunque[6]
con los ojillos cerrados.
—Huye, luna, luna, luna,
que ya siento sus caballos.
—Niño, déjame; no pises
20 mi blancor almidonado[7].

El jinete[8] se acercaba
tocando el tambor[9] del llano[10].
Dentro de la fragua el niño
tiene los ojos cerrados.

25 Por el olivar[11] venían,
bronce[12] y sueño, los gitanos.
Las cabezas levantadas
y los ojos entornados[13].

¡Cómo canta la zumaya[14],
30 ay, cómo canta en el árbol!
Por el cielo va la luna
con un niño de la mano.

Dentro de la fragua lloran,
dando gritos, los gitanos.
35 El aire la vela, vela.
El aire la está velando.

---

6. **yunque** pieza de hierro sobre la que se forjan metales en la fragua *(anvil)*
7. **almidonado** *starchy*
8. **jinete** hombre montado a caballo
9. **tambor** instrumento de percusión, cilíndrico, cubierto con piel
10. **llano** tierra sin elevaciones
11. **olivar** lugar plantado de árboles de olivos
12. **bronce** metal en el que se mezclan estaño y cobre *(bronze)*
13. **entornados** medio cerrados
14. **zumaya** pájaro nocturno, lechuza, búho *(owl)*

## PREGUNTAS DE COMPRENSIÓN

1. Describe la actitud del niño con respecto a la luna. ¿Cómo lo sabes?
2. ¿De qué tiene miedo el niño?
3. ¿Cómo reacciona la luna al miedo del niño?
4. ¿Qué agüero o presagio le ofrece la luna al niño?
5. Al volver a la fragua, ¿por qué lloran los gitanos? ¿Dónde está el niño?

## PREGUNTAS DE DISCUSIÓN

1. ¿Cómo caracteriza el poeta la luna? ¿Qué palabras contradictorias se usan para describirla? ¿Cuál es el efecto de describirla con palabras que contrastan? ¿Qué personalidad se revela?

2. Comenta la metáfora del tambor en la tercera estrofa.

3. La única descripción que se ofrece de los gitanos se encuentra en la cuarta estrofa. ¿Qué reacción te provoca esta descripción? ¿Cómo ha logrado el poeta crear una imagen tan profunda con las pocas palabras que utiliza? Examina tu reacción personal a las palabras "bronce y sueño".

## COMPOSICIÓN DIRIGIDA

1. Discute la personalización de la naturaleza en el poema. ¿Qué características o actitudes humanas se atribuyen al aire, a la zumaya y a la luna?

2. Escribe un poema en el que una persona tiene un diálogo con un elemento de la naturaleza.

## EXPRESÁNDONOS

1. El poema se basa en la asociación supersticiosa entre la luna y la muerte. Pregúntale a una persona de otra cultura (o investiga en la biblioteca) sobre supersticiones de otras culturas. Presenta por lo menos cuatro supersticiones a la clase.

2. Todos tenemos nuestras supersticiones personales: un objeto que nos da suerte o una costumbre extraña. (Tengo una amiga que no deja de comer durante un viaje en avión porque cree que es imposible que el avión choque mientras ella esté comiendo.) Discute con la clase sobre tus propias supersticiones o las de otras personas que conozcas.

3. Con unos compañeros de clase presenta un debate o una discusión sobre los estereotipos. Pueden incluir los siguientes puntos:

   a. ¿Somos todos capaces a veces de ser influidos por estereotipos? ¿Hay alguien que jamás haya juzgado a una persona por su grupo o apariencia?

   b. ¿Existen estereotipos "buenos"? ¿Se debe permitir estereotipos positivos?

   c. ¿Por qué es tan fácil a veces creer en los estereotipos?

   d. ¿Cómo contribuyen los medios de comunicación (periódicos, televisión, etc.) a los estereotipos de varios grupos? Da ejemplos.

   e. Da ejemplos de personas que no corresponden al estereotipo de su grupo. (Grupos posibles: estrellas de cine, atletas, políticos, jóvenes, viejos, etc.)

# GRAMÁTICA

## Los tiempos progresivos

### Ejemplos

a. El niño <u>está mirando</u> a la luna. <u>Está mirándola</u> con fascinación.

b. El aire <u>está velando</u> al niño muerto. <u>Está velándolo</u> con cariño.

c. Los gitanos <u>estarán llorando</u> durante mucho tiempo.

d. En este momento el niño <u>estará entrando</u> en el cielo.

e. La zumaya <u>estuvo cantando</u> toda la noche.

f. El niño <u>estaría jugando</u> con sus amigos si no hubiera mirado tanto a la luna.

g. <u>Escribiendo</u> poesía, García Lorca expresó sus emociones más íntimas.

h. García Lorca <u>estaba escribiendo</u> sus mejores creaciones cuando lo asesinaron.

### Función

Los tiempos progresivos se usan para expresar acciones en progreso, acciones de duración.

- El presente progresivo expresa acciones en progreso en el presente (Ejemplos a, b).
- El pretérito progresivo expresa acciones en progreso durante un tiempo limitado del pasado (Ejemplo e).
- El imperfecto progresivo expresa acciones en progreso durante un tiempo del pasado no claramente limitado (Ejemplo h).
- El futuro progresivo expresa acciones que estarán en progreso en el futuro (Ejemplo c).
- El futuro progresivo también se usa para expresar probabilidad (Ejemplo d).
- El condicional progresivo expresa el carácter progresivo de una acción condicional (Ejemplo f).
- Se puede usar el gerundio sólo (Ejemplo g).

### Formación de los tiempos progresivos

Se forman usando el tiempo apropiado del verbo *estar* y el gerundio del verbo principal.

> *estar* + gerundio
>
> **Estoy pensando** en el poema.
>
> Los caballos **estaban corriendo** por el llano.

### Formación del gerundio

Se quita la terminación del infinitivo y se añade -*ando* (verbos que terminan en -*ar*) o -*iendo* (verbos que terminan en -*er* o -*ir*)

| | | | | |
|---|---|---|---|---|
| amar | → | am**ando** | hablar | → | habl**ando** |
| correr | → | corr**iendo** | vivir | → | viv**iendo** |

Los verbos que cambian en las terceras personas del pretérito tienen el mismo cambio en el gerundio.

- **Verbos de cambio de radical de la tercera conjugación**

| Infinitivo | Pretérito | Gerundio |
|---|---|---|
| pedir | pidió | pidiendo |
| sentir | sintió | sintiendo |
| dormir | durmió | durmiendo |
| decir* | dijo | diciendo |

- **Verbos de dos vocales**

| Infinitivo | Pretérito | Gerundio |
|---|---|---|
| oír | oyó | oyendo |
| caer | cayó | cayendo |
| leer | leyó | leyendo |
| traer* | trajo | trayendo |

Hay dos verbos que son completamente irregulares.

- **Gerundios irregulares**

  ir → **yendo**      poder → **pudiendo**

## Colocación de los complementos directos e indirectos y los pronombres reflexivos

Se pueden colocar antes del verbo *estar* o después del gerundio.

> Margarita **lo** está leyendo ahora.

> Maricarmen está vistiéndo**se** ahora.

Recuerda que cuando se les añade al gerundio, hay que escribir un acento para indicar que el acento todavía cae en la misma sílaba.

A veces otro verbo puede sustituir a *estar* en los tiempos progresivos, como por ejemplo verbos de movimiento *(correr, seguir, venir, salir, andar* e *ir)*.

> El niño **corre tratando** de avisar a la luna.

> La luna **sigue bailando** a pesar del aviso del niño.

> Los gitanos **vienen soñando** con el amor.

> Ellos **salen gritando** de la fragua.

> Los gitanos **andan llorando** por todas partes.

> La luna **va llevando** al niño consigo por el cielo.

*Son irregulares en el pretérito pero siguen la regla en la formación del gerundio.

# Ejercicios

## A. Completa la frase

Traduce las palabras inglesas al español empleando el presente progresivo, el imperfecto progresivo, el futuro progresivo, el condicional progresivo o el gerundio.

1. García Lorca _____ *(was living)* en Nueva York cuando le

   ocurrió la inspiración para escribir su famoso drama *Yerma.*

2. _____ *(Observing)* la libertad relativa de la mujer

   neoyorquina, García Lorca habrá pensado en la opresión de la mujer española.

3. En *Yerma,* la protagonista _____ *(is thinking)* solamente en el

   bebé que quiere tener. Ella _____ *(goes around talking)* de su

   obsesión por todas partes.

4. Juan, el esposo de Yerma, siempre _____ *(is working)* toda la

   noche en el campo porque no quiere estar con Yerma.

5. Juan _____ *(was living)* una vida más tranquila antes de

   casarse. Parece que él todavía _____ *(would be living)* una

   vida más tranquila si no se hubiera casado, pero tuvo que cumplir con las

   expectativas de la sociedad.

6. En los dramas de García Lorca, las mujeres _____

   *(are suffering)* por las reglas de la sociedad.

7. En nuestra sociedad, una mujer como Yerma _____

   *(would be working)* o _____ *(doing)* otras cosas mientras

   esperaba su bebé.

8. Al final del drama Yerma _____ *(is dying)* por falta de amor y

   de libertad, y sus frustraciones la _____ *(are eating)* por dentro.

9. Ustedes _____ *(will be reading)* más obras de García Lorca

   en los años venideros *(future).*

## B. ¡Imagínate!

Tienes una bola de cristal mágica y puedes ver lo que están haciendo en este momento las siguientes personas. Completa las frases, usando el presente progresivo o el futuro progresivo (para expresar probabilidad).

1. El presidente de los EE.UU. _____

2. Richard Gere _____

3. Un(a) psiquiatra _____

4. Whoopi Goldberg _____

5. Los habitantes de Macondo _____

6. Los famas _____

7. Los cronopios _____

8. Tita (la protagonista de *Como agua para chocolate*) _____

9. Mi profesor(a) de español _____

10. Fidel Castro _____

## C. Las excusas

Ha ocurrido un asesinato. La víctima es el Sr. Tienelotodo, un hombre muy rico, muy guapo, pero muy egoísta. Tiene muchos enemigos, que son los sospechosos del crimen. Escribe lo que cada persona estaba haciendo en el momento del crimen.

1. La ex esposa _____

2. La ex novia _____

3. La esposa actual (que acaba de descubrir que tiene otra novia)

   _____

4. Un hombre que le debe mucho dinero al Sr. Tienelotodo

   _____

5. El hermano de la víctima, con quien había tenido una gran rivalidad

   _____

## D. Entrevista

Emplea las siguientes preguntas en una entrevista a tus abuelos, padres u otra persona mayor. Después, escribe las respuestas en frases completas y léelas a la clase con un(a) compañero(a), en forma de diálogo.

1. ¿Qué estaba haciendo Ud. cuando se enteró del asesinato de John F. Kennedy?
2. ¿Qué estaba haciendo cuando se enteró del asesinato de Martin Luther King, Jr.?
3. ¿Qué estaba haciendo cuando vio por primera vez al gran amor de su vida?
4. ¿Dónde estaba viviendo cuando nació su primer(a) hijo(a)?

# El uso del infinitivo

## Ejemplos

a. Según la sociedad de García Lorca, la mujer tenía que <u>quedarse</u> en casa.

b. Yerma no puede <u>aceptar</u> su destino.

c. Antes de <u>irse</u> a los campos, Juan siempre averiguaba si Yerma estaba en casa.

d. "<u>Callarse</u> y <u>quemarse</u> por dentro es el castigo más grande" según un personaje lorquiano.

## Función

Con pocas excepciones el infinitivo es una forma potencial de la acción del verbo. Mientras se queda en la forma infinitiva, la acción del verbo no se realiza. Por ejemplo:

> Mis archivos (papeles, documentos, etc.) están totalmente desorganizados. Debo **organizarlos.** Tengo que **organizarlos.** Quiero **organizarlos.**

Mientras el verbo *organizar* se mantiene en la forma infinitiva, la acción no se realiza; los archivos siguen en el mismo estado desorganizado de antes.

El infinitivo se usa:

- Después de expresiones como *tener que* (Ejemplo a)
- Para expresar una acción no realizada, después de otro verbo conjugado (Ejemplo b)
- Después de preposiciones. La única forma del verbo que se puede usar después de una preposición es el infinitivo. Esta regla resulta en dificultades para los alumnos que siguen pensando en inglés. *"After eating"* no se traduce por el gerundio, sino por el infinitivo: *Después de comer* (Ejemplo c).
- Como sustantivo. El infinitivo se puede usar como el sujeto de la frase (Ejemplo d). En estos casos también se puede usar el infinitivo con el artículo definido: *El comer es una necesidad.*

## Ejercicios

### A. Completa la frase

Emplea el infinitivo, el gerundio o el presente según el sentido de la frase.

1. En *Bodas de sangre,* otro drama de García Lorca, la Madre pasa la vida

   _____ (preocuparse) por el bienestar de su hijo.

2. La Madre _____ (preocuparse) tanto a causa de

   _____ (haber) perdido a su esposo y a otro hijo, que murieron

   asesinados hace años.

3. El hijo, que en el drama _____ (llamarse) el Novio, quiere

   _____ (casarse), pero antes de _____

   (pedir) la mano de la Novia, la Madre tiene que _____

   (dar / le) permiso.

4. En vez de _____ (estar) contenta por su hijo, la Madre sigue

   _____ (temer) que alguna mala suerte le pase al hijo.

5. La madre acaba de _____ (oír) detalles del pasado de la

   Novia, los cuales le _____ (parecer) malos agüeros.

6. Por eso ella quiere _____ (impedir) el matrimonio pero no

   puede _____ (hacer / lo).

7. Los novios _____ (casarse) y todo el mundo está

   _____ (bailar) para _____ (celebrar) su

   felicidad. Pero antes de _____ (salir) del banquete de boda,

   ellos _____ (sufrir) un desastre.

8. No voy a _____ (decir / les) cuál es. Tendrán que

   _____ (leer) *Bodas de sangre* para _____

   (averiguar) lo que pasa al final.

## B. Expresión personal

Completa la frase con un infinitivo para comunicar algo sobre ti mismo.

1. Ojalá que yo pudiera _____ mejor.

2. Un talento mío es que puedo _____.

3. Fui a la fiesta en lugar de _____.

4. Antes de _____ tengo que _____.

5. Antes de cumplir treinta años quiero _____.

6. Prefiero _____ en vez de _____.

## C. Traduce la frase al español

1. The mother pretended to be happy instead of telling the truth.

2. García Lorca could write tragedies better than anyone.

3. Because of believing in the omens, she tried to stop the marriage.

4. After getting married, he wanted to keep watch over his wife.

5. He has just learned the truth about her.

# Por y para

## Ejemplos

a. García Lorca empezó a escribir poesía muy joven, y su padre le dio un cuaderno <u>para</u> sus poemas.

b. El poeta había escrito muchos poemas <u>para</u> sus amigos.

c. García Lorca salió <u>para</u> los EE.UU. en 1929.

d. Se fue <u>para</u> escaparse de una gran tristeza.

e. Sólo se quedó en los EE.UU. <u>por</u> un año.

f. <u>Para</u> entender a Yerma, es necesario saber algo de la época de García Lorca.

g. <u>Para</u> un hombre, García Lorca entendía bien la psicología de la mujer.

h. Tienen que escribir un ensayo sobre la poesía de García Lorca <u>para</u> el lunes.

i. En su poema "Romance de la Guardia Civil", García Lorca critica a la Guardia Civil <u>por</u> el abuso del poder.

j. García Lorca fue asesinado <u>por</u> la Guardia Civil al principio de la Guerra Civil Española.

k. <u>Por</u> la mañana entraron unos guardias y lo sacaron.

l. La Guardia Civil llevó a García Lorca <u>por</u> las calles de Granada.

m. Después lo mataron <u>por</u> armas de fuego.

n. Muchos creen que la Guardia Civil asesinó a García Lorca no <u>por</u> razones políticas, sino <u>por</u> ser homosexual.

o. En la Guerra Civil muchos españoles murieron <u>por</u> la patria.

p. ¿<u>Para</u> qué sirve una guerra? No sirve <u>para</u> nada.

q. Pues, ¿<u>por</u> qué luchan los hombres? Luchan <u>por</u> honor, <u>por</u> machismo, <u>por</u> idealismo o <u>por</u> ilusiones.

r. Pagué mucho dinero <u>por</u> una colección de poemas de García Lorca.

## Función

El uso de *por* y *para* confunde a muchos estudiantes porque es posible traducir los dos como *"by"* o *"for"* según el sentido de la frase. Pero hay una diferencia básica entre *por* y *para*.

**Para** está mirando adelante, para ver el destino o propósito deseado de una cosa o una acción.

**Por** está mirando atrás, pensando en las causas, motivos o la manera de lograr o realizar algo.

## Usos de *para*

### Destino o fin

- Recipiente. "Este anillo es <u>para</u> ti", le dijo el Novio a la Novia (Ejemplo b).
- Lugar. Los novios salieron <u>para</u> Granada el viernes (Ejemplo c).
- Propósito. El poeta escribe <u>para</u> vivir (Ejemplos d, f).
- Uso deseado. Es una caja <u>para</u> anillos, collares y otras joyas (Ejemplos a, p).
- Límite de tiempo. El gitano tenía que terminar el collar <u>para</u> el próximo día (Ejemplo h).

### Comparación

- A pesar de ser. <u>Para</u> un niño, el joven Federico escribía poemas magníficos (Ejemplo g).

## Usos de *por*

### Motivos

- A causa de. Sacrificaron todo <u>por</u> amor. Trabaja muy duro y ahorra su dinero; lo hace todo <u>por</u> sus hijos (Ejemplos o, q). De niño García Lorca, como Matute, no jugó mucho con otros niños <u>por</u> estar enfermo con frecuencia (Ejemplos i, n).

### Medio o instrumento

- Mediante / Con la ayuda de. El ladrón entró en el apartamento <u>por</u> una escalera (Ejemplo m).

### Movimiento por un lugar

- A través de. En Pamplona los toros corren <u>por</u> las calles (Ejemplo l).

### Tiempo impreciso o parte del día

- Durante. <u>Por</u> la noche se ven muchas estrellas y la luna por el cielo (Ejemplo k).

### Duración aproximada de una acción

- Duración de tiempo. Después de salir de los EE.UU., García Lorca viajó por Latinoamérica <u>por</u> varios meses (Ejemplo e).

### Modo / Manera

- Agente. El poema fue escrito <u>por</u> García Lorca (Ejemplo j).

### Precio o equivalencia

- A cambio de. Tengo una edición de *Yerma* firmada por García Lorca. ¡No la vendería <u>por</u> un millón de dólares (Ejemplo r)!

**Observa:**

- Ciertos verbos como *pedir, buscar* y *esperar* no necesitan ni *por* ni *para:*

  La niña siempre le **pide** juguetes a su mamá.

  **Busco** una casa con tres dormitorios.

  Yerma **esperó** a Juan. **Esperé** el tren.

- Normalmente se usa *por* después de los verbos *ir, enviar* y *mandar:*

  Fue a la biblioteca **por** una antología de poemas. Enviaron **por** el médico.

  —¿Dónde está Julia?

  —Mamá la mandó a la tienda **por** una docena de huevos.

- Hay ciertas frases en las que se puede usar *por* o *para,* según el sentido de la frase. Por ejemplo:

  Yerma se marchó **por** las montañas.

  Yerma se marchó **para** las montañas.

  En la primera frase, Yerma se marchó a través de *(through, by way of)* las montañas. En la segunda, Yerma se marchó hacia o en la dirección de *(destination)* las montañas.

- Hay otras frases en las que se puede usar *por* o *para,* según un cambio sutil en la interpretación de la frase. Por ejemplo:

  Yerma se casó con Juan **por** tener hijos.

  Yerma se casó con Juan **para** tener hijos.

  En la primera frase, Yerma se casó con él por motivos de tener hijos *(for the sake of having children: motive).* En la segunda, se casó con el propósito deseado de tener hijos *(in order to: desired result).*

- Ciertas expresiones se usan con *por: por ejemplo, por eso, por fin, por lo general.*

## Ejercicios

### A. *La casa de Bernarda Alba*

Completa la frase empleando *por* o *para* o una *X* si no hace falta nada.

1. *La casa de Bernarda Alba* es otro drama escrito _____

   García Lorca.

2. Las cinco hijas de Bernarda buscan _____ la felicidad y esperan

   _____ la oportunidad de escaparse de esa madre tan severa.

3. Todas sufren mucho _____ la falta de un hombre en su vida.

4. Bernarda quiere sacrificar la felicidad de sus hijas _____ el

   honor o el "qué dirán".

5. Ella les ha impuesto a sus hijas reglas muy rígidas _____

   impedir un escándalo.

6. _____ una madre, Bernarda no es muy cariñosa con sus hijas,

   y sólo se preocupa _____ las apariencias.

7. Un día Pepe el Romano visita a Bernarda _____ pedirle

   _____ la mano de Angustias, la hija mayor.

   (_____ casarse en aquella sociedad, era necesario conseguir

   el permiso de los padres.)

8. En realidad Pepe está enamorado de Adela, la hija menor, pero quiere casarse con

   Angustias _____ el dinero que tiene.

9. El personaje más gracioso del drama es María Josefa, la madre de Bernarda, que

   sirve _____ añadir un elemento cómico al drama.

10. Bernarda ha encerrado a la vieja en una sala pequeña _____

    esconderla. Considera a su propia madre una vergüenza

    _____ estar loca.

11. A veces María Josefa se escapa de la sala empujando a la sirvienta que la vigila.

    Es muy fuerte _____ una vieja.

12. María Josefa, _____ ser tan vieja, puede decir y hacer lo que

    le dé la gana. _____ eso es muy divertida.

13. Pero, _____ lo general, *La casa de Bernarda Alba* es una

    tragedia en la que las cinco hermanas están muriéndose

    _____ el amor frustrado.

14. En nuestra sociedad, las hijas habrían hecho algo _____

    escaparse de su madre. Pero en aquella época, en España, estaban atrapadas

    _____ la rigidez de la sociedad. A veces era necesario morir

    _____ escaparse.

## B. *Poeta en Nueva York*

Completa la frase empleando *por* o *para* o una *X* si no hace falta nada.

1. En 1928 García Lorca dejó a su familia y salió _____ Nueva

   York _____ estudiar en la Universidad de Columbia

   _____ un año.

2. Pasó un año difícil _____ los problemas que tenía con el inglés,

   y también _____ la falta que le hacían su familia y su país.

3. No le gustó la ciudad _____ varias razones, y la criticó

   _____ el prejuicio contra los afroamericanos y también

   _____ su gran materialismo.

4. Los poemas inspirados durante este año son diferentes de los otros

   _____ ser cínicos y surrealistas.

5. En la colección de poemas *Poeta en Nueva York,* García Lorca presenta la ciudad

   como un lugar donde nadie duerme, y _____ la noche la

   gente anda insomne _____ las calles. En "Ciudad sin sueño",

   el poeta dice que "No duerme nadie _____ el mundo".

6. García Lorca trató de terminar esos poemas _____ junio,

   cuando iba a salir _____ Latinoamérica.

## C. "Romance de la Guardia Civil Española"

Completa la frase empleando *por* o *para,* una *X* si no hace falta nada, o una *a* personal.

1. García Lorca, _____ respetar tanto los derechos humanos, no

   puede aceptar los abusos de poder de la Guardia Civil.

2. En su poema "Romance de la Guardia Civil Española", el poeta critica a la

   Guardia Civil _____ su falta de humanidad.

3. Nos presenta a los guardias como hombres mecánicos con cabezas de plomo y

   "almas de charol" *(patent-leather souls),* y nos dice que

   "_____ eso no lloran".

4. La Guardia Civil entra en la ciudad de los gitanos _____ la

   puerta central, y los gitanos corren _____ las calles

   _____ escaparse de la violencia.

5. Los guardias quieren hacerles daño a los gitanos _____ pura

   malicia y crueldad, y _____ inspirarles terror.

6. Los santos buscan _____ los gitanos

   _____ ayudarlos, pero no pueden.

7. Se oyen pistolas _____ toda la noche.

8. La Guardia Civil no usa su poder _____ proteger a la gente

   sino _____ matar y causar terror.

9. _____ García Lorca, el abuso del poder es intolerable y

   _____ eso critica a la Guardia Civil

   _____ su inhumanidad.

10. La Guardia Civil odiaba a García Lorca _____ su actitud, y

    _____ fin lo mataron.

# Repaso

## Juana la Loca

Completa la frase con la forma correcta del verbo según el sentido de la frase. Selecciona entre el presente, el pretérito, el imperfecto, los tiempos perfectos, los tiempos progresivos, el futuro, el condicional, el presente del subjuntivo, el presente perfecto del subjuntivo, el imperfecto del subjuntivo, el pluscuamperfecto del subjuntivo y el infinitivo.

1. La historia de doña Juana la Loca _____ (ser) tan dramática

   que parece _____ (ser) ficticia.

2. Doña Juana _____ (nacer) en Toledo en 1479.

   _____ (Ser) hija de Fernando e Isabel, los famosos Reyes

   Católicos.

3. Juana _____ (enamorarse) locamente de Felipe el Hermoso, y

   en 1496 _____ (casarse) con él.

4. Felipe _____ (recibir) el nombre "el Hermoso" porque

   _____ (ser) muy guapo. Era una lástima que también

   _____ (ser) un gran mujeriego, un hombre demasiado

   aficionado a las mujeres. Siempre _____ (estar / correr)

   tras muchas mujeres. ¡Ojalá que _____ (haber) podido ser

   fiel a Juana!

5. Al _____ (casarse), Juana creía que ellos

   _____ (tener) un matrimonio perfecto.

6. Juana _____ (haber / casarse) con la idea de vivir feliz con

   Felipe, pero no _____ (resultar) así.

7. Después de _____ (ver) a su esposo con otras mujeres, la

   pobre Juana _____ (volverse) loca.

8. Juana _____ (ser) una mujer de grandes pasiones, que

 _____ (querer) a Felipe con toda el alma, pero a él no le

 _____ (importar) los sentimientos de su mujer.

9. Felipe _____ (pasar) tiempo con otras mujeres con

 frecuencia, y siempre _____ (mentir) a su esposa.

10. Cuando Felipe _____ (morirse) en 1506, Juana prohibió que

 cualquier otra mujer _____ (acercarse) al cadáver durante los

 funerales. Por fin ella _____ (haber / lograr) ser la única

 mujer de Felipe.

11. Después de la muerte de Felipe, Juana no creía que su esposo querido

 _____ (estar) muerto para siempre. Por unos años ella

 _____ (viajar) con el cadáver por el norte de España,

 parándose en varios lugares sagrados.

12. Juana siempre esperaba que Felipe _____ (volver) a la vida.

 Una vez ella _____ (abrir) el ataúd para

 _____ (ver) si había indicios de vida. Según una de las

 mujeres que _____ (viajar) con Juana, "No

 _____ (oler) a perfume".

13. Me _____ (fascinar) la vida de Juana la Loca. Su gran pasión

 y sufrimiento _____ (haber / hacer) de ella una de las figuras

 más trágicas y conmovedoras de la historia española.

14. Es obvio que la tragedia de Juana la Loca _____ (conmover)

 también a García Lorca, porque en 1918 _____ (escribir)

 "Elegía a Doña Juana la Loca".

15. Este famoso poema es una celebración de la nobleza de espíritu de Juana. Al

    _____ (leer / lo) se _____ (poder) ver "el

    alma gigantesca" de esta mujer trágica.

16. Hace unos años yo _____ (ir) a España, y cuando

    _____ (llegar) a la tumba de Juana la Loca,

    _____ (empezar) a llorar. _____ (estar /

    llorar) por la belleza y la tristeza de la "Princesa enamorada sin

    _____ (ser) correspondida", sobre quien García Lorca

    _____ (haber / escribir) con tanta compasión.

# Capítulo 9

## *Lo extraordinario de las características familiares*

| | |
|---|---|
| **Lectura** | *La casa de los espíritus,* Isabel Allende |
| **Uso del vocabulario** | Las palabras que confunden |
| **Gramática** | *Lo que, lo cual; lo* + adjetivo; más usos del subjuntivo: el subjuntivo + *lo que* + el subjuntivo; *por* + adjetivo o adverbio + *que* + el subjuntivo |

## Vocabulario

**adivinar** predecir el futuro por arte de magia. Casandra <u>adivinó</u> muchos acontecimientos del futuro pero nadie la creyó. Tratar de saber algo por intuición. ¡<u>Adivina</u> qué tengo en la mano!

**alborotar** provocar o causar agitación o excitación; excitar. La llegada del extranjero <u>alborotó</u> a los perros y todos empezaron a ladrar.
　　**el alboroto** gran ruido; susto; desorden. Muchos se hicieron daño durante el <u>alboroto</u> que ocurrió después del partido de fútbol. Fue necesario llamar a la policía.

**el asunto** cuestión; problema, tema, materia. Noté la cara muy seria de mi madre cuando me dijo que quería hablar conmigo. ¿Sobre qué <u>asunto</u> querrá hablar?

**aterrorizar** producir terror, asustar. La bruja aterrorizaba a los Munchkins hasta que la casa de Dorothy la mató.
　　**aterrorizarse** asustarse. <u>Me aterroricé</u> al oír la voz extraña al otro lado de la puerta, a la medianoche.

**la cadera** debajo de la cintura del cuerpo humano; huesos superiores de la pelvis. Sentada, la mujer parecía delgada, pero cuando se levantó se le notaron unas <u>caderas</u> impresionantes.

**desesperado, -a** casi sin esperanza. Después de buscar a mi perro por todas partes, llegué <u>desesperada</u> y llena de pánico al refugio de animales, donde, gracias a Dios, lo encontré.

**disfrazar** disimular o fingir con respecto a las emociones que se sienten. Al ver a su ex novia con otro hombre, trató de <u>disfrazar</u> sus celos.
　　**disfrazarse** ponerse ropa o una máscara para esconder la identidad. Mi hermano <u>se disfrazó</u> de fantasma para aterrorizarme.

**fabricar** producir; construir; manufacturar. <u>Fabrican</u> muchos automóviles en la ciudad de Detroit.

**mudo, -a** se aplica al que no puede hablar. Clara se comunica con tiza y pizarra porque es <u>muda</u>. Los <u>mudos</u> se comunican con las manos.

**la pared** cada una de las cuatro construcciones que limitan un cuarto. La joven es gran aficionada a Elvis y tiene fotos y carteles de él en las <u>paredes</u> de su dormitorio.

**el presagio** señal de un suceso futuro, lo que predice una cosa que va a ocurrir; agüero. Se dice que una mañana de pleno sol el día de la boda es un buen <u>presagio</u> para el matrimonio.

**recuperar** tener de nuevo una cosa que estaba perdida. Hace poco se <u>recuperaron</u> muchas obras de arte perdidas desde la época de los Nazis.
**recuperarse** gozar otra vez de buena salud después de estar enfermo. Le costó varios meses <u>recuperarse</u> después de la operación.

**el recurso** medio que se usa para obtener algo; capacidad de que puede servir para realizar algo. El problema parece sin remedio pero tengo mucha confianza en ti; eres una persona de grandes <u>recursos</u>.

## Ejercicios de vocabulario

### A. Completa la frase
Usa la palabra apropiada del vocabulario.

1. El lobo _____ de la abuela para engañar a Caperucita Roja.

2. La madre de Clara permite que la niña dibuje o escriba sobre las

   _____ de su dormitorio.

3. Todo el pueblo está obsesionado con el asesinato. Nadie puede hablar de otro

   _____.

4. Alicia perdió mucho peso. Ahora tiene las _____ tan flacas

   que no puede llevar los pantalones sin cinturón.

5. ¿Dónde se _____ los mejores autos, en Detroit o en el Japón?

6. ¿Puedes _____ qué tengo en esta caja?

7. El país tiene que utilizar todos sus _____ naturales para

   mejorar la economía.

8. El elefante se escapó del circo, y al correr por el pueblo

   _____ a mucha gente.

9. Felipe era un gran mujeriego, y doña Juana estaba tan _____

   que se volvió loca tratando de conquistar su amor.

10. Tita no puede vivir tranquila porque su pasión por Pedro le ha

    _____ la vida.

## B. Expresión personal

1. Nombra algunos presagios comunes según la superstición popular. Nombra algunos ejemplos personales. Por ejemplo, ¿has pensado en alguien con quien no hablas desde hace mucho tiempo, y esa noche la persona te llama por teléfono?

2. Nombra un acontecimiento que ha causado gran alboroto en tu casa. En la escuela.

3. ¿Tienes buena capacidad de adivinar? ¿Crees que los SAT (o ACT) son un buen indicio de la inteligencia de un(a) alumno(a), o sólo de su capacidad de adivinar?

4. Cuando charlas con tus amigos, ¿cuáles son los asuntos más frecuentes? ¿Qué asuntos provocan controversia entre tu familia? ¿Entre tus amigos?

# LECTURA

### Estrategia para leer

Al entrar en *La casa de los espíritus,* nos encontramos de nuevo en el mundo de lo real maravilloso. Mientras lees el fragmento, observa los elementos de realismo mágico que se encuentran aquí. Presta atención al tono de la narración. ¿Cómo se compara con el ambiente del realismo mágico marquesiano? Observa la actitud de varios personajes frente a las capacidades extraordinarias de Clara, la joven protagonista.

Aquí, como en la obra de García Márquez, hay que emplear la imaginación para disfrutar de las escenas divertidas que verás con tu "ojo mental".

## ISABEL ALLENDE

Isabel Allende, aunque de padres chilenos, nació en Lima, Perú, en 1942. Volvió a Chile con su madre, a la edad de tres años, después del divorcio de sus padres. Pasó gran parte de su niñez en la casa de sus abuelos donde, igual que García Márquez en la casa de los suyos, conoció un mundo fantástico. Allende nos dice en *Paula,* su libro autobiográfico: "Me crié oyendo comentarios sobre el talento de mi abuela para predecir el futuro, leer la mente ajena, dialogar con los animales y mover objetos con la mirada. . . . Para mi abuelo la telepatía y la telequinesia eran diversiones inocentes".

Allende tuvo que desterrarse de su patria, Chile, después de una insurrección militar que resultó en el asesinato de su tío, Salvador Allende, presidente legítimo del país, elegido por proceso democrático. Allende vive actualmente en California.

## La casa de los espíritus (fragmento)

### Personajes

**Nívea** la madre de Clara

**Severo** el padre de Clara

**la Nana** criada de la familia que cuida a los niños

**Rosa** hermana de Clara, la que ha muerto

**Luis** hermano de Clara

*Clara, la joven protagonista de **La casa de los espíritus**, tiene características sobrenaturales. Su familia tomaba estas*
. . . excentricidades de su hija menor . . . como
5 una característica de la niña, como la cojera¹ lo
era de Luis o la belleza de Rosa. Los poderes mentales de Clara no molestaban a nadie y no producían mayor desorden; se manifestaban casi siempre en asuntos de poca importancia y en la
10 estricta intimidad del hogar. Algunas veces, a la

---

1. **cojera** defecto que impide andar correctamente

hora de comida, cuando estaban todos reunidos en
el gran comedor de la casa, sentados en estricto
orden de dignidad y gobierno, el salero[2]
comenzaba a vibrar y de pronto se desplazaba[3]
15 por la mesa entre las copas y platos, sin que
mediara ninguna fuente de energía conocida ni
truco de ilusionista[4]. Nívea daba un tirón a las
trenzas[5] de Clara y con ese sistema conseguía que
su hija abandonara su distracción lunática y
20 devolviera la normalidad al salero, que al punto
recuperara su inmovilidad. Los hermanos se
habían organizado para que, en el caso de que
hubiera visitas, el que estaba más cerca detenía de
un manotazo lo que se estaba moviendo sobre la
25 mesa, antes que los extraños se dieran cuenta y
sufrieran un sobresalto[6]. La familia continuaba
comiendo sin comentarios. También se habían
habituado a los presagios de la hija menor. Ella
anunciaba los temblores[7] con alguna anticipación,
30 lo que resultaba muy conveniente en ese país de
catástrofes, porque daba tiempo de poner a salvo[8]
la vajilla[9] y dejar al alcance de la mano las
pantuflas[10] para salir arrancando en la noche. A
los seis años Clara predijo que el caballo iba a
35 voltear[11] a Luis, pero éste se negó a escucharla y
desde entonces tenía una cadera desviada[12]. Con
el tiempo se le acortó la pierna izquierda y tuvo
que usar un zapato especial con una gran
plataforma que él mismo se fabricaba. En esa
40 ocasión Nívea se inquietó, pero la Nana le
devolvió la tranquilidad diciendo que hay muchos
niños que vuelan como las moscas[13], que adivinan
los sueños y hablan con las ánimas[14], pero a todos
se les pasa cuando pierden la inocencia.

45 Clara tenía diez años cuando decidió que no
valía la pena hablar y se encerró en el mutismo[15].

\* \* \*

*Ni los esfuerzos de su familia ni los de los*
*médicos podían conseguir que dijera una palabra.*
*La Nana trataba sus propios métodos.*
50 La Nana tenía la idea de que un buen susto
podía conseguir que la niña hablara y se pasó
nueve años inventando recursos desesperados para
aterrorizar a Clara, con lo cual sólo consiguió
inmunizarla contra la sorpresa y el espanto. Al
55 poco tiempo Clara no tenía miedo de nada, no la
conmovían las apariciones de monstruos lívidos y
desnutridos en su habitación, ni los golpes de los
vampiros y demonios en su ventana. La Nana se
disfrazaba de filibustero[16] sin cabeza, de
60 verdugo[17] de la Torre de Londres, de perro lobo y
de diablo cornudo, según la inspiración del
momento y las ideas que sacaba de unos folletos[18]
terroríficos que compraba para ese fin y aunque
no era capaz de leerlos, copiaba las ilustraciones.
65 Adquirió la costumbre de deslizarse[19]
sigilosamente por los corredores para asaltar a la
niña en la oscuridad, de aullar[20] detrás de las
puertas y esconder bichos[21] vivos en la cama, pero
nada de eso logró sacarle ni una palabra. A veces
70 Clara perdía la paciencia, se tiraba al suelo,
pataleaba[22] y gritaba, pero sin articular ningún
sonido en idioma conocido, o bien anotaba en la
pizarrita que siempre llevaba consigo los peores
insultos para la pobre mujer, que se iba a la cocina
75 a llorar la incomprensión.

\* \* \*

---

2. **salero** recipiente donde se pone la sal para el uso de la
   cocina o de la mesa
3. **desplazaba** movía
4. **truco de ilusionista** *magician's trick*
5. **trenzas** *braids*
6. **sobresalto** sorpresa; susto, temor
7. **temblores** movimientos de la tierra, terremotos
8. **a salvo** fuera de peligro
9. **vajilla** conjunto de platos, vasos, tazas, etc.
10. **pantuflas** zapatos usados para estar en casa, zapatillas
11. **voltear** echar *(to throw off)*
12. **desviada** separada, fuera de su sitio
13. **moscas** insectos negros con alas *(flies)*
14. **ánimas** espíritus, almas

15. **mutismo** silencio voluntario o impuesto *(imposed)*
16. **filibustero** pirata, bucanero
17. **verdugo** oficial que ejecuta los tormentos y la pena de
    muerte *(executioner)*
18. **folletos** cuadernos; libros de pocas páginas
19. **deslizarse** pasar silenciosamente
20. **aullar** emitir ruidos como ciertos animales *(perros,
    lobos, coyotes)*
21. **bichos** animalitos; insectos
22. **pataleaba** movía los pies violentamente

*Isabel Allende* **183**

Clara pasó la infancia y entró en la juventud dentro de las paredes de su casa, en un mundo de historias asombrosas, de silencios tranquilos, donde el tiempo no se marcaba con relojes ni
80 calendarios y donde los objetos tenían vida propia, los aparecidos[23] se sentaban en la mesa y hablaban con los humanos, el pasado y el futuro eran parte de la misma cosa, y la realidad del presente era un caleidoscopio de espejos
85 desordenados donde todo podía ocurrir. Es una delicia, para mí[24], leer los cuadernos de esa época, donde se describe un mundo mágico que se acabó. Clara habitaba un universo inventado para ella, protegida de las inclemencias de la
90 vida, donde se confundían la verdad prosaica de las cosas materiales con la verdad tumultuosa de los sueños, donde no siempre funcionaban las leyes de la física o la lógica. Clara vivió ese período ocupada en sus fantasías, acompañada
95 por los espíritus del aire, del agua y de la tierra, tan feliz, que no sintió la necesidad de hablar en

nueve años. Todos habían perdido la esperanza de volver a oírle la voz, cuando el día de su cumpleaños, después que sopló[25] las diecinueve
100 velas de su pastel de chocolate, estrenó una voz que había estado guardada durante todo aquel tiempo y que tenía resonancia de instrumento desafinado[26].

—Pronto me voy a casar —dijo.
105 —¿Con quién? —preguntó Severo.

—Con el novio de Rosa —respondió ella.

Y entonces se dieron cuenta que había hablado por primera vez en todos esos años y el prodigio[27] remeció[28] la casa en sus cimientos y provocó el
110 llanto[29] de toda la familia. Se llamaron unos a otros, se desparramó[30] la noticia por la ciudad, consultaron al doctor Cuevas, que no podía creerlo, y en el alboroto de que Clara había hablado, a todos se les olvidó lo que dijo y no se acordaron
115 hasta dos meses más tarde, cuando apareció Esteban Trueba, a quien no habían visto desde el entierro de Rosa, a pedir la mano de Clara.

## PREGUNTAS DE COMPRENSIÓN

1. ¿Cuáles son las características o capacidades raras de Clara?

2. ¿Cómo se caracteriza la actitud de la familia con respecto a las costumbres raras de Clara?

3. Cuando los invitados comían en casa, ¿qué hacían los hermanos de Clara para que no se asustaran?

4. ¿Cuál es un ejemplo de un presagio que dijo Clara?

5. Según la Nana, ¿qué les pasará a los poderes de Clara?

6. ¿Por qué no hablaba Clara?

7. ¿Qué métodos empleaba la Nana para curar a Clara? ¿Cuál fue el resultado?

8. Cuando Clara por fin vuelve a hablar, nadie le presta atención a lo que dice. ¿Por qué?

9. ¿Qué acontecimiento, meses después, les recuerda las primeras palabras de Clara?

---

23. **aparecidos** muertos que se presentan ante los vivos, fantasmas

24. **para mí** aquí se puede distinguir la voz de la narradora, la nieta de Clara, que está contándonos la vida de la abuela, basándose en los cuadernos que escribió ésta.

25. **sopló** apagó *(blew out)*

26. **desafinado** se aplica al instrumento musical que ha perdido la nota o la entonación

27. **prodigio** suceso extraño; maravilla; milagro

28. **remeció** sacudió

29. **llanto** acción de llorar

30. **desparramó** extendió

## PREGUNTAS DE DISCUSIÓN

1. ¿Cómo se caracteriza la niñez de Clara? ¿Cuáles son los elementos raros de su mundo? ¿Hay aspectos que te parecen normales?

2. Clara hizo dos presagios que se realizaron. ¿Cuáles son? ¿Crees que de veras ocurren tales cosas? ¿Cómo se explican? Cita otros ejemplos de presagios de la vida o de la literatura, películas, etc.

3. ¿Te sorprende saber que los poderes extraordinarios de Clara se basan en ciertas capacidades de la abuela de Isabel Allende? En *Crónica de una muerte anunciada,* Gabriel García Márquez dice: "nunca le pareció legítimo que la vida se sirviera de tantas casualidades prohibidas a la literatura". Aquí el autor se refiere a la idea de que hay cosas que pasan en la realidad que si se escribieran en una obra de ficción, serían criticadas por no ser realistas. Discute esta idea. ¿Crees lo que dice el refrán, que la verdad es más extraña que la ficción?

## COMPOSICIÓN DIRIGIDA

1. En un ensayo bien organizado, discute los elementos cómicos del fragmento. ¿Qué métodos utiliza la autora para crear escenas graciosas?

2. En un ensayo bien organizado, discute los elementos maravillosos y absurdos del fragmento. Compara la manera de Allende al presentar estos elementos con la de García Márquez.

## EXPRESÁNDONOS

1. Con un grupo de cuatro o cinco compañeros de clase prepara una escena para presentar a la clase. Ustedes son los miembros de una familia. Un miembro de la familia tiene alguna capacidad o costumbre rara o mágica que, dentro de la familia, se acepta como normal. En esta ocasión hay invitados que han venido a cenar, y ustedes se esfuerzan para que los invitados no se den cuenta de las excentricidades de esta persona.

2. Con tres compañeros de clase, presenta la escena entre Nívea, Severo, la Nana y Clara, el momento después de que Clara habla por primera vez en nueve años.

# USO DEL VOCABULARIO

## Las palabras que confunden

Hay ciertas palabras que confunden a los alumnos anglohablantes (los que hablan inglés).

## PALABRAS CON EL MISMO SIGNIFICADO EN INGLÉS

Ciertas palabras se traducen igual al inglés, pero tienen usos diferentes en español.

### salir, dejar

**Ejemplos**

a. Isabel Allende tuvo que <u>salir</u> de Chile por razones políticas.

b. Muchos desterrados <u>dejaron</u> todas sus posesiones en su patria al salir.

**Explicación**

a. **salir** irse de un sitio; marcharse

b. **dejar** no llevar algo contigo; abandonar algo o a alguien

### volver, devolver

**Ejemplos**

a. Desesperado, Esteban Trueba <u>volvió</u> a la casa de Tránsito Soto, una mujer a quien Esteban había prestado dinero hacía muchos años.

b. Tránsito no le <u>devolvió</u> el dinero sino que le hizo un gran favor: le salvó la vida a su nieta.

**Explicación**

a. **volver** regresar; ir otra vez a un sitio

b. **devolver** darle a alguien lo que antes esa persona te había dado

### realizar, darse cuenta de

**Ejemplos**

a. Esteban Trueba no pudo <u>realizar</u> su gran deseo de casarse con Rosa porque ésta se murió.

b. Después de casarse con Clara, Esteban <u>se dio cuenta de</u> que ella era el gran amor de su vida.

**Explicación**

a. **realizar** convertir una cosa en realidad; conseguir o lograr un deseo, proyecto, plan, ambición o sueño

b. **darse cuenta de** llegar a saber algo; llegar a tener conocimiento de algo

## pequeño, -a, poco, -a

### Ejemplos

a. Cuando Clara era una niña pequeña, sabía y hacía cosas extraordinarias.

b. Esteban tenía poca paciencia con sus hijos.

### Explicación

a. **pequeño** se refiere al tamaño; lo contrario de *grande*

b. **poco** se refiere a una cantidad; lo contrario de *mucho*

c. *Pocos (pocas)* se usa con una cantidad que se puede contar: pocos recursos; pocas amigas.

## hacerse, ponerse, llegar a ser, volverse

### Ejemplos

a. Esteban Trueba empezó con poco dinero, pero con gran esfuerzo se hizo rico y poderoso.

b. Esteban se puso triste y enfermo después de la muerte de Clara.

c. Blanca, la hija de Esteban, y Pedro, un obrero empleado por Esteban, llegaron a ser amantes.

d. Al descubrir el amor entre Blanca y Pedro, Esteban se volvió loco.

### Explicación

a. **hacerse** realizar un cambio en el estado de uno mismo, con voluntad o esfuerzo (se hizo rico, se hizo profesor)

b. **ponerse** cambiarse de una manera involuntaria (ponerse enfermo, nervioso, rojo, pálido) Se usa con adjetivos.

c. **llegar a ser** similar a hacerse. También se puede utilizar de una manera más general, por ejemplo cuando una acción no es involuntaria pero tampoco es claramente voluntaria: Llegaron a ser amigos. Llegó a ser rico al ganar la lotería.

d. **volverse** similar a ponerse. Se usa para expresar algo que pasa de repente, de una manera dramática. Se usa con adjetivos.

## ahorrar, guardar, salvar

### Ejemplos

a. De jóven Esteban trabajó en las minas, ahorrando su dinero para poder construirle una casa elegante a Rosa.

b. Esteban guardaba las cartas de Rosa y las releía varias veces.

c. Tránsito Soto salvó a la nieta de Esteban de una muerte cruel.

### Explicación

a. **ahorrar** no gastar (no emplear) parte del dinero que tiene

b. **guardar** conservar o retener algo; tener

c. **salvar** liberar de un peligro

## gastar, pasar

### Ejemplos

a. Esteban gastó mucho dinero en la construcción de una casa magnífica; Clara gastó aun más al ampliarla para acomodar a los varios pobres y a los espíritus que llegaron a vivir allí.

b. Esteban no pasaba mucho tiempo en la casa porque estaba ocupado con su carrera política.

### Explicación

a. **gastar** usar o emplear dinero u otros recursos

b. **pasar** transcurrir el tiempo

## tocar, jugar

### Ejemplos

a. La pequeña Clara podía tocar el piano sin las manos, sólo por sus poderes mentales.

b. A veces ella jugaba con los espíritus en vez de con amigos reales.

### Explicación

a. **tocar** hacer sonar un instrumento musical

b. **jugar** hacer algo para divertirse; participar en un deporte

## el tiempo, la vez, la hora

### Ejemplos

a. Clara pasó mucho tiempo sin hablar.

b. ¿Cuántas veces espantó la Nana a Clara? Varias veces la vieja se disfrazó de monstruo para espantarla.

c. A la hora de comer, Clara se sentaba cerca de sus hermanos. ¿A qué hora se cenaba en la casa de Clara?

### Explicación

a. **tiempo** duración

b. **vez** cada acto o acontecimiento de una serie (la primera vez, dos veces, etc.)

c. **hora** momento determinado del día (la hora de acostarse, etc.)

## pensar en, pensar de o sobre, pensar

### Ejemplos

a. Todo el tiempo que trabajaba en las minas, Esteban pensaba sólo en Rosa.

b. ¿Qué piensas de la niñez rara de Clara? o ¿Qué piensas sobre su niñez?

c. Cuando la policía la torturaba, la nieta de Esteban pensaba dejarse morir, pero no lo hizo.

## Explicación

a. **pensar en** tener en la mente

b. **pensar de / sobre** se refiere a una opinión

c. **pensar** considerar o contemplar cierta acción

## saber, conocer

### Ejemplos

a. Clara <u>sabe</u> qué va a pasar en el futuro pero no <u>sabe</u> hacer las tareas diarias de la casa.

b. La familia de Clara <u>conoce</u> a Pablo Neruda; en la novela se refiere a él como el Poeta.

### Explicación

a. **saber** estar informado o tener conocimiento de algo específico; entender cómo se hace cierta cosa

b. **conocer** tener familiaridad con una persona, lugar o conjunto de conocimientos (El profesor <u>conoce</u> bien la literatura latinoamericana.)

## pero, sino

### Ejemplo

Esteban obliga a su hija Blanca a casarse con un conde, <u>pero</u> Blanca no le quiere a él <u>sino</u> a Pedro.

### Explicación

**pero** implica el contraste entre dos ideas

**sino** implica el contraste entre una idea negativa y una afirmativa. Corresponde al concepto inglés *but rather.*

## el personaje, el carácter

### Ejemplos

a. Clara es un <u>personaje</u> creado por Isabel Allende en su novela *La casa de los espíritus.*

b. Clara tiene un <u>carácter</u> fuerte y cariñoso.

### Explicación

a. **personaje** figura representada en una obra literaria, película, etc.

b. **carácter** personalidad; manera de ser de una persona o una cosa

## COGNADOS FALSOS

Ciertas palabras confunden porque se parecen a palabras inglesas pero no tienen el mismo significado.

### actual

#### Ejemplos

Hace años había una dictadura en Chile, pero el gobierno <u>actual</u> es una democracia.

Siempre ha habido literatura escrita en español, pero la producción literaria <u>actual</u> es fenomenal.

<u>Actualmente</u> hay un "boom" feminista de escritoras latinas.

#### Explicación

**actual** presente, lo que existe o pasa en el momento en que se habla. *No se usa para referirse a la realidad; para eso se usa de veras, realmente o en realidad:* Clara parece una niña típica pero <u>en realidad</u> es extraordinaria.

### relatar

#### Ejemplo

Después de ser liberada de la cárcel, Alba, la nieta de Esteban, <u>relató</u> historias de la tortura que había sufrido.

#### Explicación

**relatar** contar (una historia, cuento, etc.). *No se usa para referirse a una relación. Para eso se usa relacionar:* Muchas veces los problemas políticos están <u>relacionados</u> con los problemas económicos.

### atender (ie)

#### Ejemplo

El médico que <u>atendía</u> a Clara no pudo hacerla hablar.

#### Explicación

**atender** cuidar, ayudar. *No se usa para referirse a hallarse presente en un lugar, un concierto, fiesta, clase, etc. Para esto se usa asistir.*

### asistir

#### Ejemplo

Toda la gente de buena familia <u>asistió</u> a la fiesta de boda de Clara y Esteban.

## Explicación

**asistir** estar presente en un lugar para mirar o participar en un acontecimiento (concierto, partido, fiesta, etc.). *No* se usa para referirse a *ayudar.*

# la falta

## Ejemplo

La injusticia y la <u>falta</u> de recursos entre los pobres molestaban a Clara. El gobierno era culpable de la <u>falta</u> de justicia.

## Explicación

**falta** el estado de no tener algo, de necesitarlo. *No* se usa para referirse a la responsabilidad por algo malo. Para eso se usa *culpa:* Esteban no se siente responsable por el sufrimiento de los pobres; piensa que no es <u>culpa</u> suya.

# a causa de

## Ejemplo

Esteban llegó a ser más compasivo <u>a causa de</u> su amor por su nieta.

## Explicación

**a causa de** por; como resultado de. Observa que *porque* sólo se usa para introducir una cláusula: Esteban llegó a ser más compasivo <u>porque</u> amaba tanto a su nieta. Antes de un sustantivo, como *su amor,* se usa *a causa de* o *por.*

# Ejercicios

## A. Completa la frase

Traduce las palabras inglesas al español.

1. Eva Luna es un _____ *(character)* de la novela del mismo

   nombre, de Isabel Allende.

2. Eva Luna no nació en una ciudad _____ *(but)* en la selva, en

   una casa grande y extraña.

3. Eva _____ *(spent)* sus primeros años con su madre, que

   trabajaba para un médico que _____ *(didn't take care of)* a

   los vivos _____ *(but rather)* a los muertos.

4. Ese médico extraño había desarrollado un sistema para conservar a los muertos,

   hacerlos momias como si estuvieran vivos. Parecían haber

   _____ *(returned)* a la vida.

5. Eva _____ *(spent)* una niñez bastante agradable con su madre

   en la casa de las momias, y ella _____ *(didn't consider)*

   _____ *(leaving),* _____ *(but)* se le murió

   su madre y tuvo que irse.

6. Eva era muy _____ *(little),* cuando su madre se murió

   _____ *(leaving her)* huérfana, sin madre, con

   _____ *(little)* dinero y _____ *(few)*

   recursos.

7. _____ *(Because of)* la muerte de su madre, Eva tuvo que

   _____ *(leave)* el empleo del médico, y la niña, que sólo tenía

   nueve años, _____ *(became)* una sirvienta en la casa de una

   mujer muy cruel. La mujer castigaba a Eva por cosas que no eran su

   _____ *(fault).*

8. Por fin Eva huyó de esa casa _____ *(because of)* la crueldad

   que sufría, _____ *(but)* una mujer la encontró y la

   _____ *(returned)* a su empleo.

9. Después de muchas aventuras picarescas, Eva _____

   *(realized)* de que ella tenía un gran talento: ella podía _____

   *(tell)* cuentos que encantaban a todos los que los oían. Este genio la

   _____ *(saved)* por fin de la pobreza.

10. _____ (Currently) Eva Luna vive felizmente con su esposo

Rolf, _____ (but) _____ (many times) ella

_____ (thinks of) sus penas pasadas.

11. Eva _____ (spends) mucho _____ (time)

escribiendo cuentos. Son cuentos escritos por un _____

(character) ficticio. ¿Qué _____ (do you think of) eso?

## B. Contesta la pregunta

1. ¿Cuál es tu personaje favorito? ¿Por qué?

   _____

2. ¿Qué admiras más en el carácter de una persona?

   _____

3. ¿Te olvidas a veces de devolver algo que tu amigo(a) te ha prestado? ¿Te enojas si alguien no te devuelve algo prestado?

   _____

4. ¿Tardas en devolver los libros a la biblioteca?

   _____

5. ¿Cuántas veces has visto tu película favorita?

   _____

6. ¿Cuántos años tienes actualmente?

   _____

7. ¿A veces asistes a conciertos? ¿De qué grupo?

   _____

8. ¿Ahorras tu dinero o lo gastas en seguida?

   _____

9. ¿Te das cuenta de tus propios defectos?

   _____

10. ¿Conoces a personas que no admitan nunca que un problema es culpa suya?

---

11. ¿Eres una persona de poca o mucha paciencia?

---

# GRAMÁTICA

## *Lo que, lo cual*

### Ejemplos

    a. Clara podía mover objetos sin tocarlos, <u>lo que</u> no alborotaba a su familia.

    b. Clara trataba de educar a los pobres, <u>lo cual</u> enojó a Esteban.

    c. <u>Lo que</u> me encanta de la personalidad de Clara es su ilimitada bondad y generosidad.

    d. <u>Lo que</u> no entiendo es por qué Clara se casó con Esteban.

### Función

*Lo que* y *lo cual* se usan para referirse a una idea o concepto. Por ejemplo, en el Ejemplo a, *lo que* no se refiere a Clara ni a los objetos, sino a la idea de que ella podía moverlos sin tocarlos. Cuando la idea o el concepto se menciona primero (Ejemplos a, b), se puede emplear *lo que* o *lo cual*. Si el concepto se menciona después (Ejemplos c, d), sólo se usa *lo que*.

### Ejercicios

#### A. Eva Luna

Combina las frases usando *lo que* o *lo cual*. Haz los cambios necesarios. Por ejemplo:

    Alba está enamorada de un rebelde. Esteban está enojado por esto.

    *Alba está enamorada de un rebelde, lo que / lo cual enoja a Esteban.*

1. El padre de Eva Luna se fue antes del nacimiento de la niña. Su madre no parecía molestarse por esto.

---

2. Eva Luna tenía que cuidarse desde muy pequeña. Eso era dificilísimo.

---

3. Eva podía encantar a todos con sus cuentos. Este talento le salvó la vida varias veces.

   _____

4. Rolf Carlé es un hombre sensible, de gran compasión. Estas características le importan mucho a Eva.

   _____

5. Las novelas de Isabel Allende están escritas con cariño, gracia y un sentido de maravilla. Por eso sus obras me encantan.

   _____

## B. Al revés

Relee tus respuestas a los números tres y cuatro del ejercicio A. Escríbelas de nuevo, empezando con *lo que.* Por ejemplo, para el número cinco:

> *Lo que me encanta de las novelas de Isabel Allende es que están escritas con cariño, gracia y un sentido de maravilla.*

1. _____

2. _____

## C. Expresión personal

Contesta las preguntas empleando *lo que.* Por ejemplo:

> —¿Qué te importa más al leer una novela?
>
> —*Lo que me importa más es que pueda relacionarme con los personajes.*

1. ¿Qué te importa cuando vas a una fiesta?

   _____

2. ¿Qué te preocupa al hacer un viaje?

   _____

3. Cuando estás con gente pesada (desagradable), ¿qué te molesta más?

   _____

4. Al encontrarte en casa a solas, ¿qué aspecto de estar solo(a) te gusta más? ¿Qué aspecto te da miedo?

_____

5. ¿Qué te importa más al ver una película?

_____

# _Lo_ + adjetivo

## Ejemplos

a. <u>Lo mejor</u> de la novela son los personajes.

b. <u>Lo más fascinante</u> del realismo mágico es que no se aleja totalmente de la realidad.

c. <u>Lo trágico</u> de lo que pasó en Chile fue que muchos inocentes murieron.

d. <u>Lo más peligroso</u> de la guerra fue que no sólo afectó a los soldados, sino también a toda la gente.

## Función

_Lo_ + adjetivo se usa para expresar de una manera general el concepto de _aspecto_ o _parte_. En el Ejemplo a, _Lo mejor de la novela . . ._ se refiere a _El mejor aspecto de la novela_.

## Ejercicios

### A. Expresión personal

Contesta usando _lo_ + adjetivo. Por ejemplo:

—¿Cuál es el aspecto más divertido de una fiesta?

—_Lo más divertido de una fiesta es estar con mis amigos._

1. ¿Cuál es el mejor aspecto de tu familia?

_____

2. ¿Cuál es el aspecto más molesto de tu familia?

_____

3. ¿Cuál es el aspecto más fascinante de tus clases?

_____

4. ¿Cuál es el aspecto más difícil de tu vida?

_____

5. ¿Cuál es el aspecto más peligroso de vivir en nuestra época?

_____

6. ¿Cuál es el aspecto más agradable de vivir en nuestra época? ¿Menos agradable?

_____

7. ¿Cuál es el aspecto más horroroso de lo que pasa hoy en el mundo?

_____

8. ¿Cuál es el aspecto más optimista de lo que pasa hoy en el mundo?

_____

## B. Inventa tus propias frases

Emplea _lo_ + adjetivo. Por ejemplo:

**encantador**  _Lo encantador de mi perro es que siempre se alegra al verme._

1. confuso _____

2. raro _____

3. íntimo _____

4. bello _____

5. profundo _____

6. eficaz _____

7. afortunado _____

8. difícil _____

9. bueno _____

10. malo _____

# Más usos del subjuntivo

## El subjuntivo + *lo que* + el subjuntivo

### Ejemplos

a. <u>Pase lo que pase</u>, Esteban siempre querrá a Clara.

b. <u>Sea lo que sea</u>, Blanca puede contar con la ayuda de su madre.

c. Clara está tan enojada con Esteban que él no puede conseguir su perdón. <u>Diga lo que diga</u>, ella no le hablará nunca más.

d. <u>Tenga lo que tenga</u>, Esteban siempre querrá más.

### Función

Se usa el subjuntivo en esta estructura para expresar el concepto indefinido de *No importa lo que pase* . . . o el concepto inglés de *"whatever"* (Ejemplo a); *"no matter what"* (Ejemplos b, c); *"no matter how much"* (Ejemplo d), etc.

### Formación

el subjuntivo + *lo que* + el subjuntivo

**Sea lo que sea,** Blanca siempre querrá a su madre.

## *Por* + adjetivo o adverbio + *que* + el subjuntivo

### Ejemplos

a. <u>Por pobre que sea</u>, Eva siempre encuentra recursos para sobrevivir.

b. <u>Por difícil que sea</u> su vida, ella nunca pierde la esperanza.

c. <u>Por mucho que quiera</u> romperle el espíritu a Eva, la mujer cruel no puede lograrlo.

d. <u>Por mucho que lea y relea</u> las novelas de Allende, no dejan de encantarme.

### Función

En el mismo estilo de *Sea lo que sea,* se usa el subjuntivo para expresar el concepto indefinido de *Aunque* . . . o *No importa* . . . Por ejemplo:

Aunque (No importa que) trabajen duro, no pueden escaparse de la pobreza.

**Por duro que trabajen,** no pueden escaparse de la pobreza.

### Formación

*por* + adjetivo o adverbio + *que* + el subjuntivo

**Por mucho que lea y relea** *La casa de los espíritus,* aprendo cada vez más sobre los personajes.

# Ejercicios

## A. Combina las frases

Emplea el subjuntivo + *lo que* + el subjuntivo. Por ejemplo:

Ellos piensan que me equivoco. Haré lo que me dé la gana.

*Piensen lo que piensen, haré lo que me dé la gana.*

1. Su esposo dice que no. Clara ayudará a los desafortunados.

   _____

2. Esteban hace todo lo posible para limitar a Clara. Clara será ella misma.

   _____

3. Los pobres quieren un cambio. El gobierno no cambia.

   _____

4. No importa lo que crea su abuelo. La joven luchará por los liberales.

   _____

5. Los políticos ofrecen mucho. No van a cumplir con sus promesas.

   _____

## B. Combina las frases

Emplea *por* + adjetivo o adverbio + *que* + el subjuntivo. Por ejemplo:

Clara se esfuerza mucho. No puede cambiar a Esteban.

*Por mucho que se esfuerce, Clara no puede cambiar a Esteban.*

1. La Nana espanta a Clara. No puede hacerla hablar.

   _____

2. Esteban quiere mucho a Clara. Esteban no la entiende.

   _____

3. Blanca quiere mucho a Pedro. No puede casarse con él.

   _____

4. Alba sufre mucho. No pierde su dignidad.

_____

5. Esteban ha sido cruel e insensible. Su nieta lo quiere.

_____

## C. Traduce la frase al español

Emplea el subjuntivo + _lo que_ + el subjuntivo o _por_ + adjetivo o adverbio + _que_ + el subjuntivo.

1. Come what may, they will love each other.

   _____

2. No matter what he says, she won't believe him.

   _____

3. No matter how hard he works, he cannot save money.

   _____

4. No matter how much he has, it's not enough.

   _____

5. No matter how confused she might be, she'll do the right thing.

   _____

# Repaso

## A. El poder de la palabra

Completa la frase con la forma correcta del verbo según el sentido de la frase. Selecciona entre el presente, el pretérito, el imperfecto, los tiempos perfectos, los tiempos progresivos, el futuro, el condicional, el presente del subjuntivo, el presente perfecto del subjuntivo, el imperfecto del subjuntivo, el pluscuamperfecto del subjuntivo y el infinitivo.

1. La novela *Eva Luna* tiene un final feliz porque al fin Eva _____ (casarse) con Rolf Carlé, que la _____ (querer) mucho.

2. Rolf siempre le pide a Eva que le _____ (contar) historias, y así Eva (en realidad Allende) le _____ (haber / escribir) una colección que _____ (llamarse) *Cuentos de Eva Luna.*

3. La protagonista de uno de los cuentos, "Dos palabras", tenía el nombre de Belisa Crepusculario. Belisa "_____ (haber / nacer) en una familia tan mísera que ni siquiera poseía nombres para _____ (llamar) a sus hijos". Belisa _____ (venir) al mundo sin nada y _____ (haber / crecer) en un ambiente tan desolado que ella ni siquiera _____ (saber) leer ni aun _____ (haber / ver) palabra escrita.

4. A la edad de doce años, Belisa _____ (irse) de su hogar y _____ (dirigirse) hacia el mar. Quería encontrar un lugar que _____ (ser) más agradable.

5. Un día, Belisa _____ (ver) una hoja de un periódico y _____ (enamorarse) en seguida de la magia de la palabra escrita.

6. "Ese día Belisa Crepusculario _____ (enterarse) de que las

palabras andan sueltas sin dueño" y que ella _____ (poder,

*condicional)* emplearlas, y venderlas. Con este descubrimiento Belisa

_____ (salvarse) la vida. Ella _____

(darse cuenta) del poder de la palabra.

7. Después de _____ (estudiar) mucho, Belisa

_____ (llegar) a ser gran experta y vendedora de palabras.

Ella _____ (vender) versos, _____

(escribir) cartas de amor, _____ (inventar) insultos, y

_____ (relatar) cuentos. A sus mejores clientes ella les

"_____ (regalar) una palabra secreta para

_____ (espantar) la melancolía". No había nada que Belisa no

_____ (poder) hacer con las palabras.

8. Un día cuando el país _____ (estar) en medio de una guerra

civil, un Coronel muy brutal _____ (llevarse) a Belisa por la

fuerza e insistía en que ella le _____ (escribir) palabras que

le _____ (ganar) el cariño de la gente.

9. El Coronel había decidido que ya no _____ (querer) tener

poder por la fuerza sino por la voluntad de la gente: "Lo que en verdad le

_____ (fastidiar) era el terror en los ojos ajenos". No quería

que la gente le _____ (temer) sino que lo

_____ (amar) y que lo _____ (elegir)

presidente.

10. Belisa le _____ (escribir) un discurso y se lo

    _____ (leer) tres veces para que el Coronel

    _____ (poder) memorizarlo.

11. El discurso _____ (tener) gran éxito. No había nadie que no

    _____ (conmoverse) al oírlo.

12. Después de unos meses, el Mulato, amigo y ayudante del Coronel,

    _____ (darse cuenta) de que el Coronel ya no

    _____ (funcionar) como antes porque

    _____ (estar) obsesionado con las dos palabras secretas de

    Belisa.

13. El Mulato le pidió al Coronel que le _____ (decir) las dos

    palabras, pero éste _____ (negarse) a hacerlo. "No te las

    _____ (decir, *futuro*), son sólo mías",

    _____ (contestar) el Coronel.

14. Por eso el Mulato _____ (volver) al pueblo de Belisa y se la

    _____ (llevar) al Coronel para que ella lo

    _____ (librar) del encanto. "Te traje a esta bruja para que (tú)

    le _____ (devolver) sus palabras, Coronel, y para que ella te

    _____ (devolver) la hombría", _____

    (decir) el Mulato.

15. Pero el Coronel no _____ (librarse) del encanto porque

    _____ (haber / enamorarse) de Belisa.

## B. *Por y para*

Completa la frase con *por* o *para* o una *X* si no hace falta nada.

1. Belisa descubrió el poder de la palabra _____ casualidad al

   ver un periódico _____ primera vez.

2. _____ una niña ignorante, ella entendía mucho.

3. Ella estudió _____ mucho tiempo _____

   aprender a leer.

4. Lo más pronto posible, Belisa compró un cuaderno _____

   escribir sus primeras palabras.

5. Después de poco tiempo, Belisa era conocida _____ su genio

   con las palabras.

6. Varios jóvenes le pidieron a Belisa que les escribiera cartas de amor

   _____ sus novias.

7. Así los jóvenes ganaron el amor de sus amadas _____ el

   encanto de las palabras de Belisa.

8. _____ mucho que valieran sus palabras, Belisa las vendía

   _____ poco dinero.

9. Me parece que Isabel Allende escribió este cuento _____ su

   propio amor a la palabra escrita, y _____ expresar el poder de

   la palabra.

# Capítulo 10

## *La diversidad cultural y la tolerancia*

| | |
|---|---|
| **Lectura** | *El hablador,* Mario Vargas Llosa |
| **Gramática** | Las preposiciones que se emplean con ciertos verbos; los pronombres que se usan después de una preposición; el uso del subjuntivo después de expresiones indefinidas como *dondequiera* |

## Vocabulario

**adorar** además del significado obvio, querer mucho a alguien, se aplica también a amar a un ser divino. Los cristianos <u>adoran</u> a Jesucristo.

**la agonía** angustia, pena, sufrimiento; específicamente lo que se sufre al morir. **agonizar** estar en agonía, estar muriéndose. Hacía dos días que el perro, viejo y enfermo, <u>agonizaba</u>, cuando llamé al veterinario para ayudarlo a morir tranquilo, para librarlo de su <u>agonía</u>.

**apenar** causarle pena a alguien, entristecer. A la Madre Teresa le <u>apena</u> ver el sufrimiento de los pobres y enfermos. Por eso ella trabaja para ayudarlos.

**el asco** repugnancia, sensación de vómito, repulsión. Ver un animal muerto en la calle me produce <u>asco</u>.

**chocar** juntarse dos cosas con un golpe violento. El niño corrió por el restaurante y <u>chocó</u> con un mesero que llevaba una gran cantidad de sopa de pollo. Había sopa por todas partes. Sorprender, parecer muy extraño. Me <u>choca</u> que ella lleve abrigo en agosto.

**el derecho** la libertad de hacer algo según la ley. Según la Constitución, todos tenemos el <u>derecho</u> a la vida, la libertad y la búsqueda de la felicidad.

**desarrollar** aumentar, hacer algo más grande o fuerte. Es importante <u>desarrollar</u> la industria del país para mejorar la economía.

**enterarse de** llegar a conocer plenamente algún asunto al recibir información de otra persona, o al investigar; informarse. Los vecinos no <u>se enteraron del</u> asesinato hasta que lo leyeron en los periódicos.

**evitar** impedir que suceda alguna cosa. Lincoln trató de <u>evitar</u> una guerra entre los estados, pero no pudo. Tratar de no encontrarse con alguien o con algo. Los besos de la tía le daban asco al niño. Por eso él siempre trataba de <u>evitarla</u> en las fiestas familiares.

**fastidiar** molestar, aburrir o enojar a alguien. Esa mujer siempre me <u>fastidia</u>, quejándose de su ex esposo sin cesar; no habla de otra cosa.

    **el fastidio** disgusto, molestia, enfado. Cuando almorzamos juntos, él siempre olvida su dinero en casa, de manera que yo tengo que pagar. ¡Qué <u>fastidio</u>!

**la gracia** regalo natural o divino que una persona tiene para agradar a otros, o para hacer algo bien. Jacqueline Kennedy era una mujer con mucha <u>gracia</u>; todo el mundo la amaba.

    **tener gracia** ser divertido o gracioso. Las películas de Chevy Chase <u>tienen gracia</u> (son graciosas).

**el / la indígena** nativo(a). Los <u>indígenas</u> de la selva amazónica mantienen sus costumbres y su lengua.

    **indígena** adjetivo que se aplica a los habitantes que son nativos del país. *La Araucana,* un poema épico de Alonso de Ercilla, relata el heroísmo de los araucanos, un grupo <u>indígena</u> de Chile que luchó contra los españoles por su independencia.

**la leyenda** narración de sucesos fabulosos, mitos, transmitida por la tradición oral. Según una <u>leyenda</u> norteamericana, Paul Bunyan era un gigante que formó los Grandes Lagos con sus pasos enormes.

**el mito** relato fabuloso de carácter religioso o folklórico. Según el <u>mito</u> de los mayas, un dios había utilizado el maíz para crear a los seres humanos.

**provocar** irritar o enfadar a alguien; causar. El niño <u>provocó</u> tanto a su hermana, que ella, normalmente muy dulce, le dio en la cabeza con una silla. Una disputa sobre un área pequeña de tierra <u>provocó</u> una guerra.

**la rabia** ira, enojo, furia. Una vez mi mamá le produjo tanta <u>rabia</u> a mi papá, que él tiró una lámpara al suelo y la pisó.

**el rito** ritual, ceremonia. Los novios se dan anillos y se juran fidelidad; es parte de los <u>ritos</u> del matrimonio.

**sagrado, -a** se aplica a lo que inspira respeto profundo, con frecuencia en sentido religioso. Según la cultura hindú, la vaca es un animal <u>sagrado</u>.

**salvo, -a** sano, sin sufrir daño. El niño se encontró en el bosque sano y <u>salvo</u>.

    **salvo** excepto. Todas fueron al baile <u>salvo</u> la Cenicienta, a quien le hacía falta un vestido.

**sospechar** creer algo sin saber de seguro. Al ver las flores pisadas en mi jardín, <u>sospeché</u> que mis perros, jugando, lo habían hecho, pero después me enteré de que fueron los niños del vecino.

**la trama** una historia, el resumen de lo que pasa en una obra literaria, una obra de teatro, una película, etc. La <u>trama</u> de una película de Alfred Hitchcock es muy compleja y llena de suspense.

**la tribu** grupo de gente de ciertas culturas; clan, familia. Las <u>tribus</u> de la selva amazónica emplean medicamentos naturales para aliviar ciertas enfermedades.

# Ejercicios de vocabulario

## A. Completa la frase

Usa la palabra apropiada del vocabulario.

1. John Henry y Lizzie Borden son figuras folklóricas de los

   _____ y las _____ norteamericanas.

2. Los Navajos y los Apaches son dos _____ indígenas de

   Norteamérica.

3. Los jóvenes norteamericanos tienen el _____ de votar a la

   edad de dieciocho años.

4. En la iglesia católica la cruz es un objeto _____.

5. Los padres tratan de _____ la confianza del niño al dar

   siempre énfasis a lo que hace bien.

6. El Dios que los musulmanes (los de Islam) _____ se llama Alá.

7. ¿Cómo te _____ de la fiesta? Debía de ser una sorpresa.

8. La policía _____ que el asesino es alguien que la víctima

   conoce, pero no está segura.

9. Mi hermanito siempre me _____ cuando trato de estudiar, y

   por eso no saco buenas notas en los exámenes.

10. El gaucho mató a su caballo herido para librarlo de la _____.

11. Durante la colonización del Nuevo Mundo, los ingleses y los españoles abusaron

    a las gentes _____ que encontraron en las Américas.

12. Me gusta toda la comida _____ la leche. La leche me da asco.

13. Normalmente los invitados llegan unos minutos después de la hora citada. Por eso

    me _____ que ellos hayan llegado tan temprano. ¡Qué raro!

## B. Expresión personal

1. ¿Cuál es tu leyenda favorita? ¿Por qué te encanta tanto?

2. ¿Quién te parece una persona que tiene mucha gracia? ¿Por qué?

3. ¿Hay alguna costumbre entre tus amigos que se pueda calificar de un rito? Descríbela.

4. En nuestra sociedad, ¿cuáles son los ritos de iniciación de la edad adulta?

5. Cuando quieres fastidiar a alguien, ¿qué haces para provocarlo?

## C. Completa la frase

1. Trato de evitar a personas que _____

2. Trato de evitar situaciones en las que _____

3. Me apena cuando veo _____

4. Me da asco cuando _____

5. Creo que los jóvenes deben tener el derecho de _____

6. Siempre me da rabia cuando _____

7. A mis padres les da rabia que yo _____

8. Un asunto del que quiero enterarme más es _____

9. Para desarrollar una amistad íntima es necesario _____

10. En una fiesta, cuando quiero escaparme de una persona que me fastidia, digo

_____

# LECTURA

## Estrategia para leer

### Vocabulario

En el fragmento que sigue hay mucho vocabulario que no te parecerá familiar. Hay varias maneras de adivinar el significado de estas palabras:

- **Cognados**

  Es obvio que palabras como *técnico, racional* y *curiosidad* tienen el mismo significado que las palabras parecidas en inglés; *emotivo* se relaciona con las emociones, etc.

- **Palabras relacionadas**

  Ya has aprendido el significado de *gastar.* ¿Qué significa *malgastar?* Si *al principio* significa "el punto donde algo empieza", ¿qué significará el verbo *principiar?*

- **Contexto**

  En la primera línea del fragmento, el autor dice: "Había que contener todo arrebato pasional" para mantener cierta tranquilidad en el universo. *Arrebato* es algo que es necesario contener o controlar y está relacionado con las pasiones. Así se puede adivinar que un arrebato es alguna forma de reacción emocional muy fuerte.

### Narración

Vas a oír las dos voces narrativas que se oyen por toda la novela *El hablador.*

- **Voz del autor**

  Ésta es la voz que se identifica con el autor, que nos cuenta la historia de un amigo suyo.

- **Voz del hablador**

  Ésta es la voz de un hablador (un historiador oral), que nos cuenta los mitos y leyendas de su pueblo.

Observa la diferencia de tono entre las dos voces.

### Vale la pena

El fragmento que sigue es algo difícil pero vale la pena leerlo con cuidado. Los elementos y temas de que trata son no sólo universales sino también específicos de nuestra época y cultura. Trata de asuntos personales como la identidad individual del ser humano, cómo nos juzgamos a nosotros y a otros, y cierta pasión de espíritu sin la cual no vivimos de veras.

# MARIO VARGAS LLOSA

Mario Vargas Llosa nació en Arequipa, Perú, en 1936. Su producción literaria es muy variada e incluye cuentos, ensayos y muchas novelas de fama mundial. Entre las novelas se encuentra una gran variedad de temas y ambientes. *Conversación en la catedral*, *La ciudad y los perros*, e *Historia de Mayta* tratan de temas políticos; *Pantaleón y las visitadoras* es una farsa satírica; *La tía Julia y el escribidor* es un relato algo autobiográfico sobre el amor de un joven escritor por una mujer mayor; *Elogio de la madrastra* es una novela erótica.

La carrera de este gran escritor es también diversa. Ha sido periodista, profesor y candidato para la presidencia del Perú.

## El hablador (fragmento)

*El primer narrador, que parece ser el mismo Vargas Llosa, nos habla de su amigo, Saúl Zuratas, judío peruano, y su compañero de clase de la universidad. A Saúl también le llamaban*
5 *Mascarita por un lunar, o mancha de color oscuro en la piel, que le cubría todo el lado derecho de la cara. "Era el muchacho más feo del mundo; también simpático y buenísimo", a quien nadie conocía íntimamente. Vivía con su padre*
10 *don Salomón, y con su loro (gran pájaro capaz de hablar) llamado Gregorio Samsa, que siempre lo llamaba "Mascarita, Mascarita". El nombre del loro es una referencia al protagonista del cuento "La metamorfosis", de Franz Kafka, en el que*
15 *Gregorio Samsa, al despertarse una mañana, se encuentra transformado en un insecto enorme, una cucaracha.*
*Saúl estaba obsesionado con la selva amazónica peruana, específicamente con una*
20 *tribu de indígenas, los indios machiguengas.*
*En el fragmento que sigue, hay una referencia a una pelea que ocurrió el día antes: el narrador le*

*había pegado a un borracho que se burlaba de Saúl. Saúl le está explicando al narrador la*
25 *filosofía de la vida de los machiguengas:*

Lo más importante para ellos era la serenidad
. . . . Había que contener todo arrebato pasional pues hay una correspondencia fatídica[1] entre el espíritu del hombre y los de la Naturaleza y
30 cualquier trastorno[2] violento en aquél acarrea[3] alguna catástrofe en ésta.
—La pataleta[4] de un tipo[5] puede hacer que se salga un río, y, un asesinato, que el rayo[6] queme la aldea. Tal vez ese choque del Expreso[7], en la
35 avenida Arequipa, esta mañana, es culpa de tu puñetazo[8] al borrachito de ayer. ¿No te remuerde[9] la conciencia?
Me quedé asombrado de lo mucho que sabía sobre esa tribu. . . . Hablaba de aquellos indios, de
40 sus usos y sus mitos, de su paisaje y sus dioses, con el respeto admirativo con que yo me refería a Sartre, Malraux y Faulkner, mis autores preferidos de aquel año. Ni siquiera de su admirado Kafka le

---

1. **fatídica** fatal
2. **trastorno** desorden, confusión
3. **acarrea** causa, produce
4. **pataleta** expresión extrema de enojo; rabieta (*tantrum*)
5. **tipo** hombre; persona
6. **rayo** luz que se ve en el cielo durante una tormenta
7. **choque del Expreso** se refiere a un accidente de tren
8. **puñetazo** golpe que se da con la mano cerrada
9. **remuerde** perturba, molesta

oí hablar nunca con tanta emoción.

45 Debí sospechar ya entonces que Saúl nunca sería abogado y, también, que su interés por los indios de la Amazonía era algo más que "etnológico". No un interés profesional, técnico, sino mucho más íntimo, aunque no fácil de
50 precisar[10]. Algo más emotivo que racional seguramente, acto de amor antes que curiosidad intelectual.

*　　*　　*

¿Se había enterado Don Salomón que Saúl estudiaba Etnología o lo creía concentrado en los
55 cursos de Leyes? La verdad es que, aunque Mascarita estaba aún inscrito en la Facultad de Derecho, descuidaba totalmente las clases. Con excepción de Kafka, y, sobre todo, *La metamorfosis,* que había releído innumerables
60 veces y poco menos que memorizado, todas sus lecturas eran ahora antropológicas.

*　　*　　*

Visto con la perspectiva del tiempo, sabiendo lo que le ocurrió después—he pensado mucho en esto—puedo decir que Saúl experimentó una
65 conversión. En un sentido cultural y acaso también religioso. Es la única experiencia concreta que me ha tocado observar de cerca que parecía dar sentido, materializar, eso que los religiosos del colegio donde estudié querían
70 decirnos en las clases de catecismo con expresiones como "recibir la gracia", "ser tocado por la gracia". . . Desde el primer contacto que tuvo con la Amazonía, Mascarita fue atrapado en una emboscada[11] espiritual que hizo de él una
75 persona distinta. No sólo porque se desinteresó del Derecho y se matriculó en Etnología y por la nueva orientación de sus lecturas, en las que, salvo Gregorio Samsa, no sobrevivió personaje literario alguno, sino porque, desde entonces,
80 comenzó a preocuparse, a obsesionarse, con dos asuntos que en los años siguientes serían su único

tema de conversación: el estado de las culturas amazónicas y la agonía de los bosques que las hospedaban[12].

*　　*　　*

85 A veces, para ver hasta dónde podía llevarlo "el tema", yo lo provocaba. ¿Qué proponía, a fin de cuentas? ¿Que, para no alterar los modos de vida y las creencias de unas tribus que vivían, muchas de ellas, en la edad de la Piedra, se abstuviera[13] el
90 resto del Perú de explotar la Amazonía? ¿Deberían dieciséis millones de peruanos renunciar a los recursos naturales de tres cuartas partes de su territorio para que los sesenta u ochenta mil indígenas amazónicos siguieran flechándose[14]
95 tranquilamente entre ellos, reduciendo cabezas y adorando al boa constrictor? ¿Debíamos ignorar las posibilidades agrícolas, ganaderas y comerciales de la región para que los etnólogos del mundo se deleitaran[15] estudiando en vivo . . .
100 las relaciones de parentesco, los ritos de la pubertad, del matrimonio, de la muerte, que aquellas curiosidades humanas venían practicando, casi sin evolución, desde hacía cientos de años? No, Mascarita, el país tenía que desarrollarse. ¿No
105 había dicho Marx que el progreso vendría chorreando sangre? Por triste que fuera, había que aceptarlo. No teníamos alternativa. Si el precio del desarrollo y la industrialización, para los dieciséis millones de peruanos, era que esos pocos millares
110 de calatos[16] tuvieran que cortarse el pelo, lavarse los tatuajes y volverse mestizos —o, para usar la más odiada palabra del etnólogo: aculturarse—, pues, qué remedio.

Mascarita no se enojaba conmigo, porque él no
115 se enojaba nunca por nada y con nadie, y tampoco adoptaba un aire superior de te-perdono-porque-no-sabes-lo-que-dices. Pero yo sentía, cuando le lanzaba estas provocaciones, que le dolían como si hubiera hablado mal de Don Salomón Zuratas. Lo
120 disimulaba[17] perfectamente, eso sí. Había conseguido ya, quizás, el ideal machiguenga de no

---

10. **precisar** definir, determinar
11. **emboscada** *ambush; trap*

12. **hospedaban** ofrecían o proveían un hogar
13. **se abstuviera** se privara; no gozara del privilegio
14. **flechándose** matándose con flechas (*arrows*)
15. **se deleitaran** se encantaran; gozaran
16. **calatos** desnudos (referencia a los machiguengas)
17. **disimulaba** ocultaba, escondía

sentir jamás rabia para que las líneas paralelas que sostienen el mundo no cedan[18].

\* \* \*

Pero era evidente que a Mascarita . . . la
125 destrucción de los animales y de la selva amazónica . . . le apenaban ni más ni menos que si la víctima hubiera sido su lorito hablador. . . . *Mascarita también hablaba con gran emoción . . . del exterminio de animales, la codicia*
130 frenética de cueros[19] que, por ejemplo, había hecho de jaguares, lagartos, pumas, serpientes y decenas de animales, rarezas biológicas en vías de extinción. Fue un largo discurso, que recuerdo muy bien por algo que surgió ya al final de la
135 conversación, cuando habíamos despachado varias botellas de cerveza y unos panes con chicharrón[20] (que a él le encantaban). De los árboles y los peces volvía siempre en su perorata[21] al motivo central de sus alarmas: las
140 tribus. También ellas, a este paso, se extinguirían.

—¿En serio te parece que la poligamia, el animismo[22], la reducción de cabezas y la hechicería[23] con cocimientos de tabaco representan una forma superior de cultura,
145 Mascarita?

—Superior, no. Nunca lo he dicho ni creído, hermanito. —Se había puesto muy serio—. Inferior, tal vez, si eso se mide en términos de mortalidad infantil, de situación de la mujer, de
150 monogamia o poligamia, de artesanía e industria. No creas que los idealizo. Para nada.

*Aquí Saúl discute varias costumbres de las tribus que nos chocan, que son difíciles de aceptar, como el tratamiento de la mujer, y la*
155 *costumbre de dejar . . .* morir a los viejos al primer síntoma de debilidad. . . . Que a los niños que nacían con defectos físicos, cojos, mancos[24],

ciegos, con más o menos dedos de los debidos o el labio leporino, los mataran las mismas madres
160 echándolos al río o enterrándolos vivos. A quién no le iban a chocar esas costumbres, por supuesto.

Me escrutó[25] un buen rato, en silencio, pensativo, como si estuviera buscando las palabras justas de lo que quería decirme. De pronto, se tocó
165 el inmenso lunar.

—Yo no hubiera pasado el examen, compadre. A mí me hubieran liquidado[26] —susurró—. Dicen que los espartanos hacían lo mismo, ¿no? Que a los monstruitos, a los gregorios samsas, los
170 despeñaban[27] desde el monte Taigeto, ¿no?

Pero eso es lo que son y debemos respetarlos. Ser así los ha ayudado a vivir cientos de años, en armonía con sus bosques. Aunque no entendamos sus creencias y algunas de sus costumbres nos
175 duelan, no tenemos derecho a acabar con ellos.

Creo que aquella mañana, en el Bar Palermo, fue la única vez que aludió[28], no en broma sino en serio, . . . a eso que, . . . tenía que ser una tragedia en su vida, la excrecencia[29] que hacía de él un
180 motivo ambulante de burla y de asco, y que debía afectar todas sus relaciones, especialmente con las mujeres. (Era con ellas de una gran timidez; yo había advertido, en la Universidad, que las evitaba y que sólo trababa conversación con alguna de
185 nuestras compañeras cuando ella le dirigía la palabra.) Retiró por fin la mano de su cara, con un gesto de fastidio, como arrepentido de haberse tocado el lunar, y se lanzó en un nuevo sermón:

—¿Nos dan derecho nuestros autos, cañones,
190 aviones y Coca-Colas a liquidarlos porque ellos no tienen nada de eso?

\* \* \*

Durante mucho rato me explicó el otro lado de aquellas crueldades ("que son, decía, el precio que

---

18. **cedan** se rompan

19. **cueros** pellejos (pieles) de los animales

20. **chicharrón** carne frita

21. **perorata** razonamiento; pensamiento; discurso *(harangue, angry speech)*

22. **animismo** creencia religiosa que atribuye un alma a todos los seres, incluso a los inorgánicos

23. **hechicería** práctica de la magia por medio de ritos supersticiosos

24. **mancos** personas a quienes les falta un brazo o una mano o los dos, o los tiene inutilizados

25. **escrutó** miró una cosa con mucha atención para descubrir algo en ella *(scrutinized)*

26. **liquidado** matado

27. **despeñaban** hacían caer de una roca alta; tiraban desde lo alto

28. **aludió** mencionó

29. **excrecencia** aquí se refiere al lunar moreno, la deformidad de la cara de Saúl.

pagan por la supervivencia"), lo que le parecía
195 admirable en esas culturas. Era algo que, por más
diferencias que hubiera entre ellas, tenían todas
en común: la buena inteligencia con el mundo en
el que vivían inmersas, esa sabiduría, nacida de
una práctica antiquísima, que les había
200 permitido, a través de un elaborado sistema de
ritos, prohibiciones, temores, rutinas, repetidos y
transmitidos de padres a hijos, preservar aquella
Naturaleza aparentemente tan exuberante, y, en
realidad, tan frágil y perecedera, de la que
205 dependían para subsistir. Habían sobrevivido
porque sus usos y costumbres se habían
plegado[30] dócilmente a los ritmos y exigencias
del mundo natural, sin violentarlo ni trastocarlo[31]
profundamente. . . . Todo lo contrario de lo que
210 estábamos haciendo los civilizados, que
malgastábamos esos elementos, sin los cuales
terminaríamos marchitándonos como las flores
privadas de agua.

* * *

*Los fragmentos que siguen vienen del Capítulo*
215 *III de **El hablador**. Aquí oímos la voz de otro*
*narrador, Saúl Zuratas, que ha llegado a ser*
*hablador o historiador oral de la tribu*
*machiguenga.*

Después, los hombres de la tierra echaron a
220 andar, derecho hacia el sol que caía. Antes,
permanecían quietos ellos también. El sol, su ojo
del cielo, estaba fijo. Desvelado, siempre abierto,
mirándonos, entibiaba[32] el mundo. Su luz,
aunque fuertísima, Tasurinchi la podía resistir.
225 No había daño, no había viento, no había lluvia.
Las mujeres parían niños puros. . . . Nunca
faltaba qué comer. No había guerra. Los ríos

desbordaban de peces y los bosques de animales
. . . . Los hombres de la tierra eran fuertes, sabios,
230 serenos y unidos. Estaban quietos y sin rabia. . . .
Los que se iban, volvían, metiéndose en el
espíritu de los mejores. Así nadie solía morir. . . .
Los hombres de la tierra vivían juntos. Quietos. La
muerte no era la muerte. Era irse y regresar. En
235 lugar de debilitarlos, los robustecía, sumando a los
que se quedaban la sabiduría y la fuerza de los
idos. "Somos y seremos, decía Tasurinchi. Parece
que no vamos a morir. Los que se van, han vuelto.
Están aquí. Son nosotros".
240 ¿Por qué, pues, si eran tan puros, echaron a
andar los hombres de la tierra? Porque, un día, el
sol empezó a caerse. Para que no se cayera más,
para ayudarlo a levantarse. Es lo que dice
Tasurinchi.
245 Es, al menos, lo que yo he sabido.
¿Ya había tenido el sol su guerra con Kashiri, la
luna? Tal vez. Se puso a parpadear, a moverse, su
luz se apagó y apenas se lo veía. La gente empezó
a frotarse[33] el cuerpo, temblando. Eso era el frío
250 . . . . La lluvia caía con estrépito[34], provocando
inundaciones. Los ríos cambiaban de curso. . . .
Las almas perdieron la serenidad. Eso ya no era
irse. Era morir. Hay que hacer algo, decían. Y,
mirando a derecha y a izquierda, ¿qué cosa? ¿qué
255 haremos?, decían. "Echarse a andar", ordenó
Tasurinchi. . . .
Así empezó. El movimiento, la marcha. . . .
El sol no se ha caído, no se termina de caer. Se
va y vuelve, como las almas con suerte. Calienta el
260 mundo. La gente de la tierra no se ha caído,
tampoco. Aquí estamos. Yo en el medio, ustedes
rodeándome. Yo hablando, ustedes escuchando.
Vivimos, andamos. Eso es la felicidad, parece.

---

30. **se habían plegado** se habían sometido, cedido
    *(had submitted to, given in to)*
31. **trastocarlo** desordenarlo
32. **entibiaba** hacía tibio, algo caliente

33. **frotarse** *to rub*
34. **estrépito** ruido

## PREGUNTAS DE COMPRENSIÓN

1. ¿Qué característica de Saúl Zuratas le hace diferente de los otros alumnos?

2. ¿De qué manera no cumple Saúl con las esperanzas de su padre?

3. Según la filosofía de los machiguengas, ¿cuál es la causa de los desastres naturales? ¿Qué hizo el narrador que pudiera haber alborotado la tranquilidad del universo?

4. ¿Cuál es el asunto que le obsesiona a Saúl? ¿Cuál es la única obra literaria que todavía le interesa?

5. ¿Cuáles son las preocupaciones de Saúl con respecto a la selva amazónica?

6. ¿Qué aspectos de la cultura machiguenga le apenan o le chocan a Saúl?

7. ¿Puedes percibir en qué época pueden haber ocurrido los sucesos descritos en el Capítulo III, cuando los hombres "echaron a andar"? ¿Por qué tienen que andar? ¿Qué miedo les motiva?

8. ¿Cuál es el trabajo del narrador en el Capítulo III?

## PREGUNTAS DE DISCUSIÓN

1. ¿Cómo se caracteriza la amistad entre el primer narrador y Saúl?

2. Aunque Saúl es el centro del fragmento, ¿qué revela de sí mismo el narrador? ¿Qué aprendemos de su personalidad, sus pasiones?

3. Discute la conversión de Saúl. En "El guerrero y la cautiva", de Jorge Luis Borges, un hombre de una cultura bárbara, miembro de un ejército que ataca a Ravena, abandona su propia patria a causa de la admiración que tiene por la civilización romana. Borges compara a ese bárbaro con una inglesa capturada en un ataque de indios, que llega a abrazar la cultura de los indios. En *Don Quijote*, Alonso Quijano es un viejo que se reinventa a sí mismo, al convertirse en el caballero andante don Quijote de la Mancha. ¿Puedes pensar en otras conversiones dramáticas en la literatura, el cine o la vida real, en las que una persona o un personaje logra definirse a sí mismo o inventar su propia identidad?

4. ¿Cómo se puede interpretar las varias referencias a "La metamorfosis" de Kafka y su protagonista Gregorio Samsa? ¿Cuál es la raíz de la atracción de Saúl por este personaje? Hay varias posibilidades.

5. Discute la actitud de Saúl con respecto a las costumbres de la tribu que le chocan o le parecen bárbaras. Según Saúl, ¿por qué no tenemos el derecho de tratar de cambiar o "mejorar" culturas que nos parecen primitivas? ¿Cuál es tu opinión?

6. El narrador considera la posibilidad de que Saúl se identifique con la tribu amazónica a causa de su lunar. Para los ojos de la sociedad peruana, Saúl es, como la gente de la selva, "un horror pintoresco, una excepcionalidad" que no merece el mismo respeto que "quienes se ajustaban en su físico, costumbres y creencia a la 'normalidad' ". Otra posibilidad, presentada por el padre de Saúl, es que Saúl, por ser judío, se identifica con los indios de la Amazonía porque los judíos, como los indios, han sufrido discriminación por ser diferentes en su religión y sus costumbres. ¿Qué piensas? ¿Estás de acuerdo con el narrador? ¿El padre de Saúl? ¿Los dos? ¿Puedes pensar en otra posibilidad?

7. Discute la filosofía machiguenga sobre la relación entre el ser humano y la Naturaleza. Investiga la filosofía de los indígenas norteamericanos con respecto a este tema. Compara las dos filosofías. ¿Estás de acuerdo con Saúl cuando dice que al no respetar la tierra y la Naturaleza estamos "malgastando estos elementos sin los cuales terminaríamos marchitándonos como las flores privadas de agua"? ¿Qué evidencia vemos en las noticias hoy en día para apoyar esta idea?

8. La obsesión de Saúl por la tribu amazónica transforma su vida. ¿Has descubierto tu pasión espiritual o intelectual? ¿Cuál es? Si todavía no la conoces, ¿puedes imaginar algunas posibilidades?

9. El fragmento del Capítulo III describe un mito de los machiguengas. ¿Cuál es el tono en que se escribe? ¿Cuál es el propósito de este mito? ¿Qué fenómenos o sucesos se explican en él? ¿A qué parte de la Biblia se puede comparar? Explica. ¿Qué personaje bíblico pudiera corresponder a Tasurinchi? ¿Qué elementos tiene en común con otros mitos que conoces? En tu opinión, ¿cuál es la diferencia entre un mito y una creencia religiosa? ¿Por qué crees que hay tantas semejanzas entre las creencias o los mitos de culturas muy diversas?

## COMPOSICIÓN DIRIGIDA

1. Escribe un cuento original en el que un personaje experimenta una conversión esencial que le cambia la identidad o la vida.

2. Escribe tu propio mito sobre la creación.

3. Relata el mito o relato sobre la creación de la cultura que mejor conoces. Investiga para enterarte de un mito sobre la creación de una cultura muy lejana a la tuya, en el tiempo o por la distancia. En un ensayo bien organizado, compara las dos historias. ¿Qué tienen en común? ¿En qué aspectos son diferentes? Compáralos con el mito de los machiguengas.

## EXPRESÁNDONOS

1. Con unos compañeros de clase organiza un debate sobre los argumentos que siguen. Un grupo debe defender el argumento A, y el otro el B.

   a. Hay una cultura indígena en la que se practican ritos que nos parecen bárbaros, como matar a recién nacidos con defectos, o a bebés hembras si se desean varones. Es la responsabilidad de las culturas más avanzadas o civilizadas educarla, proveerle de recursos modernos, tecnología médica, etc. Es necesario impedir la práctica de ciertos ritos primitivos.

   b. Los pueblos primitivos tienen el derecho de mantener sus propias culturas; de vivir en armonía con el mundo natural, según sus propios ritos y leyes, transmitidos de generación en generación. No tenemos el derecho de juzgar ni de imponer nuestros valores.

2. Toda la clase debe ver la película *Nell* de Jodie Foster. En clase, discutan el tema de la película. ¿Con qué lado del debate está de acuerdo el escritor de *Nell*?

# GRAMÁTICA

## Las preposiciones que se emplean con ciertos verbos

### La preposición *a*

#### Ejemplos

a. Saúl <u>se negó a</u> aceptar las ambiciones de su padre.

b. Don Salomón quería <u>obligarlo a</u> hacerse abogado.

c. Saúl <u>empezó a</u> estudiar para abogado.

d. Aunque venía de una cultura muy diferente, Saúl <u>se atrevió a</u> vivir entre una tribu de la selva.

e. En la selva conoció a un viejo que le <u>enseñó a</u> vivir en armonía con la Naturaleza.

f. Por fin <u>llegó a</u> ser hablador.

g. Me gustó tanto esta novela que <u>volví a</u> leerla tres veces.

#### Formación

**Verbos comunes que con frecuencia siguen la estructura verbo + *a* + infinitivo**

| | | | |
|---|---|---|---|
| **acostumbrarse a** | **aprender a** | **atreverse a** | **comenzar a** |
| **empezar a** | **enseñar a** | **llegar a** | **negarse a** |
| **obligar a** | **ponerse a** | **volver a** | |

### La preposición *de*

#### Ejemplos

a. El narrador <u>acababa de</u> entrar en la Universidad cuando conoció a Saúl.

b. Me <u>acordé de</u> haber leído un mito azteca similar al mito de los machiguengas.

c. <u>Se alegró de</u> encontrarse en medio de la cultura que le fascinaba tanto.

d. Saúl sólo leía libros de antropología; <u>dejó de</u> leer literatura.

e. <u>Trató de</u> acostumbrarse a la cultura machiguenga.

f. Por fin <u>se olvidó de</u> vivir como un hombre moderno y se integró por completo en su nueva cultura.

#### Formación

**Verbos comunes que con frecuencia siguen la estructura verbo + *de* + infinitivo**

| | | |
|---|---|---|
| **acabar de** | **acordarse de** | **alegrarse de** |
| **dejar de** | **olvidarse de** | **tratar de** |

> **Observa:** También es posible emplear la estructura verbo + *de* + sustantivo.
>
> Vargas Llosa siempre **se acuerda de** su primer amor.
>
> No **se olvida de** ella.
>
> **Se enamoró de** Julia cuando era muy joven.
>
> El joven **se había enterado del** divorcio de la tía Julia, que de veras no era su tía sino una pariente política (por matrimonio).

## La preposición *con*

### Ejemplos

a. El profesor descubrió a Juanito leyendo *Elogio de la madrastra* en clase, y le <u>amenazó con</u> contárselo a su mamá.

b. Mario Vargas Llosa <u>contaba con</u> recibir el apoyo de sus amigos y parientes en las elecciones presidenciales.

c. El joven narrador de *La tía Julia y el escribidor* <u>soñó con</u> ganar el amor de una mujer mayor.

### Formación

**Verbos comunes que con frecuencia siguen la estructura verbo + *con* + infinitivo**

**amenazar con       contar con       soñar con**

> **Observa:** También es posible emplear la estructura verbo + *con* + sustantivo.
>
> Mis padres me **amenazaron con** un castigo fuerte.
>
> Puedes **contar conmigo.**
>
> El perro **sueña con** un montón de huesos.
>
> Buscando un documento perdido, **di con** un libro que había perdido hace tiempo.
>
> Jorge Luis Borges **se casó con** una mujer mucho menor que él.

## La preposición *en*

### Ejemplos

a. Por fin Julia <u>consintió en</u> salir con el joven.

b. Su plan <u>consistió en</u> perseguir a Julia hasta que ella se enamorara de él.

c. El joven <u>insistió en</u> quedarse cerca de Julia aunque su padre <u>insistió en</u> que volviera a casa.

d. <u>Tardó en</u> contárselo a su padre porque sabía que se enojaría.

### Formación

**Verbos comunes que con frecuencia siguen la estructura verbo + *en* + infinitivo**

consentir en       consistir en       insistir en       tardar en

## Ejercicio

### La tía Julia

Completa la frase con la forma correcta del presente, presente perfecto, o el infinitivo del verbo y la preposición apropiada. (Es posible que sea necesario combinar: *a + el = al,* o *de + el = del.*) En las frases 1, 3, 4, 5, 7, 11, 12 y 13 también coloca los pronombres reflexivos en las posiciones apropiadas.

1. Mario, el joven protagonista de *La tía Julia y el escribidor,*

   _____ (haber / enamorarse) Julia, una mujer mayor que él.

2. Julia _____ (acabar) divorciarse y no tiene ganas de

   _____ (volver) casarse.

3. Aunque es menor que ella, Mario no _____ (tardar)

   _____ (acercarse) ella y aun _____

   (atreverse) hablarle de su amor.

4. Al principio ella _____ (negarse) _____

   (pensar) una relación con un joven, pero por fin _____

   (consentir) ir al cine con él.

5. Mario _____ (alegrarse) encontrarse por fin a solas con Julia.

6. Lo que le molesta a Mario es que Julia _____ (insistir)

   llamarlo "Marito", nombre que tenía de niño. Ella no _____

   (dejar) recordarle la diferencia de edades.

7. Mario le habla de la filosofía del amor libre entre los jóvenes de hoy, y Julia

   _____ (acordarse) su juventud cuando los muchachos

   "mandaban flores a las chicas, necesitaban semanas para

   _____ (atreverse) darles un beso".

8. Los padres de Mario _____ (insistir) que él estudie para ser

   abogado, pero él quiere _____ (llegar) ser escritor. Mario

   _____ (soñar) escribir novelas.

9. Mientras estudia en la Universidad, Mario también trabaja para la Radio

   Panamericana. Su trabajo _____ (consistir) escribir las

   noticias que se leen en los boletines.

10. En su trabajo _____ (dar) un hombre que se llama Pedro

    Camacho, un tipo muy raro que escribe radionovelas. Las radionovelas, como las

    telenovelas de hoy, _____ (consistir) cuentos melodramáticos

    de amor y de tragedia, que se presentan día tras día.

11. Ahora el amor entre Mario y Julia _____ (llegar) parecerse a

    una de las radionovelas de Pedro Camacho. Por fin Julia

    _____ (haber / consentir) casarse con Mario. Al

    _____ (enterarse) el matrimonio, los padres de Mario le

    _____ (amenazar) no enviarle más dinero. Ellos

    _____ (tratar) _____ (obligar / lo) salir

    del país. Mario ya no _____ (contar) la ayuda de su familia.

12. Mario _____ (negarse) obedecer a su familia.

_____ (Acostumbrarse) vivir sin su apoyo.

13. Tú _____ (acabar) leer sólo unos detalles de la novela *La tía Julia y el escribidor.* Si quieres _____ (enterarse) lo que pasa, te encontrarás _____ (obligar, *participio pasado)* leer toda la novela.

# Los pronombres que se usan después de una preposición

## Ejemplos

a. Mario conoció a Pedro Camacho cuando éste empezó a trabajar en la Radio Panamericana. Al principio, Mario no tuvo buena impresión de <u>él</u>.

b. Pedro escribe radionovelas tan escandalosas que todo el mundo habla de <u>ellas</u>.

c. Pedro es muy arrogante; entra en la oficina de Mario y al salir lleva una máquina de escribir <u>consigo</u>.

d. Pedro es muy egotista. Después de escribir una historia, se queda muy satisfecho de <u>sí mismo</u>.

e. Las tramas (historias) de las telenovelas se incluyen en *La tía Julia y el escribidor* y, para <u>mí</u>, son una parte graciosa de la novela.

f. Es posible que pienses que las radionovelas o telenovelas son demasiado tontas para <u>ti</u>.

g. Es difícil identificarnos con los personajes de las telenovelas porque no se parecen a <u>nosotros</u>.

h. Pero la verdad es que son divertidas. Debes mirarlas <u>conmigo</u>.

## Función

Estos pronombres se usan después de preposiciones y sirven de objetos de las preposiciones.

## Formación

| | |
|---|---|
| **mí** | **nosotros, nosotras** |
| **ti** | **vosotros, vosotras** |
| **él** | **ellos** |
| **ella** | **ellas** |
| **usted** | **ustedes** |
| **sí** | **sí** |
| **sí mismo** | **sí mismos** |
| **sí misma** | **sí mismas** |

> **Observa:** Todos menos *mí, ti* y *sí* son iguales a los pronombres de sujeto. Cuando siguen a la preposición *con, mí* y *ti* se combinan para formar *conmigo* (Ejemplo h) y *contigo*. *Sí* es una forma reflexiva de la tercera persona. Con frecuencia se usa con *mismo* para dar énfasis (Ejemplo d). *Consigo* (Ejemplo c) es la forma reflexiva de la tercera persona que se usa después de la preposición *con*.

## Ejercicios

### A. Completa la frase

Traduce las palabras inglesas al español para determinar el pronombre apropiado.

1. En una historia de Pedro Camacho, un joven se vuelve loco durante la boda de su hermana porque él está enamorado de _____ *(her)*.

2. En otra historia, unos policías encuentran a un salvaje de la selva en medio de la ciudad y no saben qué hacer con _____ *(him)*.

3. Muchos personajes de Pedro sienten mucha compasión por _____ *(themselves)*.

4. Pedro escribe varias radionovelas a la vez y cada una de _____ *(them)* tiene sus propios personajes.

5. Pero por fin Pedro se confunde y un personaje de una radionovela desaparece de _____ *(it)* y aparece en otra.

6. Pedro Camacho también se confunde con respecto a sus tramas. No está seguro de la diferencia entre _____ *(them)* y la realidad.

7. Para _____ *(me)*, esta mezcla de realidad y ficción es encantadora. Pero mis padres no están de acuerdo. A _____ *(them)* les parece tonta.

8. Pedro Camacho es un genio de tramas complejas, y las radionovelas escritas por _____ *(him)* son muy populares.

9. Cada noche Pedro lleva su trabajo _____ (with him) a casa y

parece vivir sólo para _____ (it).

10. A veces Pedro no quiere cenar con _____ (us) porque tiene

tanto trabajo.

11. Cuando Mario vuelve a Lima con su esposa después de una ausencia de muchos

años, Pedro no parece acordarse de _____ (him) ni de

_____ (her).

12. La novela me impresionó mucho. No me olvidaré de _____ (it).

## B. Expresión personal

Contesta con frases completas. Emplea el pronombre en vez del sustantivo subrayado.
Por ejemplo:

—¿Piensas mucho en tus problemas?

—*Sí, pienso mucho en **ellos.***

1. ¿Te acuerdas de tu juguete favorito? ¿Cuál era?

_____

2. ¿Hablas mucho de tus miedos?

_____

3. ¿Qué encontró Pandora dentro de la caja?

_____

4. ¿Tienes mucho respeto por tus profesores?

_____

5. ¿Tienes gran confianza en los autos norteamericanos?

_____

6. ¿Te has olvidado de tu primer(a) novio(a)?

_____

7. ¿Sientes compasión a veces por ti mismo(a)? ¿Cuándo?

_____

# El uso del subjuntivo después de expresiones indefinidas

## Ejemplos

a. En las telenovelas, adondequiera que <u>vaya</u> un personaje, encuentra a sus ex amantes.

b. Al aparecer un nuevo personaje, quienquiera que <u>sea</u>, es cierto que se enamorará pronto.

c. Comoquiera que <u>te vistas</u>, luces bien.

d. Cualquier decisión que <u>tome</u> la heroína, entrará en apuros.

e. Cuandoquiera que <u>llegues</u>, serás bienvenido.

## Función

Estas expresiones, por ser indefinidas, necesitan el uso del subjuntivo. Por ejemplo, en la frase *Adondequiera que vaya,* no sabemos *adónde,* ni aun *si* la persona se va.

---

**Observa:**  Muchas veces otras expresiones se usan en vez de *cuandoquiera.* El Ejemplo e se puede expresar simplemente: *Cuando llegues, serás bienvenido.*

---

## Ejercicios

### A. Completa la frase

Emplea la forma correcta del verbo.

1. Cuandoquiera que tú _____ (ver) una telenovela, te

   maravillarás de los presagios que indican lo que va a pasar.

2. Quienquiera que _____ (llegar) al pueblo será importante en

   la trama.

3. Dondequiera que se _____ (encontrar) ciertos personajes,

   habrá apuros.

4. Cualquier hombre que _____ (casarse) con ciertas mujeres,

   acabará mal.

5. Comoquiera que _____ (esforzarse) ciertos desgraciados,

   no tendrán éxito.

## B. Expresión personal

Completa la frase.

1. Siempre habrá problemas cuandoquiera que _____

2. Espero que mis amigos encuentren _____

   adondequiera que _____

3. Me alegraré de ver a _____

   cuandoquiera que _____

4. Estoy de mal genio. Si alguien me visita, quienquiera que

   _____ yo _____

5. Cuando uno no tiene confianza en sí mismo, cualquier cosa que

   _____ resultará mal.

# Repaso

## A. *La Odisea*

Completa la frase con la forma correcta del verbo según el sentido de la frase. Selecciona entre el presente, el pretérito, el imperfecto, los tiempos perfectos, los tiempos progresivos, el futuro, el condicional, el presente del subjuntivo, el presente perfecto del subjuntivo, el imperfecto del subjuntivo, el pluscuamperfecto del subjuntivo, el gerundio y el infinitivo.

1. El "hablador" de la selva amazónica tiene algo en común con el poeta griego

   Homero. Los dos _____ (formar) parte de la tradición de la

   historia oral.

2. Un hablador _____ (ser) una combinación de historiador y

   poeta ambulante que anda _____ (contar) sus relatos de

   pueblo en pueblo.

3. Saúl, que _____ (haber / llegar) a ser hablador machiguenga,

   _____ (estar / repetir) la historia de la tribu, mientras

   Homero, hace siglos, _____ (repetir) una mezcla de relatos

   religiosos, históricos y folklóricos.

4. Dondequiera que se _____ (encontrar) un hablador, la gente

   _____ (reunirse) para escucharlo, hoy como antes.

5. No hay epopeya (poema épico) que _____ (ser) más famosa

   que *La Odisea* de Homero, en la que se _____ (relatar) lo que

   _____ (haber / pasar) en la Guerra de Troya.

6. Odiseo (Ulises), el protagonista, vivía tranquilamente en Itaca con su mujer

   Penélope y su hijo Telémaco cuando _____ (oír) de la guerra

   en Troya. Odiseo le _____ (decir) adiós a su familia y

   _____ (irse).

7. Odiseo cumplió con su deber, y después de _____ (luchar)

   con valentía, el héroe _____ (empezar) su regreso a Itaca.

8. Su barco tuvo que _____ (pasar) entre dos monstruos: Escila,

   que _____ (tener) la costumbre desafortunada de

   _____ (comer) a los marineros, y Caribdis, que siempre

   _____ (destruir) los barcos.

9. Otro peligro eran las sirenas, mujeres bellas que _____

   (encantar) a los marineros con sus cantos. Según la leyenda, no había hombre que

   _____ (oír) el canto de las sirenas sin

   _____ (morirse).

10. Odiseo temía que las sirenas lo _____ (cautivar) también, y

por eso insistió en que los marineros lo _____ (atar) con

sogas para que no _____ (llegar) a ser otra víctima.

11. Después, el barco de Odiseo _____ (pararse) en la isla de

Circe. Según el mito, Circe _____ (ser) una hechicera que

podía _____ (cambiar) a los hombres en cerdos. Ella

_____ (convertir) a seis de los marineros, pero

_____ (elegir) a Odiseo para ser su amante.

12. Por fin Odiseo _____ (llegar) a la isla de Calipso, una ninfa

muy bella que también _____ (querer) a Odiseo con gran

pasión.

13. El pobre Odiseo _____ (pasar) siete años como prisionero

sexual de Calipso. Por mucho que _____ (esforzarse), no

podía escaparse. (Siempre me ha parecido dudoso que un hombre tan fuerte y

listo, capaz de escaparse de tantos monstruos, no _____

(poder) escaparse de una ninfa pequeña.)

14. Mientras tanto, en Itaca, Penélope, la mujer fiel, _____ (estar

/ esperar) a su esposo. Cuidaba a su hijo Telémaco, y _____

(mantener) bien la casa porque quería que todo _____ (estar)

en orden cuando _____ (volver) Odiseo.

15. Durante la ausencia de Odiseo, la casa se _____ (haber / llenar) de pretendientes, hombres que querían _____ (casarse) con Penélope. Por mucho que ella les _____ (decir) que sólo quería a Odiseo, ellos no _____ (desanimarse).

16. Los pretendientes insistían en que Penélope _____ (dar) por muerto a Odiseo, y que _____ (casarse) con uno de ellos.

17. Por fin, para _____ (tranquilizar) a los pretendientes, ella les prometió que _____ (casarse) con uno de ellos tan pronto como _____ (terminar) una mortaja (sábana que se usa para cubrir a un muerto) para el padre de Odiseo.

18. Penélope _____ (tejer) todo el día y cada noche _____ (destejer) lo que _____ (haber / hacer) de día para no _____ (terminar) nunca.

19. Eso es lo que _____ (hacer) la esposa fiel mientras _____ (esperar) a su hombre. Odiseo, que _____ (haber / lograr) triunfar sobre el Cíclope y sobre Escila y Caribdis, _____ (luchar) por siete años para _____ (librarse) de los brazos amorosos de Calipso.

20. Si tú _____ (ser) Penélope, ¿lo _____ (creer)?

## B. *Por* y *para*

Completa la frase con *por* o *para*.

1. Odiseo tuvo que despedirse de su familia _____ patriotismo.

2. Odiseo luchó _____ su patria contra los troyanos.

3. Calipso quería a Odiseo _____ su cuerpo atractivo.

4. Odiseo se quedó con ella _____ siete años.

5. _____ un hombre fuerte y listo, Odiseo parecía muy

   indefenso contra Calipso.

## C. La voz pasiva con *se*

Traduce la frase al español empleando la voz pasiva con *se*.

1. Folklore and reality are mixed in the stories.

   _____

2. The stories are repeated and are developed in generation after generation.

   _____

3. Details are added or changed.

   _____

4. The stories are told among groups of people, today as in the time of Homer.

   _____

5. Not much is known about Homer's life.

   _____

6. The great epic of Spain is called *El poema de mío Cid*.

   _____

7. It was written many centuries ago.

   _____

8. It is not known who the author was.

   _____

# Capítulo 11

## *Los estereotipos y las expectativas sociales*

| | |
|---|---|
| **Lectura** | "Carta a un desterrado", Claribel Alegría |
| | "Día de las madres", Daisy Zamora |
| | "Soy un ser peligroso", Antonio Curis |
| **Gramática** | Los adjetivos y pronombres posesivos; los comparativos y superlativos |

## Vocabulario

**ansiar (í)** desear algo mucho. Las familias de los soldados <u>ansían</u> el fin de la guerra y el regreso de sus seres queridos.

**apagar** extinguir el fuego o la luz. Cuando era joven mis padres insistían en que <u>apagara</u> la luz de mi dormitorio y que me durmiera a cierta hora. ¡Ni me permitían leer!

**cautivar** hacer cautiva, prisionera a una persona; seducir, atraer, fascinar. Cuando relataba historias, Eva Luna <u>cautivaba</u> a todos los que la oían.

**dar por** considerar; juzgar; creer. El sol brillaba la mañana de la boda, y la novia lo <u>dio por</u> buen agüero (presagio).

**elegir (i)** escoger, seleccionar; votar, nombrar. A veces <u>elegimos</u> al candidato más atractivo en vez del de más capacidad para gobernar.

**el forastero, la forastera** extranjero, persona que viene de otro lugar. En los pueblos pequeños de Iowa, todo el mundo se conoce y es raro ver a un <u>forastero</u>.

**hábil** que tiene gran aptitud o capacidad para hacer algo bien. García Márquez es un escritor muy <u>hábil</u>; ha cautivado a todo el mundo con sus novelas y cuentos.

**el maquillaje** cosmético; pintura que se pone en la cara. Normalmente Lola usa tanto <u>maquillaje</u> que cuando la vi sin él, no la reconocí.

**el peligro** posibilidad de que ocurra una desgracia; cosa que produce la posibilidad de daño. Las sirenas y los monstruos eran sólo dos de los <u>peligros</u> del viaje de Odiseo.
   **peligroso, -a** adjetivo que se aplica a una cosa o a una persona que puede hacerle daño a otra. En Chile, bajo la dictadura, era <u>peligroso</u> hablar contra el gobierno.

**pesar** tener peso. Un camión <u>pesa</u> más que un auto. Causar disgusto o tristeza. A Mario le <u>pesa</u> que la tía Julia le llame Marito, como si fuera un niño. **pesado, -a** desagradable, aburrido. Es <u>pesado</u> estar con una persona que sólo habla de sí misma.

**suplicar** pedir con humildad o insistencia. "Te <u>suplico</u> que me dejes casarme con Pedro", le dijo Tita a su mamá.

**suspirar** respirar profundamente de una manera que indica pena, anhelo, tristeza, o, a veces, satisfacción. Al pensar en su novio tan lejano, Blanca <u>suspiró</u> por él.

**tejer** combinar hilos para formar telas (material textil). Penélope destejía de noche lo que había <u>tejido</u> de día porque no quería terminar. Mi madre está <u>tejiéndome</u> un suéter.

**la tela** material tejido, hecho con fibras textiles; lo que se usa para fabricar ropas, sábanas, etc. Las minifaldas que llevan las jóvenes no necesitan mucha <u>tela</u>.

**la tempestad** fuerte perturbación de la atmósfera, con lluvia, nieve, truenos, relámpagos, etc. Es peligroso estar bajo un árbol durante una <u>tempestad</u> cuando hay relámpagos.

**tenaz,** *pl.* **tenaces** persistente; se aplica a la persona que no abandona fácilmente lo que quiere hacer, por difícil que sea. Los pretendientes eran muy <u>tenaces</u> en su determinación de casarse con Penélope; la persiguieron por muchos años.

**volar (ue)** moverse por el aire; ser transportado por el aire. Rita y su esposo son excitables y de carácter muy fuerte. Cuando se pelean, los platos y vasos <u>vuelan</u> por el aire.

## Ejercicios de vocabulario

### A. Completa la frase

Usa la palabra apropiada del vocabulario.

1. El Superhombre _____ por el aire sobre la ciudad de Metrópolis.

2. Cuando Lois y Jimmy se encuentran en _____, Superhombre siempre los salva.

3. La mujer llevaba tanto _____ que le era difícil abrir y cerrar los ojos.

4. Sarita, una amiga mía, estaba tan enamorada de Elvis Presley que _____ profundamente cada vez que pensaba en él.

5. Mi amiga era tan _____ en sus esfuerzos

   para conocer a Elvis que por fin logró presentarse a él.

6. El Hombre de Estaño le _____ al Mago

   de Oz que le diera un corazón porque quería sentir amor.

7. El Espantapájaros quería ser un gran intelectual; por eso le

   _____ mucho no tener cerebro.

8. El León Cobarde le pidió valentía al Mago de Oz porque

   _____ ser un héroe.

9. Durante una _____ en la Biblia, llovió durante cuarenta días.

10. Los sastres le dijeron al Emperador que le harían la ropa nueva de una

    _____ mágica, invisible para todos menos los más

    inteligentes.

11. El viaje de Odiseo era tan _____ que muchos hombres

    murieron o sufrieron otras desgracias (muchos se convirtieron en cerdos).

12. Odiseo tardó tanto en volver a casa, que muchos le _____

    muerto.

13. Pero las esperanzas de Penélope, su esposa, no se _____, sino

    que persistieron por muchos años.

14. Los pretendientes eran _____, en otras palabras habían

    venido de muchos países lejanos.

15. Ellos insistían en que Penélope _____ a uno de ellos

    para casarse.

16. Penélope era una mujer muy _____, capaz de hacer muchas

    cosas bien.

17. Ella le _____ una mortaja (tela que se usa para cubrir un

    cadáver) al padre de Odiseo.

18. Penélope había _____ a los pretendientes con su gran belleza.

## B. Expresión personal

1. ¿Suspiras mucho? ¿Qué sucesos o ocasiones te hacen suspirar? ¿Conoces a una persona que suspire mucho?

2. ¿En qué actividad o clase de trabajo eres muy hábil? Si pudieras escoger, ¿en qué serías muy hábil?

3. Si pudieras volar, ¿adónde irías?

4. Si pudieras tejer una tela mágica, ¿qué característica mágica tendría la tela?

5. ¿Qué cosa les has suplicado a tus padres que no te dieron o permitieron?

6. ¿Qué piensas del maquillaje? ¿Es un indicio sexista que las mujeres lo lleven y los hombres no? Explica.

7. ¿Te parecen muy atractivas y emocionantes ciertas actividades peligrosas? ¿Cuáles?

## C. Completa la frase

1. Me pesa cuando una persona _____

2. Al conocer a un(a) forastero(a) siempre quiero saber _____

3. Soy muy tenaz cuando _____

4. Me cautiva una persona que _____

5. Un peligro que quiero evitar sobre todo es _____

6. Una cosa que ansío con toda el alma es _____

# LECTURA

## Estrategia para leer

La poesía es muy variada y se emplea para expresar las emociones más profundas y también para tratar los elementos juguetones de la vida. "Carta a un desterrado" es una carta de un personaje de *La Odisea* a otro. Recuerda lo que ya sabes sobre la trama de *La Odisea* y sobre estos personajes. (Puedes referirte al Repaso del Capítulo 10.) Presta atención al tono en el que está escrita la carta y trata de averiguar el propósito de la poeta al escribirla.

## CLARIBEL ALEGRÍA

Claribel Alegría nació en Nicaragua en 1924, pero de niña fue desterrada con su familia a El Salvador y se considera salvadoreña. El poema que sigue se incluye en la colección *Fugues*, 1993.

### Carta a un desterrado

*Mi querido Odiseo:*

ya no es posible más
esposo mío
que el tiempo pase y vuele
5  y no te cuente yo
de mi vida en Itaca.
Hace ya muchos años
que te fuiste
tu ausencia nos pesó
10  a tu hijo
y a mí.
Empezaron a cercarme[1]
pretendientes[2]
eran tantos
15  tan tenaces sus requiebros[3]
que apiadándose[4] un dios
de mi congoja[5]
me aconsejó tejer
una tela sutil
20  interminable

---

1. **cercarme** andar alrededor de mí
2. **pretendiente** hombre que pide a una mujer en matrimonio
3. **requiebros** piropos, palabras bonitas que le dice el hombre a la mujer
4. **apiadándose** sintiendo compasión por otra persona
5. **congoja** pena; disgusto

que te sirviera a ti
como sudario[6].
Si llegaba a concluirla
tendría yo sin mora[7]
25  que elegir un esposo.
Me cautivó la idea
al levantarse el sol
me ponía a tejer
y destejía por la noche.
30  Así pasé tres años
pero ahora, Odiseo,
mi corazón suspira por un joven
tan bello como tú cuando eras mozo[8]
tan hábil con el arco[9]
35  y con la lanza.
Nuestra casa está en ruinas
y necesito un hombre
que la sepa regir[10].
Preferible, Odiseo,
40  que no vuelvas
de mi amor hacia ti
no queda ni un rescoldo[11]
Telémaco está bien
ni siquiera pregunta por su padre
45  es mejor para ti
que te demos por muerto.
Sé por los forasteros
de Calipso
y de
50  Circe.
Aprovecha, Odiseo,
si eliges a Calipso,
recobrarás la juventud
si es Circe la elegida
55  serás entre sus cerdos
el supremo.
Espero que esta carta
no te ofenda
no invoques a los dioses
60  será en vano
recuerda a Menelao
con Helena
por esa guerra loca

---

6. **sudario** tela que se usa para cubrir a un muerto

7. **mora** retraso; acción de esperar un tiempo

8. **mozo** joven

9. **arco** *bow to shoot arrows*

10. **regir** gobernar

11. **rescoldo** *ember, ash*

han perdido la vida
65 nuestros mejores hombres
y estás tú donde estás.
No vuelvas, Odiseo,
te suplico.
*Tu discreta Penélope*

## PREGUNTAS DE COMPRENSIÓN

1. ¿Quién ha escrito esta carta? ¿A quién se dirige la carta?

2. Según la carta, ¿cómo reaccionaron Penélope y su hijo al principio cuando Odiseo se fue?

3. Había muchos hombres alrededor de Penélope. ¿Con qué propósito?

4. ¿Qué les prometió Penélope a estos pretendientes?

5. ¿Por qué destejía Penélope de noche lo que había tejido de día?

6. Después de cierto tiempo, ¿cómo ha cambiado Penélope con respecto a los pretendientes? ¿A Odiseo?

7. Identifica:
   a. Telémaco
   b. Calipso
   c. Circe

8. ¿Qué emoción se refleja cuando Penélope se refiere a Calipso y a Circe?

9. ¿Qué amenaza se implica al final de la carta?

## PREGUNTAS DE DISCUSIÓN

1. Discute los estados emocionales de Penélope desde la salida de Odiseo hasta el momento de escribir esta carta. ¿Cómo se explican estos cambios? ¿Qué elementos los provocan?

2. ¿Cuál es el tono emocional de las siguientes líneas: "mi corazón suspira por un joven / tan bello como tú cuando eras mozo"? ¿Cuál es el propósito de Penélope al escribirle estas palabras a Odiseo? ¿Qué reacción quiere provocar en él?

3. ¿Qué emoción quiere inspirarle con las siguientes líneas: "Nuestra casa está en ruinas / y necesito un hombre / que la sepa regir"?

4. Al decirle a Odiseo que si elige a Circe él será "entre sus cerdos el supremo", ¿de qué manera se combinan referencias antiguas y modernas?

5. Penélope representaba la mujer ideal de la cultura de Homero. ¿De qué manera choca este ideal con el nuestro? ¿De qué manera se sirve la poeta de este contraste? ¿Qué efecto se produce en el poema?

## Estrategia para leer

El poema que sigue tiene varios elementos en común con "Carta a un desterrado". Mientras lees, busca las semejanzas. (Hay una referencia a *La Odisea*. ¿Puedes encontrarla?) Compara el tono con el de "Carta a un desterrado".

# DAISY ZAMORA

Daisy Zamora nació en Nicaragua en 1950, de una familia acomodada (rica). Se graduó de la Universidad Centroamericana con una Licenciatura en Psicología y otra en Psicopedagogía. Aunque de clase alta, su ansia por la justicia social le motivó a aliarse con el lado sandinista durante la revolución contra el dictador Somoza. Militante sandinista, Zamora luchó en la insurrección de septiembre de 1978, y después fue desterrada y vivió en Honduras, Panamá y Costa Rica. Desde su exilio, fue jefa de programación de Radio Sandino, estación clandestina, antisomozista. El poema que sigue se incluye en la colección *Clean Slate*, 1993.

## Día de las madres

*—A mis hijos*

No dudo que les hubiera gustado tener
una linda mamá de anuncio comercial:
   con marido adorable y niños felices.
5  Siempre aparece risueña[12]—y si algún día llora—
lo hace una vez apagados reflectores y cámaras
y con el rostro limpio de maquillaje.

Pero ya que nacieron de mí, debo decirles:
Desde que era pequeña como ustedes
10  ansiaba ser yo misma—y para una mujer eso es difícil—
(Hasta mi Ángel Guardián renunció a[13] cuidarme
cuando lo supo).

No puedo asegurarles[14] que conozco bien el rumbo.
Muchas veces me equivoco,
15  y mi vida más bien ha sido como una dolorosa[15] travesía[16]
vadeando[17] escollos[18], sorteando[19] tempestades,

---

12. **risueña** alegre, festiva
13. **renunció a** rehusó; dejó de; se negó a
14. **asegurarles** prometerles; garantizarles
15. **dolorosa** se aplica a lo que causa dolor o pena
16. **travesía** viaje; distancia entre dos puntos
17. **vadeando** cruzando
18. **escollos** área del mar, peligrosa a causa de piedras
19. **sorteando** evitando, escapándose de

desoyendo fantasmales sirenas que me invitan al pasado,
sin brújula[20] ni bitácora[21] adecuadas
que me indiquen la ruta.

20  Pero avanzo, avanzo aferrada a[22] la esperanza
de algún puerto lejano
al que ustedes, hijos míos—estoy segura—
arribarán una mañana
—después de consumado[23]
25  mi naufragio[24]—.

## PREGUNTAS DE COMPRENSIÓN

1. Según la poeta, ¿cómo sería la madre ideal de sus hijos?
2. ¿Cuál ha sido el gran deseo de la poeta? ¿Qué obstáculo le impedía realizar este deseo?
3. ¿Cuál es la metáfora que se emplea para simbolizar la vida de la poeta?

## PREGUNTAS DE DISCUSIÓN

1. La poeta se compara con la imagen idealizada de la mamá que se ve en anuncios comerciales. En cierta manera todos nos comparamos con las imágenes idealizadas de la tele y las películas, mujeres de apariencia perfecta, hombres muy machos. Hace poco tiempo, la única imagen de la familia era de armonía perfecta, como en el *Brady Bunch.* Discute el efecto de estas imágenes idealizadas en nuestra sociedad.
2. ¿Cómo se caracteriza la madre? ¿Qué impresión tenemos de su personalidad?
3. ¿Cuál es el significado del "puerto lejano" de la última estrofa? ¿Qué simboliza su "naufragio"?
4. ¿Cuál es el propósito del poema? ¿Qué reacción espera inspirar la poeta en sus hijos?

---

20. **brújula** instrumento que señala el norte, compás
21. **bitácora** armario donde se guarda la brújula
22. **aferrada a** cogiendo fuertemente
23. **consumado** realizado; completado
24. **naufragio** accidente en el que se hunde un barco

## Estrategia para leer

Un buen poema, como ya se ha dicho, nos cuenta mucho en pocas palabras. Mientras lees el poema que sigue, hazte una idea de la vida del poeta y sus relaciones con la gente a su alrededor.

# ANTONIO CURIS

Antonio Curis nació en Uruguay en 1956. Durante muchos años de inestabilidad política, vivió exiliado en su propia patria. Actualmente vive en los Estados Unidos. El poema que sigue se incluye en la colección *Nunca pensé en un libro . . .* , 1991.

## Soy un ser peligroso

con sólo veinte años
me consta[25] que ya soy
un ser muy peligroso:
a mi madre le maté a dios
5  a mi novia el ajuar[26] de casamiento
a mis suegros el sueño de su hija
acomodada

a toda mi familia
el sueño de un doctor en la familia
10  a mi maestra el himno

y algún que otro caudillo[27]
y a mí mismo
me maté la planificación
de mí mismo
15  soy un ser peligroso
peligrosísimo

# PREGUNTAS DE COMPRENSIÓN

1. Según el poeta, ¿a quiénes ha desilusionado? ¿Por qué?

2. ¿Por qué no está satisfecho nadie con la profesión que ha escogido el poeta?

# PREGUNTAS DE DISCUSIÓN

1. ¿Cuáles son los valores sociales que se reflejan en este poema?

---

25. **consta** parece
26. **ajuar** la ropa que se compra la novia al casarse
27. **caudillo** líder, jefe

2. El poeta emplea palabras muy duras y negativas para referirse a sí mismo y a sus acciones. ¿Cuáles son? ¿Cuál es su propósito al escoger estas palabras? ¿Qué reacción quiere provocar en el lector?

3. Comenta la falta de puntuación en el poema. ¿Qué crees que el poeta quiere comunicar con esta técnica estilística?

# Temas generales de los tres poemas

## PREGUNTAS DE DISCUSIÓN

1. ¿Cuál es un tema o mensaje que tienen en común los tres poemas?

2. ¿Con qué poema te identificas más? ¿Por qué?

## EXPRESÁNDONOS

1. "Carta a un desterrado" se basa en *La Odisea,* y en "Día de las madres" también se encuentra una referencia a este poema épico. Obras clásicas como *La Odisea* han sido consideradas la base de nuestra cultura, lecturas obligatorias para todos los alumnos de escuelas secundarias. Pero ahora hay una controversia. Según algunos, las obras clásicas ya no interesan a los jóvenes ni tienen relación con sus vidas. Por eso debemos cambiar el plan de estudios, sustituyéndolas con autores modernos y populares, como Ann Rice y Tom Wolfe. Según otros, los autores clásicos como Homero, Shakespeare, Dickens, etc., representan la base de nuestra cultura y es necesario que los alumnos los conozcan.

   Con unos compañeros de clase organiza un debate sobre la pregunta: ¿Debemos seguir con las obras clásicas como lectura obligatoria en las escuelas?

2. Imagínate que eres uno de los hijos de la poeta de "Día de las madres". Después de leer el poema empiezas a ver a tu mamá desde otra perspectiva, y quieres entenderla mejor. Presenta a la clase cuatro o cinco preguntas que quisieras hacerle a la madre.

## COMPOSICIÓN DIRIGIDA

1. ¿Has leído una obra de literatura o has visto una película que te haya dado ganas de aconsejar o criticar a un personaje ficticio? Escribe una carta a un personaje ficticio.

2. Escribe una carta a los hijos que tendrás algún día. Descríbeles al "tú" joven que ellos no conocerán. Diles lo que quieres que entiendan sobre ti.

3. Escribe una carta a un antepasado que se murió antes de tu nacimiento o cuando eras muy pequeño(a). Puedes contarle los sucesos importantes que han pasado a la familia. También puedes preguntarle sobre aspectos del pasado de la familia que te confunden o que te inspiran curiosidad.

4. "Soy un ser peligroso" refleja el choque entre el deseo del poeta de ser él mismo y las expectativas de sus parientes. Escribe tu propia versión de "Soy un ser peligroso", que refleje tu propia individualidad.

# GRAMÁTICA

## Los adjetivos y pronombres posesivos

### Los adjetivos posesivos, la forma corta

#### Ejemplos

a. Daisy Zamora es una de <u>mis</u> poetas favoritas.

b. <u>Su</u> poema "Día de las madres", trata de temas feministas.

c. De los tres poemas que leímos, ¿cuál es <u>tu</u> favorito?

d. Daisy Zamora escribe sobre una violencia política que no hemos sufrido en <u>nuestro</u> país.

e. Tanto Alegría como Zamora escriben sobre la injusticia y la violencia en <u>sus</u> patrias.

f. <u>Vuestros</u> amigos latinos habrán oído de estas dos poetas.

#### Función

Los adjetivos posesivos preceden al sustantivo e indican de quién es.

#### Formación

| | |
|---|---|
| **mi** | **nuestro(a)** |
| **mis** | **nuestros(as)** |
| **tu** | **vuestro(a)** |
| **tus** | **vuestros(as)** |
| **su** | **su** |
| **sus** | **sus** |

- *Su* y *sus* pueden tener muchos significados. Para aclarar el significado, se puede usar la estructura *de + Ud., él, ella* o *de + Uds., ellos, ellas.*

  —**Sus** dibujos son fascinantes.

  —¿Los **de ella?**

  —No, los **de Ud.**

- Observa que el adjetivo posesivo concuerda con la cosa poseída, *no* con la persona que la posee. Por ejemplo:

  Mis ocho hermanas y yo queremos a **nuestro** padre.

  *Nuestro* es masculino como *padre,* no femenino plural como *mis ocho hermanas y yo.*

## Los adjetivos posesivos, la forma larga

### Ejemplos

a. La poesía es una pasión <u>mía</u>.

b. ¡No me había dado cuenta de que es un gran interés <u>tuyo</u> también!

c. Claribel Alegría dedicó un poema a A.A. Flakoll, un pariente <u>suyo</u> que murió.

d. Una amiga <u>nuestra</u> conoció a Claribel Alegría y a Daisy Zamora en una conferencia de poetas.

e. Tanto Zamora como Alegría han visto mucha violencia, así que es una preocupación <u>suya</u>.

### Función

La forma larga del adjetivo posesivo sigue al sustantivo e indica de quién es.

### Formación

| | |
|---|---|
| **mío(a)** <br> **míos(as)** | **nuestro(a)** <br> **nuestros(as)** |
| **tuyo(a)** <br> **tuyos(as)** | **vuestro(a)** <br> **vuestros(as)** |
| **suyo(a)** <br> **suyos(as)** | **suyo(a)** <br> **suyos(as)** |

- *Suyo* y *suyos* pueden tener muchos significados. Para aclarar el significado, se puede usar la estructura *de + Ud., él, ella* o *de + Uds., ellos, ellas.*

  —¿Es la composición **suya?**

  —No, es la **de él.**

- Observa que, igual que la forma corta, la forma larga concuerda con la cosa poseída, *no* con la persona que la posee. Por ejemplo:

  Mis amigas y yo somos gran aficionadas a Pablo Neruda.

  Él es un favorito **nuestro.**

  *Nuestro* es masculino singular para concordar con *favorito;* no es femenino plural como *mis amigas y yo.*

## Los pronombres posesivos

### Ejemplos

a. Tu madre no lleva maquillaje; <u>la mía</u> tampoco.

b. Las esperanzas de tus padres no son iguales a <u>las tuyas</u>.

c. Mi vida tranquila no es como la de Odiseo. <u>La suya</u> está llena de peligros.

d. El padre de Telémaco está viajando. <u>El nuestro</u> está en casa.

e. Estáis leyendo más obras clásicas que nosotros. Nuestro profesor es más progresista. <u>El vuestro</u> es más tradicional.

f. Los alumnos quieren leer lo que les gusta. Según ellos la decisión debe ser <u>suya</u>.

## Función

El pronombre posesivo substituye al sustantivo e indica de quién es. El pronombre concuerda en género y número con el sustantivo que sustituye.

## Formación

| | |
|---|---|
| **el mío, la mía**<br>**los míos, las mías** | **el nuestro, la nuestra**<br>**los nuestros, las nuestras** |
| **el tuyo, la tuya**<br>**los tuyos, las tuyas** | **el vuestro, la vuestra**<br>**los vuestros, las vuestras** |
| **el suyo, la suya**<br>**los suyos, las suyas** | **el suyo, la suya**<br>**los suyos, las suyas** |

- Igual que los adjetivos posesivos, *el(la) suyo(a)* y *los(las) suyos(as)* pueden tener muchos significados. Para aclarar el significado, se puede usar la estructura *de + Ud., él, ella* o *de + Uds., ellos, ellas.*

    —¿Son **suyos** estos cuadernos?

    —No, señora, no son **nuestros,** son **de ella.**

- El pronombre posesivo se usa con el artículo definido *(el, la, los, las),* excepto a veces después del verbo *ser,* como en el Ejemplo f y el ejemplo de arriba.

# Ejercicios

## A. Traduce las palabras inglesas al español

Emplea los adjetivos posesivos o los pronombres posesivos apropiados.

1. _____ *(Your,* fam. sing.) profesor te enseña obras modernas;

    _____ *(mine)* prefiere las clásicas.

2. _____ *(Our)* clase está leyendo *La Odisea.*

3. Para los griegos, Penélope representa un ideal _____

    *(of theirs)* por _____ *(her)* virtudes femeninas.

4. Odiseo es famoso por _____ *(his)* poder y

    _____ *(his)* cualidades masculinas.

5. Una amante _____ *(of his)* es la hechicera Circe. Todos

    tenemos _____ *(our)* pasatiempos pero el de Circe es muy

    raro. _____ *(Hers)* es convertir a los hombres en cerdos.

6. Odiseo miró a uno de los cerdos y reconoció a un amigo _____

   *(of his).*

7. El viaje de Odiseo es muy peligroso. Otra aventura _____

   *(of his)* ocurre en la Tierra de los Comedores del Loto. _____

   *(Its)* habitantes tienen costumbres raras. _____ *(My)* comida

   favorita es la pizza; _____ *(theirs)* es la fruta del loto. Los

   que comen esta fruta son afectados por _____ *(its)* poderes

   mágicos. Se olvidan de _____ *(their)* patria, y quieren

   quedarse allí.

8. Una amiga _____ *(of ours)* una vez comió la fruta del loto

   pero no le gustó.

9. Odiseo sigue con _____ *(his)* viaje. Se escapa de la Tierra de

   los Comedores del Loto, y de Circe con _____ *(her)* encantos

   sin convertirse en un cerdo _____ *(of hers).*

10. Odiseo también se escapa de las tormentas creadas por el dios del mar, un enemigo

    _____ *(of his).* Odiseo tiene _____ *(his)*

    problemas, yo tengo _____ *(mine).*

11. Mientras Odiseo encuentra _____ *(his)* problemas en el mar,

    Penélope tiene _____ *(hers)* en casa. _____

    *(Hers)* se presentan en forma de pretendientes. _____ *(Their)*

    obsesión es casarse con Penélope. _____ *(Mine)* es encontrar el

    amor verdadero. ¿Cuál es _____ *(yours,* fam. sing.)?

12. Odiseo es un gran héroe épico de la cultura griega. _____

    *(Ours)* tiene _____ *(its)* propios héroes. ¿Quiénes son

    _____ *(ours)?*

## B. Traduce la frase al español

Emplea los adjetivos posesivos o los pronombres posesivos apropiados.

1. His trip is dangerous. Mine isn't.

   _____

2. Their home is in Ithaca. Ours is in the U.S.

   _____

3. Her house is filled with suitors. Mine is empty.

   _____

4. A friend of his was turned into a pig.

   _____

5. She weaves her cloth and I weave mine.

   _____

6. They repeat their legends and we repeat ours.

   _____

7. Odiseo enjoys his pleasures. Shouldn't Penelope enjoy hers?

   _____

8. A friend of ours can recite *The Odyssey* by heart *(de memoria)*. Memorizing is a talent of his.

   _____

# Los comparativos

## Ejemplos

a. Odiseo es <u>más fuerte que</u> Rambo.

b. Los pretendientes son <u>menos astutos que</u> Penélope.

c. Penélope quiere un hombre que sea <u>menor que</u> Odiseo.

d. Odiseo es <u>mayor que</u> los pretendientes.

e. Penélope me parece <u>más honrada que</u> su esposo.

f. Las sirenas cantan <u>mejor que</u> yo.

g. No hay nadie que cante <u>peor que</u> yo.

h. Odiseo corre <u>más rápidamente que</u> otros hombres.

## Función

El comparativo se usa para expresar las semejanzas o diferencias entre personas, cosas, lugares, características, cualidades, etc.

## Formación

### El comparativo regular (Ejemplos a, b, e, h)

*más / menos* + adjetivo o adverbio + *que*

> El poeta es **menos materialista que** sus padres.

> Las verdaderas madres son **más simpáticas que** las de los anuncios.

> Ando **más lentamente que** mis amigos.

| | |
|---|---|
| **Observa:** | El adjetivo concuerda en número y género con el sujeto. *Simpáticas* es femenino plural para concordar con *las madres.* |
| **Observa:** | Para formar el adverbio *(lentamente),* se convierte la forma masculina del adjetivo en la forma femenina y se le añade la terminación *-mente.* |

### El comparativo irregular (Ejemplos c, d, f, g)

*mejor / peor / mayor / menor* + *que*

> Según algunos profesores, las obras clásicas son **mejores que** las obras modernas.

| | |
|---|---|
| **Observa:** | Los comparativos irregulares no emplean ni *más* ni *menos.* Sólo concuerdan en número, no en género. |

## Ejercicios

### A. Contesta la pregunta

Emplea el comparativo según tu propia opinión.

1. ¿Quién es más fuerte que Arnold Schwarzenegger?

   _____

2. ¿Quién es más bella que Sharon Stone?

   _____

3. ¿Qué galletas son mejores que Oreos?

   _____

4. ¿Quién se viste peor que Marge Simpson?

   _____

5. ¿Quién es más desgraciado que las víctimas de Circe?

   _____

6. ¿Quién es mayor que tú?

   _____

7. ¿Quién es menor que tú?

   _____

8. ¿Quién pinta mejor que Picasso?

   _____

9. ¿Qué obra literaria es más famosa que *La Odisea?*

   _____

10. ¿Qué actor es más popular que Kevin Costner?

    _____

11. ¿Quién juega mejor que Michael Jordan?

    _____

## B. Forma una comparación

Se puede cambiar el orden de las palabras. Por ejemplo:

Un egoísta y un tonto

*Un egoísta es más fastidioso que un tonto.*

1. La Ciudad de Los Ángeles (L.A.) y Nueva York

   _____

2. Hombres y mujeres

   _____

3. Los alumnos y los profesores

   _____

4. Los perros y los gatos

   _____

5. Homer Simpson y Homero el poeta

   _____

6. Odiseo y Superhombre

   _____

7. Mario Vargas Llosa y John Grisham

   _____

8. Las obras clásicas y las obras contemporáneas

   _____

9. El pescado y la carne

   _____

10. Un Honda y un Ford

    _____

11. Los Jets y los Delfines

_____

12. Una computadora Mac y una computadora IBM

_____

# Los superlativos

## Ejemplos

a. *La Odisea* es <u>la</u> obra <u>más famosa del</u> mundo.

b. Odiseo es <u>el</u> héroe <u>más conocido de</u> la literatura.

c. *Don Quijote de la Mancha* y *Cien años de soledad* son <u>las</u> <u>mejores</u> novelas <u>de</u> la cultura occidental.

d. García Márquez es <u>el mejor</u> escritor <u>de</u> nuestro siglo.

e. Laura Esquivel sólo tenía treinta y pico años al escribir *Como agua para chocolate.* Por lo tanto es <u>la menor</u> de los escritores <u>de</u> este libro.

f. ¿Crees que los poemas de Neruda son <u>los menos difíciles</u> de todos los que has leído?

## Función

El superlativo se usa para expresar el grado superior, lo máximo o lo mínimo del significado de un adjetivo.

## Formación

### El superlativo regular (Ejemplos a, b, f)

el artículo definido + *más* / *menos* + adjetivo + *de* + grupo de comparación

Los Beatles eran **los más populares de** los grupos de los sesenta.

Pero eran **los menos populares de** todos según muchos padres.

---

**Observa:**     El adjetivo concuerda con el sujeto en número y género.

---

### El superlativo irregular (Ejemplos c, d, e)

el artículo definido + *mejor / peor / mayor / menor* + *de* + grupo de comparación

Los tomates de Nueva Jersey son **los mejores del** país.

---

| | |
|---|---|
| **Observa:** | Los adjetivos superlativos irregulares concuerdan solamente en número. El artículo definido concuerda con el sustantivo en número y género. |
| | **Las mejores novelas de** hoy se escriben en Latinoamérica. |
| **Observa:** | Generalmente *mejor* y *peor* se colocan antes del sustantivo y *mayor* y *menor* se colocan después: |
| | Ana es la **mejor** amiga de María. |
| | Mario es el amigo **mayor** de Saúl. |

---

### El superlativo absoluto

Se forma añadiendo las terminaciones *-ísimo, -ísima, -ísimos* o *-ísimas* al final del adjetivo:

guapo → guap**ísimo**    peligroso → peligros**ísimo**

A veces hace falta un cambio ortográfico:

feli<u>z</u> → feli<u>c</u>**ísimo**    lar<u>go</u> → lar<u>gu</u>**ísimo**    ri<u>co</u> → ri<u>qu</u>**ísimo**

## Ejercicios

### A. ¿Qué piensas?

Contesta según tu propia opinión, empleando una frase superlativa.

1. ¿Cuál es el grupo musical más popular de hoy?

_____

2. ¿Quién es la mujer más respetada del mundo de hoy?

_____

3. ¿Quién es el hombre más respetado del mundo de hoy?

_____

4. ¿Quién es el mejor jugador de béisbol de los EE.UU.?

_____

5. ¿Dónde se prepara la mejor comida del mundo?

_____

6. ¿Dónde se prepara la peor comida del mundo?

_____

7. ¿Cuál es la mejor novela que has leído?

_____

8. ¿Cuál es la peor novela que has leído?

_____

9. ¿Cuál es la novela más larga que has leído?

_____

10. ¿Cuál es la película más espantosa que has visto?

_____

11. ¿Qué característica de la naturaleza humana te parece la más pesada?

_____

## B. ¡Lo mejor!

Forma una frase superlativa basada en cada grupo de palabras. Cambia los adjetivos para concordar cuando sea necesario. Ten en mente que _bueno, malo, joven_ y _viejo_ tienen formas irregulares. Por ejemplo:

flor / bello / mundo

_La rosa es la flor más bella del mundo._

1. programa / cómico / televisión

_____

2. automóvil / bueno / mundo

_____

3. actor (actriz) / malo / EE.UU.

_____

4. libro / aburrido / nuestra cultura

_____

5. persona / temido / mundo

_____

6. película / gracioso / este año

_____

7. suceso / trágico / este siglo

_____

8. escándalo / grande / nuestro siglo

_____

9. escritor(a) / hábil / lengua inglesa

_____

10. época / difícil / la vida

_____

# Los comparativos de igualdad

## Ejemplos

a. Circe es <u>tan bella como</u> Calipso.
b. Telémaco está <u>tan preocupado como</u> Penélope por la ausencia de Odiseo.
c. Los pretendientes son <u>tan molestos como</u> moscas.
d. Odiseo corre <u>tan rápidamente como</u> el viento.
e. Odiseo tiene <u>tantas aventuras como</u> Superhombre.
f. Un poeta merece <u>tanto respeto como</u> un médico.

## Función

_Tan . . . como_ se usa para expresar igualdad con respecto a adjetivos (Ejemplos a, b, c), o adverbios (Ejemplo d). _Tanto, tanta, tantos_ y _tantas . . . como_ se usan para expresar igualdad con respecto a la misma cantidad de un sustantivo (Ejemplos e, f).

## Formación

### Para comparar adjetivos o adverbios

*tan* + adjetivo o adverbio + *como*

Ninguna mujer de hoy sería **tan fiel como** Penélope.

¿Quién esperaría **tan tranquilamente como** ella?

### Para comparar cantidades de un sustantivo

*tanto, tanta, tantos, tantas* + sustantivo + *como*

Yo no hubiera esperado **tantos años como** Penélope.

No tengo **tanta paciencia como** ella.

# Ejercicios

## A. Contesta la pregunta

Emplea una frase completa según tu propia opinión.

1. ¿Quién es tan bella como una mujer de un anuncio comercial?

   _____

2. ¿Qué héroe de hoy es tan famoso como Odiseo?

   _____

3. ¿Qué héroe de películas es tan valiente y listo como el Hombre Murciélago *(Batman)?*

   _____

4. ¿Quién tiene tantos pretendientes como Penélope?

   _____

5. ¿Quién es tan peligroso como las sirenas?

   _____

6. ¿Lees tantas obras clásicas como modernas?

   _____

7. ¿Pasas tanto tiempo leyendo como mirando la televisión?

   _____

8. ¿Qué otro autor es tan respetado como Homero?

   _____

9. ¿Qué autor de hoy es tan popular y leído como él?

   _____

10. ¿Estudias tantas horas como tus amigos?

    _____

## B. ¡Emplea tu imaginación!
Completa la frase con un comparativo de igualdad.

1. Homero escribe _____

2. El poema de Claribel Alegría _____

3. Las ideas expresadas por Antonio Curis _____

4. Circe tiene _____

5. Las aventuras de Odiseo _____

6. Penélope es _____

7. La madre de "Día de las madres" _____

# Repaso

## A. El Cid

Completa la frase con la forma correcta del verbo según el sentido de la frase. Selecciona entre el presente, el pretérito, el imperfecto, los tiempos perfectos, los tiempos progresivos, el futuro, el condicional, el presente del subjuntivo, el presente perfecto del subjuntivo, el imperfecto del subjuntivo, el pluscuamperfecto del subjuntivo, el gerundio y el infinitivo.

1. *La Odisea* es la gran epopeya (poema épico) de la cultura griega; *El poema de mío Cid* se _____ (considerar) la gran epopeya de España.

2. Tanto *El poema de mío Cid* como *La Odisea* se _____ (haber / desarrollar) de la tradición oral, que en España _____ (llamarse) la Juglaresca. Los antiguos juglares _____ (ser) poetas ambulantes, como los habladores de la selva. Hace mucho tiempo, _____ (andar) de pueblo en pueblo, _____ (cantar) sus versos.

3. Un juglar anónimo _____ (escribir) *El poema de mío Cid* en el año 1140. Los sucesos que narra _____ (haber / ocurrir) sólo unos cuantos años antes.

4. Es una lástima que nosotros no _____ (saber) el nombre del poeta.

5. Como Odiseo, El Cid era un héroe que _____ (irse) a luchar lejos de su hogar. A causa de una disputa con el rey Alfonso, El Cid _____ (tener) que _____ (desterrarse) de su hogar en Burgos.

6. Con gran tristeza, El Cid _____ (despedirse) de su esposa, Jimena, y de sus hijas, doña Elvira y doña Sol, quienes _____ (estar / llorar) al verlo _____ (irse).

7. El Cid le dijo a Jimena que _____ (cuidar) bien a las hijas.

8. Las hijas _____ (amar) a su padre y no querían que él

    _____ (irse). Temían que su padre _____

    (morir) en una batalla. Pero era necesario que él _____

    (luchar) contra los moros (o árabes) que se _____ (encontrar)

    en varias partes de España.

9. Los moros _____ (ocupar) partes de España desde el año 711

    hasta el año 1492. No había otro grupo que _____

    (contribuir) más a la cultura española que los moros. Pero los señores feudales

    querían que los moros _____ (irse) de la tierra. Esta batalla

    contra los moros _____ (llamarse) la Reconquista.

10. El Cid _____ (ser) valiente en sus batallas contra los moros y

    _____ (ganar) mucha tierra.

11. Era una lástima que El Cid _____ (tener) que preocuparse

    por problemas familiares, además de los del campo de batalla.

12. Las dos hijas de El Cid _____ (haber / casarse) con dos

    malvados que un día las _____ (golpear) y las

    _____ (dejar) en las montañas para _____

    (morir).

13. Al _____ (enterarse) de lo que les _____

    (haber / pasar) a sus hijas, El Cid _____ (ponerse) muy

    enojado.

14. Pero como siempre _____ (ser) un hombre justo y decidió

    _____ (pelear) contra sus yernos según la ley.

15. Primero les pidió que le _____ (devolver) los regalos que él

    les _____ (haber / dar) cuando ellos

    _____ (casarse) con sus hijas.

16. Después El Cid exigió que ellos _____ (participar) en una

    pelea justa, en la que El Cid _____ (triunfar) sobre ellos.

17. Además de _____ (ser) valiente, El Cid también

    _____ (ser) fiel. En contraste con Odiseo, que

    _____ (divertirse) con Circe y Calipso, El Cid no

    _____ (estar) con ninguna otra mujer.

18. Jimena se alegró de que su esposo le _____ (ser) siempre

    fiel. Era imposible que El Cid _____ (pensar) en otra mujer.

19. Al _____ (salir) de Burgos, El Cid le

    _____ (haber / decir) a Jimena: "Estaremos juntos tan pronto

    como _____ (terminar) las batallas". Y El Cid

    _____ (cumplir) su palabra.

## B. *Ser* y *estar*

Completa la frase con la forma apropiada de *ser* o *estar* según el sentido de la frase.
(Nota que en ciertas frases es posible emplear un tiempo verbal presente o un tiempo
pasado.)

1. Según algunos, Penélope _____ muy paciente, porque

   _____ esperando a Odiseo sin quejarse. Según otros ella

   _____ una tonta.

2. Muchas mujeres _____ tristes cuando sus queridos

   _____ lejos de ellas.

3. Telémaco _____ muy joven cuando su padre se fue.

4. El viaje de Odiseo _____ muy peligroso.

5. Las aguas del mar _____ frías durante las tempestades

creadas por Poseidón.

6. Aunque Odiseo _____ más fuerte que Calipso,

_____ incapaz de escaparse de ella.

## C. Los complementos directos e indirectos

Contesta con frases completas. Emplea los complementos apropiados.

1. ¿Le teje Penélope una mortaja a Odiseo?

   _____

2. ¿Quiénes les ofrecen la fruta del loto a los hombres de Odiseo?

   _____

3. ¿Quién le ha escrito una carta a Odiseo?

   _____

4. ¿Quiénes tienen que devolverle los regalos a El Cid?

   _____

5. ¿Quién les cuenta historias a las tribus de la selva?

   _____

6. ¿Quién te trae las noticias del día?

   _____

# Capítulo 12

## *Perspectivas modernas*

| | |
|---|---|
| **Lectura** | "Frankenstein: Una versión política del mito de la maternidad", Rosario Ferré<br>"Insultos modernos: Reflexiones sobre un arte en decadencia", Jorge Ibargüengoitia |
| **Gramática** | Las palabras interrogativas; las palabras exclamativas; los adjetivos y pronombres demostrativos |

## Vocabulario

**ahogar(se)** sofocar, asfixiar; quitar la vida a una persona privándole de la respiración; quitar la vida a una persona bajo el agua. En "El ahogado más hermoso del mundo" de García Márquez, unos niños encuentran a un muerto a la orilla del mar. Este hombre <u>se había ahogado</u>.

**la competencia** acción de competir, rivalidad. Hay mucha <u>competencia</u> entre Japón y los EE.UU. en la fabricación de automóviles.

**digno, -a** se aplica a lo que merece lo que recibe. García Márquez es el mejor escritor del siglo; es <u>digno</u> del premio Nobel que ganó en 1982. Jorge Luis Borges también era <u>digno</u> del premio Nobel pero se lo negaron por razones políticas.

**dirigir** conducir; guiar; llevar; enviar. Por fin Odiseo <u>dirigió</u> la nave hacia su hogar. **dirigirse a** ir en determinada dirección; hablar. Al ver a los tres osos, Ricitos de Oro se escapó y <u>se dirigió a</u> su propia casa. Al descubrir que yo no había hecho la tarea, el profesor <u>se dirigió a</u> mí con voz severa.

**doloroso, -a** se aplica a lo que causa dolor; que inspira compasión. La enfermedad del corazón necesita una operación <u>dolorosa</u>. Los niños sin padres tienen una vida <u>dolorosa</u>.

**fallar** no aguantar una presión; romperse por no poder tolerar una presión; frustrarse, fracasar. La escalera <u>falló</u> y el joven se cayó antes de alcanzar la ventana de su novia. Es una persona triste y amarga porque todos sus planes han <u>fallado</u>.

**el fulano, la fulana** nombre que se da a la persona cuyo nombre no se sabe o no se recuerda. Después de esperar allí media hora, un <u>fulano</u> vino y nos dijo que nos fuéramos.

**grosero, -a** se aplica a la persona o a sus actos cuando le falta la cortesía o los buenos modales. El alumno que saludó a la profesora con "Hola, vieja. ¿Qué pasa?" demostró una actitud <u>grosera</u>.

**no obstante** sin que algo mencionado antes sea un obstáculo para lo que sigue. Sin embargo. Pegué una nota a la puerta para recordarme de traer el libro conmigo. <u>No obstante</u> lo olvidé.

**la palabrota** expresión ofensiva, indecente o grosera. Un estereotipo de los marineros es que emplean muchas <u>palabrotas</u>.

**permanecer** quedarse, persistir; continuar. <u>Permanecieron</u> tanto tiempo frente al televisor que empezaron a perder el uso de las piernas.

**portarse** comportarse, obrar de una manera buena o mala. Cuando va de compras con su mamá, si ella no le compra lo que quiere, el niño se tira al suelo y grita hasta ponerse rojo. Este niño <u>se porta</u> muy mal en las tiendas.

**predilecto, -a** favorito. A Laura le gusta insultar a todos, pero su víctima <u>predilecta</u> es su hermano menor; siempre está dirigiéndole palabrotas.

**próximo, -a** se aplica a lo que está cerca en el tiempo o en el espacio; lo que sigue inmediatamente después. En mi <u>próxima</u> reencarnación quiero ser una persona organizada.

**el rasgo** característica de la cara o de la personalidad de una persona. Arnold Schwarzenegger con frecuencia hace el papel de un personaje con <u>rasgos</u> violentos en su personalidad.

**reñir (i)** pelearse dos o más personas con palabras o con hechos. Julia <u>reñía</u> con frecuencia con su padre sobre el asunto de sus novios.
   **la riña** la acción de reñir. Después de una <u>riña</u>, los dos amigos no se hablaron por un mes.

**sin embargo** no obstante. Esteban Trueba era a veces injusto y tiránico; <u>sin embargo</u> su nieta Alba lo quería.

**sobrevivir** vivir después de la muerte de otro; seguir viviendo después de una enfermedad u otro peligro. Después de <u>sobrevivir</u> el accidente de avión, empezó a creer en Dios.
   **la supervivencia** acción y efecto de sobrevivir. El niño sobrevivió seis días solo, perdido en las montañas. Su <u>supervivencia</u> fue un milagro.

**la sombra** falta de luz en un lugar, que resulta de poner un objeto entre este lugar y la luz. Cuando hace mucho sol, me siento a la <u>sombra</u> de un árbol o me pongo un sombrero. (Ésa es la explicación de la palabra *sombrero:* produce la <u>sombra</u>.)

**el / la testigo** persona que da testimonio de algo o que ha visto un acontecimiento. Sólo había un <u>testigo</u> del crimen, y él tenía miedo de contar lo que había visto.

# Ejercicios de vocabulario

## A. Completa la frase

Usa la palabra apropiada del vocabulario.

1. Carlos llegó tarde a la fiesta de Luisa, su novia. Se emborrachó, se dirigió a otro

   invitado con palabrotas, y por lo general _____ de una

   manera descortesa y mal educada.

2. —¡No seas _____, Carlos! No quiero oír más obscenidades.

   —le dijo Luisa.

3. —Normalmente Carlos no es tan mal educado, pero parece haber

   _____ bajo la presión de los exámenes —les explicó Luisa a

   sus padres.

4. Pero a su papá no le importan las explicaciones. Él adora a Luisa más que a

   nadie; ella es su hija _____. Y ahora Carlos no le parece

   _____ de su hija preferida.

5. La _____ vez que Luisa quiere salir con Carlos, su padre se

   lo prohíbe.

6. Normalmente Luisa acepta las decisiones de su padre, pero esta vez se

   atreve a ser algo rebelde. Había tanta rabia entre padre e hija que

   ellos _____.

7. —Cualquier _____ de la calle sería mejor que ese

   desgraciado —gritó el papá—. Me molestan los _____ de

   vulgaridad en su personalidad.

8. —¡Si no me dejas ver a Carlos, me voy a _____ en el río —

   dijo Luisa—. No puedo _____ sin su amor. (Es obvio que

   Luisa había _____ frente al televisor demasiado tiempo,

   mirando telenovelas.)

9. Su padre había dicho que no. _____ Luisa decidió ver a

   Carlos en secreto.

## B. Expresión personal

Completa la frase.

1. Una persona que no me falla nunca es _____

2. Una competencia muy famosa existe entre _____

3. Aunque yo cambie de muchas maneras durante mi vida, siempre voy a

   permanecer _____

4. La escena más dolorosa que he visto ocurrió _____

5. La película más grosera que jamás he visto es _____

6. Si yo fuera el (la) único(a) testigo de un crimen yo _____

7. Soy digno(a) de respeto porque _____

8. A veces el mundo parece estar lleno de pena y problemas; sin embargo

   _____

# LECTURA

## Estrategia para leer

Los dos ensayos que siguen muestran la gran diversidad de este género. Al leer el primero, "Frankenstein: Una versión política del mito de la maternidad", debes ser sensible al punto de vista de la escritora, Rosario Ferré, y su identificación con el sujeto del ensayo, Mary Shelley. Nota que Lord Byron y Percy Shelley, mencionados con frecuencia, son dos poetas ingleses muy famosos. Habrás leído unos poemas suyos en la antología literaria de la clase de inglés.

## ROSARIO FERRÉ

Rosario Ferré nació en 1938 en Ponce, Puerto Rico, hija del ex gobernador de la isla. Se graduó con un diploma en literatura de la Universidad de Maryland. Ha sido cofundadora y editora de una revista literaria, profesora de literatura en varias universidades norteamericanas, autora de cuentos, ensayos y poesía, y traductora de sus propias obras al inglés y de las de autores ingleses al español. En sus obras se encuentra una fuerte crítica social, muchas veces dirigida contra la decadencia moral de la burguesía puertorriqueña y contra el sexismo.

En el ensayo que sigue, Rosario Ferré describe la relación entre Mary Godwin Shelley, autora de *Frankenstein,* y su esposo Percy Shelley. Mary Godwin era hija de padres ilustres, autores respetados los dos. Refiriéndose a Shelley, Mary dijo: "Mi esposo . . . deseaba que yo probara ser digna hija de mis padres" y que se incluyera "también mi nombre en el libro de la fama".

## Frankenstein: Una versión política del mito de la maternidad (fragmento)

Mary estaba muy enamorada de Shelley, pero se sentía inferior a él, debido a su educación casera[1]. No obstante, se había empeñado[2] en ser su igual. En sus cartas, en su diario, lleva implacablemente
5 la cuenta, no de las denticiones o diarreas de sus hijos, sino de la enorme cantidad de libros que leía hasta altas horas de la noche, para lograr una comunicación más efectiva con Shelley.

"Muchas y muy largas eran las conversaciones
10 entre Lord Byron y Shelley de las cuales fui atenta pero silenciosa testigo", dice humildemente en su Introducción. Pero también recuerda sus discusiones con ellos sobre las corrientes literarias de la época, así como sobre los descubrimientos
15 de la revolución científica (la electricidad, el galvanismo, el mesmerismo), los cuales parecían prometer entonces la revelación de los secretos de la vida. A pesar de sus conversaciones, durante mucho tiempo Mary no se atrevió a poner la
20 pluma sobre el papel.

---

1. **casera** hecha en casa
2. **empeñado** insistido

© Scott Foresman - Addison Wesley

*   *   *

En 1814, cuando Mary tenía sólo 16 años, conoció al ya famoso Shelley, gran admirador de su padre y seguidor de sus doctrinas anarquistas. Al poco tiempo, encontrándose encinta[3], se fugó[4]
25 con él a Suiza, donde vivieron en unión libre varios años. La pareja no contrajo matrimonio hasta 1816, luego de que Harriet Westbrook, la esposa legal de Shelley (entonces también encinta), se ahogara en el río Serpentine.
30     Cuatro años después de la publicación de *Frankenstein,* obra que fue atribuida en innumerables ocasiones a su marido por críticos que juzgaban a Mary incapaz de haberla escrito, Shelley pereció ahogado durante una travesía[5] en
35 un pequeño velero[6] nombrado Don Juan (en honor al poema de Byron), en el Golfo de Spezia, cerca de Génova. Al morir éste, Mary tenía sólo 24 años. Regresó a vivir a Londres, donde al principio logró ganarse la vida con sus novelas (publicó cinco,
40 ninguna de las cuales tuvo el éxito de *Frankenstein).*

*   *   *

Mary escribió *Frankenstein* durante el verano de 1816, en el curso de una estadía[7] junto al lago de Ginebra. No resulta para nada sorprendente
45 que su imaginación afiebrada concibiera la idea del monstruo durante aquel verano atormentado. Junto a la villa de granito rosa en la cual se establecieron los amantes (acompañados por su hijo William Percy y por Claire Claremont, la
50 media hermana de Mary), se instalaron Lord Byron y su amigo personal, el médico Polidori. Byron escribía entonces el tercer canto de su poema "Childe Harold", y Shelley, fascinado por la cercanía de tan admirado poeta, abandonaba a
55 Mary a los quehaceres[8] del hogar para seguirlo en sus excursiones por la ribera del lago.
    Pero ese fue un verano tormentoso en más de un sentido. Los amantes reñían y se reconciliaban

continuamente, mientras el lago de Ginebra se veía
60 azotado por fuertes borrascas[9] que elevaban olas gigantescas sobre su superficie habitualmente límpida y cristalina. Debido al mal tiempo, tanto los Shelley como Byron y Polidori se vieron obligados a permanecer recluidos en el interior de
65 sus villas . . . Fue en esas circunstancias que nació la idea de hacer una competencia de historias de terror. "Cada uno de nosotros escribirá una historia aterradora", propuso Lord Byron, "y luego se elegirá entre ellas la mejor".
70     Es fácil imaginar a Mary llena de satisfacción por haber sido invitada a tan extraña competencia.

*   *   *

En la Introducción, Mary describe el angustioso proceso de gestación de su relato: "Me ocupé entonces en pensar una historia . . . que expresara
75 los misteriosos temores de nuestra naturaleza y despertara en nosotros el horror más espeluznante[10] —una historia que impresionara tanto al lector, que éste se sintiera imposibilitado de mirar por encima de su hombro, una historia
80 que le cuajara[11] la sangre y acelerara los latidos de su corazón".

*   *   *

*Frankenstein* (cuyo título completo es *Frankenstein, a Modern Prometheus; Frankenstein, un Prometeo moderno)* ha sido
85 tradicionalmente considerada por la crítica como una novela romántica. El tema de la sombra o del doble, que configura su imagen central, es uno de los temas preferidos de la literatura romántica. . . . La crítica considera que Víctor Frankenstein y su
90 monstruo conforman las dos mitades del ser: la conciencia y el sentimiento, la sombra del deseo y el cuerpo del deseo.
    La crítica suele ignorar, sin embargo, uno de los aspectos más interesantes de *Frankenstein:* la
95 interpretación del tema del doble como una versión del mito de la maternidad. El monstruo que Mary

---

   3. **encinta** se aplica a una mujer que va a tener un bebé

   4. **se fugó** huyó

   5. **travesía** viaje por mar

   6. **velero** buque (barco) de vela (*sailboat*)

   7. **estadía** residencia en algún lugar

   8. **quehaceres** trabajo, tarea

   9. **borrascas** tormentas, tempestades, con truenos y rayos

  10. **espeluznante** horripilante; que al provocar miedo eriza el cabello

  11. **cuajara** coagulara; solidificara

inventa puede verse también como una representación simbólica de la tiranía de la maternidad sobre la mujer. Por su tono cercano a
100 la locura, por el desgarramiento emocional que describe, no resulta sorprendente que la novela fuese escrita por una joven de dieciocho años, atrapada en las circunstancias en las que se encontraba entonces. A las tormentas
105 matrimoniales y meteorológicas de aquel verano junto al lago, se sumaba el hecho de que Mary se encontraba encinta por tercera vez. Había ya tenido una hija, que había muerto poco después de nacida, un niño que había de sobrevivirla
110 (William Percy) y el niño que esperaba entonces, que también habría de morir antes de terminada la novela. Es posible que ambos niños hayan muerto por no haber recibido el cuidado adecuado, ya que la madre era una adolescente
115 sin experiencia a la cual, por las circunstancias

bohemias y nómadas de su vida, le faltaba una nodriza[12] que le enseñara a hacerlo.

\* \* \*

La interpretación del mito de Frankenstein como una versión del mito de la maternidad implica
120 necesariamente una interpretación política. Un examen cuidadoso de la trama revela que la intención de Víctor, al crear a su engendro[13], no fue dotar de vida a un ser libre, que tomase su lugar entre los demás habitantes de la tierra, sino dar
125 vida a un ser que le perteneciese totalmente y que le viviese eternamente agradecido. Lo que viene a ser la causa directa de la existencia del monstruo es la ambición de poder del hombre, y en la raíz de su creación se encuentran las razones políticas que
130 hacen posible la supervivencia del estado patriarcal: la explotación del débil por el fuerte.

---

12. **nodriza** mujer que cuida o amamanta (alimenta con su leche) a un niño que no es su hijo
13. **engendro** criatura

## PREGUNTAS DE COMPRENSIÓN

1. ¿Qué se revela con respecto a los padres de Mary Shelley?

2. Comenta el amor propio *(self-esteem)* de Mary Shelley. ¿Cuál es la opinión que tiene de sí misma?

3. Al enamorarse Mary y Shelley, ¿por qué no pudieron casarse en seguida?

4. ¿Cuál es el motivo implicado del suicidio de la primera esposa de Shelley?

5. ¿Cómo se puede explicar la confusión con respecto a quién escribió *Frankenstein?*

6. ¿Cómo murió Shelley?

7. Al concebir la idea de Frankenstein, ¿qué emoción deseó Mary Shelley provocar en sus lectores?

8. ¿Cuál es un tema importante de *Frankenstein?* ¿En la obra de qué otro autor de este texto has encontrado el mismo tema?

9. Rosario Ferré ve una conexión entre el estado físico de Mary Shelley y un aspecto del tema de *Frankenstein.* ¿Cuál es esta conexión?

10. Según la interpretación de Rosario Ferré, ¿cuál es el propósito de Víctor Frankenstein al crear a su monstruo?

## PREGUNTAS DE DISCUSIÓN

1. En *Crónica de una muerte anunciada* de Gabriel García Márquez, el narrador "resistía admitir que la vida terminara por parecerse tanto a la mala literatura". En su ensayo, Rosario Ferré nos relata detalles de las vidas reales de dos autores famosos: Mary Godwin Shelley y su esposo Percy Shelley. ¿Qué aspectos de la vida de estos autores te parecen más apropiados a una novela o a una telenovela que a la realidad? ¿Puedes pensar en otros ejemplos en que la vida imita al arte, o en que la realidad es más extraña que la ficción?

2. Aunque las palabras *feminismo* y *sexismo* no aparecen en el ensayo, las ideas que representan se encuentran por todas partes. Discute este aspecto del ensayo. ¿Qué evidencia vemos del efecto del sexismo de su época sobre la vida de Mary Shelley? Mary Shelley vivió en el siglo XIX. ¿Sería (o no sería) diferente si viviera hoy? Explica.

3. Para la mayoría de las mujeres, la maternidad es la experiencia más bella del mundo. Según la teoría de Ferré, ¿por qué no fue así para Mary Shelley? A veces los críticos literarios proponen interpretaciones que no reflejan las ideas de un autor. ¿Es posible que la creación del monstruo no represente la maternidad? ¿Puedes pensar en otras posibilidades?

4. Rosario Ferré nos presenta dos aspectos del tema de la maternidad en "Frankenstein": uno personal y otro político. Discute estas dos interpretaciones. ¿Puedes pensar en otras metáforas posibles para la creación de un monstruo a quien después el creador mismo no puede controlar?

5. Es interesante imaginarse de dónde y cómo empiezan las grandes ideas artísticas. ¿Cuáles eran los varios elementos posibles que contribuyeron a la "gestación" o formación de Frankenstein en la mente de Mary Shelley? ¿Cuál es la gran ironía de la competencia entre los escritores en la villa aquel "verano tormentoso" de 1816?

6. Discute la actitud de Rosario Ferré con respecto a Mary Shelley que se refleja en la manera en que escribe sobre ella.

7. Mary Shelley escribió *Frankenstein* con el propósito de causar horror o aterrorizar a sus lectores. El género de terror, en películas y en novelas es siempre popular y es un género universal. En tu opinión, ¿por qué es tan popular? ¿Por qué nos gusta experimentar esta clase de terror? ¿Cuál es tu película o novela de terror predilecta?

## COMPOSICIÓN DIRIGIDA

1. Escribe un cuento original con el propósito de aterrorizar a los lectores. Después, la clase debe leer los cuentos y decidir cuál es el más horripilante.

2. "Frankenstein: Una versión política del mito de la maternidad" es parte de una colección de ensayos que se llama *Sitio a Eros*. La dedicatoria al libro es: "A mi hija, por la ferocidad de su esperanza". Si tú escribieras un libro, ¿qué clase de libro sería—novela, cuentos, ensayos, drama, poesía, biografía, sátira, consejos, etc.—? Describe o haz un resumen de tu libro. Escribe la dedicatoria al libro y explica por qué lo dedicaste así.

3. En la novela *Frankenstein,* una creación, el monstruo, está en conflicto con su propio creador, Víctor Frankenstein. Escribe un diálogo en el que un personaje de un libro o película se enfrenta con su escritor(a) y se queja de su vida.

## EXPRESÁNDONOS

1. Con un(a) compañero(a) de clase presenta un diálogo entre el monstruo Frankenstein de la novela y su creadora, Mary Shelley. El monstruo puede hacerle preguntas sobre su propia creación, expresar la falta de satisfacción con su vida, sugerirle cambios o una continuación a su historia. Sé imaginativo(a).

2. Con un(a) compañero(a) de clase, presenta un diálogo entre una mujer de hace un siglo, apenada por los obstáculos a sus ambiciones, y una mujer moderna, que le habla de los cambios en la condición de la mujer o tal vez también se queja de cosas que todavía se deben cambiar.

### Estrategia para leer

Rosario Ferré, en su ensayo sobre Mary Shelley, refleja el propósito de comunicarnos ciertas ideas literarias, filosóficas, o humanitarias. Jorge Ibargüengoitia, en su ensayo "Insultos modernos", tiene otros propósitos, muy diferentes.

Piensa en los insultos que se te ocurren cuando alguien te enoja. ¿Has considerado el verdadero significado y las implicaciones de las palabras que empleamos para insultar?

## JORGE IBARGÜENGOITIA

Jorge Ibargüengoitia (1928–1983) nació en Guanajuato, México. En sus propias palabras: "Mi padre y mi madre duraron veinte años de novios y dos de casados. Cuando mi padre murió yo tenía ocho meses y no lo recuerdo. Por las fotos deduzco que de él heredé las orejas. Ya adulto encontré una carta suya que yo podría haber escrito". Como Borges, Lorca, Matute y varios otros, se dio cuenta de su vocación literaria desde muy joven. Nos dice: "Escribí mi primera obra literaria a los seis años y la segunda a los veintitrés. Las dos se han perdido". Ha sido periodista, así como escritor de ensayos, dramas y novelas. El ensayo que sigue es de una colección titulada *Instrucciones para vivir en México*. Incluye artículos que Ibargüengoitia escribió para el periódico *Excélsior* entre 1969 y 1976.

### Insultos modernos: Reflexiones sobre un arte en decadencia (fragmento)

El director de la segunda escuela en que estuve, que era salvadoreño y ya viejo, tenía tres insultos predilectos: "patán"[14], "vulgarón" y "eres más papista que el Papa". Todos los que pasamos por 5 su escuela estábamos de acuerdo en que no había espectáculo más divertido que ver a don Alberto

---

14. **patán** hombre rústico y torpe *(country bumpkin, hick)*

amoratado[15], balbuceando[16] entre espumarajos[17]:

—¡Patán! ¡Vulgarón! ¡Eres más papista que el Papa!

10   En consecuencia gran parte de las acciones del alumnado estaban dirigidas a conseguir este fin.

Éste es un ejemplo de lo que es un insulto mal hecho y de las consecuencias que tiene emitirlo: el que insulta y falla está perdido, más le valiera 15 no haber insultado.

Si analizamos los tres insultos de don Alberto nos damos cuenta de que los dos primeros son palabras sonoras[18] que deberían tener cierta eficacia. Son deleznables[19] porque se usan poco 20 en México y porque se refieren a características del individuo que no son intrínsecas[20]: se puede ser inteligentísimo y portarse como un patán. Están dentro de la misma categoría que "groserote" o "ignorante". Son insultos suicidas.

25   El ser alguien más papista que el Papa es ineficaz porque resulta críptico[21] en un país en el que nadie le ha puesto peros a la autoridad papal y porque, además, no es posible hacer un insulto con tantas pes.

30 Sobre los insultos más usados cabe decir lo siguiente: son nacionales, automáticos e independientes del verdadero sentido de la frase.

Tomemos por ejemplo los tres grandes insultos mexicanos, palabrotas que no se pueden escribir 35 en estas páginas. Uno de ellos es la definición de rasgos bastante vagos en el carácter de la madre del insultado, que según el caso pueden coincidir o no con la realidad. Esta última alternativa carece de[22] importancia, porque el insulto, una vez 40 proferido, produce irremediablemente descargas de adrenalina en el insultado.

El segundo insulto es todavía más extraño: es una orden de ir a ejecutar ciertos actos. Orden que a nadie, en sus cinco sentidos, se le ocurriría 45 obedecer. Sin embargo, aparece un individuo sin ninguna autoridad, nos da la orden y en vez de entrar en el alegato[23] de "¿quién es usted para darme órdenes?", sacamos el fierro[24], si lo traemos, y le damos un tajo[25].

50   El tercer insulto, que sin ser tan grave es más doloroso, se refiere a las características mentales del sujeto al que va dirigido el insulto, cuya eficacia estriba[26] en que —a unos más y a otros menos, a unos esporádica y a otros 55 sistemáticamente—, a todos nos falla el coco[27].

*       *       *

No hay nada más aburrido que oír a dos personas insultarse siguiendo el orden acostumbrado, para acabar diciendo:

—¿Qué?

60   —¿Pos qué qué?

—Lo que quieras, buey.[28]

Al llegar a este punto nefasto, los contendientes llegan a las manos o empiezan a decir "deténganme, porque lo mato".

65   Otro defecto, probablemente el más grave, de los insultos tradicionales consiste en que no hacen mella[29] en la reputación del insultado. Es decir, nadie va a creer que un señor es lo que le dijeron. La reputación del insultado depende de su 70 reacción al insulto, no de la veracidad[30] del mismo.

Tampoco le dan autoridad al insultante. Nunca he oído decir:

—Fulano le dijo (aquí entra una bastante gorda[31]) a Zutano. Sus razones tendría.

75   Insultos que no tienen nada que ver con la

---

15. **amoratado** de color morado (purple) a causa de la ira o enojo

16. **balbuceando** hablando de una manera intermitente (stuttering)

17. **espumarajos** masa abundante de saliva que sale de la boca

18. **sonoras** ruidosas

19. **deleznables** que se rompe fácilmente, frágil

20. **intrínsecas** se aplica a lo que es propio de algo o de alguien por sí mismo, que no depende de circunstancias externas.

21. **críptico** oscuro, difícil de entender

22. **carece de** no tiene, le falta

23. **alegato** defensa, razonamiento (argument)

24. **fierro** arma de metal (blade)

25. **tajo** corte, herida hecha con un arma

26. **estriba** se apoya, depende

27. **coco** cabeza, inteligencia

28. **buey** toro castrado

29. **hacen mella** causan impresión; afectan

30. **veracidad** verdad

31. **una bastante gorda** un gran insulto

realidad, que son automáticos, . . . que no hacen mella y que no dan autoridad, deben ser desechados[32] y sustituidos por nuevos insultos—de los que trataré en fecha próxima—que aunque 80 resulten más laboriosos sean más eficaces.

## PREGUNTAS DE COMPRENSIÓN

1. ¿Quién era don Alberto?

2. ¿Cómo reaccionaban el autor y sus amigos a los insultos de don Alberto?

3. Según el autor, ¿qué efecto debe tener un "buen" insulto? ¿Por qué no son eficaces los insultos de don Alberto?

4. En tus propias palabras, ¿cuáles son las tres categorías de insultos tradicionales mexicanos?

5. ¿Qué no hacen estos insultos que deben hacer?

6. ¿Qué piensa inventar el autor algún día?

7. ¿Cuál es el propósito del autor al escribir este ensayo?

## PREGUNTAS DE DISCUSIÓN

1. ¿Cómo se caracterizan los insultos más comunes de nuestra cultura? ¿Son insultos eficaces según el criterio de Jorge Ibargüengoitia? Explica.

2. ¿Qué se revela de los valores o actitudes de una sociedad al estudiar sus insultos? Por ejemplo, ¿cuáles son las implicaciones del uso de términos sexuales para insultar?

3. Aquí tienes unos insultos en español. Trata de imaginar cuáles serían las expresiones en inglés que les corresponden.

a. Es más bruto que canuto. (Es más estúpido que un pedazo de caña *(sugar cane)*.

b. No sirve ni para levantar la tapa del inodoro *(toilet)*.

c. Es un ñame *(sweet potato)* con corbata.

d. Es tan bobo que si se cae come hierba.

e. Se hace el bobo a ver qué entierro le hacen.

f. Tiene una cabeza más dura que un adoquín (piedra rectangular que se usa para pavimentar calles).

g. Véte a freír espárragos.

h. Tiene aserrín *(sawdust)* en la cabeza.

i. Es un alcornoque *(cork tree)*.

j. Es un tronco de yuca.

k. Cambiado por tela metálica, se pierden los huequitos. *(If he were turned into a screen, he'd lose the little holes.)*

l. Es más vago que la quijada de arriba. (Es más perezoso, inútil que la mandíbula *(jaw)* superior.)

m. Es un cohete quemado. *(A burned out rocket, past its prime)*

---

32. **desechados** rechazados

## COMPOSICIÓN DIRIGIDA

1. Según Jorge Ibargüengoitia, un verdadero insulto debe dirigirse al carácter intrínseco del insultado, no a su madre o su nacionalidad, etc. Según este criterio, ¿cuáles son los peores insultos que puedes imaginar? Explica por qué. Imagínate los insultos posibles que Jorge Ibargüengoitia piensa inventar.

2. En "Insultos modernos", el autor se burla de un aspecto de su cultura: la manera de insultar. Escribe un ensayo en que te burlas de un aspecto de nuestra cultura.

## EXPRESÁNDONOS

Con un(a) compañero(a) de clase presenta una escena cómica en la que dos personas se enojan y se insultan. (Pero sin obscenidades ni palabrotas; ¡sean imaginativos!)

# GRAMÁTICA

## Las palabras interrogativas

### Ejemplos

a. ¿Qué es un patán?

b. ¿A quiénes insultaba don Alberto?

c. ¿Cuál es el peor insulto?

d. ¿Para qué se usa una palabrota? Se usa para insultar.

e. ¿Por qué dice Elena muchas palabrotas? Estará enojada.

f. ¿Dónde habrá oído la niña tales palabrotas?

g. ¿De quién se enamoró Mary Godwin?

h. ¿Cuándo se casaron? ¿En qué año?

i. ¿Cuántos hijos tuvo ella?

j. ¿Cómo se ganó la vida después de la muerte de Shelley?

k. ¿Quién creó un monstruo?

l. ¿De dónde viene el monstruo? ¿Adónde va?

### Función

La mayoría del uso de las palabras interrogativas es muy obvia. Pero observa los siguientes puntos:

#### Acentos

Las palabras interrogativas siempre llevan acentos.

**Preposiciones**

Cuando se usa con preposición, la preposición siempre se coloca *antes* de la palabra interrogativa. ¡Nunca, nunca, NUNCA se termina una frase española con una preposición! La frase inglesa *"Who are you going with?"* es incorrecta por dos razones:

- Cuando se refiere a un objeto, debe ser *"whom"* en vez de *"who"*.

- En inglés, igual que en español, no debemos terminar una frase con preposición. La frase debe ser: *"With whom are you going?"* *¿Con quién te vas?* *"Whom"* es equivalente a preposición + *quién* en español. La gramática inglesa en este caso tiene la misma regla que la española. La diferencia es que en español la regla se sigue siempre, pero no en inglés.

*¿Qué? y ¿Cuál?*

Estas dos palabras se confunden con frecuencia. Cuando el verbo es *ser*, *que* se usa sólo para pedir una definición o explicación:

—**¿Qué** es un manicomio?

—Es un hospital para locos.

—**¿Qué** es esto?

—Lo siento, mamá. Un monstruo entró en la cocina y tiró los platos por todas partes. No tengo la culpa.

*¿Cuál es?* se usa para todo lo demás:

**¿Cuál** es tu plato predilecto?

**¿Cuál** es tu número telefónico?

**¿Cuál** es la fecha?

*¿Cuál?* implica una selección y corresponde frecuentemente a *"which"* en inglés. Al preguntar *¿Cuál es la fecha?* el verdadero significado es: *¿Cuál, de todas las fechas posibles, es la fecha de hoy?* Observa que si se cambia el orden de las palabras, se usa *qué* antes de un sustantivo aunque indique una selección:

*¿Qué día es hoy? ¿Qué hora es?* La diferencia entre *¿Qué?* y *¿Cuál?* se ve claramente en los dos ejemplos que siguen:

—**¿Cuál** es tu número telefónico?

—Mi número telefónico es 555-1928.

—**¿Qué** es tu número telefónico?

—Mi número telefónico es la serie de siete números que se marcan para llamarme por teléfono.

Gramáticamente, las dos frases son correctas, pero el significado es diferente.

### *¿Por qué?* y *¿Para qué?*

Estas dos expresiones interrogativas reflejan la diferencia entre *por* y *para* (ve el Capítulo 8). *¿Por qué?* pregunta sobre el motivo o la causa. *¿Para qué?* pregunta sobre el propósito deseado:

—**¿Por qué** crearon un monstruo?

—Lo crearon porque querían saber si era posible crear la vida.

—**¿Para qué** crearon un monstruo?

—Lo crearon para tener una fuerza poderosa para emplear contra sus enemigos.

## Ejercicios

### A. Preguntas

Escribe preguntas posibles para cada respuesta. Por ejemplo:

Una cruz se usa para protegerse de los vampiros.

—*¿Qué se usa para protegerse de los vampiros?*

—*¿Para qué se usa una cruz?*

1. Mary respeta a su esposo por su gran talento.

   _____

2. Víctor construyó un hombre con partes de varios cadáveres.

   _____

3. En la película *Frankenstein,* Víctor creó al monstruo en su laboratorio.

   _____

4. Trabajó de noche porque no quería que nadie lo viera.

   _____

5. El monstruo era muy feo y andaba de una manera extraña.

   _____

6. La gente tenía miedo del monstruo y siempre huía de él.

   _____

7. El pobre monstruo sólo buscaba amigos.

_____

8. Las películas de terror son el género más popular entre los jóvenes.

_____

9. A los jóvenes les gusta asustarse.

_____

10. Se hizo otra versión de la película *Frankenstein* hace dos años.

_____

11. Según mi papá, la mejor película fue la que se hizo en el año 1942.

_____

## B. Expresándonos

1. Escribe tus propias diez respuestas. Léelas a la clase para que los otros piensen en preguntas apropiadas. Emplea tu imaginación. Tus respuestas deben provocar preguntas interesantes.

2. Selecciona una persona famosa de la que tienes gran curiosidad. (Puede ser una persona viva o muerta, real o ficticia.) Escribe una lista de preguntas que querrías hacerle. Presenta tu lista a la clase.

# Las palabras exclamativas

## Ejemplos

a. ¡Qué <u>grosero</u> es ese cómico! No deben permitirle actuar en la tele.

b. ¡<u>Cuánto</u> me ofenden sus insultos!

c. ¡<u>Cómo</u> habla! No utiliza más que palabrotas.

d. ¡<u>Cuán</u> ofensivas son sus palabras!

e. ¡<u>Cuánto</u> dinero gana!

f. ¡<u>Cuántas</u> palabrotas sabe ese niño!

g. ¡<u>Qué</u> chico más mal educado!

## Función

Las palabras exclamativas se usan para expresar emociones fuertes como asombro, enojo, miedo, alegría, etc. Acuérdate de la línea de "Romance de la luna, luna", de García Lorca: "¡Cómo canta la zumaya, / ay, cómo canta en el árbol!"

## Formación

- la palabra exclamativa + adjetivo o adverbio (Ejemplos a, d)

  **¡Qué** grosero . . . !

  **¡Cuán** ofensivas . . . !

- la palabra exclamativa + verbo (Ejemplos b, c)

  **¡Cuánto** me ofenden . . . !

  **¡Cómo** habla!

- la palabra exclamativa + sustantivo (Ejemplos e, f)

  **¡Cuánto** dinero . . . !

  **¡Cuántas** palabrotas . . . !

- la palabra exclamativa + sustantivo + *más* + adjetivo (Ejemplo g)

  **¡Qué** chico más mal educado!

Observa que la palabra exclamativa siempre lleva acento. Observa también que *cuánto(a), cuántos(as)* concuerdan en número y género con el sustantivo que sigue (Ejemplos e, f).

# Ejercicios

## A. ¡Qué exclamación más imaginativa!

Escribe una exclamación apropiada para cada individuo que sigue. Por ejemplo:

Ricitos de Oro, al sentarse en la silla del Papá Oso.

*¡Qué silla más grande!* o *¡Qué grande es esta silla!*

1. Caperucita Roja al ver los dientes del lobo disfrazado de la abuela.

_____

_____

2. Tarzán al ver a una mujer por primera vez.

_____

3. Víctor Frankenstein al darse cuenta de lo destructivo que es su monstruo.

_____

_____

4. La Cenicienta al ver el vestido que le da su Hada Madrina.

_____

_____

5. Odiseo al oír los cantos de las sirenas.

_____

6. Penélope al ver el gran número de pretendientes que quieren casarse con ella.

_____

7. Odiseo al ver que Circe está convirtiendo a sus hombres en cerdos.

_____

8. El Cid al oír que sus yernos habían maltratado a sus hijas.

_____

9. Borges al pensar en su encuentro consigo mismo.

_____

10. Neruda al conocer a Matilde por primera vez.

_____

11. Tus padres al ver tus notas.

_____

12. Un(a) aficionado(a) a la literatura al leer por primera vez una novela de García Márquez.

_____

## B. Traduce la frase al español

Emplea una palabra exclamativa.

1. Granny, what big eyes you have!

   _____

2. How much make-up that actress wears!

   _____

3. How short those skirts are!

   _____

4. What a crazy generation!

   _____

5. How lucky we are!

   _____

6. How much time Penelope has wasted, and how many tears she has shed
   *(derramado)*.

   _____

7. How sweet life is!

   _____

8. How many shoes Imelda Marcos had!

   _____

9. How jealous doña Juana was!

   _____

10. How many wives King Henry had!

    _____

11. What a dangerous competition!

    _____

# Los adjetivos y pronombres demostrativos

## Ejemplos

a. <u>Este</u> monstruo está hecho con partes de muchos cadáveres.

b. <u>Ese</u> monstruo lleva una capa negra.

c. <u>Aquel</u> monstruo se parece a un lobo, un animal.

d. <u>Esta</u> cara es deforme.

e. <u>Esa</u> cara es misteriosa y pálida.

f. <u>Aquella</u> cara necesita un buen barbero para afeitarla.

g. <u>Estos</u> pies están descalzos (no llevan zapatos).

h. <u>Esos</u> pies llevan zapatos elegantes.

i. <u>Aquellos</u> pies tienen uñas muy largas.

j. <u>Estas</u> manos son enormes.

k. <u>Esas</u> manos parecen casi delicadas.

l. <u>Aquellas</u> manos son muy peludas (tienen mucho pelo).

m. El primer monstruo se llama Frankenstein. <u>Éste</u> es mi favorito. <u>Ése</u> es el conde Drácula y <u>aquél</u> es el hombre lobo.

n. Un día de <u>éstos</u> quiero ver la película *Entrevista con el vampiro.*

o. El hombre lobo y el conde Drácula son igualmente peligrosos; <u>éste</u> se alimenta de sangre, <u>aquél</u> come la carne.

p. La gente siempre huye del monstruo Frankenstein. <u>Esto</u> le apena mucho. "No quiero hablar más de <u>eso</u>", dijo Víctor.

q. A Víctor, le gusta tener control sobre todo. <u>Aquello</u> me molesta muchísimo.

r. <u>Eso de</u> hablar tanto de monstruos me da un susto.

## Función

- Los adjetivos demostrativos acompañan el sustantivo y concuerdan con él en número y género (Ejemplos a-l).

- Los pronombres demostrativos se usan para sustituir al sustantivo (Ejemplos m, n, o).

> **Observa:** En el Ejemplo o, el uso de *éste* y *aquél* corresponde al uso inglés de *"the latter"* (*éste*, el que acabo de mencionar) y *"the former"* (*aquél*, el que se menciona primero).

- Los pronombres neutros, *esto, eso* y *aquello,* se usan para referirse a un concepto o a una idea, en vez de a un sustantivo concreto (Ejemplos p, q, r).
- Recuerda que también se puede usar *lo que* (ve el Capítulo 9) para referirse a una idea o concepto.

## Ejercicio

### Una discusión literaria

Adriana y Emilio miran y discuten retratos de tres autores. Para completar la frase, traduce las palabras inglesas al español.

Miguel de Unamuno    Isabel Allende    García Márquez

1. **EMILIO:** _____ *(This)* retrato es de Gabriel García Márquez,

   el autor predilecto de la profesora. Según ella _____ *(this)*

   hombre es el mejor escritor del siglo.

2. **ADRIANA:** _____ *(That)* autora chilena escribió mi novela

   favorita, *La casa de los espíritus.*

3. **EMILIO:** _____ *(These)* dos autores son latinoamericanos.

   _____ *(That one)* es Miguel de Unamuno, un español de

   Salamanca.

4. **ADRIANA:** Sí. Unamuno era profesor de la Universidad de Salamanca y pertenecía a

   la Generación del 98, los mejores escritores españoles de _____

   *(that)* época. Los otros dos autores son más modernos. Creo que

   _____ *(this)* generación de escritores latinos es la mejor.

5. **EMILIO:** _____ *(That)* es la verdad según la profesora. Para

   ella no hay mejor escritor que _____ *(this one)*.

6. **ADRIANA:** _____ *(The business about)* quién es el mejor

   escritor es difícil. Depende de los gustos literarios de cada lector.

# Repaso

## A. Las películas de terror

Completa la frase con la forma correcta del verbo. Selecciona entre el presente, el
pretérito, el imperfecto, los tiempos perfectos, los tiempos progresivos, el futuro, el
condicional, el presente del subjuntivo, el imperfecto del subjuntivo y el infinitivo.

1. Las historias de Frankenstein y otros monstruos se _____

   (escribir) hace muchos años.

2. Pero muchos _____ (seguir / hacer) nuevas versiones de estos

   cuentos en el cine de hoy.

3. Varios directores _____ (haber / hacer) versiones nuevas de

   *Frankenstein.*

4. Hace poco se _____ (hacer) una película llamada *El*

   *Frankenstein de Mary Shelley.* Se _____ (decir) que esta

   versión es más fiel a la novela.

5. En esta película Frankenstein (el monstruo) se _____

   (presentar) de una manera más sensible que en las películas anteriores.

6. En el pasado las películas de terror _____ (ser) más sencillas;

   hoy _____ (tener) más elementos psicológicos.

7. Este Frankenstein sólo quiere que otros lo _____ (querer) y lo

   _____ (aceptar) a pesar de su apariencia física. Le

   _____ (pedir) a la gente que no _____

   (huir) de él, pero no hay nadie que lo _____ (entender).

8. Frankenstein _____ (enojarse) con Víctor por

   _____ (haber / lo hacer) tan feo. Según el pobre monstruo no

   es justo que _____ (tener) una cara que

   _____ (espantar) a todos.

9. El monstruo busca una mujer que _____ (poder) aceptarlo

   como _____ (ser).

10. Por fin insiste en que Víctor _____ (crear) otro ser como él, y

    que _____ (ser) una mujer.

11. Víctor trata de _____ (hacer) lo que el monstruo le

    _____ (haber / pedir) pero no _____

    (resultar) bien.

12. Es imposible que esta película _____ (terminar) felizmente.

13. Otra versión moderna de una película vieja _____ (llamarse)

    *Lobo,* con Jack Nicholson. No hay nadie que _____ (hacer) el

    papel de un monstruo o un loco mejor que Jack Nicholson.

14. En *Lobo,* el protagonista tenía una vida tranquila hasta que un lobo lo

    _____ (morder).

15. Ahora, poco a poco, Jack _____ (estar / cambiar).

    Descubre que _____ (poder) hacer cosas que no

    _____ (poder) antes.

16. Los oídos y la nariz ahora le _____ (funcionar) como los de

    un animal y él puede sentir a una persona antes de que _____

    (acercarse) a él.

17. También Jack _____ (descubrir) un lado más salvaje, más

    animal, de sí mismo. Hasta ahora nunca _____ (haber /

    descubrir) este aspecto de su personalidad.

18. Su mujer se sorprende de que le _____ (prestar) más atención

    a ella.

19. Pero es una lástima que ella _____ (tener) un secreto

    vergonzoso: _____ (tener) un amante.

20. Dentro de poco Jack _____ (enterarse) de lo que

    _____ (estar / pasar) y _____ (reaccionar)

    de una manera interesante.

21. No les voy a _____ (contar) más porque quiero que ustedes

    _____ (ver) la película.

22. Basta con _____ (decir) que *Lobo* no es sólo una película de

    terror, sino también un estudio psicológico. Es posible que lo civilizado y lo

    primitivo se _____ (mezclar) siempre en el carácter humano.

## B. La voz pasiva con *se*

Emplea la voz pasiva con *se* para traducir las siguientes frases.

1. The story of Frankenstein was written over a century ago.

    _____

2. It was believed that a woman couldn't write as well as a man.

   _____

3. Therefore it was said that it was not Mary Shelley but rather her husband who wrote it.

   _____

4. Later the truth was revealed.

   _____

5. Today past injustices are well known.

   _____

6. Women are found in the arts and in all professions.

   _____

7. Discrimination is no longer accepted.

   _____

## C. Traduce la frase al español

Emplea _lo que_ y _lo_ + adjetivo en las frases que siguen.

1. What impeded Mary's progress was that she considered herself inferior to her husband.

   _____

2. The ironic thing is that she wrote _Frankenstein_ because of a competition.

   _____

3. The sad thing was that they didn't believe that she wrote it.

   _____

4. What fascinates me is that there are many possible interpretations.

   _____

5. What many horror stories have in common is an interest in the good and the bad in human nature.

   _____

# Capítulo 13

## *La vida y la muerte*

| | |
|---|---|
| **Lectura** | "Rebelde", Juana de Ibarbourou |
| | "En paz", Amado Nervo |
| **Gramática** | Los pronombres relativos; las palabras afirmativas |
| | y negativas |

## Vocabulario

**acariciar** tocar suave y cariñosamente algo o a alguien. Cuando Neruda <u>acariciaba</u> la cara de Matilde, era como adorarla con los dedos.

**alumbrar** dar luz, iluminar. De noche, la luna llena <u>alumbra</u> el cielo con una luz romántica.

**bendecir** desear bien a alguien; invocar la protección divina sobre personas, acontecimientos, cosas o lugares. Mi tía, que es muy religiosa, siempre me dice: "Que Dios te <u>bendiga</u>".

**conquistar** llegar a ser dueño de un lugar por medio de la fuerza o con armas; ganar el cariño de otro. Durante la Reconquista, El Cid y sus hombres <u>conquistaron</u> mucha tierra ocupada por los moros. Marilyn Monroe <u>conquistó</u> a muchos hombres con pura sensualidad.
**la conquista** acción y efecto de conquistar. La <u>conquista</u> de México por los españoles resultó en la destrucción del imperio azteca.

**merecer** cumplir con las condiciones para recibir un premio o un castigo; ser digno. La Madre Teresa <u>merece</u> el respeto del mundo entero por dedicar su vida al bienestar de los pobres.
**inmerecido, -a** se aplica al que no merece, que no es digno. A veces hay errores en el sistema judicial que resultan en castigos <u>inmerecidos</u>.

**la miel** sustancia dulce fabricada por las abejas (insectos de rayas amarillas y negras). Cuando estoy nerviosa tengo ganas de comer cosas dulces. A veces como <u>miel</u> sola, sin pan.

**el / la rebelde** una persona que lucha contra la autoridad. Los <u>rebeldes</u> ocuparon el edificio.
**rebelde** se aplica a una persona que lucha contra la autoridad. En los años sesenta, muchos alumnos <u>rebeldes</u> contra la Guerra de Vietnam ocuparon edificios de varias universidades y resistieron a la policía.

**rezar** dirigir palabras a Dios o a los santos, mentalmente o en voz alta, para pedir algo. Las madres <u>rezaban</u> cada día por el bienestar de sus hijos que luchaban en la guerra.

**el sabor** sensación que la comida produce en la boca, a través del sentido del gusto. La salsa tiene un <u>sabor</u> muy fuerte y picante. El chocolate es mi <u>sabor</u> predilecto.
   **sabroso, -a** que tiene buen sabor; rico, delicioso. "Prueba esta manzana; es muy <u>sabrosa</u>", le dijo la serpiente a Eva.

**salvaje** no domesticado, no civilizado. El tigre es un animal <u>salvaje</u>; no se le puede mantener en casa como a un perro o un gato.

**sombrío, -a** se aplica a un lugar que tiene una sombra desagradable, excesiva, o a una persona triste o pesimista. En las películas de terror, la casa del científico loco es siempre <u>sombría</u>.

## Ejercicios de vocabulario

### A. Completa la frase

Usa la palabra apropiada del vocabulario.

1. Cuando Odiseo se marchó para la guerra, Penélope _____ por

   el bienestar y seguridad de su esposo.

2. Penélope quería que los dioses _____ a Odiseo y a sus barcos

   para que volviera sano y salvo.

3. Penélope no permitió que los pretendientes la _____ con sus

   manos ansiosas porque permanecía fiel a Odiseo.

4. Según Claribel Alegría, Penélope, una mujer buena y fuerte,

   _____ un esposo más fiel que Odiseo.

5. Las sirenas _____ a muchos marineros con sus cantos dulces

   como la _____.

6. Después de la muerte de Clara, Esteban Trueba se convirtió en un hombre

   _____ y cínico, hasta que su nieta Alba le

   _____ la vida con la luz de su cariño.

7. Isabel Allende nos dice que en Chile los _____ contra el

   gobierno sufrieron mucho.

## B. Expresión personal

1. Cuando tienes que escoger entre cinco sabores de helado, ¿decides fácilmente o con gran dificultad? ¿Cuál es tu sabor predilecto?

2. ¿Puedes nombrar un drama, película, cuento o mito que tenga un ambiente sombrío?

3. ¿Te dejas conquistar fácilmente por una sonrisa atractiva o unos ojos románticos?

4. En tu opinión, ¿quién merece ser el hombre o la mujer del año?

5. ¿Rezas a veces? ¿Cuándo? ¿Crees que hay un Dios que oiga las oraciones de los seres humanos?

6. ¿Eres rebelde a veces contra la autoridad? ¿Qué circunstancias te hacen ser rebelde?

# LECTURA

## Estrategia para leer

Los dos poemas que siguen emplean la técnica poética que se llama "apóstrofe": el poeta se dirige directamente a alguien o a algo. En el primer poema, Juana de Ibarbourou habla a Caronte, quien, según el mito griego, es el barquero que lleva las almas de los que acababan de morir a través del río Estigia (Styx). Este río es la frontera (línea) entre la Tierra de los Vivos y la Tierra de los Muertos. En los dos poemas, nota el tono y la actitud del poeta con respecto al personaje a quien se dirige. Observa el uso de *tú* en vez de *usted*. ¿Tiene la misma implicación en los dos poemas?

## JUANA DE IBARBOUROU

Juana de Ibarbourou (1895–1979) nació en Melo, Uruguay. Logró una fama instantánea a la edad de 24 años con su primera colección de poemas, *Las lenguas de diamante.* En la obra de la joven poeta se refleja su gran amor por la naturaleza, la belleza y la vida misma. Es una celebración de vivir, amar y ser amada. El poema que sigue es de la colección *Obras completas.*

### Rebelde

Caronte: yo seré un escándalo en tu barca.
Mientras las otras sombras[1] recen, giman[2], o lloren,
y bajo tus miradas de siniestro patriarca
las tímidas y tristes, en bajo acento oren[3],

---

1. **sombra** aparición, fantasma o imagen de una persona muerta
2. **giman** expresen dolor por medio de sonidos o lamentos, se lamenten
3. **oren** recen *(orar es un sinónimo de rezar)*

5    yo iré como una alondra[4] cantando por el río
y llevaré a tu barca mi perfume salvaje,
e irradiaré[5] en las ondas[6] del arroyo[7] sombrío
como una azul linterna que alumbrará[8] en el viaje.

    Por más que tú no quieras, por más guiños[9] siniestros
10  que me hagan tus dos ojos, en el terror maestros,
Caronte, yo en tu barca seré como un escándalo.

    Y extenuada[10] de sombra, de valor y de frío,
cuando quieras dejarme a la orilla del río
me bajarán tus brazos cual[11] conquista de vándalo[12].

## PREGUNTAS DE COMPRENSIÓN

1. ¿Cómo son "las otras sombras" en la barca de Caronte?
2. ¿Cuál es la actitud de la narradora?
3. ¿Cómo es Caronte? ¿Qué palabras se emplean para crear esta impresión?
4. La poeta emplea tres metáforas para referirse a sí misma. ¿A qué se compara?

## PREGUNTAS DE DISCUSIÓN

1. Comenta el título del poema.
2. Discute la personalidad de la poeta. ¿Puedes imaginar cómo reaccionaría ella frente a varios problemas o situaciones de la vida? ¿Conoces a alguien como ella?

---

4. **alondra** pájaro conocido por su canto muy bello
5. **irradiaré** emitiré luz, daré luz
6. **ondas** olas, movimientos en la superficie del mar o de un río
7. **arroyo** río pequeño
8. **alumbrará** dará luz, iluminará, irradiará
9. **guiños** movimientos o gestos de la cara
10. **extenuada** debilitada
11. **cual** en esta frase significa "como"
12. **conquista de vándalo** prisionera de un bárbaro

## AMADO NERVO

Amado Nervo, escritor de poemas y de prosa, era también diplomático mexicano. Nació en México en 1870 y murió en Uruguay en 1919. Como Miguel de Unamuno, Nervo tenía un carácter religioso y espiritual, estudió en un seminario, pero no completó sus estudios religiosos. Su profunda espiritualidad y misticismo se reflejan en su obra literaria. También se encuentra una pasión amorosa, inspirada por Ana Cecilia Luisa Daillez, de quien Nervo se enamoró profundamente al conocerla en París en 1900. El poema que sigue se incluye en la colección *Elevación*.

### En Paz

*Artifex vitae, artifex sui*
*(Hacedor de la vida, hacedor de sí mismo)*

Muy cerca de mi ocaso[13], yo te bendigo, Vida,
porque nunca me diste ni esperanza fallida[14]
5  ni trabajos injustos, ni pena inmerecida;

porque veo al final de mi rudo camino
que yo fui el arquitecto de mi propio destino;
que si extraje las mieles o la hiel[15] de las cosas,
fue porque en ellas puse hiel o mieles sabrosas:
10  cuando planté rosales, coseché siempre rosas.

Cierto, a mis lozanías[16] va a seguir el invierno:
¡mas[17] tú no me dijiste que mayo fuese eterno!

Hallé sin duda largas las noches de mis penas;
mas no me prometiste tú sólo noches buenas;
15  y en cambio tuve algunas santamente serenas . . .

Amé, fui amado, el sol acarició mi faz.
¡Vida, nada me debes! ¡Vida, estamos en paz!

## PREGUNTAS DE COMPRENSIÓN

1. ¿En qué época de la vida está el poeta?
2. ¿A quién se dirige?
3. Por lo general, ¿cómo ha tratado la Vida al poeta?

---

13. **ocaso** puesta de sol, decadencia, anochecer, final
14. **fallida** frustrada, fracasada
15. **hiel** líquido amargo, bilis *(bile)*
16. **lozanía** vigor, vitalidad, frescura
17. **mas** pero

4. ¿Qué valor simbólico tienen las palabras siguientes?

   a. la miel

   b. la hiel

   c. el invierno

# Temas generales de los dos poemas

## PREGUNTAS DE DISCUSIÓN

1. Compara el tono emocional de los dos poemas con respecto a quien se dirige el (la) poeta. ¿Cómo logra cada poeta crear el ambiente deseado?

2. Discute las metáforas o imágenes que cada poeta emplea con respecto a sí mismo(a). ¿Cómo contribuyen al tema de cada poema?

3. Los dos poetas tienen algo en común en sus actitudes relativas a la vida. ¿Qué es? ¿Cómo contrastan sus actitudes relativas a la muerte?

4. El poeta de "En paz" se declara: "el arquitecto de mi propio destino". ¿Crees que recibimos o gozamos de la vida según lo que contribuimos a la vida? O, ¿hay un destino caprichoso que funciona sin justicia? Cita ejemplos para apoyar tu opinión. ¿Estaría de acuerdo Juana de Ibarbourou con Amado Nervo en que somos "el arquitecto" de nuestro destino?

## COMPOSICIÓN DIRIGIDA

La preocupación por la muerte es universal. Como se ve en estos dos poemas, la reacción a la idea de morir varía según el individuo. Se encuentra el mismo contraste en poemas escritos en inglés. Emily Dickinson escribió *"Because I could not stop for Death, He kindly stopped for me",* presentando la figura de la muerte como un chófer bondadoso. Dylan Thomas, en un poema a su padre que estaba muriendo, le dijo: *"Do not go gentle into that good night, Old age should burn and rave at close of day; Rage, rage against the dying of the light".*

Escribe un ensayo o un poema en el que describes tu propia filosofía sobre la muerte. ¿Con quién tienes más en común: Ibarbourou, Nervo, Dickinson o Thomas?

## EXPRESÁNDONOS

Con un(a) compañero(a) de clase presenta un debate entre un(a) optimista y un(a) pesimista sobre el valor de la vida. El (la) optimista debe pensar en el mayor número posible de modos de completar la frase: "La vida vale la pena porque . . ." o "La vida es justa porque . . ." El (la) pesimista debe empezar sus frases: "La vida apesta (huele mal) porque . . ." o "la vida es injusta porque . . ." Sé imaginativo(a). El debate puede ser serio, cómico o los dos.

# GRAMÁTICA

## Los pronombres relativos

### Ejemplos

a. Amado Nervo, <u>que</u> era un gran poeta, se enamoró de Ana Cecilia Luisa Daillez, con <u>quien</u> pasó diez años muy felices.

b. Ana Cecilia era la única mujer a la <u>que</u> amaba.

c. Juana de Ibarbourou, <u>quien</u> escribió poemas de amor, gozaba de un matrimonio muy feliz.

d. Juana, <u>cuyos</u> padres tuvieron varios hijos, era la menor.

e. El padre de Juana le recitaba poemas y, según ella, "ahí está <u>lo que</u> puede llamarse el génesis de mi vocación poética".

f. El tío de Juana, <u>el que</u> (el cual) también escribía versos, influyó mucho en ella.

g. De joven Juana asistió a una escuela religiosa, la disciplina de <u>la que</u> (la cual) no le gustaba a una niña tan imaginativa.

h. Alfonsina Storni y Gabriela Mistral, <u>quienes</u> también alcanzaron gran respeto por sus obras poéticas, eran contemporáneas de Juana.

i. Los poemas <u>que</u> leímos en este capítulo representan una reafirmación de la vida.

j. Ibarbourou vivió en un ambiente de amor desde <u>el que</u> podía celebrar la vida.

### Función

- *Que* se usa para referirse a personas o cosas (Ejemplos a, b, i).

- *Quien* y *quienes* se emplean sólo para referirse a personas (Ejemplos a, c, h). En los Ejemplos a, c, h, se puede usar *que* o *quien*. Cuando el pronombre relativo sigue a una preposición (Ejemplo a: *con quien)* sólo se puede emplear *quien* o *quienes*.

- *El que, la que, los que, las que* y *el cual, la cual, los cuales, las cuales* se usan para referirse a personas o a cosas. Concuerdan en número y en género con el sustantivo al que se refieren. Por eso se usan para aclarar cuando hay dos sustantivos (antecedentes) posibles, como en el Ejemplo f. Es claro que *el que (el cual)* se refiere al tío y no a Juana. *El que* y *el cual* (y sus varias formas) también se usan con frecuencia después de preposiciones. Es obligatorio emplearlos después de preposiciones de más de una sílaba. Por ejemplo:

  El poeta no se olvidará nunca de la ventana **desde la cual (desde la que)** vio a su amada por primera vez.

Es necesario emplear *la que* o *la cual* porque *desde* es una preposición de más de una sílaba (Ejemplo j).

- *El que, la que, los que* y *las que* se pueden usar en vez de *quien* o *quienes* en frases o refranes como:

    **El que** ríe último ríe mejor.

    **El que** a hierro mata a hierro muere.

    *(He who kills with a sword dies by the sword.)*

    **Al que** madruga, Dios le ayuda.

- *Lo que* y *lo cual,* como aprendiste en el Capítulo 9, se emplean para referirse a conceptos o ideas en vez de a un sustantivo con género y número:

    **Lo que** me gusta de la poesía de Juana de Ibarbourou es su pasión.

    Amado Nervo no se queja de la vida, **lo que (lo cual)** me parece admirable.

- *Cuyo(a), cuyos(as)* son adjetivos que muestran posesión. Concuerdan con el sustantivo que modifican (Ejemplo d).

## Ejercicio

### Completa la frase

Traduce las palabras inglesas al español.

1. Amado Nervo escribió un libro de poemas _____ *(that)* expresa su amor por Ana Cecilia.

2. En un poema de Nervo, el poeta comenta el carácter humano, observando que siempre queremos _____ *(what)* no podemos tener. _____ *(He who)* quiere a una mujer imposible la querrá con más ganas. Lo más fácil se rechaza, _____ *(which)* me parece irónico.

3. Juana de Ibarbourou, _____ *(whose)* hermanos murieron jóvenes, sólo tenía una hermana.

4. Lucas de Ibarbourou, el esposo de Juana, _____ *(who)* era militar, la llevó a vivir a varios sitios diferentes.

5. Este hombre, _____ *(with whom)* ella se casó a la edad de dieciocho años, era el gran amor de su vida.

6. Tuvieron un hijo _____ *(whom)* Juana llamaba su "mejor poema".

7. Juana gozaba de una vida feliz, _____ *(which)* le permitía

    escribir con tranquilidad.

8. _____ *(What)* me sorprende es la idea de que el (la) artista

    tenga que sufrir para escribir.

9. La perspectiva desde _____ *(which)* Juana escribe es optimista.

10. Gabriela Mistral, _____ *(whose)* vida fue trágica, expresa

    gran pena en su poesía, _____ *(which)* no es sorprendente.

11. _____ *(She who)* vive apenada, expresará su tristeza en su

    obra literaria.

# Las palabras afirmativas y negativas

## Ejemplos

| Las palabras afirmativas | Las palabras negativas |
|---|---|
| a. <u>Sí,</u> la vida es justa. | a. No, <u>no</u> es justa. |
| b. La vida nos promete <u>algo</u>. | b. La vida <u>no</u> nos promete <u>nada</u>. |
| c. <u>Todos</u> son arquitectos de su propio destino. | c. <u>Nadie</u> es arquitecto de su propio destino. |
| *o* | *o* |
| <u>Alguien</u> será arquitecto de su propio destino. | <u>No</u> hay <u>nadie</u> que sea arquitecto de su propio destino. |
| d. La vida <u>siempre</u> le presentaba desilusiones. | d. La vida <u>no</u> le presentaba <u>nunca</u> (<u>jamás</u>) desilusiones. |
| e. Tiene <u>algunas</u> esperanzas. | e. <u>No</u> tiene <u>ninguna</u> esperanza. |
| f. <u>Algunos</u> rezan por una vida perfecta. | f. <u>Ninguno</u> la alcanza. |
| g. Nervo es optimista. Yo lo soy <u>también</u>. | g. Nervo no es pesimista. <u>No</u> lo soy <u>tampoco</u>. |
| h. Es muy joven. <u>Todavía</u> cree que todo el mundo es bueno. | h. Es un joven sofisticado. <u>Ya no</u> cree que todo el mundo es bueno. |
| i. El cínico cuenta <u>más de</u> cien problemas sin remedio. | i. <u>No</u> puedo nombrar <u>más que</u> uno: la muerte. |
| j. Tiene dinero <u>y</u> amor. | j. <u>No</u> tiene <u>ni</u> dinero <u>ni</u> amor. |
| k. Quiere ser <u>o</u> poeta <u>o</u> profesor. | k. <u>No</u> quiere ser <u>ni</u> poeta <u>ni</u> profesor. |
| l. A Juana de Ibarbourou le encanta la vida. Quiere sobrevivir <u>de cualquier modo</u>. | l. No acepto la muerte. ¡<u>De ningún modo</u>! ¡<u>De ninguna manera</u>! |

## Función

*Alguno* y *ninguno* se usan como adjetivos (Ejemplo e) y como pronombres (Ejemplo f).

- **Adjetivos**

  Me parece que hay **algunas** injusticias en la vida, pero según el poeta no hay **ninguna** "pena inmerecida" ni **ningún** destino injusto.

- **Pronombres**

  **Algunos** se quejan de la vida pero **ninguno** quiere morir.

---

### Observa:

1. La forma negativa *ninguno(a)* se usa casi siempre en el singular.
2. Se omite la *o* de *ninguno* y de *alguno* antes de un sustantivo masculino singular *(ningún destino, algún poema)*.
3. A veces se coloca *alguno* o *ninguno* después del sustantivo: No tengo *duda ninguna*.

---

**El doble negativo** se usa con frecuencia:

**No** se queja **nunca.**

**No** culpa a **nadie.**

---

**Observa:** Cuando *nadie* sirve de objeto en vez de sujeto, hay que emplear la *a personal*.

---

Cuando se usa la palabra negativa antes del verbo se usa sólo un negativo:

**Nunca** se queja. A **nadie** culpa.

## Ejercicios

### A. Filosofías de la vida

Traduce las palabras inglesas al español empleando la palabra afirmativa o negativa apropiada.

1. Hay_____ *(some)* personas optimistas y otras pesimistas pero

   no hay _____ *(anyone)* que siempre esté contento y que no se

   queje _____ *(never)*.

2. Pues, no hay _____ *(any)* hombre real que sea así, pero sí hay

   _____ *(someone)* ficticio.

3. Se llama Elwood P. Dowd y es protagonista de *Harvey,* una película antigua de

   James Stewart. Elwood es como los cronopios: no hay _____

   *(anything)* que le desanime. _____ *(Neither)* los insultos

   _____ *(nor)* el egoísmo de otros le molestan. Puede encontrar

   lo bueno en _____ *(any)* persona o situación.

4. Hace años Elwood se quejaba y se molestaba como los demás pero un día

   _____ *(someone)* le aconsejó: "Elwood, en esta vida hay que

   ser _____ *(either)* bien inteligente _____

   *(or)* bien simpático. Así Elwood _____ *(no longer)* se enoja

   como antes, sino que acepta la vida con tranquilidad.

5. Hay _____ *(something)* en la vida de Elwood que, según

   _____ *(some)* personas, indica que está loco: Elwood ve a

   _____ *(someone)* que _____ *(no)* otra

   persona puede ver: Harvey.

6. Harvey no es _____ *(neither)* ser humano

   _____ *(nor)* fantasma, sino un enorme conejo blanco,

   invisible a _____ *(everyone)* menos a Elwood.

7. Elwood no tiene _____ *(any)* duda respecto a la realidad de

   su amigo. Aunque _____ *(no one)* salvo Elwood puede ver a

   Harvey, hay _____ *(some people)* que llegan a aceptarlo

   como real.

8. ¿Has visto _____ *(any)* película de James Stewart? Muchos

jóvenes no lo conocen porque pertenece a la generación de sus abuelos. Pero

_____ *(some)* de tus amigos lo habrán visto en *Es una vida*

*maravillosa,* una película que se ve varias veces por Navidad.

9. Pero en *Es una vida maravillosa,* James Stewart no es tan feliz como Elwood.

Tiene _____ *(some)* problemas económicos y personales y

_____ *(no longer)* quiere vivir. No encuentra

_____ *(any)* placer _____ *(or)* valor en su

vida y decide suicidarse. No es optimista como Elwood.

¡_____! *(No way!)* ¡Elwood no pensaría

_____ *(ever)* suicidarse! ¡_____! *(Neither*

*would I!)* Me gusta demasiado la vida.

10. Estoy de acuerdo con la poeta de "Rebelde", que _____

*(neither)* desea _____ *(nor)* acepta la muerte.

## B. Expresión personal

Contesta usando las palabras afirmativas o negativas.

1. ¿Tienes algunas dudas relativas a la vida eterna (el más allá)?

_____

2. ¿Hay alguien que sepa de seguro lo que pasa después de la muerte?

_____

3. ¿Has visto alguna vez un conejo más alto que un hombre?

_____

4. ¿Conoces personalmente a alguien que haya visto algo que otros no ven?

_____

5. ¿Hay algo cómico en el poema "En paz"?

_____

6. ¿Hay alguien que haya vuelto de la muerte?

_____

7. ¿Quieres un examen difícil o imposible?

_____

8. No me gustan los exámenes. ¿Te gustan a ti?

_____

9. ¿Mereces algún castigo por haber dicho la verdad?

_____

10. ¿Todavía temes las mismas cosas que cuando eras muy joven?

_____

# Repaso

## A. El vicio de levantarse temprano

Completa la frase con la forma correcta del verbo según el sentido de la frase. Selecciona entre el presente, el pretérito, el imperfecto, los tiempos perfectos, los tiempos progresivos, el futuro, el condicional, el presente del subjuntivo, el imperfecto del subjuntivo, los mandatos, el gerundio y el infinitivo.

1. ¿_____ (Acordarse) (tú) de Jorge Ibargüengoitia, cuyo ensayo

    nosotros _____ (leer) en el Capítulo 12?

2. Hace muchos años, el Sr. Ibargüengoitia _____ (escribir) para

    *Excélsior,* un periódico mexicano. No hay duda de que él _____

    (haber / escribir) muchos artículos y ensayos excelentes.

3. En un ensayo suyo, _____ (burlarse) de los que celebran la

    costumbre de _____ (levantarse) temprano.

4. Según Ibargüengoitia, no hay costumbre que _____ (ser) más

    pesada.

5. Después de _____ (leer) un artículo que es "una especie de oda

   a los que _____ (levantarse) temprano", Ibargüengoitia nos dice:

   "Esta lectura, me _____ (haber / hacer) llegar a la conclusión

   de que, francamente, _____ (levantarse) temprano no sólo

   _____ (ser) muy desagradable sino completamente idiota".

6. Los que tienen que _____ (levantarse) antes de que les

   _____ (dar) la gana llegan a _____ (ser)

   "un grupo social de descontentos". Están de mal humor y "si no

   _____ (tener) la tendencia de _____

   (quedarse) dormidos con cualquier pretexto en cualquier postura" se volverían

   violentos.

7. Según el ensayista, es posible que muchos de los males del mundo

   _____ (haber / resultar) de esta maldita costumbre.

8. Ibargüengoitia dice que es una lástima que la ciudad _____

   (empezar) a funcionar a una hora de la que nada bueno puede esperarse.

9. En otro ensayo, "Recuerdos del alma mater", Ibargüengoitia

   _____ (estar / burlarse) de la educación que

   _____ (recibir) de niño.

10. Nos cuenta de un profesor que hace años _____ (alcanzar)

    gran "fama por _____ (haber / aprender) de memoria las

    tablas de logaritmos del uno al cien". Este profesor _____

    (pasar) tres años en un manicomio (hospital para locos) donde

    "_____ (estar / seguir) un tratamiento especial que los

    médicos le _____ (dar) para que _____

    (volver) a olvidarlas".

11. Después, Ibargüengoitia habla de los profesores que le _____

(enseñar) en la universidad. Había uno que siempre _____

(hablar) de una manera ininteligible. Otro, que _____ (ser)

italiano, "_____ (pasar) cuarenta años de su vida

_____ (dar) clase en la Universidad Nacional de México en

su idioma, convencido de que _____ (estar / hablar) en

español".

12. En otra clase los alumnos no _____ (molestarse) en estudiar

para el examen final porque sabían que el profesor "_____

(tener) la costumbre de _____ (recoger) las hojas del examen,

_____ (salir) a la calle _____ (llevar / las,

*gerundio*) bajo el brazo y _____ (arrojar / las, *gerundio*) en

un bote de basura que _____ (estar) en la esquina".

## B. Los comparativos y superlativos
Traduce las palabras inglesas al español.

1. Según Ibargüengoitia, levantarse temprano es _____ *(the

worst punishment)* que hay.

2. Los que se levantan temprano por gusto son _____ *(more

annoying than)* los que lo hacen a la fuerza.

3. El profesor que memorizó las tablas de logaritmos era _____

*(the craziest of all).*

4. Los ensayos de Ibargüengoitia son _____ *(as funny as)* los de

James Thurber.

5. Los dos ensayos de Ibargüengoitia me parecen _____ *(easier

than)* el de Rosario Ferré.

## C. Completa la frase

Usa la preposición apropiada.

1. Mi hijo estaría _____ acuerdo _____ el

   Sr. Ibargüengoitia. Nunca se ha acostumbrado _____

   levantarse temprano.

2. Aun cuando tiene una cita importante, se niega _____

   levantarse hasta el último momento.

3. A veces yo trato _____ despertarlo, pero es un trabajo muy

   pesado.

4. Insiste _____ acostarse tan tarde que, a la hora de levantarse,

   él acaba _____ dormirse.

5. Mi hijo sueña _____ tener un empleo que no empiece hasta

   las cuatro de la tarde.

# Capítulo 14

## *La solidaridad y la soledad*

| | |
|---|---|
| **Lectura** | "El ahogado más hermoso del mundo", de *La increíble y triste historia de la cándida Eréndira y de su abuela desalmada,* de Gabriel García Márquez |
| **Gramática** | La verdadera voz pasiva; el uso del artículo definido; el género de los sustantivos |

## Vocabulario

**ajeno, -a** se aplica a lo que no es de uno, lo que es de otra persona. La Sra. Pérez es una chismosa; le gusta hablar de los secretos de otra gente. Ella siempre trata de enterarse de asuntos <u>ajenos</u>.

**el aliento** respiración, aire que sale al respirar; ánimo, valentía. Me quedé sin <u>aliento</u> por puro miedo al ver la tarántula en mi cama.

**apresurarse** darse prisa. Siempre se acuesta tarde, se despierta tarde y tiene que <u>apresurarse</u> para llegar a tiempo.

**el bobo, la boba** tonto(a), persona de poca inteligencia. Ese <u>bobo</u> todavía cree que los bebés llegan por medio de un pájaro enorme.

**escaso, -a** en poca cantidad, raro. Hay personas que pueden memorizar un libro después de leerlo una sola vez, pero son <u>escasas</u>.

**la espalda** la parte posterior del cuerpo humano, que va desde la cabeza hasta la cintura. Al tratar de levantar esta mesa tan pesada, me dañé la <u>espalda</u>.

**estorbar** poner obstáculos a la realización de algo; frustrar, impedir; causar molestia o fastidio a alguien. Mi hermanito y sus amigos hacían mucho ruido, lo que me <u>estorbaba</u> para estudiar.
    **el estorbo** persona o cosa que estorba. El egoísmo es un <u>estorbo</u> enorme para establecer una relación íntima.

**estremecer(se)** hacer temblar una cosa. El terremoto <u>estremeció</u> las casas. Las ventanas <u>se estremecen</u> cuando hay muchos truenos *(thunder)*.
    **estremecerse** hacer que alguien tiemble de frío, emoción, etc. La mujer <u>se estremeció</u> al ver a su esposo porque ella creía que él había muerto hace años.

**el hombro** la parte del cuerpo humano entre el cuello y el brazo. El pirata tiene un loro (pájaro que habla) en el <u>hombro</u>.

**el huérfano, la huérfana** niño(a) sin padres. Oliver Twist es un <u>huérfano</u> famoso de una novela de Charles Dickens; se le murió la madre y no conoce al padre.

**el hueso** cada una de las partes del esqueleto. La Vieja Madre Hubbard buscaba un <u>hueso</u> para dárselo a su perro.

**indefenso, -a** sin medios suficientes para defenderse. La ciudad se quedó <u>indefensa</u> contra el ataque del poderoso enemigo.

**manso, -a** no agresivo, dulce; dócil, sumiso. Mis perros son cariñosos y <u>mansos</u>; no le harían daño a nadie.

**menesteroso, -a** se aplica a la persona a quien le falta lo necesario para vivir; necesitado; pobre. A este pobre niño no sólo le falta dinero, tampoco tiene a alguien que lo quiera. Es tan <u>menesteroso</u> en el sentido económico como en el sentido emocional.

**mezquino, -a** innoble, vil; se aplica a la persona a quien le faltan rasgos generosos o nobles. Un hombre que maltrata a los indefensos, los niños o los animales es <u>mezquino</u>.

**el naufragio** acción de hundirse un barco por accidente. El <u>naufragio</u> del crucero *Titanic* fue una tragedia enorme; casi todos los pasajeros murieron ahogados.

**la piel** lo que cubre el cuerpo del ser humano o del animal. La <u>piel</u> de los rubios es muy sensible a los efectos del sol.

**la porquería** suciedad, basura; grosería, indecencia. De joven, Juan quería ser presidente pero la <u>porquería</u> del mundo político lo desanimó.

**sigiloso, -a** secreto, silencioso. El cáncer es una enfermedad <u>sigilosa</u>; se desarrolla por algún tiempo dentro del cuerpo humano sin que la persona sepa que está allí.

**soltar (ue)** liberar, poner en libertad. Lo <u>soltaron</u> después de descubrir que se habían equivocado; era un hombre inocente.

**tropezar (ie) (con)** dar con los pies a un obstáculo al caminar, perdiendo el equilibrio. Al levantarme de la cama <u>tropecé con</u> los platos que había dejado en el suelo y me caí.
   **el tropiezo** estorbo, impedimento en el camino o en la realización de algo. La falta de organización ha sido el gran <u>tropiezo</u> de mi vida.

**la uña** la parte dura que protege los extremos de los dedos. Esa actriz tiene las <u>uñas</u> rojas y tan largas que le estorban cuando trabaja con las manos.

## Ejercicios de vocabulario

### A. Completa la frase

Usa la palabra apropiada del vocabulario.

1. Los habitantes de la Isla de Gilligan son víctimas de un

   _____ en el que su barco se perdió.

2. Hubo una tempestad con vientos tan fuertes que todo el barco

   _____, tirando a todos al suelo antes de hundirse.

3. Durante la tempestad el mar se puso violento pero ahora está

   _____ y tranquilo.

4. Los sobrevivientes se encontraron en una isla, y al principio se estremecieron con

   temor al verse sin protección contra los animales salvajes y el mal tiempo. Se

   sentían _____.

5. Uno de ellos _____ con un árbol caído y se cayó. Se hizo

   daño en la _____ y no pudo trabajar por varios días.

6. Después vieron los _____ de las víctimas de otro naufragio,

   que había muerto hacía mucho tiempo. La isla parecía un lugar peligroso.

7. Pero pronto descubrieron que la isla era un paraíso. No les faltaba nada, ni

   comida, ni hogares, ni diversión. Todos tenían lo que necesitaban; nadie era

   _____.

8. Un día capturaron un gato salvaje, pensando matarlo, comer la carne y utilizar la

   _____ para fabricar ropa. Pero después sintieron compasión y

   _____ al animal para que pudiera volver a la selva.

9. La vida de la isla era muy agradable. No había relojes y por eso no tenían que

   _____ para llegar a ninguna parte a tiempo.

10. No había nadie en la isla que robara ni dañara a otros; no había gente

    _____ como se encuentra en el mundo civilizado.

11. Los apuros eran _____ en esta vida idealizada; casi no

    existían.

12. Gilligan es un _____ que hace tonterías con frecuencia.

13. Mi papá decía que los programas como *Gilligan* eran una

    _____ sin ningún valor. Según él, la televisión es una

    amenaza sutil y _____ para el desarrollo mental de los niños.

## B. Expresión personal

1. Nombra algunos huérfanos famosos del cine y de la literatura.

2. Para ti, ¿cuál es el estorbo más grande de tu vida?

3. ¿Te preocupas mucho por problemas ajenos? ¿De quién?

4. ¿Te parece que las uñas largas son un estorbo? ¿Qué simbolizan las uñas largas y pintadas en nuestra sociedad? ¿Te gustan?

5. De toda la literatura y las películas, ¿quién es el personaje más mezquino?

6. ¿Crees que nos apresuramos demasiado en los quehaceres diarios? ¿Es diferente en otras culturas? ¿Prefieres una vida más tranquila? ¿Dónde se encuentra?

7. Se dice que la mayoría de lo que se ve en la televisión es una porquería. ¿Estás de acuerdo? Explica.

8. Se dice que es típico de la naturaleza humana darles menos cariño a las personas que lo necesitan más, las más menesterosas desde un punto de vista emocional. ¿Te parece verdad? Explica.

# LECTURA

### Estrategia para leer

En el Capítulo 6 leíste "La peste del insomnio", un fragmento de *Cien años de soledad* de Gabriel García Márquez. Ya hemos discutido varios aspectos del realismo mágico de este autor. En "El ahogado más hermoso del mundo" entramos de nuevo en el encanto de lo maravilloso. Aquí los elementos mágicos se asocian con un tema muy cercano al corazón del autor: la solidaridad del ser humano. Al leer el cuento, trata de apreciar el cariño que contiene. Presta atención también a las varias transformaciones que se encuentran. Sobre todo, ¡disfruta!

## GABRIEL GARCÍA MÁRQUEZ

Ya conociste a Gabriel García Márquez en el Capítulo 6. "El ahogado más hermoso del mundo" se encuentra en *La increíble y triste historia de la cándida Eréndida y de su abuela desalmada* (1972), una colección de cuentos fenomenales, algunos escritos antes de *Cien años de soledad* (1967), sugiriendo la maravilla que seguiría, y otros, como "El ahogado más hermoso del mundo" (1968), escritos un poco después.

# El ahogado más hermoso del mundo

Los primeros niños que vieron el promontorio[1] oscuro y sigiloso que se acercaba por el mar, se hicieron la ilusión de que era un barco enemigo. Después vieron que no llevaba banderas ni
5 arboladura[2], y pensaron que fuera una ballena[3]. Pero cuando quedó varado[4] en la playa le quitaron los matorrales de sargazos[5], los filamentos de medusas y los restos de cardúmenes[6] y naufragios que llevaba encima, y sólo entonces descubrieron
10 que era un ahogado.

Habían jugado con él toda la tarde, enterrándolo y desenterrándolo en la arena, cuando alguien los vio por casualidad y dio la voz de alarma en el pueblo. Los hombres que lo cargaron hasta la casa
15 más próxima notaron que pesaba más que todos los muertos conocidos, casi tanto como un caballo, y se dijeron que tal vez había estado demasiado tiempo a la deriva[7] y el agua se le había metido dentro de los huesos. Cuando lo
20 tendieron en el suelo vieron que había sido mucho más grande que todos los hombres, pues apenas si cabía en la casa, pero pensaron que tal vez la facultad de seguir creciendo después de la muerte estaba en la naturaleza de ciertos ahogados. Tenía
25 el olor del mar, y sólo la forma permitía suponer que era el cadáver de un ser humano, porque su piel estaba revestida de una coraza[8] de rémora[9] y de lodo[10].

No tuvieron que limpiarle la cara para saber que
30 era un muerto ajeno. El pueblo tenía apenas unas veinte casas de tablas, con patios de piedras sin flores, desperdigadas[11] en el extremo de un cabo desértico. La tierra era tan escasa, que las madres andaban siempre con el temor de que el viento se
35 llevara a los niños, y a los pocos muertos que les iban causando los años tenían que tirarlos en los acantilados[12]. Pero el mar era manso y pródigo, y todos los hombres cabían en siete botes. Así que cuando encontraron el ahogado les bastó con
40 mirarse los unos a los otros para darse cuenta de que estaban completos.

Aquella noche no salieron a trabajar en el mar. Mientras los hombres averiguaban si no faltaba alguien en los pueblos vecinos, las mujeres se
45 quedaron cuidando al ahogado. Le quitaron el lodo con tapones[13] de esparto[14], le desenredaron[15] del cabello los abrojos[16] submarinos y le rasparon[17] la rémora con fierros de desescamar pescados[18]. A medida que lo hacían, notaron que su vegetación
50 era de océanos remotos y de aguas profundas, y que sus ropas estaban en piltrafas[19], como si hubiera navegado por entre laberintos de corales. Notaron también que sobrellevaba[20] la muerte con altivez[21], pues no tenía el semblante solitario de los
55 otros ahogados del mar, ni tampoco la catadura sórdida y menesterosa de los ahogados fluviales. Pero solamente cuando acabaron de limpiarlo tuvieron conciencia de la clase de hombre que era, y entonces se quedaron sin aliento. No sólo era el
60 más alto, el más fuerte, el más viril y el mejor armado[22] que habían visto jamás, sino que todavía cuando lo estaban viendo no les cabía en la imaginación.

No encontraron en el pueblo una cama bastante

---

1. **promontorio** bulto, cuerpo
2. **arboladura** *masts and rigging of a ship*
3. **ballena** mamífero enorme que vive en el mar (*whale*)
4. **varado** se aplica a un barco detenido porque su fondo toca rocas o arena, etc. (*run aground*)
5. **matorrales de sargazos** algas; plantas que flotan en el mar
6. **cardúmenes** banco de peces
7. **a la deriva** se aplica al barco desorientado, que anda por el mar sin dirección determinada
8. **coraza** cubierta dura; cascarón (*shell, covering*)
9. **rémora** pez marino que tiene una boca que se adhiere a los objetos flotantes
10. **lodo** mezcla de tierra y agua
11. **desperdigadas** separadas, no juntas

12. **acantilados** cortes verticales en un terreno (*cliffs*)
13. **tapones** *plugs*
14. **esparto** hierba seca
15. **desenredaron** *untangled*
16. **abrojos** plantas con espinas
17. **rasparon** *scraped off*
18. **fierros de desescamar pescados** utensilios que se usan para limpiar pescados
19. **piltrafas** *shreds*
20. **sobrellevaba** toleraba; soportaba; sufría
21. **altivez** orgullo; altanería
22. **armado** unido

65 grande para tenderlo ni una mesa bastante sólida
para velarlo. No le vinieron los pantalones de
fiesta de los hombres más altos, ni las camisas
dominicales de los más corpulentos, ni los
zapatos del mejor plantado. Fascinadas por su
70 desproporción y su hermosura, las mujeres
decidieron entonces hacerle unos pantalones con
un buen pedazo de vela cangreja[23], y una camisa
de bramante[24] de novia, para que pudiera
continuar su muerte con dignidad. Mientras
75 cosían sentadas en círculo, contemplando el
cadáver entre puntada[25] y puntada, les parecía
que el viento no había sido nunca tan tenaz ni el
Caribe había estado nunca tan ansioso como
aquella noche, y suponían que esos cambios
80 tenían algo que ver con el muerto. Pensaban que
si aquel hombre magnífico hubiera vivido en el
pueblo, su casa habría tenido las puertas más
anchas, el techo más alto y el piso más firme, y
el bastidor[26] de su cama habría sido de cuadernas
85 maestras[27] con pernos[28] de hierro, y su mujer
habría sido la más feliz. Pensaban que habría
tenido tanta autoridad que hubiera sacado los
peces del mar con sólo llamarlos por sus
nombres, y habría puesto tanto empeño en el
90 trabajo que hubiera hecho brotar[29] manantiales[30]
de entre las piedras más áridas y hubiera podido
sembrar flores en los acantilados. Lo compararon
en secreto con sus propios hombres, pensando
que no serían capaces de hacer en toda una vida
95 lo que aquél era capaz de hacer en una noche, y
terminaron por repudiarlos en el fondo de sus
corazones como los seres más escuálidos y
mezquinos de la tierra. Andaban extraviadas[31]
por esos dédalos[32] de fantasía, cuando la más

100 vieja de las mujeres, que por ser la más vieja había
contemplado al ahogado con menos pasión que
compasión, suspiró:
—Tiene cara de llamarse Esteban.
Era verdad. A la mayoría le bastó con mirarlo
105 otra vez para comprender que no podía tener otro
nombre. Las más porfiadas[33], que eran las más
jóvenes, se mantuvieron con la ilusión de que al
ponerle la ropa, tendido entre flores y con unos
zapatos de charol, pudiera llamarse Lautaro. Pero
110 fue una ilusión vana. El lienzo resultó escaso, los
pantalones mal cortados y peor cosidos le
quedaron estrechos, y las fuerzas ocultas de su
corazón hacían saltar los botones de la camisa.
Después de la media noche se adelgazaron[34] los
115 silbidos[35] del viento y el mar cayó en el sopor[36] del
miércoles. El silencio acabó con las últimas dudas:
era Esteban. Las mujeres que lo habían vestido, las
que lo habían peinado, las que le habían cortado
las uñas y raspado la barba no pudieron reprimir
120 un estremecimiento de compasión, cuando
tuvieron que resignarse a dejarlo tirado por los
suelos. Fue entonces cuando comprendieron
cuánto debió haber sido de infeliz con aquel
cuerpo descomunal[37], si hasta después de muerto
125 le estorbaba. Lo vieron condenado en vida a pasar
de medio lado por las puertas, a descalabrarse[38]
con los travesaños[39], a permanecer de pie en las
visitas sin saber qué hacer con sus tiernas y
rosadas manos de buey de mar, mientras la dueña
130 de casa buscaba la silla más resistente[40] y le
suplicaba muerta de miedo siéntese aquí Esteban,
hágame el favor, y él recostado[41] contra las
paredes, sonriendo, no se preocupe señora, así
estoy bien, con los talones[42] en carne viva[43] y las

---

23. **vela cangreja** *triangular sail*
24. **bramante** tipo de tela muy fina
25. **puntada** *stitch*
26. **bastidor** estructura rectangular que sirve de soporte a
    una cama
27. **cuadernas maestras** *midship frames*
28. **pernos** *bolts*
29. **brotar** fluir un líquido de un lugar
30. **manantiales** fuentes naturales de agua
31. **extraviadas** perdidas
32. **dédalos** laberintos

33. **porfiadas** insistentes, obstinadas
34. **se adelgazaron** se hicieron o pusieron delgados,
    disminuyeron
35. **silbidos** sonidos muy agudos
36. **sopor** se aplica al estado de quien tiene sueño o no está
    bien despierto
37. **descomunal** enorme, fenomenal; fuera de lo normal
38. **descalabrarse** herir gravemente en la cabeza
39. **travesaños** piezas de madera que unen dos partes
    opuestas
40. **resistente** fuerte
41. **recostado** inclinado *(leaning)*
42. **talón** parte posterior del pie humano
43. **en carne viva** herida sin piel

135 espaldas escaldadas⁴⁴ de tanto repetir lo mismo
en todas las visitas, no se preocupe señora, así
estoy bien, sólo para no pasar por la vergüenza
de desbaratar⁴⁵ la silla, y acaso sin haber sabido
nunca que quienes le decían no te vayas Esteban,
140 espérate siquiera hasta que hierva el café, eran
los mismos que después susurraban⁴⁶ ya se fue el
bobo grande, qué bueno, ya se fue el tonto
hermoso. Esto pensaban las mujeres frente al
cadáver un poco antes del amanecer. Más tarde,
145 cuando le taparon⁴⁷ la cara con un pañuelo para
que no le molestara la luz, lo vieron tan muerto
para siempre, tan indefenso, tan parecido a sus
hombres, que se les abrieron las primeras
grietas⁴⁸ de lágrimas en el corazón. Fue una de
150 las más jóvenes la que empezó a sollozar⁴⁹. Las
otras, alentándose⁵⁰ entre sí, pasaron de los
suspiros a los lamentos, y mientras más
sollozaban más deseos sentían de llorar, porque
el ahogado se les iba volviendo cada vez más
155 Esteban, hasta que lo lloraron tanto que fue el
hombre más desvalido⁵¹ de la tierra, el más
manso y el más servicial, el pobre Esteban. Así
que cuando los hombres volvieron con la noticia
de que el ahogado no era tampoco de los pueblos
160 vecinos, ellas sintieron un vacío de júbilo entre
las lágrimas.
—¡Bendito sea Dios —suspiraron—: es
nuestro!

Los hombres creyeron que aquellos
165 aspavientos⁵² no eran más que frivolidades de
mujer. Cansados de las tortuosas averiguaciones de
la noche, lo único que querían era quitarse de una
vez el estorbo del intruso antes de que prendiera el
sol bravo de aquel día árido y sin viento.
170 Improvisaron unas angarillas⁵³ con restos de
trinquetes⁵⁴ y botavaras⁵⁵, y las amarraron con
carlingas de altura, para que resistieran el peso del
cuerpo hasta los acantilados. Quisieron
encadenarle a los tobillos⁵⁶ un ancla⁵⁷ de buque
175 mercante para que fondeara⁵⁸ sin tropiezos en los
mares más profundos donde los peces son ciegos y
los buzos⁵⁹ se mueren de nostalgia, de manera que
las malas corrientes no fueran a devolverlo a la
orilla, como había sucedido con otros cuerpos.
180 Pero mientras más se apresuraban, más cosas se
les ocurrían a las mujeres para perder el tiempo.
Andaban como gallinas asustadas picoteando
amuletos de mar en los arcones, unas estorbando
aquí porque querían ponerle al ahogado los
185 escapularios⁶⁰ del buen viento, otras estorbando
allá para abrocharle una pulsera de orientación, y
al cabo de tanto quítate de ahí mujer, ponte donde
no estorbes, mira que casi me haces caer sobre el
difunto, a los hombres se les subieron al hígado las
190 suspicacias⁶¹, y empezaron a rezongar⁶² que con
qué objeto tanta ferretería de altar mayor para un
forastero, si por muchos estoperoles⁶³ y

---

44. **escaldadas** rojas; calientes
45. **desbaratar** deshacer, romper
46. **susurraban** murmuraban, hablaban en voz baja
47. **taparon** cubrieron
48. **grietas** *cracks*
49. **sollozar** llorar muy fuerte
50. **alentándose** animándose (*recovering, coming to*)
51. **desvalido** desgraciado; menesteroso

52. **aspavientos** demostraciones exageradas (*fuss*)
53. **angarillas** *stretchers*
54. **trinquetes** *sails*
55. **botavaras** palos horizontales
56. **tobillo** parte del cuerpo humano que une la pierna con el pie
57. **ancla** instrumento de hierro que se echa al mar para que no se mueva el barco
58. **fondeara** llegara al fondo del mar
59. **buzos** personas que trabajan o andan sumergidas en el agua
60. **escapulario** pedazo de tela que se lleva como objeto devoto, sagrado
61. **se les subieron al hígado las suspicacias** empezaron a estar sospechosos, desconfiados
62. **rezongar** protestar, manifestar disgusto
63. **estoperoles** clavos (*nails*)

calderetas[64] que llevara encima se lo iban a masticar los tiburones[65], pero ellas seguían tripotando[66] sus reliquias de pacotilla[67], llevando y trayendo, tropezando, mientras se les iba en suspiros lo que no se les iba en lágrimas, así que los hombres terminaron por despotricar[68] que de cuándo acá semejante alboroto por un muerto al garete[69], un ahogado de nadie, un fiambre[70] de mierda. Una de las mujeres, mortificada por tanta indolencia, le quitó entonces al cadáver el pañuelo de la cara, y también los hombres se quedaron sin aliento.

Era Esteban. No hubo que repetirlo para que lo reconocieran. Si les hubieran dicho Sir Walter Raleigh, quizás, hasta ellos se habrían impresionado con su acento de gringo[71], con su guacamaya[72] en el hombro, con su arcabuz[73] de matar caníbales, pero Esteban solamente podía ser uno en el mundo, y allí estaba tirado como un sábalo[74], sin botines[75], con unos pantalones de sietemesino[76] y esas uñas rocallosas[77] que sólo podían cortarse a cuchillo. Bastó con que le quitaran el pañuelo de la cara para darse cuenta de que estaba avergonzado, de que no tenía la culpa de ser tan grande, ni tan pesado ni tan hermoso, y si hubiera sabido que aquello iba a suceder habría buscado un lugar más discreto para ahogarse, en serio, me hubiera amarrado[78] yo mismo un áncora[79] de galeón en el cuello y hubiera trastabillado[80] como quien no quiere la cosa en los acantilados, para no andar ahora estorbando con este muerto de miércoles, como ustedes dicen, para no molestar a nadie con esta porquería de fiambre que no tiene nada que ver conmigo. Había tanta verdad en su modo de estar, que hasta los hombres más suspicaces[81], los que sentían amargas las minuciosas noches del mar temiendo que sus mujeres se cansaran de soñar con ellos para soñar con los ahogados, hasta ésos, y otros más duros, se estremecieron en los tuétanos[82] con la sinceridad de Esteban.

Fue así como le hicieron los funerales más espléndidos que podían concebirse para un ahogado expósito[83]. Algunas mujeres que habían ido a buscar flores en los pueblos vecinos regresaron con otras que no creían lo que les contaban, y éstas se fueron por más flores cuando vieron al muerto, y llevaron más y más, hasta que hubo tantas flores y tanta gente que apenas si se podía caminar. A última hora les dolió devolverlo huérfano a las aguas, y le eligieron un padre y una madre entre los mejores, y otros se le hicieron hermanos, tíos y primos, así que a través de él todos los habitantes del pueblo terminaron por ser parientes entre sí. Algunos marineros que oyeron el llanto a la distancia perdieron la certeza del rumbo[84], y se supo de uno que se hizo amarrar[85] al palo mayor[86], recordando antiguas fábulas de sirenas. Mientras se disputaban el privilegio de llevarlo en hombros por la pendiente escarpada[87] de los acantilados, hombres y mujeres tuvieron conciencia por primera vez de la desolación de sus calles, la aridez de sus patios, la estrechez de sus sueños, frente al esplendor y la hermosura de su ahogado. Lo soltaron sin ancla, para que volviera si quería, y cuando lo quisiera, y todos retuvieron el aliento durante la fracción de siglos que demoró[88] la caída del cuerpo hasta el abismo. No tuvieron necesidad de mirarse los unos a los otros para darse cuenta de que ya no estaban completos,

---

64. **alderetas** recipientes de agua bendita
65. **tiburones** animales muy feroces del mar (*sharks*)
66. **tripotando** *piling on*
67. **de pacotilla** de poca calidad (*shoddy, cheap*)
68. **despotricar** decir todo lo que piensan
69. **al garete** a la deriva, flotando
70. **fiambre** carne fría
71. **gringo** norteamericano
72. **guacamaya** ave de colores vivos
73. **arcabuz** arma de fuego antigua
74. **sábalo** clase de ballena (*whale*)
75. **botines** zapatos
76. **sietemesino** se dice del niño que nace a los siete meses, demasiado pequeño (*runt*)

77. **rocallosas** como rocas o piedras
78. **amarrado** unido
79. **áncora** ancla, instrumento de hierro que se echa al mar para que no se mueva el barco
80. **trastabillado** *staggered, stumbled*
81. **suspicaces** sospechosos
82. **tuétanos** sustancia blanda que se encuentra dentro de los huesos (*marrow*)
83. **expósito** niño abandonado por los padres
84. **rumbo** ruta, orientación
85. **amarrar** atar
86. **palo mayor** *main mast*
87. **pendiente escarpada** *steep incline*
88. **demoró** se detuvo; se atrasó (*delayed*)

ni volverían a estarlo jamás. Pero también sabían que todo sería diferente desde entonces, que sus
265 casas iban a tener las puertas más anchas, los techos más altos, los pisos más firmes, para que el recuerdo de Esteban pudiera andar por todas partes sin tropezar con los travesaños, y que nadie se atreviera a susurrar en el futuro ya
270 murió el bobo grande, qué lástima, ya murió el tonto hermoso, porque ellos iban a pintar las fachadas[89] de colores alegres para eternizar la memoria de Esteban, y se iban a romper el espinazo[90] excavando manantiales en las piedras
275 y sembrando flores en los acantilados, para que

en los amaneceres de los años venturos[91] los pasajeros de los grandes barcos despertaran sofocados por un olor de jardines en altamar, y el capitán tuviera que bajar de su alcázar[92] con su
280 uniforme de gala, con su astrolabio[93], su estrella polar y su ristra[94] de medallas de guerra, y señalando el promontorio[95] de rosas en el horizonte del Caribe dijera en catorce idiomas, miren allá, donde el viento es ahora tan manso que
285 se queda a dormir debajo de las camas, allá, donde el sol brilla tanto que no saben hacia dónde girar los girasoles[96], sí, allá, es el pueblo de Esteban.

89. **fachada** exterior de la casa
90. **espinazo** columna vertebral

91. **venturos** futuros
92. **alcázar** espacio en la cubierta superior del barco
93. **astrolabio** aparato antiguo para medir la altura de las estrellas o astros
94. **ristra** serie
95. **promontorio** monte, elevación en la tierra
96. **girasoles** flores grandes amarillas que se vuelven hacia el sol

## PREGUNTAS DE COMPRENSIÓN

1. ¿Cómo reaccionan los niños al encontrar al ahogado? ¿Por qué no es evidente desde el principio que es el cadáver de un ser humano?

2. Cuando los hombres del pueblo lo ven, ¿qué característica extraña o rara del ahogado se nota en seguida?

3. Antes de ver la cara del ahogado, ¿cómo sabe la gente del pueblo que no es uno de los suyos?

4. Después de llevar al ahogado a una casa, ¿qué hacen los hombres? ¿Las mujeres?

5. Al limpiarlo, ¿qué características físicas y espirituales del ahogado se descubren?

6. Mientras las mujeres cosen ropa para el ahogado, se notan cambios en el viento y el mar. ¿Qué cambios se notan? ¿Qué se implica aquí en referencia al ahogado?

7. ¿Qué visión se forma en la imaginación de las mujeres de cómo habría sido la vida del ahogado? (Incluye las imágenes alegres al igual que los problemas que habría sufrido.)

8. ¿Cómo se llama el ahogado? ¿Por qué?

9. Al descubrir que el ahogado no pertenece a ningún otro pueblo, ¿cómo reaccionan las mujeres? ¿Por qué? ¿Cuál es la reacción de los hombres?

10. ¿Qué acción de las mujeres resulta en un cambio dramático en las emociones de los hombres?

11. ¿Cómo son los funerales del ahogado? ¿Qué hace la gente para que Esteban esté menos solo?

12. ¿Qué referencia a *La Odisea* se encuentra en el cuento?

## PREGUNTAS DE DISCUSIÓN

1. Discute las distintas reacciones emocionales de las mujeres con respecto al ahogado. Discute las distintas reacciones de los hombres. Comenta los aspectos realistas y los aspectos mágicos de sus reacciones.

2. En la página 305 las mujeres dicen "Bendito sea Dios, es nuestro". Discute el significado y las implicaciones de esta frase.

3. Discute el simbolismo y el significado de los funerales de Esteban. ¿Qué predicción hace el narrador con respecto a la vida del pueblo en el futuro? Discute el significado de esta visión del futuro.

4. Comenta el estilo de la narración y el narrador. Describe la actitud o el tono con el que el narrador nos presenta a los personajes.

5. "El ahogado más hermoso del mundo" es un cuento de transformaciones. La idea de una transformación mágica se encuentra en mitos, leyendas y literatura clásica y popular: la rana o la bestia que se convierte en un príncipe; don Alonso Quijano se transforma al renombrarse don Quijote de la Mancha; Circe convierte a los hombres en cerdos; en "La metamorfosis" de Kafka, Gregorio Samsa se convierte en un insecto enorme. Discute otros ejemplos de transformaciones en obras clásicas, en mitos, relatos religiosos, folklore, y en la cultura moderna. ¿Por qué te parece que este tema es tan universal?

6. ¿Qué elementos míticos se encuentran en "El ahogado más hermoso del mundo"? ¿Qué comentario se hace sobre el poder de los mitos? ¿Puedes nombrar figuras míticas de nuestra sociedad? ¿Hay mitos modernos?

## COMPOSICIÓN DIRIGIDA

1. En un ensayo bien organizado analiza el tema de la solidaridad humana contra la soledad. Discute las varias transformaciones en el cuento en términos de la solidaridad.

2. Escribe un cuento corto en el que un personaje se haya transformado. Puede ser una transformación por ideales como en *Don Quijote,* maravillosa como en "El ahogado más hermoso del mundo", grotesca y absurda como en "La metamorfosis", o divertida.

3. Escribe tu propio mito.

## EXPRESÁNDONOS

1. Tú y tus compañeros de clase son varios parientes de Esteban que asisten a los funerales. Antes de devolverlo al mar, háblale del efecto que ha tenido sobre tu vida y sobre la vida del pueblo.

2. La soledad o aislamiento entre personas es un problema universal; la solidaridad es un gran consuelo y una fuerza para el bienestar humano. Presenta a la clase un ejemplo de solidaridad humana y un ejemplo de soledad. Los ejemplos pueden ser personales, políticos, históricos, literarios, etc.

# GRAMÁTICA

## La verdadera voz pasiva

### Ejemplos

a. La literatura de García Márquez <u>es admirada por</u> todo el mundo.

b. El cuento <u>fue escrito por</u> García Márquez en 1968.

c. Esteban <u>fue llevado</u> al pueblo <u>por</u> el mar.

d. Las mujeres del pueblo <u>son afectadas por</u> la sinceridad que se ve en la cara de Esteban.

e. Todo el pueblo <u>es transformado por</u> la solidaridad.

f. Las casas del pueblo <u>serán pintadas por</u> sus dueños.

### Función

La verdadera voz pasiva, como la voz pasiva con *se* (ve el Capítulo 1), se usa cuando el sujeto de la frase no *hace* la acción, sino que *recibe* la acción del verbo. En otras palabras, el sujeto es *pasivo*. La diferencia principal entre la verdadera voz pasiva y la voz pasiva con *se* es que usamos la verdadera voz pasiva cuando queremos incluir al hacedor o agente de una acción, cuando decimos quién lo hizo. Compara:

**Se escribió** *Cien años de soledad* en 1967.

*Cien años de soledad* **fue escrito por** García Márquez.

La información que quiero comunicar en la primera frase es *cuándo* se escribió. No es necesario mencionar quién escribió el libro. En la segunda frase quiero comunicar *quién* lo escribió. Por eso se usa la verdadera voz pasiva.

### Formación

sujeto de la frase + la forma apropiada del verbo *ser* + el participio pasado + *por* + el que o la que hace la acción

La novela **fue escrita por** García Márquez.

---

**Observa:**

- El verbo *ser* puede estar en cualquier tiempo verbal según el significado de la frase.

- El participio pasado aquí se usa como un adjetivo. Por eso tiene que concordar en número y género con el sujeto.

- *Por* indica *quién* o *qué* es responsable de la acción, *quién* o *qué* lo hizo. A veces se usa *de* en vez de *por* cuando el verbo expresa una emoción. En el Ejemplo a, se puede decir: *La literatura de García Márquez **es admirada de** todo el mundo.*

---

# Ejercicios

## A. Un cuento de García Márquez

Transforma la frase de la voz activa a la verdadera voz pasiva. Emplea el mismo tiempo verbal que aparece en cada frase.

1. Muchas personas leen los cuentos de García Márquez.

   _____

2. Sus lectores lo aman y los críticos literarios lo respetan.

   _____

3. Muchos alumnos estudian "El ahogado más hermoso del mundo".

   _____

4. Al principio nadie reconoció al ahogado.

   _____

5. Por fin toda la gente lo amaba.

   _____

6. Todo el mundo asistió al entierro del ahogado.

   _____

7. Los parientes adoptivos soltaron al ahogado y el cuerpo se cayó al mar.

   _____

8. La visita del ahogado afectó a todos.

   _____

9. La gente no se olvidará del ahogado.

   _____

10. Cada generación contará la leyenda del ahogado a sus hijos.

    _____

## B. Contesta la pregunta

Usa la verdadera voz pasiva.

1. ¿Quiénes encontraron al ahogado?

   _____

2. ¿Quiénes lo prepararon para el entierro?

   _____

3. Al principio, ¿quiénes no lo aceptaron?

   _____

4. ¿Quién cambió el ambiente del pueblo?

   _____

5. ¿Quién creó estos personajes amables?

   _____

## C. La obra de García Márquez

Traduce la frase al español. Usa la verdadera voz pasiva.

1. The best literature is written by Latin American authors.

   _____

2. García Márquez was influenced by Kafka.

   _____

3. Much of García Márquez's work used to be translated by Gregory Rabassa.

   _____

4. Many readers are moved by the affection they find in his stories.

   _____

5. His books will be read and loved by future generations.

   _____

# El uso del artículo definido

## Ejemplos

a. <u>El</u> sábado vamos al Repertorio Español para ver *Eréndira.* Siempre presentan un drama <u>los</u> sábados.

b. <u>El</u> señor García Márquez recibió el premio Nobel.

c. <u>La</u> literatura y <u>el</u> arte son grandes pasiones de los latinoamericanos. En un poema de Neruda está claro que <u>el</u> perro es el mejor amigo del hombre.

d. <u>El</u> español es la lengua de la gran literatura y del amor.

e. El ahogado no llevaba nada en los pies. Había perdido <u>los</u> zapatos.

f. <u>La</u> Ibarbourou escribió poemas llenos de vida. <u>La</u> Julia es famosa por su belleza.

g. <u>La</u> Argentina es la patria de Jorge Luis Borges. Mario Vargas Llosa viene <u>del</u> Perú.

h. Actualmente <u>los</u> García Márquez viven en Colombia.

i. <u>El</u> ahogado era un desconocido que llegó a ser pariente de todos. <u>El</u> poder resulta de la solidaridad del pueblo.

j. En *Eréndira,* de García Márquez, se venden naranjas mágicas que valen un millón de dólares <u>la</u> docena.

## Función

Los ejemplos de arriba ilustran las diferencias en el uso del artículo definido entre el inglés y el español. Las explicaciones que siguen corresponden a los Ejemplos a-j. El artículo definido se usa:

- Con los días de la semana, excepto después del verbo *ser: Es sábado.*

- Con títulos de personas: *Sr., Sra., Doctor, Profesor, etc.,* excepto cuando se habla directamente a la persona: *¿Quisiera sentarse por aquí, Sr. García Márquez?* El artículo tampoco se usa con los títulos *don, doña, san, santo y santa.*

- Con palabras generales o abstractas: *la religión, la ciencia, la solidaridad, la soledad, el amor, la fe.* Con sustantivos tomados en sentido general: *los perros, etc.*

- Con lenguas, excepto después de *aprender, enseñar, estudiar, hablar, de* o *en: Habla español y ahora quiere estudiar italiano.*

- Para hablar de la ropa o de partes del cuerpo humano, el artículo definido se usa en vez del posesivo, excepto cuando el posesivo es necesario para aclarar:

    Me pongo **los** zapatos.

    Mi hija se pone **mis** zapatos cuando juega a ser mamá.

- A veces con nombres o apellidos de mujeres famosas.

- Con el nombre de ciertos países* y sitios: *la Argentina, el Brasil, el Canadá, la China, el Ecuador, la Florida, la India, el Paraguay, el Perú, el Uruguay, el Bronx.*

- Con los apellidos. Observa que se usa el artículo plural pero no hay ningún cambio en la forma del apellido.

*Hoy día, es cada vez más común ver el nombre de los países sin el artículo definido.

- Con adjetivos o infinitivos para emplearlos como sustantivos:

    **El** ahogado = el hombre que se ahogó.

    **La** loca (Juana la loca) = la mujer loca.

    **El** saber = la acción o efecto de saber.

- Para referirse a una cantidad. Tiene el significado de *cada*.

    El perfume cuesta cincuenta dólares **la** onza.

---

**Observa:** *El* se usa en vez de *la* antes de sustantivos femeninos que empiezan con una *a* acentuada: *el alma, el agua, el alba, el hambre, el hacha.* Estos sustantivos continúan siendo femeninos: *Las almas buenas; El agua es clara.*

---

## Ejercicios

### A. Traduce la frase al español

1. *Of Love and Other Demons* is a novel by Sr. García Márquez.

    _____

2. Love is a frequent theme of the author.

    _____

3. I just bought a copy on Monday.

    _____

4. In this novel the protagonist is a young girl. Her leg hurts because she was bitten by a dog.

    _____

    _____

5. She becomes so sick that her father almost loses faith.

    _____

6. A priest sees the girl and is obsessed. The obsessed man tries to help her.

_____

_____

7. Books from Peru and Argentina are very expensive. You can pay $20 or $30 a copy.

_____

_____

8. What is your favorite course, Professor Jiménez? Latin American Literature, of course!

_____

_____

## B. Tus propias frases

Escribe diez frases originales para ilustrar los diez ejemplos del uso del artículo definido.

1. _____

2. _____

3. _____

4. _____

5. _____

6. _____

7. _____

8. _____

9. _____

10. _____

# El género de los sustantivos

## Los sustantivos que terminan en *-a, -ie, -dad, -tad, -umbre, -ción, -sión* o *-tud*

Éstos generalmente son femeninos.

### Ejemplos

a. <u>La historia</u> de Esteban es conmovedora.

b. El ahogado flotaba en <u>la superficie</u> del mar.

c. <u>La solidaridad</u> transforma el pueblo.

d. Me impresiona <u>la lealtad</u> que muestra el pueblo hacia el ahogado.

e <u>La costumbre</u> del pueblo es enterrar a los muertos en el acantilado.

f. Los "parientes" que asisten a los funerales de Esteban son <u>una manifestación</u> del amor y de la solidaridad.

g. <u>La procesión</u> fúnebre era solemne y bella a la vez.

h. <u>La actitud</u> que se refleja en gran parte de la obra del Sr. García Márquez es la de aceptar en vez de juzgar al ser humano.

### Excepciones

el día, el mapa

## Los sustantivos que terminan en *-o* y *-aje*

Éstos son masculinos.

### Ejemplos

<u>Los personajes</u> de García Márquez son inolvidables y reflejan <u>el cariño</u> del autor.

### Excepción

la mano

## Los sustantivos que terminan en *-ma*

Por lo general son masculinos y muchos de éstos vienen de la lengua griega.

### Ejemplos

a. <u>El drama</u> cuenta la historia de un poeta que pasa toda la vida escribiendo <u>un poema</u>.

b. <u>El tema del poema</u> es la infinidad, presentada detalle por detalle.

c. <u>El problema</u> con <u>este sistema</u> es que es largo y aburrido.

### Excepciones

la rama, la trama

## Los sustantivos que terminan en *-ista*

Éstos se refieren a personas y pueden ser o masculinos o femeninos, sin cambiar la forma de la palabra; sólo se cambia el artículo.

### Ejemplos

a. García Márquez es el novelista favorito de la profesora.

b. Isabel Allende es también una novelista del realismo mágico.

> **Observa:** *La persona* y *la víctima* siempre son femeninas, aunque se refieran a un hombre:
>
> El rey Midas fue **la víctima** de su propia avaricia.

## Ejercicio

### La violencia

Completa la frase con la forma apropiada del artículo definido *(el, la, los, las)*. Cambia los adjetivos que están entre paréntesis al género apropiado si es necesario.

1. En _____ cuento de García Márquez que se llama "Un día de

   éstos", _____ protagonista es dentista.

2. _____ personajes de este cuento dicen poco pero expresan

   mucho con pocas palabras.

3. _____ felicidad no existe en el pueblo a causa de las guerras

   civiles. _____ violencia es tan frecuente que casi parece una

   costumbre de la cultura.

4. _____ superficie _____ (frío) y

   _____ (tranquilo) del dentista oculta

   _____ emociones fuertes que tiene adentro.

5. _____ tensión _____ (dramático) del

   cuento aumenta cuando un enemigo político busca la ayuda del dentista.

6. _____ drama de _____ situación se basa

en _____ dilema del dentista: ayudar o no al enemigo.

7. _____ crueldad no es normalmente un elemento de

_____ personalidad del dentista. _____

alma de este hombre es _____ (compasivo) pero es difícil

mantener _____ compasión en un ambiente de violencia.

8. En un sentido emocional _____ dentista es víctima de

_____ revolución sin fin de su país.

# Repaso

## A. El cariño marquesiano

Completa la frase con la forma correcta del verbo según el sentido de la frase. Selecciona entre el presente, el pretérito, el imperfecto, los tiempos perfectos, los tiempos progresivos, el futuro, el condicional, el presente del subjuntivo, el imperfecto del subjuntivo y el infinitivo.

1. Una característica predominante de la literatura de García Márquez es el amor y

   respeto por el ser humano que se _____ (expresar) por medio

   de sus personajes.

2. No hay mejor ejemplo del amor que el autor _____ (sentir)

   por sus personajes que el coronel de *El coronel no tiene quien le escriba*.

3. El coronel y su esposa llevan una vida difícil; _____ (ser)

   pobres y les _____ (hacer) falta su hijo Augustín.

4. Augustín se les _____ (morir) hace un año. Fue

   _____ (asesinar) por la policía por _____

   (distribuir) hojas clandestinas contra el gobierno.

5. Ahora los padres _____ (seguir / lamentarse). Es como si una

   parte de ellos _____ (haber / morir) con el hijo.

6. El coronel es un veterano. Cuando _____ (ser) joven

   _____ (haber / luchar) en la guerra civil colombiana. Era

   imposible que ningún lado _____ (ganar) en aquella guerra.

   Todos _____ (perder).

7. Ahora el coronel _____ (ir) todos los viernes al correo,

   esperando que le _____ (llegar) su pensión de veterano.

8. Hace quince años que el coronel _____ (esperar) sin

   _____ (recibir) nada.

9. Su mujer teme que ellos no _____ (poder) comprar comida

   porque les _____ (faltar) dinero. Ella quiere que el coronel

   _____ (vender) un gallo que _____

   (haber / pertenecer) a Augustín.

10. Don Sabas, un hombre rico, le _____ (haber / ofrecer) mucho

    dinero pero el coronel _____ (negarse) a venderlo.

11. La mujer _____ (quejarse) de que "Ahora todo el mundo sabe

    que nosotros _____ (estar / morirse) de hambre".

12. Según el coronel, cuando _____ (llegar) su pensión de

    veterano no _____ (tener) más problemas. Él está seguro de

    que _____ (llegar) el próximo viernes.

13. Si el coronel tuviera el dinero de la pensión de veterano, no

    _____ (tener) que vender el gallo.

14. Según el coronel, a causa de _____ (haber / esperar) tanto, ya

    no _____ (poder) faltar mucho más. No duda que el gobierno

    le _____ (mandar) el dinero que le debe.

15. A pesar de todos los apuros que le _____ (apenar), el coronel

    _____ (mantener) su gran dignidad.

16. No hay nadie que _____ (ser) más optimista que el coronel.

    Claro está que su optimismo y paciencia _____ (ser)

    características muy agradables.

17. Aunque _____ (estar / sufrir), el coronel todavía cree que "La

    vida es la mejor cosa que se _____ (haber / inventar)".

## B. Contesta la pregunta

Emplea los complementos directos e indirectos.

1. ¿Quién mató a Augustín?

    _____

2. ¿Le ha mandado el gobierno la pensión al coronel?

    _____

3. ¿Quién le ofreció mucho dinero al coronel?

    _____

4. ¿Quiere el coronel vender el gallo a don Sabas?

    _____

5. ¿Quién representa la gran dignidad del ser humano?

    _____

6. ¿Te conmueve el espíritu del coronel?

    _____

## C. *Ser* y *estar*

Completa la frase con la forma correcta de *ser* o *estar* según el sentido de la frase.

1. Los únicos personajes que no _____ respetados por García

   Márquez _____ los hipócritas y los explotadores.

2. La Mamá Grande, de *Los funerales de la Mamá Grande,*

   _____ una explotadora porque vivía del trabajo de otros.

3. Cuando la Mamá Grande _____ muriéndose, no había nadie

   que _____ triste.

4. Aunque ella _____ pálida y muy enferma, muchos no creían

   que ella _____ mortal porque _____ tan

   poderosa.

5. Ahora la Mamá Grande _____ bajo tierra y el mundo

   _____ mejor por su ausencia.

## D. La voz pasiva

Traduce la frase al español. Emplea la voz pasiva con *se* o la verdadera voz pasiva según el sentido de la frase.

1. Big Mama was buried without much sadness.

   _____

2. She was hated and feared by the town.

   _____

3. Her possessions were quickly taken by her relatives.

   _____

4. It was believed that she would live forever.

   _____

5. She will not be forgotten by the exploited ones.

   _____

## E. *Por* y *para*

Completa la frase empleando *por* o *para*.

1. "La viuda de Montiel" es otro cuento escrito _____ García

    Márquez.

2. El esposo de la viuda, José, era famoso _____ su avaricia y

    su poder.

3. José se hizo rico _____ engaños.

4. _____ tener éxito era necesario matar a muchos de sus

    compadres, pero José no parecía preocuparse _____ la vida

    de otros.

5. No sacrificaba su propio bienestar _____ nadie.

6. Su esposa fue engañada _____ sus mentiras.

7. _____ una mujer madura, ella era muy inocente.

## F. Los relativos

Traduce las palabras inglesas al español. (Nota que en los números tres (segunda frase) y cinco se necesita la forma interrogativa.)

1. La viuda, _____ *(whose)* esposo era tan odiado, no entiende

    _____ *(what)* le pasa ahora.

2. Su esposo, _____ *(whom)* ella quería tanto, ya no está a su

    lado.

3. _____ *(What)* le asombra a ella es que nadie parece lamentar

    a su pobre José. Ella no entiende _____ *(what)* es el

    problema.

4. Ahora ella se queda sola en la casa dentro de _____ *(which)*

    había vivido feliz con su familia.

5. ¿_____ *(What)* es el tema de este cuento?

## G. Las palabras que confunden

Traduce las palabras inglesas al español.

1. Otro _____ *(character)* que refleja el amor y respeto

    marquesiano es Baltazar.

2. Baltazar, un hombre de gran dignidad y _____ *(little)* dinero,

    vive en una casa _____ *(little)* con su mujer, Úrsula.

3. Baltazar ha construido una jaula _____ *(for)* Pepe Montiel, el

    hijo de José. Baltazar _____ *(spent)* mucho

    _____ *(time)*, _____ *(sometimes)* toda la

    noche, perfeccionando la jaula.

4. Cuando había _____ *(realized)* el proyecto a la perfección,

    Baltazar le enseñó la jaula al médico del pueblo.

5. El médico _____ *(became)* fascinado con la jaula y quiso

    comprarla. Pero Baltazar le dijo que no había hecho la jaula

    _____ *(for)* él, _____ *(but rather)*

    _____ *(for)* Pepe Montiel.

6. El médico _____ *(realized)* que Baltazar tenía un

    _____ *(character)* muy fuerte.

7. En la casa de Montiel, el rico se negó a _____ *(spend)* ningún

    dinero _____ *(for)* la jaula, pero Baltazar insistió en

    regalársela a Pepe.

8. José Montiel insistió en que Pepe le _____ *(return)* la jaula a

    Baltazar, pero éste no la aceptó y _____ *(left)* de la casa,

    _____ *(leaving)* a José lleno de rabia.

## H. Los comparativos y superlativos

Escribe una frase comparativa o superlativa. Puedes decidir entre la una y la otra. Cambia las palabras si quieres. Por ejemplo:

La casa de Montiel / las otras casas del pueblo

*La casa de Montiel es más grande que las otras.*

o

*La casa de Montiel es la más grande del pueblo.*

1. Baltazar / José Montiel

   _____

2. La jaula de Baltazar / las otras jaulas del mundo

   _____

3. La vida de Baltazar / la de los Montiel

   _____

4. Los personajes de García Márquez / los de Jorge Luis Borges

   _____

5. La literatura latinoamericana / la literatura de otras culturas de hoy

   _____

# Verbos

## Verbos regulares

**mirar**

| | |
|---|---|
| EL PRESENTE DEL INDICATIVO | miro, miras, mira; miramos, miráis, miran |
| EL PRESENTE DEL SUBJUNTIVO | mire, mires, mire; miremos, miréis, miren |
| EL PRETÉRITO | miré, miraste, miró; miramos, mirasteis, miraron |
| EL IMPERFECTO DEL INDICATIVO | miraba, mirabas, miraba; mirábamos, mirabais, miraban |
| EL IMPERFECTO DEL SUBJUNTIVO | mirara, miraras, mirara; miráramos, mirarais, miraran |
| EL FUTURO | miraré, mirarás, mirará; miraremos, miraréis, mirarán |
| EL FUTURO PERFECTO | habré mirado, habrás mirado, habrá mirado; habremos mirado, habréis mirado, habrán mirado |
| EL CONDICIONAL | miraría, mirarías, miraría; miraríamos, miraríais, mirarían |
| EL CONDICIONAL PERFECTO | habría mirado, habrías mirado, habría mirado; habríamos mirado, habríais mirado, habrían mirado |
| EL PRESENTE PERFECTO DEL INDICATIVO | he mirado, has mirado, ha mirado; hemos mirado, habéis mirado, han mirado |
| EL PRESENTE PERFECTO DEL SUBJUNTIVO | haya mirado, hayas mirado, haya mirado; hayamos mirado, hayáis mirado, hayan mirado |
| EL PLUSCUAMPERFECTO DEL INDICATIVO | había mirado, habías mirado, había mirado; habíamos mirado, habíais mirado, habían mirado |
| EL PLUSCUAMPERFECTO DEL SUBJUNTIVO | hubiera mirado, hubieras mirado, hubiera mirado; hubiéramos mirado, hubierais mirado, hubieran mirado |
| MANDATOS CON *TÚ* | mira, no mires |
| MANDATOS CON *USTED* | mire, no mire |
| MANDATOS CON *NOSOTROS* | miremos, no miremos |
| MANDATOS CON *VOSOTROS* | mirad, no miréis |
| MANDATOS CON *USTEDES* | miren, no miren |
| EL GERUNDIO | mirando |
| EL PARTICIPIO PASADO | mirado |

**vender**

| | |
|---|---|
| EL PRESENTE DEL INDICATIVO | vendo, vendes, vende; vendemos, vendéis, venden |
| EL PRESENTE DEL SUBJUNTIVO | venda, vendas, venda; vendamos, vendáis, vendan |
| EL PRETÉRITO | vendí, vendiste, vendió; vendimos, vendisteis, vendieron |
| EL IMPERFECTO DEL INDICATIVO | vendía, vendías, vendía; vendíamos, vendíais, vendían |
| EL IMPERFECTO DEL SUBJUNTIVO | vendiera, vendieras, vendiera; vendiéramos, vendierais, vendieran |
| EL FUTURO | venderé, venderás, venderá; venderemos, venderéis, venderán |
| EL FUTURO PERFECTO | habré vendido, habrás vendido, habrá vendido; habremos vendido, habréis vendido, habrán vendido |
| EL CONDICIONAL | vendería, venderías, vendería; venderíamos, venderíais, venderían |
| EL CONDICIONAL PERFECTO | habría vendido, habrías vendido, habría vendido; habríamos vendido, habríais vendido, habrían vendido |
| EL PRESENTE PERFECTO DEL INDICATIVO | he vendido, has vendido, ha vendido; hemos vendido, habéis vendido, han vendido |
| EL PRESENTE PERFECTO DEL SUBJUNTIVO | haya vendido, hayas vendido, haya vendido; hayamos vendido, hayáis vendido, hayan vendido |
| EL PLUSCUAMPERFECTO DEL INDICATIVO | había vendido, habías vendido, había vendido; habíamos vendido, habíais vendido, habían vendido |
| EL PLUSCUAMPERFECTO DEL SUBJUNTIVO | hubiera vendido, hubieras vendido, hubiera vendido; hubiéramos vendido, hubierais vendido, hubieran vendido |

| **vender** *(continuación)* | | |
|---|---|---|
| | MANDATOS CON *TÚ* | vende, no vendas |
| | MANDATOS CON *USTED* | venda, no venda |
| | MANDATOS CON *NOSOTROS* | vendamos, no vendamos |
| | MANDATOS CON *VOSOTROS* | vended, no vendáis |
| | MANDATOS CON *USTEDES* | vendan, no vendan |
| | EL GERUNDIO | vendiendo |
| | EL PARTICIPIO PASADO | vendido |

| **vivir** | | |
|---|---|---|
| | EL PRESENTE DEL INDICATIVO | vivo, vives, vive; vivimos, vivís, viven |
| | EL PRESENTE DEL SUBJUNTIVO | viva, vivas, viva; vivamos, viváis, vivan |
| | EL PRETÉRITO | viví, viviste, vivió; vivimos, vivisteis, vivieron |
| | EL IMPERFECTO DEL INDICATIVO | vivía, vivías, vivía; vivíamos, vivíais, vivían |
| | EL IMPERFECTO DEL SUBJUNTIVO | viviera, vivieras, viviera; viviéramos, vivierais, vivieran |
| | EL FUTURO | viviré, vivirás, vivirá; viviremos, viviréis, vivirán |
| | EL FUTURO PERFECTO | habré vivido, habrás vivido, habrá vivido; habremos vivido, habréis vivido, habrán vivido |
| | EL CONDICIONAL | viviría, vivirías, viviría; viviríamos, viviríais, vivirían |
| | EL CONDICIONAL PERFECTO | habría vivido, habrías vivido, habría vivido; habríamos vivido, habríais vivido, habrían vivido, |
| | EL PRESENTE PERFECTO DEL INDICATIVO | he vivido, has vivido, ha vivido; hemos vivido, habéis vivido, han vivido |
| | EL PRESENTE PERFECTO DEL SUBJUNTIVO | haya vivido, hayas vivido, haya vivido; hayamos vivido, hayáis vivido, hayan vivido |
| | EL PLUSCUAMPERFECTO DEL INDICATIVO | había vivido, habías vivido, había vivido; habíamos vivido, habíais vivido, habían vivido |
| | EL PLUSCUAMPERFECTO DEL SUBJUNTIVO | hubiera vivido, hubieras vivido, hubiera vivido; hubiéramos vivido, hubierais vivido, hubieran vivido |
| | MANDATOS CON *TÚ* | vive, no vivas |
| | MANDATOS CON *USTED* | viva, no viva |
| | MANDATOS CON *NOSOTROS* | vivamos, no vivamos |
| | MANDATOS CON *VOSOTROS* | vivid, no viváis |
| | MANDATOS CON *USTEDES* | vivan, no vivan |
| | EL GERUNDIO | viviendo |
| | EL PARTICIPIO PASADO | vivido |

# Verbos reflexivos

| **levantarse** | | |
|---|---|---|
| | EL PRESENTE DEL INDICATIVO | me levanto, te levantas, se levanta; nos levantamos, os levantáis, se levantan |
| | EL PRESENTE DEL SUBJUNTIVO | me levante, te levantes, se levante; nos levantemos, os levantéis, se levanten |
| | EL PRETÉRITO | me levanté, te levantaste, se levantó; nos levantamos, os levantasteis, se levantaron |
| | EL IMPERFECTO DEL INDICATIVO | me levantaba, te levantabas, se levantaba; nos levantábamos, os levantabais, se levantaban |
| | EL IMPERFECTO DEL SUBJUNTIVO | me levantara, te levantaras, se levantara; nos levantáramos, os levantarais, se levantaran |
| | EL FUTURO | me levantaré, te levantarás, se levantará; nos levantaremos, os levantaréis, se levantarán |
| | EL FUTURO PERFECTO | me habré levantado, te habrás levantado, se habrá levantado; nos habremos levantado, os habréis levantado, se habrán levantado |

**levantarse** *(continuación)*

| | |
|---|---|
| EL CONDICIONAL | me levantaría, te levantarías, se levantaría; nos levantaríamos, os levantaríais, se levantarían |
| EL CONDICIONAL PERFECTO | me habría levantado, te habrías levantado, se habría levantado; nos habríamos levantado, os habríais levantado, se habrían levantado |
| EL PRESENTE PERFECTO DEL INDICATIVO | me he levantado, te has levantado, se ha levantado; nos hemos levantado, os habéis levantado, se han levantado |
| EL PRESENTE PERFECTO DEL SUBJUNTIVO | me haya levantado, te hayas levantado, se haya levantado; nos hayamos levantado, os hayáis levantado, se hayan levantado |
| EL PLUSCUAMPERFECTO DEL INDICATIVO | me había levantado, te habías levantado, se había levantado; nos habíamos levantado, os habíais levantado, se habían levantado |
| EL PLUSCUAMPERFECTO DEL SUBJUNTIVO | me hubiera levantado, te hubieras levantado, se hubiera levantado; nos hubiéramos levantado, os hubierais levantado, se hubieran levantado |
| MANDATOS CON *TÚ* | levántate, no te levantes |
| MANDATOS CON *USTED* | levántese, no se levante |
| MANDATOS CON *NOSOTROS* | levantémonos, no nos levantemos |
| MANDATOS CON *VOSOTROS* | levantaos, no os levantéis |
| MANDATOS CON *USTEDES* | levántense, no se levanten |
| EL GERUNDIO | levantándose |
| EL PARTICIPIO PASADO | levantado |

# Verbos de cambio radical

**cerrar (e → ie)**

| | |
|---|---|
| EL PRESENTE DEL INDICATIVO | cierro, cierras, cierra; cerramos, cerráis, cierran |
| EL PRESENTE DEL SUBJUNTIVO | cierre, cierres, cierre; cerremos, cerréis, cierren |
| EL PRETÉRITO | cerré, cerraste, cerró; cerramos, cerrasteis, cerraron |
| EL IMPERFECTO DEL INDICATIVO | cerraba, cerrabas, cerraba; cerrábamos, cerrabais, cerraban |
| EL IMPERFECTO DEL SUBJUNTIVO | cerrara, cerraras, cerrara; cerráramos, cerrarais, cerraran |
| EL FUTURO | cerraré, cerrarás, cerrará; cerraremos, cerraréis, cerrarán |
| EL FUTURO PERFECTO | habré cerrado, habrás cerrado, habrá cerrado; habremos cerrado, habréis cerrado, habrán cerrado |
| EL CONDICIONAL | cerraría, cerrarías, cerraría; cerraríamos, cerraríais, cerrarían |
| EL CONDICIONAL PERFECTO | habría cerrado, habrías cerrado, habría cerrado; habríamos cerrado, habríais cerrado, habrían cerrado |
| EL PRESENTE PERFECTO DEL INDICATIVO | he cerrado, has cerrado, ha cerrado; hemos cerrado, habéis cerrado, han cerrado |
| EL PRESENTE PERFECTO DEL SUBJUNTIVO | haya cerrado, hayas cerrado, haya cerrado; hayamos cerrado, hayáis cerrado, hayan cerrado |
| EL PLUSCUAMPERFECTO DEL INDICATIVO | había cerrado, habías cerrado, había cerrado; habíamos cerrado, habíais cerrado, habían cerrado |
| EL PLUSCUAMPERFECTO DEL SUBJUNTIVO | hubiera cerrado, hubieras cerrado, hubiera cerrado; hubiéramos cerrado, hubierais cerrado, hubieran cerrado |
| MANDATOS CON *TÚ* | cierra, no cierres |
| MANDATOS CON *USTED* | cierre, no cierre |
| MANDATOS CON *NOSOTROS* | cerremos, no cerremos |
| MANDATOS CON *VOSOTROS* | cerrad, no cerréis |
| MANDATOS CON *USTEDES* | cierren, no cierren |

**cerrar** *(continuación)*            EL GERUNDIO        cerrando
                          EL PARTICIPIO PASADO        cerrado

*Otros verbos que siguen el ejemplo de* **cerrar: despertarse, desterrar, encerrar, enterrar, negar (g → gu), pensar.**

---

**conmover (o → ue)**    EL PRESENTE DEL INDICATIVO    conmuevo, conmueves, conmueve;
                                                      conmovemos, conmovéis, conmueven
                         EL PRESENTE DEL SUBJUNTIVO    conmueva, conmuevas, conmueva;
                                                      conmovamos, conmováis, conmuevan
                                    EL PRETÉRITO       conmoví, conmoviste, conmovió;
                                                      conmovimos, conmovisteis, conmovieron
                     EL IMPERFECTO DEL INDICATIVO      conmovía, conmovías, conmovía;
                                                      conmovíamos, conmovíais, conmovían
                     EL IMPERFECTO DEL SUBJUNTIVO      conmoviera, conmovieras, conmoviera;
                                                      conmoviéramos, conmovierais, conmovieran
                                       EL FUTURO       conmoveré, conmoverás, conmoverá;
                                                      conmoveremos, conmoveréis, conmoverán
                              EL FUTURO PERFECTO       habré conmovido, habrás conmovido, habrá conmovido;
                                                      habremos conmovido, habréis conmovido, habrán conmovido
                                 EL CONDICIONAL        conmovería, conmoverías, conmovería;
                                                      conmoveríamos, conmoveríais, conmoverían
                          EL CONDICIONAL PERFECTO      habría conmovido, habrías conmovido, habría conmovido;
                                                      habríamos conmovido, habríais conmovido, habrían
                                                      conmovido
            EL PRESENTE PERFECTO DEL INDICATIVO        he conmovido, has conmovido, ha conmovido;
                                                      hemos conmovido, habéis conmovido, han conmovido
            EL PRESENTE PERFECTO DEL SUBJUNTIVO        haya conmovido, hayas conmovido, haya conmovido;
                                                      hayamos conmovido, hayáis conmovido, hayan conmovido
          EL PLUSCUAMPERFECTO DEL INDICATIVO           había conmovido, habías conmovido, había conmovido;
                                                      habíamos conmovido, habíais conmovido, habían conmovido
          EL PLUSCUAMPERFECTO DEL SUBJUNTIVO           hubiera conmovido, hubieras conmovido, hubiera conmovido;
                                                      hubiéramos conmovido, hubierais conmovido, hubieran
                                                      conmovido
                          MANDATOS CON *TÚ*            conmueve, no conmuevas
                       MANDATOS CON *USTED*            conmueva, no conmueva
                    MANDATOS CON *NOSOTROS*            conmovamos, no conmovamos
                    MANDATOS CON *VOSOTROS*            conmoved, no conmováis
                     MANDATOS CON *USTEDES*            conmuevan, no conmuevan
                               EL GERUNDIO             conmoviendo
                          EL PARTICIPIO PASADO         conmovido

*Otros verbos que siguen el ejemplo de* **conmover: doler, morder, soler.**

---

**contar (o → ue)**    EL PRESENTE DEL INDICATIVO    cuento, cuentas, cuenta; contamos, contáis, cuentan
                       EL PRESENTE DEL SUBJUNTIVO    cuente, cuentes, cuente; contemos, contéis, cuenten
                                  EL PRETÉRITO       conté, contaste, contó; contamos, contasteis, contaron
                   EL IMPERFECTO DEL INDICATIVO      contaba, contabas, contaba; contábamos, contabais, contaban
                   EL IMPERFECTO DEL SUBJUNTIVO      contara, contaras, contara; contáramos, contarais, contaran
                                     EL FUTURO       contaré, contarás, contará; contaremos, contaréis, contarán
                            EL FUTURO PERFECTO       habré contado, habrás contado, habrá contado;
                                                    habremos contado, habréis contado, habrán contado,
                               EL CONDICIONAL        contaría, contarías, contaría; contaríamos, contaríais, contarían
                        EL CONDICIONAL PERFECTO      habría contado, habrías contado, habría contado;
                                                    habríamos contado, habríais contado, habrían contado

**contar** *(continuación)*

| | |
|---|---|
| EL PRESENTE PERFECTO DEL INDICATIVO | he contado, has contado, ha contado;<br>hemos contado, habéis contado, han contado |
| EL PRESENTE PERFECTO DEL SUBJUNTIVO | haya contado, hayas contado, haya contado;<br>hayamos contado, hayáis contado, hayan contado |
| EL PLUSCUAMPERFECTO DEL INDICATIVO | había contado, habías contado, había contado;<br>habíamos contado, habíais contado, habían contado |
| EL PLUSCUAMPERFECTO DEL SUBJUNTIVO | hubiera contado, hubieras contado, hubiera contado;<br>hubiéramos contado, hubierais contado; hubieran contado |
| MANDATOS CON *TÚ* | cuenta, no cuentes |
| MANDATOS CON *USTED* | cuente, no cuente |
| MANDATOS CON *NOSOTROS* | contemos, no contemos |
| MANDATOS CON *VOSOTROS* | contad, no contéis |
| MANDATOS CON *USTEDES* | cuenten, no cuenten |
| EL GERUNDIO | contando |
| EL PARTICIPIO PASADO | contado |

*Otros verbos que siguen el ejemplo de* **contar: acordarse, acostarse, colgar (g → gu), encontrar, esforzarse (z → c), probar, recordar, soltar, sonar, soñar, volar.**

---

**dormir (o → ue) (o → u)**

| | |
|---|---|
| EL PRESENTE DEL INDICATIVO | duermo, duermes, duerme; dormimos, dormís, duermen |
| EL PRESENTE DEL SUBJUNTIVO | duerma, duermas, duerma; durmamos, durmáis, duerman |
| EL PRETÉRITO | dormí, dormiste, durmió; dormimos, dormisteis, durmieron |
| EL IMPERFECTO DEL INDICATIVO | dormía, dormías, dormía; dormíamos, dormíais, dormían |
| EL IMPERFECTO DEL SUBJUNTIVO | durmiera, durmieras, durmiera;<br>durmiéramos, durmierais, durmieran |
| EL FUTURO | dormiré, dormirás, dormirá; dormiremos, dormiréis, dormirán |
| EL FUTURO PERFECTO | habré dormido, habrás dormido, habrá dormido;<br>habremos dormido, habréis dormido, habrán dormido |
| EL CONDICIONAL | dormiría, dormirías, dormiría;<br>dormiríamos, dormiríais, dormirían |
| EL CONDICIONAL PERFECTO | habría dormido, habrías dormido, habría dormido;<br>habríamos dormido, habríais dormido, habrían dormido |
| EL PRESENTE PERFECTO DEL INDICATIVO | he dormido, has dormido, ha dormido;<br>hemos dormido, habéis dormido, han dormido |
| EL PRESENTE PERFECTO DEL SUBJUNTIVO | haya dormido, hayas dormido, haya dormido;<br>hayamos dormido, hayáis dormido, hayan dormido, |
| EL PLUSCUAMPERFECTO DEL INDICATIVO | había dormido, habías dormido, había dormido;<br>habíamos dormido, habíais dormido, habían dormido |
| EL PLUSCUAMPERFECTO DEL SUBJUNTIVO | hubiera dormido, hubieras dormido, hubiera dormido;<br>hubiéramos dormido, hubierais dormido, hubieran dormido |
| MANDATOS CON *TÚ* | duerme, no duermas |
| MANDATOS CON *USTED* | duerma, no duerma |
| MANDATOS CON *NOSOTROS* | durmamos, no durmamos |
| MANDATOS CON *VOSOTROS* | dormid, no durmáis |
| MANDATOS CON *USTEDES* | duerman, no duerman |
| EL GERUNDIO | durmiendo |
| EL PARTICIPIO PASADO | dormido |

| empezar (e → ie) | EL PRESENTE DEL INDICATIVO | empiezo, empiezas, empieza; empezamos, empezáis, empiezan |
|---|---|---|
| | EL PRESENTE DEL SUBJUNTIVO | empiece, empieces, empiece; empecemos, empecéis, empiecen |
| | EL PRETÉRITO | empecé, empezaste, empezó; empezamos, empezasteis, empezaron |
| | EL IMPERFECTO DEL INDICATIVO | empezaba, empezabas, empezaba; empezábamos, empezabais, empezaban |
| | EL IMPERFECTO DEL SUBJUNTIVO | empezara, empezaras, empezara; empezáramos, empezarais, empezaran |
| | EL FUTURO | empezaré, empezarás, empezará; empezaremos, empezaréis, empezarán |
| | EL FUTURO PERFECTO | habré empezado, habrás empezado, habrá empezado; habremos empezado, habréis empezado, habrán empezado |
| | EL CONDICIONAL | empezaría, empezarías, empezaría; empezaríamos, empezaríais, empezarían |
| | EL CONDICIONAL PERFECTO | habría empezado, habrías empezado, habría empezado; habríamos empezado, habríais empezado, habrían empezado |
| | EL PRESENTE PERFECTO DEL INDICATIVO | he empezado, has empezado, ha empezado; hemos empezado, habéis empezado, han empezado |
| | EL PRESENTE PERFECTO DEL SUBJUNTIVO | haya empezado, hayas empezado, haya empezado; hayamos empezado, hayáis empezado, hayan empezado |
| | EL PLUSCUAMPERFECTO DEL INDICATIVO | había empezado, habías empezado, había empezado; habíamos empezado, habíais empezado, habían empezado |
| | EL PLUSCUAMPERFECTO DEL SUBJUNTIVO | hubiera empezado, hubieras empezado, hubiera empezado; hubiéramos empezado, hubierais empezado, hubieran empezado |
| | MANDATOS CON *TÚ* | empieza, no empieces |
| | MANDATOS CON *USTED* | empiece, no empiece |
| | MANDATOS CON *NOSOTROS* | empecemos, no empecemos |
| | MANDATOS CON *VOSOTROS* | empezad, no empecéis |
| | MANDATOS CON *USTEDES* | empiecen, no empiecen |
| | EL GERUNDIO | empezando |
| | EL PARTICIPIO PASADO | empezado |

*Otros verbos que siguen el ejemplo de* **empezar: comenzar, tropezar.**

---

| jugar (u → ue) | EL PRESENTE DEL INDICATIVO | juego, juegas, juega; jugamos, jugáis, juegan |
|---|---|---|
| | EL PRESENTE DEL SUBJUNTIVO | juegue, juegues, juegue; juguemos, juguéis, jueguen |
| | EL PRETÉRITO | jugué, jugaste, jugó; jugamos, jugasteis, jugaron |
| | EL IMPERFECTO DEL INDICATIVO | jugaba, jugabas, jugaba; jugábamos, jugábais, jugaban |
| | EL IMPERFECTO DEL SUBJUNTIVO | jugara, jugaras, jugara; jugáramos, jugarais, jugaran |
| | EL FUTURO | jugaré, jugarás, jugará; jugaremos, jugaréis, jugarán |
| | EL FUTURO PERFECTO | habré jugado, habrás jugado, habrá jugado; habremos jugado, habréis jugado, habrán jugado |
| | EL CONDICIONAL | jugaría, jugarías, jugaría; jugaríamos, jugaríais, jugarían |
| | EL CONDICIONAL PERFECTO | habría jugado, habrías jugado, habría jugado; habríamos jugado, habríais jugado, habrían jugado |
| | EL PRESENTE PERFECTO DEL INDICATIVO | he jugado, has jugado, ha jugado; hemos jugado, habéis jugado, han jugado |
| | EL PRESENTE PERFECTO DEL SUBJUNTIVO | haya jugado, hayas jugado, haya jugado; hayamos jugado, hayáis jugado, hayan jugado |
| | EL PLUSCUAMPERFECTO DEL INDICATIVO | había jugado, habías jugado, había jugado; habíamos jugado, habíais jugado, habían jugado |

**jugar** *(continuación)*

| | |
|---|---|
| EL PLUSCUAMPERFECTO DEL SUBJUNTIVO | hubiera jugado, hubieras jugado, hubiera jugado; hubiéramos jugado, hubierais jugado, hubieran jugado |
| MANDATOS CON *TÚ* | juega, no juegues |
| MANDATOS CON *USTED* | juegue, no juegue |
| MANDATOS CON *NOSOTROS* | juguemos, no juguemos |
| MANDATOS CON *VOSOTROS* | jugad, no juguéis |
| MANDATOS CON *USTEDES* | jueguen, no jueguen |
| EL GERUNDIO | jugando |
| EL PARTICIPIO PASADO | jugado |

**morir (o → ue) (o → u)**

| | |
|---|---|
| EL PRESENTE DEL INDICATIVO | muero, mueres, muere; morimos, morís, mueren |
| EL PRESENTE DEL SUBJUNTIVO | muera, mueras, muera; muramos, muráis, mueran |
| EL PRETÉRITO | morí, moriste, murió; morimos, moristeis, murieron |
| EL IMPERFECTO DEL INDICATIVO | moría, morías, moría; moríamos, moríais, morían |
| EL IMPERFECTO DEL SUBJUNTIVO | muriera, murieras, muriera; muriéramos, murierais, murieran |
| EL FUTURO | moriré, morirás, morirá; moriremos, moriréis, morirán |
| EL FUTURO PERFECTO | habré muerto, habrás muerto, habrá muerto; habremos muerto, habréis muerto, habrán muerto |
| EL CONDICIONAL | moriría, morirías, moriría; moriríamos, moriríais, morirían |
| EL CONDICIONAL PERFECTO | habría muerto, habrías muerto, habría muerto; habríamos muerto, habríais muerto, habrían muerto |
| EL PRESENTE PERFECTO DEL INDICATIVO | he muerto, has muerto, ha muerto; hemos muerto, habéis muerto, han muerto |
| EL PRESENTE PERFECTO DEL SUBJUNTIVO | haya muerto, hayas muerto, haya muerto; hayamos muerto, hayáis muerto, hayan muerto |
| EL PLUSCUAMPERFECTO DEL INDICATIVO | había muerto, habías muerto, había muerto; habíamos muerto, habíais muerto, habían muerto |
| EL PLUSCUAMPERFECTO DEL SUBJUNTIVO | hubiera muerto, hubieras muerto, hubiera muerto; hubiéramos muerto, hubierais muerto, hubieran muerto |
| MANDATOS CON *TÚ* | muere, no mueras |
| MANDATOS CON *USTED* | muera, no muera |
| MANDATOS CON *NOSOTROS* | muramos, no muramos |
| MANDATOS CON *VOSOTROS* | morid, no muráis |
| MANDATOS CON *USTEDES* | mueran, no mueran |
| EL GERUNDIO | muriendo |
| EL PARTICIPIO PASADO | muerto |

**pedir (e → i)**

| | |
|---|---|
| EL PRESENTE DEL INDICATIVO | pido, pides, pide; pedimos, pedís, piden |
| EL PRESENTE DEL SUBJUNTIVO | pida, pidas, pida; pidamos, pidáis, pidan |
| EL PRETÉRITO | pedí, pediste, pidió; pedimos, pedisteis, pidieron |
| EL IMPERFECTO DEL INDICATIVO | pedía, pedías, pedía; pedíamos, pedíais, pedían |
| EL IMPERFECTO DEL SUBJUNTIVO | pidiera, pidieras, pidiera; pidiéramos, pidierais, pidieran |
| EL FUTURO | pediré, pedirás, pedirá; pediremos, pediréis, pedirán |
| EL FUTURO PERFECTO | habré pedido, habrás pedido, habrá pedido; habremos pedido, habréis pedido, habrán pedido |
| EL CONDICIONAL | pediría, pedirías, pediría; pediríamos, pediríais, pedirían |
| EL CONDICIONAL PERFECTO | habría pedido, habrías pedido, habría pedido; habríamos pedido, habríais pedido, habrían pedido |

**pedir** *(continuación)*

| | |
|---|---|
| EL PRESENTE PERFECTO DEL INDICATIVO | he pedido, has pedido, ha pedido; |
| | hemos pedido, habéis pedido, han pedido |
| EL PRESENTE PERFECTO DEL SUBJUNTIVO | haya pedido, hayas pedido, haya pedido; |
| | hayamos pedido, hayáis pedido, hayan pedido |
| EL PLUSCUAMPERFECTO DEL INDICATIVO | había pedido, habías pedido, había pedido; |
| | habíamos pedido, habíais pedido, habían pedido |
| EL PLUSCUAMPERFECTO DEL SUBJUNTIVO | hubiera pedido, hubieras pedido, hubiera pedido; |
| | hubiéramos pedido, hubierais pedido, hubieran pedido |
| MANDATOS CON *TÚ* | pide, no pidas |
| MANDATOS CON *USTED* | pida, no pida |
| MANDATOS CON *NOSOTROS* | pidamos, no pidamos |
| MANDATOS CON *VOSOTROS* | pedid, no pidáis |
| MANDATOS CON *USTEDES* | pidan, no pidan |
| EL GERUNDIO | pidiendo |
| EL PARTICIPIO PASADO | pedido |

*Otros verbos que siguen el ejemplo de* **pedir: despedirse, elegir (g → j), impedir, repetir, servir, vestir(se).**

---

**perder (e → ie)**

| | |
|---|---|
| EL PRESENTE DEL INDICATIVO | pierdo, pierdes, pierde; perdemos, perdéis, pierden |
| EL PRESENTE DEL SUBJUNTIVO | pierda, pierdas, pierda; perdamos, perdáis, pierdan |
| EL PRETÉRITO | perdí, perdiste, perdió; perdimos, perdisteis, perdieron |
| EL IMPERFECTO DEL INDICATIVO | perdía, perdías, perdía; perdíamos, perdíais, perdían |
| EL IMPERFECTO DEL SUBJUNTIVO | perdiera, perdieras, perdiera; |
| | perdiéramos, perdierais, perdieran |
| EL FUTURO | perderé, perderás, perderá; perderemos, perderéis, perderán |
| EL FUTURO PERFECTO | habré perdido, habrás perdido, habrá perdido; |
| | habremos perdido, habréis perdido, habrán perdido |
| EL CONDICIONAL | perdería, perderías, perdería; |
| | perderíamos, perderíais, perderían |
| EL CONDICIONAL PERFECTO | habría perdido, habrías perdido, habría perdido; |
| | habríamos perdido, habríais perdido, habrían perdido |
| EL PRESENTE PERFECTO DEL INDICATIVO | he perdido, has perdido, ha perdido; |
| | hemos perdido, habéis perdido, han perdido |
| EL PRESENTE PERFECTO DEL SUBJUNTIVO | haya perdido, hayas perdido, haya perdido; |
| | hayamos perdido, hayáis perdido, hayan perdido |
| EL PLUSCUAMPERFECTO DEL INDICATIVO | había perdido, habías perdido, había perdido; |
| | habíamos perdido, habíais perdido, habían perdido |
| EL PLUSCUAMPERFECTO DEL SUBJUNTIVO | hubiera perdido, hubieras perdido, hubiera perdido; |
| | hubiéramos perdido, hubierais perdido, hubieran perdido |
| MANDATOS CON *TÚ* | pierde, no pierdas |
| MANDATOS CON *USTED* | pierda, no pierda |
| MANDATOS CON *NOSOTROS* | perdamos, no perdamos |
| MANDATOS CON *VOSOTROS* | perded, no perdáis |
| MANDATOS CON *USTEDES* | pierdan, no pierdan |
| EL GERUNDIO | perdiendo |
| EL PARTICIPIO PASADO | perdido |

*Otros verbos que siguen el ejemplo de* **perder: atender, entender.**

**preferir (e → ie) (e → i)**

| | |
|---|---|
| EL PRESENTE DEL INDICATIVO | prefiero, prefieres, prefiere; preferimos, preferís, prefieren |
| EL PRESENTE DEL SUBJUNTIVO | prefiera, prefieras, prefiera; prefiramos, prefiráis, prefieran |
| EL PRETÉRITO | preferí, preferiste, prefirió; |
| | preferimos, preferisteis, prefirieron |
| EL IMPERFECTO DEL INDICATIVO | prefería, preferías, prefería; preferíamos, preferíais, preferían |
| EL IMPERFECTO DEL SUBJUNTIVO | prefiriera, prefirieras, prefiriera; |
| | prefiriéramos, prefirierais, prefirieran |
| EL FUTURO | preferiré, preferirás, preferirá; |
| | preferiremos, preferiréis, preferirán |
| EL FUTURO PERFECTO | habré preferido, habrás preferido, habrá preferido; |
| | habremos preferido, habréis preferido, habrán preferido |
| EL CONDICIONAL | preferiría, preferirías, preferiría; |
| | preferiríamos, preferiríais, preferirían |
| EL CONDICIONAL PERFECTO | habría preferido, habrías preferido, habría preferido; |
| | habríamos preferido, habríais preferido, habrían preferido |
| EL PRESENTE PERFECTO DEL INDICATIVO | he preferido, has preferido, ha preferido; |
| | hemos preferido, habéis preferido, han preferido |
| EL PRESENTE PERFECTO DEL SUBJUNTIVO | haya preferido, hayas preferido, haya preferido; |
| | hayamos preferido, hayáis preferido, hayan preferido |
| EL PLUSCUAMPERFECTO DEL INDICATIVO | había preferido, habías preferido, había preferido; |
| | habíamos preferido, habíais preferido, habían preferido |
| EL PLUSCUAMPERFECTO DEL SUBJUNTIVO | hubiera preferido, hubieras preferido, hubiera preferido; |
| | hubiéramos preferido, hubierais preferido, |
| | hubieran preferido |
| MANDATOS CON *TÚ* | prefiere, no prefieras |
| MANDATOS CON *USTED* | prefiera, no prefiera |
| MANDATOS CON *NOSOTROS* | prefiramos, no prefiramos |
| MANDATOS CON *VOSOTROS* | preferid, no prefiráis |
| MANDATOS CON *USTEDES* | prefieran, no prefieran |
| EL GERUNDIO | prefiriendo |
| EL PARTICIPIO PASADO | preferido |

*Otros verbos que siguen el ejemplo de* **preferir: consentir, convertir(se), divertir(se), mentir, sentir(se).**

---

**volver (o → ue)**

| | |
|---|---|
| EL PRESENTE DEL INDICATIVO | vuelvo, vuelves, vuelve; volvemos, volvéis, vuelven |
| EL PRESENTE DEL SUBJUNTIVO | vuelva, vuelvas, vuelva; volvamos, volváis, vuelvan |
| EL PRETÉRITO | volví, volviste, volvió; volvimos, volvisteis, volvieron |
| EL IMPERFECTO DEL INDICATIVO | volvía, volvías, volvía; volvíamos, volvíais, volvían |
| EL IMPERFECTO DEL SUBJUNTIVO | volviera, volvieras, volviera; |
| | volviéramos, volvierais, volvieran |
| EL FUTURO | volveré, volverás, volverá; volveremos, volveréis, volverán |
| EL FUTURO PERFECTO | habré vuelto, habrás vuelto, habrá vuelto; |
| | habremos vuelto, habréis vuelto, habrán vuelto |
| EL CONDICIONAL | volvería, volverías, volvería; |
| | volveríamos, volveríais, volverían |
| EL CONDICIONAL PERFECTO | habría vuelto, habrías vuelto, habría vuelto; |
| | habríamos vuelto, habríais vuelto, habrían vuelto |
| EL PRESENTE PERFECTO DEL INDICATIVO | he vuelto, has vuelto, ha vuelto; |
| | hemos vuelto, habéis vuelto, han vuelto |
| EL PRESENTE PERFECTO DEL SUBJUNTIVO | haya vuelto, hayas vuelto, haya vuelto; |
| | hayamos vuelto, hayáis vuelto, hayan vuelto |
| EL PLUSCUAMPERFECTO DEL INDICATIVO | había vuelto, habías vuelto, había vuelto; |
| | habíamos vuelto, habíais vuelto, habían vuelto |

**volver** *(continuación)*

|  |  |
|---|---|
| EL PLUSCUAMPERFECTO DEL SUBJUNTIVO | hubiera vuelto, hubieras vuelto, hubiera vuelto; hubiéramos vuelto, hubierais vuelto, hubieran vuelto |
| MANDATOS CON *TÚ* | vuelve, no vuelvas |
| MANDATOS CON *USTED* | vuelva, no vuelva |
| MANDATOS CON *NOSOTROS* | volvamos, no volvamos |
| MANDATOS CON *VOSOTROS* | volved, no volváis |
| MANDATOS CON *USTEDES* | vuelvan, no vuelvan |
| EL GERUNDIO | volviendo |
| EL PARTICIPIO PASADO | vuelto |

*Otros verbos que siguen el ejemplo de* **volver: devolver, resolver (participio pasado = resuelto).**

# Verbos con cambio de ortografía

**actuar (u → ú)**

|  |  |
|---|---|
| EL PRESENTE DEL INDICATIVO | actúo, actúas, actúa; actuamos, actuáis, actúan |
| EL PRESENTE DEL SUBJUNTIVO | actúe, actúes, actúe; actuemos, actuéis, actúen |
| EL PRETÉRITO | actué, actuaste, actuó; actuamos, actuasteis, actuaron |
| EL IMPERFECTO DEL INDICATIVO | actuaba, actuabas, actuaba; actuábamos, actuabais, actuaban |
| EL IMPERFECTO DEL SUBJUNTIVO | actuara, actuaras, actuara; actuáramos, actuarais, actuaran |
| EL FUTURO | actuaré, actuarás, actuará; actuaremos, actuaréis, actuarán |
| EL FUTURO PERFECTO | habré actuado, habrás actuado, habrá actuado; habremos actuado, habréis actuado, habrán actuado |
| EL CONDICIONAL | actuaría, actuarías, actuaría; actuaríamos, actuaríais, actuarían |
| EL CONDICIONAL PERFECTO | habría actuado, habrías actuado, habría actuado; habríamos actuado, habríais actuado, habrían actuado |
| EL PRESENTE PERFECTO DEL INDICATIVO | he actuado, has actuado, ha actuado; hemos actuado, habéis actuado, han actuado |
| EL PRESENTE PERFECTO DEL SUBJUNTIVO | haya actuado, hayas actuado, haya actuado; hayamos actuado, hayáis actuado, hayan actuado |
| EL PLUSCUAMPERFECTO DEL INDICATIVO | había actuado, habías actuado, había actuado; habíamos actuado, habíais actuado, habían actuado |
| EL PLUSCUAMPERFECTO DEL SUBJUNTIVO | hubiera actuado, hubieras actuado, hubiera actuado; hubiéramos actuado, hubierais actuado, hubieran actuado |
| MANDATOS CON *TÚ* | actúa, no actúes |
| MANDATOS CON *USTED* | actúe, no actúe |
| MANDATOS CON *NOSOTROS* | actuemos, no actuemos |
| MANDATOS CON *VOSOTROS* | actuad, no actuéis |
| MANDATOS CON *USTEDES* | actúen, no actúen |
| EL GERUNDIO | actuando |
| EL PARTICIPIO PASADO | actuado |

*Otros verbos que siguen el ejemplo de* **actuar: continuar, graduarse.**

**ansiar (i → í)**

|  |  |
|---|---|
| EL PRESENTE DEL INDICATIVO | ansío, ansías, ansía; ansiamos, ansiáis, ansían |
| EL PRESENTE DEL SUBJUNTIVO | ansíe, ansíes, ansíe; ansiemos, ansiéis, ansíen |
| EL PRETÉRITO | ansié, ansiaste, ansió; ansiamos, ansiasteis, ansiaron |
| EL IMPERFECTO DEL INDICATIVO | ansiaba, ansiabas, ansiaba; ansiábamos, ansiabais, ansiaban |
| EL IMPERFECTO DEL SUBJUNTIVO | ansiara, ansiaras, ansiara; ansiáramos, ansiarais, ansiaran |
| EL FUTURO | ansiaré, ansiarás, ansiará; ansiaremos, ansiaréis, ansiarán |
| EL FUTURO PERFECTO | habré ansiado, habrás ansiado, habrá ansiado; habremos ansiado, habréis ansiado, habrán ansiado |
| EL CONDICIONAL | ansiaría, ansiarías, ansiaría; ansiaríamos, ansiaríais, ansiarían |

| **ansiar** *(continuación)* | EL CONDICIONAL PERFECTO | habría ansiado, habrías ansiado, habría ansiado; |
|---|---|---|
| | | habríamos ansiado, habríais ansiado, habrían ansiado |
| | EL PRESENTE PERFECTO DEL INDICATIVO | he ansiado, has ansiado, ha ansiado; |
| | | hemos ansiado, habéis ansiado, han ansiado |
| | EL PRESENTE PERFECTO DEL SUBJUNTIVO | haya ansiado, hayas ansiado, haya ansiado; |
| | | hayamos ansiado, hayáis ansiado, hayan ansiado |
| | EL PLUSCUAMPERFECTO DEL INDICATIVO | había ansiado, habías ansiado, había ansiado; |
| | | habíamos ansiado, habíais ansiado, habían ansiado |
| | EL PLUSCUAMPERFECTO DEL SUBJUNTIVO | hubiera ansiado, hubieras ansiado, hubiera ansiado; |
| | | hubiéramos ansiado, hubierais ansiado, hubieran ansiado |
| | MANDATOS CON *TÚ* | ansía, no ansíes |
| | MANDATOS CON *USTED* | ansíe, no ansíe |
| | MANDATOS CON *NOSOTROS* | ansiemos, no ansiemos |
| | MANDATOS CON *VOSOTROS* | ansiad, no ansiéis |
| | MANDATOS CON *USTEDES* | ansíen, no ansíen |
| | EL GERUNDIO | ansiando |
| | EL PARTICIPIO PASADO | ansiado |

*Otros verbos que siguen el ejemplo de* **ansiar: aliarse, criar, enfriar, enviar.**

---

| **apagar (g → gu)** | EL PRESENTE DEL INDICATIVO | apago, apagas, apaga; apagamos, apagáis, apagan |
|---|---|---|
| | EL PRESENTE DEL SUBJUNTIVO | apague, apagues, apague; apaguemos, apaguéis, apaguen |
| | EL PRETÉRITO | apagué, apagaste, apagó; apagamos, apagasteis, apagaron |
| | EL IMPERFECTO DEL INDICATIVO | apagaba, apagabas, apagaba; |
| | | apagábamos, apagabais, apagaban |
| | EL IMPERFECTO DEL SUBJUNTIVO | apagara, apagaras, apagara; apagáramos, apagarais, apagaran |
| | EL FUTURO | apagaré, apagarás, apagará; apagaremos, apagaréis, apagarán |
| | EL FUTURO PERFECTO | habré apagado, habrás apagado, habrá apagado; |
| | | habremos apagado, habréis apagado, habrán apagado |
| | EL CONDICIONAL | apagaría, apagarías, apagaría; |
| | | apagaríamos, apagaríais, apagarían |
| | EL CONDICIONAL PERFECTO | habría apagado, habrías apagado, habría apagado; |
| | | habríamos apagado, habríais apagado, habrían apagado |
| | EL PRESENTE PERFECTO DEL INDICATIVO | he apagado, has apagado, ha apagado; |
| | | hemos apagado, habéis apagado, han apagado |
| | EL PRESENTE PERFECTO DEL SUBJUNTIVO | haya apagado, hayas apagado, haya apagado; |
| | | hayamos apagado, hayáis apagado, hayan apagado |
| | EL PLUSCUAMPERFECTO DEL INDICATIVO | había apagado, habías apagado, había apagado; |
| | | habíamos apagado, habíais apagado, habían apagado |
| | EL PLUSCUAMPERFECTO DEL SUBJUNTIVO | hubiera apagado, hubieras apagado, hubiera apagado; |
| | | hubiéramos apagado, hubierais apagado, hubieran apagado |
| | MANDATOS CON *TÚ* | apaga, no apagues |
| | MANDATOS CON *USTED* | apague, no apague |
| | MANDATOS CON *NOSOTROS* | apaguemos, no apaguemos |
| | MANDATOS CON *VOSOTROS* | apagad, no apaguéis |
| | MANDATOS CON *USTEDES* | apaguen, no apaguen |
| | EL GERUNDIO | apagando |
| | EL PARTICIPIO PASADO | apagado |

*Otros verbos que siguen el ejemplo de* **apagar: ahogar(se), colgar (u → ue), juzgar, llegar, negar (e → ie), obligar, pagar, pegar.**

**averiguar (u → ü)**

| | |
|---|---|
| EL PRESENTE DEL INDICATIVO | averiguo, averiguas, averigua; averiguamos, averiguáis, averiguan |
| EL PRESENTE DEL SUBJUNTIVO | averigüe, averigües, averigüe; averigüemos, averigüéis, averigüen |
| EL PRETÉRITO | averigüé, averiguaste, averiguó; averiguamos, averiguasteis, averiguaron |
| EL IMPERFECTO DEL INDICATIVO | averiguaba, averiguabas, averiguaba; averiguábamos, averiguabais, averiguaban |
| EL IMPERFECTO DEL SUBJUNTIVO | averiguara, averiguaras, averiguara; averiguáramos, averiguarais, averiguaran |
| EL FUTURO | averiguaré, averiguarás, averiguará; averiguaremos, averiguaréis, averiguarán |
| EL FUTURO PERFECTO | habré averiguado, habrás averiguado, habrá averiguado; habremos averiguado, habréis averiguado, habrán averiguado |
| EL CONDICIONAL | averiguaría, averiguarías, averiguaría; averiguaríamos, averiguaríais, averiguarían |
| EL CONDICIONAL PERFECTO | habría averiguado, habrías averiguado, habría averiguado; habríamos averiguado, habríais averiguado, habrían averiguado |
| EL PRESENTE PERFECTO DEL INDICATIVO | he averiguado, has averiguado, ha averiguado; hemos averiguado, habéis averiguado, han averiguado |
| EL PRESENTE PERFECTO DEL SUBJUNTIVO | haya averiguado, hayas averiguado, haya averiguado; hayamos averiguado, hayáis averiguado, hayan averiguado |
| EL PLUSCUAMPERFECTO DEL INDICATIVO | había averiguado, habías averiguado, había averiguado; habíamos averiguado, habíais averiguado, habían averiguado |
| EL PLUSCUAMPERFECTO DEL SUBJUNTIVO | hubiera averiguado, hubieras averiguado, hubiera averiguado; hubiéramos averiguado, hubierais averiguado, hubieran averiguado |
| MANDATOS CON *TÚ* | averigua, no averigües |
| MANDATOS CON *USTED* | averigüe, no averigüe |
| MANDATOS CON *NOSOTROS* | averigüemos, no averigüemos |
| MANDATOS CON *VOSOTROS* | averiguad, no averigüéis |
| MANDATOS CON *USTEDES* | averigüen, no averigüen |
| EL GERUNDIO | averiguando |
| EL PARTICIPIO PASADO | averiguado |

---

**buscar (c → qu)**

| | |
|---|---|
| EL PRESENTE DEL INDICATIVO | busco, buscas, busca; buscamos, buscáis, buscan |
| EL PRESENTE DEL SUBJUNTIVO | busque, busques, busque; busquemos, busquéis, busquen |
| EL PRETÉRITO | busqué, buscaste, buscó; buscamos, buscasteis, buscaron |
| EL IMPERFECTO DEL INDICATIVO | buscaba, buscabas, buscaba; buscábamos, buscabais, buscaban |
| EL IMPERFECTO DEL SUBJUNTIVO | buscara, buscaras, buscara; buscáramos, buscarais, buscaran |
| EL FUTURO | buscaré, buscarás, buscará; buscaremos, buscaréis, buscarán |
| EL FUTURO PERFECTO | habré buscado, habrás buscado, habrá buscado; habremos buscado, habréis buscado, habrán buscado |
| EL CONDICIONAL | buscaría, buscarías, buscaría; buscaríamos, buscaríais, buscarían |
| EL CONDICIONAL PERFECTO | habría buscado, habrías buscado, habría buscado; habríamos buscado, habríais buscado, habrían buscado |
| EL PRESENTE PERFECTO DEL INDICATIVO | he buscado, has buscado, ha buscado; hemos buscado, habéis buscado, han buscado |
| EL PRESENTE PERFECTO DEL SUBJUNTIVO | haya buscado, hayas buscado, haya buscado; hayamos buscado, hayáis buscado, hayan buscado |

**buscar** *(continuación)*

| | |
|---|---|
| EL PLUSCUAMPERFECTO DEL INDICATIVO | había buscado, habías buscado, había buscado; habíamos buscado, habíais buscado, habían buscado |
| EL PLUSCUAMPERFECTO DEL SUBJUNTIVO | hubiera buscado, hubieras buscado, hubiera buscado; hubiéramos buscado, hubierais buscado, hubieran buscado |
| MANDATOS CON *TÚ* | busca, no busques |
| MANDATOS CON *USTED* | busque, no busque |
| MANDATOS CON *NOSOTROS* | busquemos, no busquemos |
| MANDATOS CON *VOSOTROS* | buscad, no busquéis |
| MANDATOS CON *USTEDES* | busquen, no busquen |
| EL GERUNDIO | buscando |
| EL PARTICIPIO PASADO | buscado |

*Otros verbos que siguen el ejemplo de* **buscar: acercarse, brincar, chocar, equivocarse, fabricar, picar, provocar, suplicar, tocar.**

---

**conocer (c → zc)**

| | |
|---|---|
| EL PRESENTE DEL INDICATIVO | conozco, conoces, conoce; conocemos, conocéis, conocen |
| EL PRESENTE DEL SUBJUNTIVO | conozca, conozcas, conozca; conozcamos, conozcáis, conozcan |
| EL PRETÉRITO | conocí, conociste, conoció; conocimos, conocisteis, conocieron |
| EL IMPERFECTO DEL INDICATIVO | conocía, conocías, conocía; conocíamos, conocíais, conocían |
| EL IMPERFECTO DEL SUBJUNTIVO | conociera, conocieras, conociera; conociéramos, conocierais, conocieran |
| EL FUTURO | conoceré, conocerás, conocerá; conoceremos, conoceréis, conocerán |
| EL FUTURO PERFECTO | habré conocido, habrás conocido, habrá conocido; habremos conocido, habréis conocido, habrán conocido |
| EL CONDICIONAL | conocería, conocerías, conocería; conoceríamos, conoceríais, conocerían |
| EL CONDICIONAL PERFECTO | habría conocido, habrías conocido, habría conocido; habríamos conocido, habríais conocido, habrían conocido |
| EL PRESENTE PERFECTO DEL INDICATIVO | he conocido, has conocido, ha conocido; hemos conocido, habéis conocido, han conocido |
| EL PRESENTE PERFECTO DEL SUBJUNTIVO | haya conocido, hayas conocido, haya conocido; hayamos conocido, hayáis conocido, hayan conocido |
| EL PLUSCUAMPERFECTO DEL INDICATIVO | había conocido, habías conocido, había conocido; habíamos conocido, habíais conocido, habían conocido |
| EL PLUSCUAMPERFECTO DEL SUBJUNTIVO | hubiera conocido, hubieras conocido, hubiera conocido; hubiéramos conocido, hubierais conocido, hubieran conocido |
| MANDATOS CON *TÚ* | conoce, no conozcas |
| MANDATOS CON *USTED* | conozca, no conozca |
| MANDATOS CON *NOSOTROS* | conozcamos, no conozcamos |
| MANDATOS CON *VOSOTROS* | conoced, no conozcáis |
| MANDATOS CON *USTEDES* | conozcan, no conozcan |
| EL GERUNDIO | conociendo |
| EL PARTICIPIO PASADO | conocido |

*Otros verbos que siguen el ejemplo de* **conocer: crecer, entristecer(se), estremecer(se), merecer, nacer, ofrecer, parecer(se), permanecer, pertenecer.**

| construir (i → y) | EL PRESENTE DEL INDICATIVO | construyo, construyes, construye; construimos, construís, construyen |
|---|---|---|
| | EL PRESENTE DEL SUBJUNTIVO | construya, contruyas, construya; construyamos, construyáis, construyan |
| | EL PRETÉRITO | construí, construiste, construyó; construimos, construisteis, construyeron |
| | EL IMPERFECTO DEL INDICATIVO | construía, construías, construía; construíamos, construíais, construían |
| | EL IMPERFECTO DEL SUBJUNTIVO | construyera, construyeras, construyera; construyéramos, construyerais, construyeran |
| | EL FUTURO | construiré, construirás, construirá; construiremos, construiréis, construirán |
| | EL FUTURO PERFECTO | habré construido, habrás construido, habrá construido; habremos construido, habréis construido, habrán construido |
| | EL CONDICIONAL | construiría, construirías, construiría; construiríamos, construiríais, construirían |
| | EL CONDICIONAL PERFECTO | habría construido, habrías construido, habría construido; habríamos construido, habríais construido, habrían construido |
| | EL PRESENTE PERFECTO DEL INDICATIVO | he construido, has construido, ha construido; hemos construido, habéis construido, han construido |
| | EL PRESENTE PERFECTO DEL SUBJUNTIVO | haya construido, hayas construido, haya construido; hayamos construido, hayáis construido, hayan construido |
| | EL PLUSCUAMPERFECTO DEL INDICATIVO | había construido, habías construido, había construido; habíamos construido, habíais construido, habían construido |
| | EL PLUSCUAMPERFECTO DEL SUBJUNTIVO | hubiera construido, hubieras construido, hubiera construido; hubiéramos construido, hubierais construido, hubieran construido |
| | MANDATOS CON *TÚ* | construye, no construyas |
| | MANDATOS CON *USTED* | construya, no construya |
| | MANDATOS CON *NOSOTROS* | construyamos, no construyamos |
| | MANDATOS CON *VOSOTROS* | construid, no construyáis |
| | MANDATOS CON *USTEDES* | construyan, no construyan |
| | EL GERUNDIO | construyendo |
| | EL PARTICIPIO PASADO | construido |

*Otros verbos que siguen el ejemplo de* **construir: atribuir, contribuir, destruir, distribuir, huir, influir.**

---

| convencer (c → z) | EL PRESENTE DEL INDICATIVO | convenzo, convences, convence; convencemos, convencéis, convencen |
|---|---|---|
| | EL PRESENTE DEL SUBJUNTIVO | convenza, convenzas, convenza; convenzamos, convenzáis, convenzan |
| | EL PRETÉRITO | convencí, convenciste, convenció; convencimos, convencisteis, convencieron |
| | EL IMPERFECTO DEL INDICATIVO | convencía, convencías, convencía; convencíamos, convencíais, convencían |
| | EL IMPERFECTO DEL SUBJUNTIVO | convenciera, convencieras, convenciera; convenciéramos, convencierais, convencieran |
| | EL FUTURO | convenceré, convencerás, convencerá; convenceremos, convenceréis, convencerán |
| | EL FUTURO PERFECTO | habré convencido, habrás convencido, habrá convencido; habremos convencido, habréis convencido, habrán convencido |
| | EL CONDICIONAL | convencería, convencerías, convencería; convenceríamos, convenceríais, convencerían |

**convencer** *(continuación)*

| | |
|---|---|
| EL CONDICIONAL PERFECTO | habría convencido, habrías convencido, habría convencido; habríamos convencido, habríais convencido, habrían convencido |
| EL PRESENTE PERFECTO DEL INDICATIVO | he convencido, has convencido, ha convencido; hemos convencido, habéis convencido, han convencido |
| EL PRESENTE PERFECTO DEL SUBJUNTIVO | haya convencido, hayas convencido, haya convencido; hayamos convencido, hayáis convencido, hayan convencido |
| EL PLUSCUAMPERFECTO DEL INDICATIVO | había convencido, habías convencido, había convencido; habíamos convencido, habíais convencido, habían convencido |
| EL PLUSCUAMPERFECTO DEL SUBJUNTIVO | hubiera convencido, hubieras convencido, hubiera convencido; hubiéramos convencido, hubierais convencido, hubieran convencido |
| MANDATOS CON *TÚ* | convence, no convenzas |
| MANDATOS CON *USTED* | convenza, no convenza |
| MANDATOS CON *NOSOTROS* | convenzamos, no convenzamos |
| MANDATOS CON *VOSOTROS* | convenced, no convenzáis |
| MANDATOS CON *USTEDES* | convenzan, no convenzan |
| EL GERUNDIO | convenciendo |
| EL PARTICIPIO PASADO | convencido |

*Otros verbos que siguen el ejemplo de* **convencer: ejercer, vencer.**

---

**creer (i → y)**

| | |
|---|---|
| EL PRESENTE DEL INDICATIVO | creo, crees, cree; creemos, creéis, creen |
| EL PRESENTE DEL SUBJUNTIVO | crea, creas, crea; creamos, creáis, crean |
| EL PRETÉRITO | creí, creíste, creyó; creímos, creísteis, creyeron |
| EL IMPERFECTO DEL INDICATIVO | creía, creías, creía; creíamos, creíais, creían |
| EL IMPERFECTO DEL SUBJUNTIVO | creyera, creyeras, creyera; creyéramos, creyerais, creyeran |
| EL FUTURO | creeré, creerás, creerá; creeremos, creeréis, creerán |
| EL FUTURO PERFECTO | habré creído, habrás creído, habrá creído; habremos creído, habréis creído, habrán creído |
| EL CONDICIONAL | creería, creerías, creería; creeríamos, creeríais, creerían |
| EL CONDICIONAL PERFECTO | habría creído, habrías creído, habría creído; habríamos creído, habríais creído, habrían creído |
| EL PRESENTE PERFECTO DEL INDICATIVO | he creído, has creído, ha creído; hemos creído, habéis creído, han creído |
| EL PRESENTE PERFECTO DEL SUBJUNTIVO | haya creído, hayas creído, haya creído; hayamos creído, hayáis creído, hayan creído |
| EL PLUSCUAMPERFECTO DEL INDICATIVO | había creído, habías creído, había creído; habíamos creído, habíais creído, habían creído |
| EL PLUSCUAMPERFECTO DEL SUBJUNTIVO | hubiera creído, hubieras creído, hubiera creído; hubiéramos creído, hubierais creído, hubieran creído |
| MANDATOS CON *TÚ* | cree, no creas |
| MANDATOS CON *USTED* | crea, no crea |
| MANDATOS CON *NOSOTROS* | creamos, no creamos |
| MANDATOS CON *VOSOTROS* | creed, no creáis |
| MANDATOS CON *USTEDES* | crean, no crean |
| EL GERUNDIO | creyendo |
| EL PARTICIPIO PASADO | creído |

*Otros verbos que siguen el ejemplo de* **creer: leer, proveer (participio pasado = provisto).**

**cruzar (z → c)**

| | |
|---|---|
| EL PRESENTE DEL INDICATIVO | cruzo, cruzas, cruza; cruzamos, cruzáis, cruzan |
| EL PRESENTE DEL SUBJUNTIVO | cruce, cruces, cruce; crucemos, crucéis, crucen |
| EL PRETÉRITO | crucé, cruzaste, cruzó; cruzamos, cruzasteis, cruzaron |
| EL IMPERFECTO DEL INDICATIVO | cruzaba, cruzabas, cruzaba; cruzábamos, cruzabais, cruzaban |
| EL IMPERFECTO DEL SUBJUNTIVO | cruzara, cruzaras, cruzara; cruzáramos, cruzarais, cruzaran |
| EL FUTURO | cruzaré, cruzarás, cruzará; cruzaremos, cruzaréis, cruzarán |
| EL FUTURO PERFECTO | habré cruzado, habrás cruzado, habrá cruzado; habremos cruzado, habréis cruzado, habrán cruzado |
| EL CONDICIONAL | cruzaría, cruzarías, cruzaría; cruzaríamos, cruzaríais, cruzarían |
| EL CONDICIONAL PERFECTO | habría cruzado, habrías cruzado, habría cruzado; habríamos cruzado, habríais cruzado, habrían cruzado |
| EL PRESENTE PERFECTO DEL INDICATIVO | he cruzado, has cruzado, ha cruzado; hemos cruzado, habéis cruzado, han cruzado |
| EL PRESENTE PERFECTO DEL SUBJUNTIVO | haya cruzado, hayas cruzado, haya cruzado; hayamos cruzado, hayáis cruzado, hayan cruzado |
| EL PLUSCUAMPERFECTO DEL INDICATIVO | había cruzado, habías cruzado, había cruzado; habíamos cruzado, habíais cruzado, habían cruzado |
| EL PLUSCUAMPERFECTO DEL SUBJUNTIVO | hubiera cruzado, hubieras cruzado, hubiera cruzado; hubiéramos cruzado, hubierais cruzado, hubieran cruzado |
| MANDATOS CON *TÚ* | cruza, no cruces |
| MANDATOS CON *USTED* | cruce, no cruce |
| MANDATOS CON *NOSOTROS* | crucemos, no crucemos |
| MANDATOS CON *VOSOTROS* | cruzad, no crucéis |
| MANDATOS CON *USTEDES* | crucen, no crucen |
| EL GERUNDIO | cruzando |
| EL PARTICIPIO PASADO | cruzado |

*Otros verbos que siguen el ejemplo de* **cruzar: agonizar, alcanzar, amenazar, aterrorizar(se), comenzar (e → ie), disfrazar(se), esforzarse (o → ue), realizar, rezar, tropezar (e → ie).**

---

**dirigir (g → j)**

| | |
|---|---|
| EL PRESENTE DEL INDICATIVO | dirijo, diriges, dirige; dirigimos, dirigís, dirigen |
| EL PRESENTE DEL SUBJUNTIVO | dirija, dirijas, dirija; dirijamos, dirijáis, dirijan |
| EL PRETÉRITO | dirigí, dirigiste, dirigió; dirigimos, dirigisteis, dirigieron |
| EL IMPERFECTO DEL INDICATIVO | dirigía, dirigías, dirigía; dirigíamos, dirigíais, dirigían |
| EL IMPERFECTO DEL SUBJUNTIVO | dirigiera, dirigieras, dirigiera; dirigiéramos, dirigierais, dirigieran |
| EL FUTURO | dirigiré, dirigirás, dirigirá; dirigiremos, dirigiréis, dirigirán |
| EL FUTURO PERFECTO | habré dirigido, habrás dirigido, habrá dirigido; habremos dirigido, habréis dirigido, habrán dirigido |
| EL CONDICIONAL | dirigiría, dirigirías, dirigiría; dirigiríamos, dirigiríais, dirigirían |
| EL CONDICIONAL PERFECTO | habría dirigido, habrías dirigido, habría dirigido; habríamos dirigido, habríais dirigido, habrían dirigido |
| EL PRESENTE PERFECTO DEL INDICATIVO | he dirigido, has dirigido, ha dirigido; hemos dirigido, habéis dirigido, han dirigido |
| EL PRESENTE PERFECTO DEL SUBJUNTIVO | haya dirigido, hayas dirigido, haya dirigido; hayamos dirigido, hayáis dirigido, hayan dirigido |
| EL PLUSCUAMPERFECTO DEL INDICATIVO | había dirigido, habías dirigido, había dirigido; habíamos dirigido, habíais dirigido, habían dirigido |
| EL PLUSCUAMPERFECTO DEL SUBJUNTIVO | hubiera dirigido, hubieras dirigido, hubiera dirigido; hubiéramos dirigido, hubierais dirigido, hubieran dirigido |
| MANDATOS CON *TÚ* | dirige, no dirijas |

**dirigir** *(continuación)*

| | |
|---|---|
| MANDATOS CON *USTED* | dirija, no dirija |
| MANDATOS CON *NOSOTROS* | dirijamos, no dirijamos |
| MANDATOS CON *VOSOTROS* | dirigid, no dirijáis |
| MANDATOS CON *USTEDES* | dirijan, no dirijan |
| EL GERUNDIO | dirigiendo |
| EL PARTICIPIO PASADO | dirigido |

*Otros verbos que siguen el ejemplo de* **dirigir: elegir (e → i), fingir.**

---

**distinguir (gu → g)**

| | |
|---|---|
| EL PRESENTE DEL INDICATIVO | distingo, distingues, distingue; distinguimos, distinguís, distinguen |
| EL PRESENTE DEL SUBJUNTIVO | distinga, distingas, distinga; distingamos, distingáis, distingan |
| EL PRETÉRITO | distinguí, distinguiste, distinguió; distinguimos, distinguisteis, distinguieron |
| EL IMPERFECTO DEL INDICATIVO | distinguía, distinguías, distinguía; distinguíamos, distinguíais, distinguían |
| EL IMPERFECTO DEL SUBJUNTIVO | distinguiera, distinguieras, distinguiera; distinguiéramos, distinguierais, distinguieran |
| EL FUTURO | distinguiré, distinguirás, distinguirá; distinguiremos, distinguiréis, distinguirán |
| EL FUTURO PERFECTO | habré distinguido, habrás distinguido, habrá distinguido; habremos distinguido, habréis distinguido, habrán distinguido |
| EL CONDICIONAL | distinguiría, distinguirías, distinguiría; distinguiríamos, distinguiríais, distinguirían |
| EL CONDICIONAL PERFECTO | habría distinguido, habrías distinguido, habría distinguido; habríamos distinguido, habríais distinguido, habrían distinguido |
| EL PRESENTE PERFECTO DEL INDICATIVO | he distinguido, has distinguido, ha distinguido; hemos distinguido, habéis distinguido, han distinguido |
| EL PRESENTE PERFECTO DEL SUBJUNTIVO | haya distinguido, hayas distinguido, haya distinguido; hayamos distinguido, hayáis distinguido, hayan distinguido |
| EL PLUSCUAMPERFECTO DEL INDICATIVO | había distinguido, habías distinguido, había distinguido; habíamos distinguido, habíais distinguido, habían distinguido |
| EL PLUSCUAMPERFECTO DEL SUBJUNTIVO | hubiera distinguido, hubieras distinguido, hubiera distinguido; hubiéramos distinguido, hubierais distinguido, hubieran distinguido |
| MANDATOS CON *TÚ* | distingue, no distingas |
| MANDATOS CON *USTED* | distinga, no distinga |
| MANDATOS CON *NOSOTROS* | distingamos, no distingamos |
| MANDATOS CON *VOSOTROS* | distinguid, no distingáis |
| MANDATOS CON *USTEDES* | distingan, no distingan |
| EL GERUNDIO | distinguiendo |
| EL PARTICIPIO PASADO | distinguido |

*Otros verbos que siguen el ejemplo de* **distinguir: extinguir.**

---

**empezar (z → c)** Ve Verbos de cambio radical.

---

**escoger (g → j)**

| | |
|---|---|
| EL PRESENTE DEL INDICATIVO | escojo, escoges, escoge; escogemos, escogéis, escogen |
| EL PRESENTE DEL SUBJUNTIVO | escoja, escojas, escoja; escojamos, escojáis, escojan |
| EL PRETÉRITO | escogí, escogiste, escogió; escogimos, escogisteis, escogieron |
| EL IMPERFECTO DEL INDICATIVO | escogía, escogías, escogía; escogíamos, escogíais, escogían |
| EL IMPERFECTO DEL SUBJUNTIVO | escogiera, escogieras, escogiera; escogiéramos, escogierais, escogieran |
| EL FUTURO | escogeré, escogerás, escogerá; escogeremos, escogeréis, escogerán |
| EL FUTURO PERFECTO | habré escogido, habrás escogido, habrá escogido; habremos escogido, habréis escogido, habrán escogido |
| EL CONDICIONAL | escogería, escogerías, escogería; escogeríamos, escogeríais, escogerían |
| EL CONDICIONAL PERFECTO | habría escogido, habrías escogido, habría escogido; habríamos escogido, habríais escogido, habrían escogido |
| EL PRESENTE PERFECTO DEL INDICATIVO | he escogido, has escogido, ha escogido; hemos escogido, habéis escogido, han escogido |
| EL PRESENTE PERFECTO DEL SUBJUNTIVO | haya escogido, hayas escogido, haya escogido; hayamos escogido, hayáis escogido, hayan escogido |
| EL PLUSCUAMPERFECTO DEL INDICATIVO | había escogido, habías escogido, había escogido; habíamos escogido, habíais escogido, habían escogido |
| EL PLUSCUAMPERFECTO DEL SUBJUNTIVO | hubiera escogido, hubieras escogido, hubiera escogido; hubiéramos escogido, hubierais escogido, hubieran escogido |
| MANDATOS CON *TÚ* | escoge, no escojas |
| MANDATOS CON *USTED* | escoja, no escoja |
| MANDATOS CON *NOSOTROS* | escojamos, no escojamos |
| MANDATOS CON *VOSOTROS* | escoged, no escojáis |
| MANDATOS CON *USTEDES* | escojan, no escojan |
| EL GERUNDIO | escogiendo |
| EL PARTICIPIO PASADO | escogido |

*Otros verbos que siguen el ejemplo de* **escoger: coger, recoger.**

---

**jugar (g → gu)** Ve Verbos de cambio radical.

---

**lucir (c → zc)**

| | |
|---|---|
| EL PRESENTE DEL INDICATIVO | luzco, luces, luce; lucimos, lucís, lucen |
| EL PRESENTE DEL SUBJUNTIVO | luzca, luzcas, luzca; luzcamos, luzcáis, luzcan |
| EL PRETÉRITO | lucí, luciste, lució; lucimos, lucisteis, lucieron |
| EL IMPERFECTO DEL INDICATIVO | lucía, lucías, lucía; lucíamos, lucíais, lucían |
| EL IMPERFECTO DEL SUBJUNTIVO | luciera, lucieras, luciera; luciéramos, lucierais, lucieran |
| EL FUTURO | luciré, lucirás, lucirá; luciremos, luciréis, lucirán |
| EL FUTURO PERFECTO | habré lucido, habrás lucido, habrá lucido; habremos lucido, habréis lucido, habrán lucido |
| EL CONDICIONAL | luciría, lucirías, luciría; luciríamos, luciríais, lucirían |
| EL CONDICIONAL PERFECTO | habría lucido, habrías lucido, habría lucido; habríamos lucido, habríais lucido, habrían lucido |
| EL PRESENTE PERFECTO DEL INDICATIVO | he lucido, has lucido, ha lucido; hemos lucido, habéis lucido, han lucido |
| EL PRESENTE PERFECTO DEL SUBJUNTIVO | haya lucido, hayas lucido, haya lucido; hayamos lucido, hayáis lucido, hayan lucido |
| EL PLUSCUAMPERFECTO DEL INDICATIVO | había lucido, habías lucido, había lucido; habíamos lucido, habíais lucido, habían lucido |
| EL PLUSCUAMPERFECTO DEL SUBJUNTIVO | hubiera lucido, hubieras lucido, hubiera lucido; hubiéramos lucido, hubierais lucido, hubieran lucido |

**lucir** *(continuación)*

| | |
|---|---|
| MANDATOS CON *TÚ* | luce, no luzcas |
| MANDATOS CON *USTED* | luzca, no luzca |
| MANDATOS CON *NOSOTROS* | luzcamos, no luzcamos |
| MANDATOS CON *VOSOTROS* | lucid, no luzcáis |
| MANDATOS CON *USTEDES* | luzcan, no luzcan |
| EL GERUNDIO | luciendo |
| EL PARTICIPIO PASADO | lucido |

**reunirse (u → ú)**

| | |
|---|---|
| EL PRESENTE DEL INDICATIVO | me reúno, te reúnes, se reúne; <br> nos reunimos, os reunís, se reúnen |
| EL PRESENTE DEL SUBJUNTIVO | me reúna, te reúnas, se reúna; <br> nos reunamos, os reunáis, se reúnan |
| EL PRETÉRITO | me reuní, te reuniste, se reunió; <br> nos reunimos, os reunisteis, se reunieron |
| EL IMPERFECTO DEL INDICATIVO | me reunía, te reunías, se reunía; <br> nos reuníamos, os reuníais, se reunían |
| EL IMPERFECTO DEL SUBJUNTIVO | me reuniera, te reunieras, se reuniera; <br> nos reuniéramos, os reunierais, se reunieran |
| EL FUTURO | me reuniré, te reunirás, se reunirá; <br> nos reuniremos, os reuniréis, se reunirán |
| EL FUTURO PERFECTO | me habré reunido, te habrás reunido, se habrá reunido; <br> nos habremos reunido, os habréis reunido, se habrán reunido |
| EL CONDICIONAL | me reuniría, te reunirías, se reuniría; <br> nos reuniríamos, os reuniríais, se reunirían |
| EL CONDICIONAL PERFECTO | me habría reunido, te habrías reunido, se habría reunido; <br> nos habríamos reunido, os habríais reunido, se habrían reunido |
| EL PRESENTE PERFECTO DEL INDICATIVO | me he reunido, te has reunido, se ha reunido; <br> nos hemos reunido, os habéis reunido, se han reunido |
| EL PRESENTE PERFECTO DEL SUBJUNTIVO | me haya reunido, te hayas reunido, se haya reunido; <br> nos hayamos reunido, os hayáis reunido, se hayan reunido |
| EL PLUSCUAMPERFECTO DEL INDICATIVO | me había reunido, te habías reunido, se había reunido; <br> nos habíamos reunido, os habíais reunido, se habían reunido |
| EL PLUSCUAMPERFECTO DEL SUBJUNTIVO | me hubiera reunido, te hubieras reunido, se hubiera reunido; <br> nos hubiéramos reunido, os hubierais reunido, se hubieran reunido |
| MANDATOS CON *TÚ* | reúnete, no te reúnas |
| MANDATOS CON *USTED* | reúnase, no se reúna |
| MANDATOS CON *NOSOTROS* | reunámonos, no nos reunamos |
| MANDATOS CON *VOSOTROS* | reuníos, no os reunáis |
| MANDATOS CON *USTEDES* | reúnanse, no se reúnan |
| EL GERUNDIO | reuniéndose |
| EL PARTICIPIO PASADO | reunido |

**seguir (gu → g) (e → i)**

| | |
|---|---|
| EL PRESENTE DEL INDICATIVO | sigo, sigues, sigue; seguimos, seguís, siguen |
| EL PRESENTE DEL SUBJUNTIVO | siga, sigas, siga; sigamos, sigáis, sigan |
| EL PRETÉRITO | seguí, seguiste, siguió; |
| | seguimos, seguisteis, siguieron |
| EL IMPERFECTO DEL INDICATIVO | seguía, seguías, seguía; |
| | seguíamos, seguíais, seguían |
| EL IMPERFECTO DEL SUBJUNTIVO | siguiera, siguieras, siguiera; |
| | siguiéramos, siguierais, siguieran |
| EL FUTURO | seguiré, seguirás, seguirá; |
| | seguiremos, seguiréis, seguirán |
| EL FUTURO PERFECTO | habré seguido, habrás seguido, habrá seguido; |
| | habremos seguido, habréis seguido, habrán seguido |
| EL CONDICIONAL | seguiría, seguirías, seguiría; |
| | seguiríamos, seguiríais, seguirían |
| EL CONDICIONAL PERFECTO | habría seguido, habrías seguido, habría seguido; |
| | habríamos seguido, habríais seguido, habrían seguido |
| EL PRESENTE PERFECTO DEL INDICATIVO | he seguido, has seguido, ha seguido; |
| | hemos seguido, habéis seguido, han seguido |
| EL PRESENTE PERFECTO DEL SUBJUNTIVO | haya seguido, hayas seguido, haya seguido; |
| | hayamos seguido, hayáis seguido, hayan seguido |
| EL PLUSCUAMPERFECTO DEL INDICATIVO | había seguido, habías seguido, había seguido; |
| | habíamos seguido, habíais seguido, habían seguido |
| EL PLUSCUAMPERFECTO DEL SUBJUNTIVO | hubiera seguido, hubieras seguido, hubiera seguido; |
| | hubiéramos seguido, hubierais seguido, hubieran seguido |
| MANDATOS CON *TÚ* | sigue, no sigas |
| MANDATOS CON *USTED* | siga, no siga |
| MANDATOS CON *NOSOTROS* | sigamos, no sigamos |
| MANDATOS CON *VOSOTROS* | seguid, no sigáis |
| MANDATOS CON *USTEDES* | sigan, no sigan |
| EL GERUNDIO | siguiendo |
| EL PARTICIPIO PASADO | seguido |

*Otros verbos que siguen el ejemplo de* **seguir: conseguir, perseguir.**

# Verbos irregulares

**andar**

| | |
|---|---|
| EL PRESENTE DEL INDICATIVO | ando, andas, anda; andamos, andáis, andan |
| EL PRESENTE DEL SUBJUNTIVO | ande, andes, ande; andemos, andéis, anden |
| EL PRETÉRITO | anduve, anduviste, anduvo; |
| | anduvimos, anduvisteis, anduvieron |
| EL IMPERFECTO DEL INDICATIVO | andaba, andabas, andaba; andábamos, andabais, andaban |
| EL IMPERFECTO DEL SUBJUNTIVO | anduviera, anduvieras, anduviera; |
| | anduviéramos, anduvierais, anduvieran |
| EL FUTURO | andaré, andarás, andará; andaremos, andaréis, andarán |
| EL FUTURO PERFECTO | habré andado, habrás andado, habrá andado; |
| | habremos andado, habréis andado, habrán andado |
| EL CONDICIONAL | andaría, andarías, andaría; andaríamos, andaríais, andarían |
| EL CONDICIONAL PERFECTO | habría andado, habrías andado, habría andado; |
| | habríamos andado, habríais andado, habrían andado |
| EL PRESENTE PERFECTO DEL INDICATIVO | he andado, has andado, ha andado; |
| | hemos andado, habéis andado, han andado |
| EL PRESENTE PERFECTO DEL SUBJUNTIVO | haya andado, hayas andado, haya andado; |
| | hayamos andado, hayáis andado, hayan andado |
| EL PLUSCUAMPERFECTO DEL INDICATIVO | había andado, habías andado, había andado; |
| | habíamos andado, habíais andado, habían andado |
| EL PLUSCUAMPERFECTO DEL SUBJUNTIVO | hubiera andado, hubieras andado, hubiera andado; |
| | hubiéramos andado, hubierais andado, hubieran andado |
| MANDATOS CON *TÚ* | anda, no andes |
| MANDATOS CON *USTED* | ande, no ande |
| MANDATOS CON *NOSOTROS* | andemos, no andemos |
| MANDATOS CON *VOSOTROS* | andad, no andéis |
| MANDATOS CON *USTEDES* | anden, no anden |
| EL GERUNDIO | andando |
| EL PARTICIPIO PASADO | andado |

**bendecir**

| | |
|---|---|
| EL PRESENTE DEL INDICATIVO | bendigo, bendices, bendice; bendecimos, bendecís, bendicen |
| EL PRESENTE DEL SUBJUNTIVO | bendiga, bendigas, bendiga; bendigamos, bendigáis, bendigan |
| EL PRETÉRITO | bendije, bendijiste, bendijo; |
| | bendijimos, bendijisteis, bendijeron |
| EL IMPERFECTO DEL INDICATIVO | bendecía, bendecías, bendecía; |
| | bendecíamos, bendecíais, bendecían |
| EL IMPERFECTO DEL SUBJUNTIVO | bendijera, bendijeras, bendijera; |
| | bendijéramos, bendijerais, bendijeran |
| EL FUTURO | bendeciré, bendecirás, bendecirá; |
| | bendeciremos, bendeciréis, bendecirán |
| EL FUTURO PERFECTO | habré bendecido, habrás bendecido, habrá bendecido; |
| | habremos bendecido, habréis bendecido, habrán bendecido |
| EL CONDICIONAL | bendeciría, bendecirías, bendeciría; |
| | bendeciríamos, bendeciríais, bendecirían |
| EL CONDICIONAL PERFECTO | habría bendecido, habrías bendecido, habría bendecido; |
| | habríamos bendecido, habríais bendecido, habrían bendecido |
| EL PRESENTE PERFECTO DEL INDICATIVO | he bendecido, has bendecido, ha bendecido; |
| | hemos bendecido, habéis bendecido, han bendecido |
| EL PRESENTE PERFECTO DEL SUBJUNTIVO | haya bendecido, hayas bendecido, haya bendecido; |
| | hayamos bendecido, hayáis bendecido, hayan bendecido |
| EL PLUSCUAMPERFECTO DEL INDICATIVO | había bendecido, habías bendecido, había bendecido; |
| | habíamos bendecido, habíais bendecido, habían bendecido |

**bendecir** *(continuación)*

| | |
|---|---|
| EL PLUSCUAMPERFECTO DEL SUBJUNTIVO | hubiera bendecido, hubieras bendecido, hubiera bendecido; hubiéramos bendecido, hubierais bendecido, hubieran bendecido |
| MANDATOS CON *TÚ* | bendice, no bendigas |
| MANDATOS CON *USTED* | bendiga, no bendiga |
| MANDATOS CON *NOSOTROS* | bendigamos, no bendigamos |
| MANDATOS CON *VOSOTROS* | bendecid, no bendigáis |
| MANDATOS CON *USTEDES* | bendigan, no bendigan |
| EL GERUNDIO | bendiciendo |
| EL PARTICIPIO PASADO | bendecido (bendito) |

**caber**

| | |
|---|---|
| EL PRESENTE DEL INDICATIVO | quepo, cabes, cabe; cabemos, cabéis, caben |
| EL PRESENTE DEL SUBJUNTIVO | quepa, quepas, quepa; quepamos, quepáis, quepan |
| EL PRETÉRITO | cupe, cupiste, cupo; cupimos, cupisteis, cupieron |
| EL IMPERFECTO DEL INDICATIVO | cabía, cabías, cabía; cabíamos, cabíais, cabían |
| EL IMPERFECTO DEL SUBJUNTIVO | cupiera, cupieras, cupiera; cupiéramos, cupierais, cupieran |
| EL FUTURO | cabré, cabrás, cabrá; cabremos, cabréis, cabrán |
| EL FUTURO PERFECTO | habré cabido, habrás cabido, habrá cabido; habremos cabido, habréis cabido, habrán cabido |
| EL CONDICIONAL | cabría, cabrías, cabría; cabríamos, cabríais, cabrían |
| EL CONDICIONAL PERFECTO | habría cabido, habrías cabido, habría cabido; habríamos cabido, habríais cabido, habrían cabido |
| EL PRESENTE PERFECTO DEL INDICATIVO | he cabido, has cabido, ha cabido; hemos cabido, habéis cabido, han cabido |
| EL PRESENTE PERFECTO DEL SUBJUNTIVO | haya cabido, hayas cabido, haya cabido; hayamos cabido, hayáis cabido, hayan cabido |
| EL PLUSCUAMPERFECTO DEL INDICATIVO | había cabido, habías cabido, había cabido; habíamos cabido, habíais cabido, habían cabido |
| EL PLUSCUAMPERFECTO DEL SUBJUNTIVO | hubiera cabido, hubieras cabido, hubiera cabido; hubiéramos cabido, hubierais cabido, hubieran cabido |
| MANDATOS CON *TÚ* | cabe, no quepas |
| MANDATOS CON *USTED* | quepa, no quepa |
| MANDATOS CON *NOSOTROS* | quepamos, no quepamos |
| MANDATOS CON *VOSOTROS* | cabed, no quepáis |
| MANDATOS CON *USTEDES* | quepan, no quepan |
| EL GERUNDIO | cabiendo |
| EL PARTICIPIO PASADO | cabido |

**caer**

| | |
|---|---|
| EL PRESENTE DEL INDICATIVO | caigo, caes, cae; caemos, caéis, caen |
| EL PRESENTE DEL SUBJUNTIVO | caiga, caigas, caiga; caigamos, caigáis, caigan |
| EL PRETÉRITO | caí, caíste, cayó; caímos, caísteis, cayeron |
| EL IMPERFECTO DEL INDICATIVO | caía, caías, caía; caíamos, caíais, caían |
| EL IMPERFECTO DEL SUBJUNTIVO | cayera, cayeras, cayera; cayéramos, cayerais, cayeran |
| EL FUTURO | caeré, caerás, caerá; caeremos, caeréis, caerán |
| EL FUTURO PERFECTO | habré caído, habrás caído, habrá caído; habremos caído, habréis caído, habrán caído |
| EL CONDICIONAL | caería, caerías, caería; caeríamos, caeríais, caerían |
| EL CONDICIONAL PERFECTO | habría caído, habrías caído, habría caído; habríamos caído, habríais caído, habrían caído |
| EL PRESENTE PERFECTO DEL INDICATIVO | he caído, has caído, ha caído; hemos caído, habéis caído, han caído |

**caer** *(continuación)*

|  |  |
|---|---|
| EL PRESENTE PERFECTO DEL SUBJUNTIVO | haya caído, hayas caído, haya caído; hayamos caído, hayáis caído, hayan caído |
| EL PLUSCUAMPERFECTO DEL INDICATIVO | había caído, habías caído, había caído; habíamos caído, habíais caído, habían caído |
| EL PLUSCUAMPERFECTO DEL SUBJUNTIVO | hubiera caído, hubieras caído, hubiera caído; hubiéramos caído, hubierais caído, hubieran caído |
| MANDATOS CON *TÚ* | cae, no caigas |
| MANDATOS CON *USTED* | caiga, no caiga |
| MANDATOS CON *NOSOTROS* | caigamos, no caigamos |
| MANDATOS CON *VOSOTROS* | caed, no caigáis |
| MANDATOS CON *USTEDES* | caigan, no caigan |
| EL GERUNDIO | cayendo |
| EL PARTICIPIO PASADO | caído |

**dar**

|  |  |
|---|---|
| EL PRESENTE DEL INDICATIVO | doy, das, da; damos, dais, dan |
| EL PRESENTE DEL SUBJUNTIVO | dé, des, dé; demos, deis, den |
| EL PRETÉRITO | di, diste, dio; dimos, disteis, dieron |
| EL IMPERFECTO DEL INDICATIVO | daba, dabas, daba; dábamos, dabais, daban |
| EL IMPERFECTO DEL SUBJUNTIVO | diera, dieras, diera; diéramos, dierais, dieran |
| EL FUTURO | daré, darás, dará; daremos, daréis, darán |
| EL FUTURO PERFECTO | habré dado, habrás dado, habrá dado; habremos dado, habréis dado, habrán dado |
| EL CONDICIONAL | daría, darías, daría; daríamos, daríais, darían |
| EL CONDICIONAL PERFECTO | habría dado, habrías dado, habría dado; habríamos dado, habríais dado, habrían dado |
| EL PRESENTE PERFECTO DEL INDICATIVO | he dado, has dado, ha dado; hemos dado, habéis dado, han dado |
| EL PRESENTE PERFECTO DEL SUBJUNTIVO | haya dado, hayas dado, haya dado; hayamos dado, hayáis dado, hayan dado |
| EL PLUSCUAMPERFECTO DEL INDICATIVO | había dado, habías dado, había dado; habíamos dado, habíais dado, habían dado |
| EL PLUSCUAMPERFECTO DEL SUBJUNTIVO | hubiera dado, hubieras dado, hubiera dado; hubiéramos dado, hubierais dado, hubieran dado |
| MANDATOS CON *TÚ* | da, no des |
| MANDATOS CON *USTED* | dé, no dé |
| MANDATOS CON *NOSOTROS* | demos, no demos |
| MANDATOS CON *VOSOTROS* | dad, no deis |
| MANDATOS CON *USTEDES* | den, no den |
| EL GERUNDIO | dando |
| EL PARTICIPIO PASADO | dado |

**decir**

|  |  |
|---|---|
| EL PRESENTE DEL INDICATIVO | digo, dices, dice; decimos, decís, dicen |
| EL PRESENTE DEL SUBJUNTIVO | diga, digas, diga; digamos, digáis, digan |
| EL PRETÉRITO | dije, dijiste, dijo; dijimos, dijisteis, dijeron |
| EL IMPERFECTO DEL INDICATIVO | decía, decías, decía; decíamos, decíais, decían |
| EL IMPERFECTO DEL SUBJUNTIVO | dijera, dijeras, dijera; dijéramos, dijerais, dijeran |
| EL FUTURO | diré, dirás, dirá; diremos, diréis, dirán |
| EL FUTURO PERFECTO | habré dicho, habrás dicho, habrá dicho; habremos dicho, habréis dicho, habrán dicho |
| EL CONDICIONAL | diría, dirías, diría; diríamos, diríais, dirían |
| EL CONDICIONAL PERFECTO | habría dicho, habrías dicho, habría dicho; habríamos dicho, habríais dicho, habrían dicho |

**decir** *(continuación)*

| | |
|---|---|
| EL PRESENTE PERFECTO DEL INDICATIVO | he dicho, has dicho, ha dicho; |
| | hemos dicho, habéis dicho, han dicho |
| EL PRESENTE PERFECTO DEL SUBJUNTIVO | haya dicho, hayas dicho, haya dicho; |
| | hayamos dicho, hayáis dicho, hayan dicho |
| EL PLUSCUAMPERFECTO DEL INDICATIVO | había dicho, habías dicho, había dicho; |
| | habíamos dicho, habíais dicho, habían dicho |
| EL PLUSCUAMPERFECTO DEL SUBJUNTIVO | hubiera dicho, hubieras dicho, hubiera dicho; |
| | hubiéramos dicho, hubierais dicho, hubieran dicho |
| MANDATOS CON *TÚ* | di, no digas |
| MANDATOS CON *USTED* | diga, no diga |
| MANDATOS CON *NOSOTROS* | digamos, no digamos |
| MANDATOS CON *VOSOTROS* | decid, no digáis |
| MANDATOS CON *USTEDES* | digan, no digan |
| EL GERUNDIO | diciendo |
| EL PARTICIPIO PASADO | dicho |

**estar**

| | |
|---|---|
| EL PRESENTE DEL INDICATIVO | estoy, estás, está; estamos, estáis, están |
| EL PRESENTE DEL SUBJUNTIVO | esté, estés, esté; estemos, estéis, estén |
| EL PRETÉRITO | estuve, estuviste, estuvo; estuvimos, estuvisteis, estuvieron |
| EL IMPERFECTO DEL INDICATIVO | estaba, estabas, estaba; estábamos, estabais, estaban |
| EL IMPERFECTO DEL SUBJUNTIVO | estuviera, estuvieras, estuviera; |
| | estuviéramos, estuvierais, estuvieran |
| EL FUTURO | estaré, estarás, estará; estaremos, estaréis, estarán |
| EL FUTURO PERFECTO | habré estado, habrás estado, habrá estado; |
| | habremos estado, habréis estado, habrán estado |
| EL CONDICIONAL | estaría, estarías, estaría; estaríamos, estaríais, estarían |
| EL CONDICIONAL PERFECTO | habría estado, habrías estado, habría estado; |
| | habríamos estado, habríais estado, habrían estado |
| EL PRESENTE PERFECTO DEL INDICATIVO | he estado, has estado, ha estado; |
| | hemos estado, habéis estado, han estado |
| EL PRESENTE PERFECTO DEL SUBJUNTIVO | haya estado, hayas estado, haya estado; |
| | hayamos estado, hayáis estado, hayan estado |
| EL PLUSCUAMPERFECTO DEL INDICATIVO | había estado, habías estado, había estado; |
| | habíamos estado, habíais estado, habían estado |
| EL PLUSCUAMPERFECTO DEL SUBJUNTIVO | hubiera estado, hubieras estado, hubiera estado; |
| | hubiéramos estado, hubierais estado, hubieran estado |
| MANDATOS CON *TÚ* | está, no estés |
| MANDATOS CON *USTED* | esté, no esté |
| MANDATOS CON *NOSOTROS* | estemos, no estemos |
| MANDATOS CON *VOSOTROS* | estad, no estéis |
| MANDATOS CON *USTEDES* | estén, no estén |
| EL GERUNDIO | estando |
| EL PARTICIPIO PASADO | estado |

**haber**

| | |
|---|---|
| EL PRESENTE DEL INDICATIVO | he, has, ha; hemos, habéis, han |
| EL PRESENTE DEL SUBJUNTIVO | haya, hayas, haya; hayamos, hayáis, hayan |
| EL PRETÉRITO | hube, hubiste, hubo; hubimos, hubisteis, hubieron |
| EL IMPERFECTO DEL INDICATIVO | había, habías, había; habíamos, habíais, habían |
| EL IMPERFECTO DEL SUBJUNTIVO | hubiera, hubieras, hubiera; hubiéramos, hubierais, hubieran |
| EL FUTURO | habré, habrás, habrá; habremos, habréis, habrán |

| | | |
|---|---|---|
| **haber** *(continuación)* | EL FUTURO PERFECTO | habré habido, habrás habido, habrá habido; habremos habido; habréis habido, habrán habido |
| | EL CONDICIONAL | habría, habrías, habría; habríamos, habríais, habrían |
| | EL CONDICIONAL PERFECTO | habría habido, habrías habido, habría habido; habríamos habido, habríais habido, habrían habido |
| | EL PRESENTE PERFECTO DEL INDICATIVO | he habido, has habido, ha habido; hemos habido, habéis habido, han habido |
| | EL PRESENTE PERFECTO DEL SUBJUNTIVO | haya habido, hayas habido, haya habido; hayamos habido, hayáis habido, hayan habido |
| | EL PLUSCUAMPERFECTO DEL INDICATIVO | había habido, habías habido, había habido; habíamos habido, habíais habido, habían habido |
| | EL PLUSCUAMPERFECTO DEL SUBJUNTIVO | hubiera habido, hubieras habido, hubiera habido; hubiéramos habido, hubierais habido, hubieran habido |
| | MANDATOS CON *TÚ* | he, no hayas |
| | MANDATOS CON *USTED* | haya, no haya |
| | MANDATOS CON *NOSOTROS* | hayamos, no hayamos |
| | MANDATOS CON *VOSOTROS* | habed, no hayáis |
| | MANDATOS CON *USTEDES* | hayan, no hayan |
| | EL GERUNDIO | habiendo |
| | EL PARTICIPIO PASADO | habido |

| | | |
|---|---|---|
| **hacer** | EL PRESENTE DEL INDICATIVO | hago, haces, hace; hacemos, hacéis, hacen |
| | EL PRESENTE DEL SUBJUNTIVO | haga, hagas, haga; hagamos, hagáis, hagan |
| | EL PRETÉRITO | hice, hiciste, hizo; hicimos, hicisteis, hicieron |
| | EL IMPERFECTO DEL INDICATIVO | hacía, hacías, hacía; hacíamos, hacíais, hacían |
| | EL IMPERFECTO DEL SUBJUNTIVO | hiciera, hicieras, hiciera; hiciéramos, hicierais, hicieran |
| | EL FUTURO | haré, harás, hará; haremos, haréis, harán |
| | EL FUTURO PERFECTO | habré hecho, habrás hecho, habrá hecho; habremos hecho, habréis hecho, habrán hecho |
| | EL CONDICIONAL | haría, harías, haría; haríamos, haríais, harían |
| | EL CONDICIONAL PERFECTO | habría hecho, habrías hecho, habría hecho; habríamos hecho, habríais hecho, habrían hecho |
| | EL PRESENTE PERFECTO DEL INDICATIVO | he hecho, has hecho, ha hecho; hemos hecho, habéis hecho, han hecho |
| | EL PRESENTE PERFECTO DEL SUBJUNTIVO | haya hecho, hayas hecho, haya hecho; hayamos hecho, hayáis hecho, hayan hecho |
| | EL PLUSCUAMPERFECTO DEL INDICATIVO | había hecho, habías hecho, había hecho; habíamos hecho, habíais hecho, habían hecho |
| | EL PLUSCUAMPERFECTO DEL SUBJUNTIVO | hubiera hecho, hubieras hecho, hubiera hecho; hubiéramos hecho, hubierais hecho, hubieran hecho |
| | MANDATOS CON *TÚ* | haz, no hagas |
| | MANDATOS CON *USTED* | haga, no haga |
| | MANDATOS CON *NOSOTROS* | hagamos, no hagamos |
| | MANDATOS CON *VOSOTROS* | haced, no hagáis |
| | MANDATOS CON *USTEDES* | hagan, no hagan |
| | EL GERUNDIO | haciendo |
| | EL PARTICIPIO PASADO | hecho |

**ir**

| | |
|---|---|
| EL PRESENTE DEL INDICATIVO | voy, vas, va; vamos, vais, van |
| EL PRESENTE DEL SUBJUNTIVO | vaya, vayas, vaya; vayamos, vayáis, vayan |
| EL PRETÉRITO | fui, fuiste, fue; fuimos, fuisteis, fueron |
| EL IMPERFECTO DEL INDICATIVO | iba, ibas, iba; íbamos, ibais, iban |
| EL IMPERFECTO DEL SUBJUNTIVO | fuera, fueras, fuera; fuéramos, fuerais, fueran |
| EL FUTURO | iré, irás, irá; iremos, iréis, irán |
| EL FUTURO PERFECTO | habré ido, habrás ido, habrá ido; habremos ido, habréis ido, habrán ido |
| EL CONDICIONAL | iría, irías, iría; iríamos, iríais, irían |
| EL CONDICIONAL PERFECTO | habría ido, habrías ido, habría ido; habríamos ido, habríais ido, habrían ido |
| EL PRESENTE PERFECTO DEL INDICATIVO | he ido, has ido, ha ido; hemos ido, habéis ido, han ido |
| EL PRESENTE PERFECTO DEL SUBJUNTIVO | haya ido, hayas ido, haya ido; hayamos ido, hayáis ido, hayan ido |
| EL PLUSCUAMPERFECTO DEL INDICATIVO | había ido, habías ido, había ido; habíamos ido, habíais ido, habían ido |
| EL PLUSCUAMPERFECTO DEL SUBJUNTIVO | hubiera ido, hubieras ido, hubiera ido; hubiéramos ido, hubierais ido, hubieran ido |
| MANDATOS CON *TÚ* | ve, no vayas |
| MANDATOS CON *USTED* | vaya, no vaya |
| MANDATOS CON *NOSOTROS* | vamos, no vayamos |
| MANDATOS CON *VOSOTROS* | id, no vayáis |
| MANDATOS CON *USTEDES* | vayan, no vayan |
| EL GERUNDIO | yendo |
| EL PARTICIPIO PASADO | ido |

**oír**

| | |
|---|---|
| EL PRESENTE DEL INDICATIVO | oigo, oyes, oye; oímos, oís, oyen |
| EL PRESENTE DEL SUBJUNTIVO | oiga, oigas, oiga; oigamos, oigáis, oigan |
| EL PRETÉRITO | oí, oíste, oyó; oímos, oísteis, oyeron |
| EL IMPERFECTO DEL INDICATIVO | oía, oías, oía; oíamos, oíais, oían |
| EL IMPERFECTO DEL SUBJUNTIVO | oyera, oyeras, oyera; oyéramos, oyerais, oyeran |
| EL FUTURO | oiré, oirás, oirá; oiremos, oiréis, oirán |
| EL FUTURO PERFECTO | habré oído, habrás oído, habrá oído; habremos oído, habréis oído, habrán oído |
| EL CONDICIONAL | oiría, oirías, oiría; oiríamos, oiríais, oirían |
| EL CONDICIONAL PERFECTO | habría oído, habrías oído, habría oído; habríamos oído, habríais oído, habrían oído |
| EL PRESENTE PERFECTO DEL INDICATIVO | he oído, has oído, ha oído; hemos oído, habéis oído, han oído |
| EL PRESENTE PERFECTO DEL SUBJUNTIVO | haya oído, hayas oído, haya oído; hayamos oído, hayáis oído, hayan oído |
| EL PLUSCUAMPERFECTO DEL INDICATIVO | había oído, habías oído, había oído; habíamos oído, habíais oído, habían oído |
| EL PLUSCUAMPERFECTO DEL SUBJUNTIVO | hubiera oído, hubieras oído, hubiera oído; hubiéramos oído, hubierais oído, hubieran oído |
| MANDATOS CON *TÚ* | oye, no oigas |
| MANDATOS CON *USTED* | oiga, no oiga |
| MANDATOS CON *NOSOTROS* | oigamos, no oigamos |
| MANDATOS CON *VOSOTROS* | oíd, no oigáis |
| MANDATOS CON *USTEDES* | oigan, no oigan |
| EL GERUNDIO | oyendo |
| EL PARTICIPIO PASADO | oído |

| poder | | |
|---|---|---|
| | EL PRESENTE DEL INDICATIVO | puedo, puedes, puede; podemos, podéis, pueden |
| | EL PRESENTE DEL SUBJUNTIVO | pueda, puedas, pueda; podamos, podáis, puedan |
| | EL PRETÉRITO | pude, pudiste, pudo; pudimos, pudisteis, pudieron |
| | EL IMPERFECTO DEL INDICATIVO | podía, podías, podía; podíamos, podíais, podían |
| | EL IMPERFECTO DEL SUBJUNTIVO | pudiera, pudieras, pudiera; pudiéramos, pudierais, pudieran |
| | EL FUTURO | podré, podrás, podrá; podremos, podréis, podrán |
| | EL FUTURO PERFECTO | habré podido, habrás podido, habrá podido; habremos podido, habréis podido, habrán podido |
| | EL CONDICIONAL | podría, podrías, podría; podríamos, podríais, podrían |
| | EL CONDICIONAL PERFECTO | habría podido, habrías podido, habría podido; habríamos podido, habríais podido, habrían podido |
| | EL PRESENTE PERFECTO DEL INDICATIVO | he podido, has podido, ha podido; hemos podido, habéis podido, han podido |
| | EL PRESENTE PERFECTO DEL SUBJUNTIVO | haya podido, hayas podido, haya podido; hayamos podido, hayáis podido, hayan podido |
| | EL PLUSCUAMPERFECTO DEL INDICATIVO | había podido, habías podido, había podido; habíamos podido, habíais podido, habían podido |
| | EL PLUSCUAMPERFECTO DEL SUBJUNTIVO | hubiera podido, hubieras podido, hubiera podido; hubiéramos podido, hubierais podido, hubieran podido |
| | MANDATOS CON *TÚ* | puede, no puedas |
| | MANDATOS CON *USTED* | pueda, no pueda |
| | MANDATOS CON *NOSOTROS* | podamos, no podamos |
| | MANDATOS CON *VOSOTROS* | poded, no podáis |
| | MANDATOS CON *USTEDES* | puedan, no puedan *(not ordinarily used)* |
| | EL GERUNDIO | pudiendo |
| | EL PARTICIPIO PASADO | podido |

| poner | | |
|---|---|---|
| | EL PRESENTE DEL INDICATIVO | pongo, pones, pone; ponemos, ponéis, ponen |
| | EL PRESENTE DEL SUBJUNTIVO | ponga, pongas, ponga; pongamos, pongáis, pongan |
| | EL PRETÉRITO | puse, pusiste, puso; pusimos, pusisteis, pusieron |
| | EL IMPERFECTO DEL INDICATIVO | ponía, ponías, ponía; poníamos, poníais, ponían |
| | EL IMPERFECTO DEL SUBJUNTIVO | pusiera, pusieras, pusiera; pusiéramos, pusierais, pusieran |
| | EL FUTURO | pondré, pondrás, pondrá; pondremos, pondréis, pondrán |
| | EL FUTURO PERFECTO | habré puesto, habrás puesto, habrá puesto; habremos puesto, habréis puesto, habrán puesto |
| | EL CONDICIONAL | pondría, pondrías, pondría; pondríamos, pondríais, pondrían |
| | EL CONDICIONAL PERFECTO | habría puesto, habrías puesto, habría puesto; habríamos puesto, habríais puesto, habrían puesto |
| | EL PRESENTE PERFECTO DEL INDICATIVO | he puesto, has puesto, ha puesto; hemos puesto, habéis puesto, han puesto |
| | EL PRESENTE PERFECTO DEL SUBJUNTIVO | haya puesto, hayas puesto, haya puesto; hayamos puesto, hayáis puesto, hayan puesto |
| | EL PLUSCUAMPERFECTO DEL INDICATIVO | había puesto, habías puesto, había puesto; habíamos puesto, habíais puesto, habían puesto |
| | EL PLUSCUAMPERFECTO DEL SUBJUNTIVO | hubiera puesto, hubieras puesto, hubiera puesto; hubiéramos puesto, hubierais puesto, hubieran puesto |
| | MANDATOS CON *TÚ* | pon, no pongas |
| | MANDATOS CON *USTED* | ponga, no ponga |
| | MANDATOS CON *NOSOTROS* | pongamos, no pongamos |
| | MANDATOS CON *VOSOTROS* | poned, no pongáis |
| | MANDATOS CON *USTEDES* | pongan, no pongan |

**poner** *(continuación)*                    EL GERUNDIO     poniendo
                                    EL PARTICIPIO PASADO     puesto
*Otros verbos que siguen el ejemplo de* **poner: imponer, suponer.**

---

**producir**

| | |
|---|---|
| EL PRESENTE DEL INDICATIVO | produzco, produces, produce; producimos, producís, producen |
| EL PRESENTE DEL SUBJUNTIVO | produzca, produzcas, produzca; produzcamos, produzcáis, produzcan |
| EL PRETÉRITO | produje, produjiste, produjo; produjimos, produjisteis, produjeron |
| EL IMPERFECTO DEL INDICATIVO | producía, producías, producía; producíamos, producíais, producían |
| EL IMPERFECTO DEL SUBJUNTIVO | produjera, produjeras, produjera; produjéramos, produjerais, produjeran |
| EL FUTURO | produciré, producirás, producirá; produciremos, produciréis, producirán |
| EL FUTURO PERFECTO | habré producido, habrás producido, habrá producido; habremos producido, habréis producido, habrán producido |
| EL CONDICIONAL | produciría, producirías, produciría; produciríamos, produciríais, producirían |
| EL CONDICIONAL PERFECTO | habría producido, habrías producido, habría producido; habríamos producido, habríais producido, habrían producido |
| EL PRESENTE PERFECTO DEL INDICATIVO | he producido, has producido, ha producido; hemos producido, habéis producido, han producido |
| EL PRESENTE PERFECTO DEL SUBJUNTIVO | haya producido, hayas producido, haya producido; hayamos producido, hayáis producido, hayan producido |
| EL PLUSCUAMPERFECTO DEL INDICATIVO | había producido, habías producido, había producido; habíamos producido, habíais producido, habían producido |
| EL PLUSCUAMPERFECTO DEL SUBJUNTIVO | hubiera producido, hubieras producido, hubiera producido; hubiéramos producido, hubierais producido, hubieran producido |
| MANDATOS CON *TÚ* | produce, no produzcas |
| MANDATOS CON *USTED* | produzca, no produzca |
| MANDATOS CON *NOSOTROS* | produzcamos, no produzcamos |
| MANDATOS CON *VOSOTROS* | producid, no produzcáis |
| MANDATOS CON *USTEDES* | produzcan, no produzcan |
| EL GERUNDIO | produciendo |
| EL PARTICIPIO PASADO | producido |

*Otros verbos que siguen el ejemplo de* **producir: conducir, reducir, traducir.**

---

**querer**

| | |
|---|---|
| EL PRESENTE DEL INDICATIVO | quiero, quieres, quiere; queremos, queréis, quieren |
| EL PRESENTE DEL SUBJUNTIVO | quiera, quieras, quiera; queramos, queráis, quieran |
| EL PRETÉRITO | quise, quisiste, quiso; quisimos, quisisteis, quisieron |
| EL IMPERFECTO DEL INDICATIVO | quería, querías, quería; queríamos, queríais, querían |
| EL IMPERFECTO DEL SUBJUNTIVO | quisiera, quisieras, quisiera; quisiéramos, quisierais, quisieran |
| EL FUTURO | querré, querrás, querrá; querremos, querréis, querrán |
| EL FUTURO PERFECTO | habré querido, habrás querido, habrá querido; habremos querido, habréis querido, habrán querido |
| EL CONDICIONAL | querría, querrías, querría; querríamos, querríais, querrían |
| EL CONDICIONAL PERFECTO | habría querido, habrías querido, habría querido; habríamos querido, habríais querido, habrían querido |
| EL PRESENTE PERFECTO DEL INDICATIVO | he querido, has querido, ha querido; hemos querido, habéis querido, han querido |

**querer** *(continuación)*

| | |
|---|---|
| EL PRESENTE PERFECTO DEL SUBJUNTIVO | haya querido, hayas querido, haya querido; |
| | hayamos querido, hayáis querido, hayan querido |
| EL PLUSCUAMPERFECTO DEL INDICATIVO | había querido, habías querido, había querido; |
| | habíamos querido, habíais querido, habían querido |
| EL PLUSCUAMPERFECTO DEL SUBJUNTIVO | hubiera querido, hubieras querido, hubiera querido |
| | hubiéramos querido, hubierais querido, hubieran querido |
| MANDATOS CON *TÚ* | quiere, no quieras |
| MANDATOS CON *USTED* | quiera, no quiera |
| MANDATOS CON *NOSOTROS* | queramos, no queramos |
| MANDATOS CON *VOSOTROS* | quered, no queráis |
| MANDATOS CON *USTEDES* | quieran, no quieran |
| EL GERUNDIO | queriendo |
| EL PARTICIPIO PASADO | querido |

**reírse**

| | |
|---|---|
| EL PRESENTE DEL INDICATIVO | me río, te ríes, se ríe; nos reímos, os reís, se ríen |
| EL PRESENTE DEL SUBJUNTIVO | me ría, te rías, se ría; nos riamos, os riáis, se rían |
| EL PRETÉRITO | me reí, te reíste, se rio; nos reímos, os reísteis, se rieron |
| EL IMPERFECTO DEL INDICATIVO | me reía, te reías, se reía; nos reíamos, os reíais, se reían |
| EL IMPERFECTO DEL SUBJUNTIVO | me riera, te rieras, se riera; nos riéramos, os rierais, se rieran |
| EL FUTURO | me reiré, te reirás, se reirá; nos reiremos, os reiréis, se reirán |
| EL FUTURO PERFECTO | me habré reído, te habrás reído, se habrá reído; |
| | nos habremos reído, os habréis reído, se habrán reído |
| EL CONDICIONAL | me reiría, te reirías, se reiría; |
| | nos reiríamos, os reiríais, se reirían |
| EL CONDICIONAL PERFECTO | me habría reído, te habrías reído, se habría reído; |
| | nos habríamos reído, os habríais reído, se habrían reído |
| EL PRESENTE PERFECTO DEL INDICATIVO | me he reído, te has reído, se ha reído; |
| | nos hemos reído, os habéis reído, se han reído |
| EL PRESENTE PERFECTO DEL SUBJUNTIVO | me haya reído, te hayas reído, se haya reído; |
| | nos hayamos reído, os hayáis reído, se hayan reído |
| EL PLUSCUAMPERFECTO DEL INDICATIVO | me había reído, te habías reído, se había reído; |
| | nos habíamos reído, os habíais reído, se habían reído |
| EL PLUSCUAMPERFECTO DEL SUBJUNTIVO | me hubiera reído, te hubieras reído, se hubiera reído; |
| | nos hubiéramos reído, os hubierais reído, se hubieran reído |
| MANDATOS CON *TÚ* | ríete, no te rías |
| MANDATOS CON *USTED* | ríase, no se ría |
| MANDATOS CON *NOSOTROS* | riámonos, no nos riamos |
| MANDATOS CON *VOSOTROS* | reíos, no os riáis |
| MANDATOS CON *USTEDES* | ríanse, no se rían |
| EL GERUNDIO | riéndose |
| EL PARTICIPIO PASADO | reído |

*Otros verbos que siguen el ejemplo de* **reírse: sonreír.**

**reñir**

| | |
|---|---|
| EL PRESENTE DEL INDICATIVO | riño, riñes, riñe; reñimos, reñís, riñen |
| EL PRESENTE DEL SUBJUNTIVO | riña, riñas, riña; riñamos, riñáis, riñan |
| EL PRETÉRITO | reñí, reñiste, riñó; reñimos, reñisteis, riñeron |
| EL IMPERFECTO DEL INDICATIVO | reñía, reñías, reñía; reñíamos, reñíais, reñían |
| EL IMPERFECTO DEL SUBJUNTIVO | riñera, riñeras, riñera; riñéramos, riñerais, riñeran |
| EL FUTURO | reñiré, reñirás, reñirá; reñiremos, reñiréis, reñirán |
| EL FUTURO PERFECTO | habré reñido, habrás reñido, habrá reñido; |
| | habremos reñido, habréis reñido, habrán reñido |

**reñir** *(continuación)*

| | |
|---|---|
| EL CONDICIONAL | reñiría, reñirías, reñiría; reñiríamos, reñiríais, reñirían |
| EL CONDICIONAL PERFECTO | habría reñido, habrías reñido, habría reñido; habríamos reñido, habríais reñido, habrían reñido |
| EL PRESENTE PERFECTO DEL INDICATIVO | he reñido, has reñido, ha reñido; hemos reñido, habéis reñido, han reñido |
| EL PRESENTE PERFECTO DEL SUBJUNTIVO | haya reñido, hayas reñido, haya reñido; hayamos reñido, hayáis reñido, hayan reñido |
| EL PLUSCUAMPERFECTO DEL INDICATIVO | había reñido, habías reñido, había reñido; habíamos reñido, habíais reñido, habían reñido |
| EL PLUSCUAMPERFECTO DEL SUBJUNTIVO | hubiera reñido, hubieras reñido, hubiera reñido; hubiéramos reñido, hubierais reñido, hubieran reñido |
| MANDATOS CON *TÚ* | riñe, no riñas |
| MANDATOS CON *USTED* | riña, no riña |
| MANDATOS CON *NOSOTROS* | riñamos, no riñamos |
| MANDATOS CON *VOSOTROS* | reñid, no riñáis |
| MANDATOS CON *USTEDES* | riñan, no riñan |
| EL GERUNDIO | riñendo |
| EL PARTICIPIO PASADO | reñido |

**saber**

| | |
|---|---|
| EL PRESENTE DEL INDICATIVO | sé, sabes, sabe; sabemos, sabéis, saben |
| EL PRESENTE DEL SUBJUNTIVO | sepa, sepas, sepa; sepamos, sepáis, sepan |
| EL PRETÉRITO | supe, supiste, supo; supimos, supisteis, supieron |
| EL IMPERFECTO DEL INDICATIVO | sabía, sabías, sabía; sabíamos, sabíais, sabían |
| EL IMPERFECTO DEL SUBJUNTIVO | supiera, supieras, supiera; supiéramos, supierais, supieran |
| EL FUTURO | sabré, sabrás, sabrá; sabremos, sabréis, sabrán |
| EL FUTURO PERFECTO | habré sabido, habrás sabido, habrá sabido; habremos sabido, habréis sabido, habrán sabido |
| EL CONDICIONAL | sabría, sabrías, sabría; sabríamos, sabríais, sabrían |
| EL CONDICIONAL PERFECTO | habría sabido, habrías sabido, habría sabido; habríamos sabido, habríais sabido, habrían sabido |
| EL PRESENTE PERFECTO DEL INDICATIVO | he sabido, has sabido, ha sabido; hemos sabido, habéis sabido, han sabido |
| EL PRESENTE PERFECTO DEL SUBJUNTIVO | haya sabido, hayas sabido, haya sabido; hayamos sabido, hayáis sabido, hayan sabido |
| EL PLUSCUAMPERFECTO DEL INDICATIVO | había sabido, habías sabido, había sabido; habíamos sabido, habíais sabido, habían sabido |
| EL PLUSCUAMPERFECTO DEL SUBJUNTIVO | hubiera sabido, hubieras sabido, hubiera sabido; hubiéramos sabido, hubierais sabido, hubieran sabido |
| MANDATOS CON *TÚ* | sabe, no sepas |
| MANDATOS CON *USTED* | sepa, no sepa |
| MANDATOS CON *NOSOTROS* | sepamos, no sepamos |
| MANDATOS CON *VOSOTROS* | sabed, no sepáis |
| MANDATOS CON *USTEDES* | sepan, no sepan |
| EL GERUNDIO | sabiendo |
| EL PARTICIPIO PASADO | sabido |

**salir**

| | |
|---|---|
| EL PRESENTE DEL INDICATIVO | salgo, sales, sale; salimos, salís, salen |
| EL PRESENTE DEL SUBJUNTIVO | salga, salgas, salga; salgamos, salgáis, salgan |
| EL PRETÉRITO | salí, saliste, salió; salimos, salisteis, salieron |
| EL IMPERFECTO DEL INDICATIVO | salía, salías, salía; salíamos, salíais, salían |
| EL IMPERFECTO DEL SUBJUNTIVO | saliera, salieras, saliera; saliéramos, salierais, salieran |
| EL FUTURO | saldré, saldrás, saldrá; saldremos, saldréis, saldrán |

**salir** *(continuación)*

| | |
|---|---|
| EL FUTURO PERFECTO | habré salido, habrás salido, habrá salido; |
| | habremos salido, habréis salido, habrán salido |
| EL CONDICIONAL | saldría, saldrías, saldría; saldríamos, saldríais, saldrían |
| EL CONDICIONAL PERFECTO | habría salido, habrías salido, habría salido; |
| | habríamos salido, habríais salido, habrían salido |
| EL PRESENTE PERFECTO DEL INDICATIVO | he salido, has salido, ha salido; |
| | hemos salido, habéis salido, han salido |
| EL PRESENTE PERFECTO DEL SUBJUNTIVO | haya salido, hayas salido, haya salido; |
| | hayamos salido, hayáis salido, hayan salido |
| EL PLUSCUAMPERFECTO DEL INDICATIVO | había salido, habías salido, había salido; |
| | habíamos salido, habíais salido, habían salido |
| EL PLUSCUAMPERFECTO DEL SUBJUNTIVO | hubiera salido, hubieras salido, hubiera salido; |
| | hubiéramos salido, hubierais salido, hubieran salido |
| MANDATOS CON *TÚ* | sal, no salgas |
| MANDATOS CON *USTED* | salga, no salga |
| MANDATOS CON *NOSOTROS* | salgamos, no salgamos |
| MANDATOS CON *VOSOTROS* | salid, no salgáis |
| MANDATOS CON *USTEDES* | salgan, no salgan |
| EL GERUNDIO | saliendo |
| EL PARTICIPIO PASADO | salido |

**ser**

| | |
|---|---|
| EL PRESENTE DEL INDICATIVO | soy, eres, es; somos, sois, son |
| EL PRESENTE DEL SUBJUNTIVO | sea, seas, sea; seamos, seáis, sean |
| EL PRETÉRITO | fui, fuiste, fue; fuimos, fuisteis, fueron |
| EL IMPERFECTO DEL INDICATIVO | era, eras, era; éramos, erais, eran |
| EL IMPERFECTO DEL SUBJUNTIVO | fuera, fueras, fuera; fuéramos, fuerais, fueran |
| EL FUTURO | seré, serás, será; seremos, seréis, serán |
| EL FUTURO PERFECTO | habré sido, habrás sido, habrá sido; |
| | habremos sido, habréis sido, habrán sido |
| EL CONDICIONAL | sería, serías, sería; seríamos, seríais, serían |
| EL CONDICIONAL PERFECTO | habría sido, habrías sido, habría sido; |
| | habríamos sido, habríais sido, habrían sido |
| EL PRESENTE PERFECTO DEL INDICATIVO | he sido, has sido, ha sido; |
| | hemos sido, habéis sido, han sido |
| EL PRESENTE PERFECTO DEL SUBJUNTIVO | haya sido, hayas sido, haya sido; |
| | hayamos sido, hayáis sido, hayan sido |
| EL PLUSCUAMPERFECTO DEL INDICATIVO | había sido, habías sido, había sido; |
| | habíamos sido, habíais sido, habían sido |
| EL PLUSCUAMPERFECTO DEL SUBJUNTIVO | hubiera sido, hubieras sido, hubiera sido; |
| | hubiéramos sido, hubierais sido, hubieran sido |
| MANDATOS CON *TÚ* | sé, no seas |
| MANDATOS CON *USTED* | sea, no sea |
| MANDATOS CON *NOSOTROS* | seamos, no seamos |
| MANDATOS CON *VOSOTROS* | sed, no seáis |
| MANDATOS CON *USTEDES* | sean, no sean |
| EL GERUNDIO | siendo |
| EL PARTICIPIO PASADO | sido |

**tener**

| | |
|---|---|
| EL PRESENTE DEL INDICATIVO | tengo, tienes, tiene; tenemos, tenéis, tienen |
| EL PRESENTE DEL SUBJUNTIVO | tenga, tengas, tenga; tengamos, tengáis, tengan |
| EL PRETÉRITO | tuve, tuviste, tuvo; tuvimos, tuvisteis, tuvieron |
| EL IMPERFECTO DEL INDICATIVO | tenía, tenías, tenía; teníamos, teníais, tenían |
| EL IMPERFECTO DEL SUBJUNTIVO | tuviera, tuvieras, tuviera; tuviéramos, tuvierais, tuvieran |
| EL FUTURO | tendré, tendrás, tendrá; tendremos, tendréis, tendrán |
| EL FUTURO PERFECTO | habré tenido, habrás tenido, habrá tenido; habremos tenido, habréis tenido, habrán tenido |
| EL CONDICIONAL | tendría, tendrías, tendría; tendríamos, tendríais, tendrían |
| EL CONDICIONAL PERFECTO | habría tenido, habrías tenido, habría tenido; habríamos tenido, habríais tenido, habrían tenido |
| EL PRESENTE PERFECTO DEL INDICATIVO | he tenido, has tenido, ha tenido; hemos tenido, habéis tenido, han tenido |
| EL PRESENTE PERFECTO DEL SUBJUNTIVO | haya tenido, hayas tenido, haya tenido; hayamos tenido, hayáis tenido, hayan tenido |
| EL PLUSCUAMPERFECTO DEL INDICATIVO | había tenido, habías tenido, había tenido; habíamos tenido, habíais tenido, habían tenido |
| EL PLUSCUAMPERFECTO DEL SUBJUNTIVO | hubiera tenido, hubieras tenido, hubiera tenido; hubiéramos tenido, hubierais tenido, hubieran tenido |
| MANDATOS CON *TÚ* | ten, no tengas |
| MANDATOS CON *USTED* | tenga, no tenga |
| MANDATOS CON *NOSOTROS* | tengamos, no tengamos |
| MANDATOS CON *VOSOTROS* | tened, no tengáis |
| MANDATOS CON *USTEDES* | tengan, no tengan |
| EL GERUNDIO | teniendo |
| EL PARTICIPIO PASADO | tenido |

*Otros verbos que siguen el ejemplo de* **tener: entretener(se), mantener, obtener.**

---

**traer**

| | |
|---|---|
| EL PRESENTE DEL INDICATIVO | traigo, traes, trae; traemos, traéis, traen |
| EL PRESENTE DEL SUBJUNTIVO | traiga, traigas, traiga; traigamos, traigáis, traigan |
| EL PRETÉRITO | traje, trajiste, trajo; trajimos, trajisteis, trajeron |
| EL IMPERFECTO DEL INDICATIVO | traía, traías, traía; traíamos, traíais, traían |
| EL IMPERFECTO DEL SUBJUNTIVO | trajera, trajeras, trajera; trajéramos, trajerais, trajeran |
| EL FUTURO | traeré, traerás, traerá; traeremos, traeréis, traerán |
| EL FUTURO PERFECTO | habré traído, habrás traído, habrá traído; habremos traído, habréis traído, habrán traído |
| EL CONDICIONAL | traería, traerías, traería; traeríamos, traeríais, traerían |
| EL CONDICIONAL PERFECTO | habría traído, habrías traído, habría traído; habríamos traído, habríais traído, habrían traído |
| EL PRESENTE PERFECTO DEL INDICATIVO | he traído, has traído, ha traído; hemos traído, habéis traído, han traído |
| EL PRESENTE PERFECTO DEL SUBJUNTIVO | haya traído, hayas traído, haya traído; hayamos traído, hayáis traído, hayan traído |
| EL PLUSCUAMPERFECTO DEL INDICATIVO | había traído, habías traído, había traído; habíamos traído, habíais traído, habían traído |
| EL PLUSCUAMPERFECTO DEL SUBJUNTIVO | hubiera traído, hubieras traído, hubiera traído; hubiéramos traído, hubierais traído, hubieran traído |
| MANDATOS CON *TÚ* | trae, no traigas |
| MANDATOS CON *USTED* | traiga, no traiga |
| MANDATOS CON *NOSOTROS* | traigamos, no traigamos |
| MANDATOS CON *VOSOTROS* | traed, no traigáis |

| **traer** *(continuación)* | MANDATOS CON *USTEDES* | traigan, no traigan |
| | EL GERUNDIO | trayendo |
| | EL PARTICIPIO PASADO | traído |

| **valer** | EL PRESENTE DEL INDICATIVO | valgo, vales, vale; valemos, valéis, valen |
| | EL PRESENTE DEL SUBJUNTIVO | valga, valgas, valga; valgamos, valgáis, valgan |
| | EL PRETÉRITO | valí, valiste, valió; valimos, valisteis, valieron |
| | EL IMPERFECTO DEL INDICATIVO | valía, valías, valía; valíamos, valíais, valían |
| | EL IMPERFECTO DEL SUBJUNTIVO | valiera, valieras, valiera; valiéramos, valierais, valieran |
| | EL FUTURO | valdré, valdrás, valdrá; valdremos, valdréis, valdrán |
| | EL FUTURO PERFECTO | habré valido, habrás valido, habrá valido; habremos valido, habréis valido, habrán valido |
| | EL CONDICIONAL | valdría, valdrías, valdría; valdríamos, valdríais, valdrían |
| | EL CONDICIONAL PERFECTO | habría valido, habrías valido, habría valido; habríamos valido, habríais valido, habrían valido |
| | EL PRESENTE PERFECTO DEL INDICATIVO | he valido, has valido, ha valido; hemos valido, habéis valido, han valido |
| | EL PRESENTE PERFECTO DEL SUBJUNTIVO | haya valido, hayas valido, haya valido; hayamos valido, hayáis valido, hayan valido |
| | EL PLUSCUAMPERFECTO DEL INDICATIVO | había valido, habías valido, había valido; habíamos valido, habíais valido, habían valido |
| | EL PLUSCUAMPERFECTO DEL SUBJUNTIVO | hubiera valido, hubieras valido, hubiera valido; hubiéramos valido, hubierais valido, hubieran valido |
| | MANDATOS CON *TÚ* | val, no valgas |
| | MANDATOS CON *USTED* | valga, no valga |
| | MANDATOS CON *NOSOTROS* | valgamos, no valgamos |
| | MANDATOS CON *VOSOTROS* | valed, no valgáis |
| | MANDATOS CON *USTEDES* | valgan, no valgan |
| | EL GERUNDIO | valiendo |
| | EL PARTICIPIO PASADO | valido |

| **venir** | EL PRESENTE DEL INDICATIVO | vengo, vienes, viene; venimos, venís, vienen |
| | EL PRESENTE DEL SUBJUNTIVO | venga, vengas, venga; vengamos, vengáis, vengan |
| | EL PRETÉRITO | vine, viniste, vino; vinimos, vinisteis, vinieron |
| | EL IMPERFECTO DEL INDICATIVO | venía, venías, venía; veníamos, veníais, venían |
| | EL IMPERFECTO DEL SUBJUNTIVO | viniera, vinieras, viniera; viniéramos, vinierais, vinieran |
| | EL FUTURO | vendré, vendrás, vendrá; vendremos, vendréis, vendrán |
| | EL FUTURO PERFECTO | habré venido, habrás venido, habrá venido; habremos venido, habréis venido, habrán venido |
| | EL CONDICIONAL | vendría, vendrías, vendría; vendríamos, vendríais, vendrían |
| | EL CONDICIONAL PERFECTO | habría venido, habrías venido, habría venido; habríamos venido, habríais venido, habrían venido |
| | EL PRESENTE PERFECTO DEL INDICATIVO | he venido, has venido, ha venido; hemos venido, habéis venido, han venido |
| | EL PRESENTE PERFECTO DEL SUBJUNTIVO | haya venido, hayas venido, haya venido; hayamos venido, hayáis venido, hayan venido |
| | EL PLUSCUAMPERFECTO DEL INDICATIVO | había venido, habías venido, había venido; habíamos venido, habíais venido, habían venido |
| | EL PLUSCUAMPERFECTO DEL SUBJUNTIVO | hubiera venido, hubieras venido, hubiera venido; hubiéramos venido, hubierais venido, hubieran venido |
| | MANDATOS CON *TÚ* | ven, no vengas |
| | MANDATOS CON *USTED* | venga, no venga |

**venir** *(continuación)*

| | |
|---|---|
| MANDATOS CON *NOSOTROS* | vengamos, no vengamos |
| MANDATOS CON *VOSOTROS* | venid, no vengáis |
| MANDATOS CON *USTEDES* | vengan, no vengan |
| EL GERUNDIO | viniendo |
| EL PARTICIPIO PASADO | venido |

*Otros verbos que siguen el ejemplo de* **venir: convenir, intervenir.**

---

**ver**

| | |
|---|---|
| EL PRESENTE DEL INDICATIVO | veo, ves, ve; vemos, veis, ven |
| EL PRESENTE DEL SUBJUNTIVO | vea, veas, vea; veamos, veáis, vean |
| EL PRETÉRITO | vi, viste, vio; vimos, visteis, vieron |
| EL IMPERFECTO DEL INDICATIVO | veía, veías, veía; veíamos, veíais, veían |
| EL IMPERFECTO DEL SUBJUNTIVO | viera, vieras, viera; viéramos, vierais, vieran |
| EL FUTURO | veré, verás, verá; veremos, veréis, verán |
| EL FUTURO PERFECTO | habré visto, habrás visto, habrá visto; habremos visto, habréis visto, habrán visto |
| EL CONDICIONAL | vería, verías, vería; veríamos, veríais, verían |
| EL CONDICIONAL PERFECTO | habría visto, habrías visto, habría visto; habríamos visto, habríais visto, habrían visto |
| EL PRESENTE PERFECTO DEL INDICATIVO | he visto, has visto, ha visto; hemos visto, habéis visto, han visto |
| EL PRESENTE PERFECTO DEL SUBJUNTIVO | haya visto, hayas visto, haya visto; hayamos visto, hayáis visto, hayan visto |
| EL PLUSCUAMPERFECTO DEL INDICATIVO | había visto, habías visto, había visto; habíamos visto, habíais visto, habían visto |
| EL PLUSCUAMPERFECTO DEL SUBJUNTIVO | hubiera visto, hubieras visto, hubiera visto; hubiéramos visto, hubierais visto, hubieran visto |
| MANDATOS CON *TÚ* | ve, no veas |
| MANDATOS CON *USTED* | vea, no vea |
| MANDATOS CON *NOSOTROS* | veamos, no veamos |
| MANDATOS CON *VOSOTROS* | ved, no veáis |
| MANDATOS CON *USTEDES* | vean, no vean |
| EL GERUNDIO | viendo |
| EL PARTICIPIO PASADO | visto |

# Vocabulario

This *Vocabulario* includes all active vocabulary from *Encuentros maravillosos* as well as any vocabulary used in the chapters that might not be generally known to an upper level high school Spanish student. It does not, however, include the footnotes that accompany each reading.

A dash (—) represents the main entry word. For example, **el medio** — after **el ambiente** means **el medio ambiente.**

The following abbreviations are used: *adj.* (adjective), *adv.* (adverb), *conj.* (conjunction), *dir. obj.* (direct object), *f.* (feminine), *fam.* (familiar), *ind. obj.* (indirect object), *inf.* (infinitive), *m.* (masculine), *pl.* (plural), *prep.* (preposition), *pron.* (pronoun), *sing.* (singular), *subj.* (subjunctive).

**la abeja** bee
**el abismo** abyss; deep hole
**el abogado, la abogada** lawyer
**el abrigo** overcoat
  **abrochar** to fasten
  **aburrir** to bore
    **—se** to be or get bored
  **acabar** to finish; to finish off
    **— de** + *inf.* to have just *(done something)*
**el acantilado** cliff; steep slope
  **acariciar** to caress
  **acaso** maybe; perhaps
**el aceite** oil
  **acelerar** to accelerate; to make faster
  **acercarse (qu) a** to approach
**el acero** steel
  **aclarar** to clarify
  **acomodado, -a** rich; comfortable
  **acomodar** to accommodate; to make comfortable
  **aconsejar** to advise
**el acontecimiento** event; happening
  **acordar (ue)** to agree
    **—se (ue) de** to remember
  **acortar** to shorten
  **acostumbrado, -a** accustomed; used to
  **acostumbrar** to accustom
    **—se a** to get used to; to become accustomed to
**la actitud** attitude
  **actual** current; present; pertaining to now
**la actualidad** the present time
  **actualmente** currently; now

**el acuerdo** agreement; accord
  **estar de —** to agree
  **acumular** to accumulate; to amass
  **adecuado, -a** adequate
  **adelante** ahead; forward
    **de aquí en —** from now on
  **además** in addition
  **adivinar** to guess
  **adondequiera** wherever
**el adoquín,** *pl.* **los adoquines** cement block
  **adorar** to adore; to worship
**el adorno** decoration; adornment
  **advertir (ie, i)** to warn
  **afeitar** to shave
**el aficionado, la aficionada (a)** fan (of); enthusiast
  **afiebrado, -a** feverish
  **afirmar** to affirm; to swear to
  **afortunado, -a** lucky
  **afuera** outside
**el / la agente** agent; doer of an action
  **agitar** to shake; to wag
**la agonía** agony
  **agonizar (c)** to be in agony; to be dying
  **agradable** pleasant
  **agradar** to please, to be pleasing
  **agradecido, -a** grateful
  **agrícola** agricultural
  **aguantar** to bear; to stand; to tolerate; to hold
**el agüero** omen; augury; sign of things to come; presage
**el agujero** hole

**el ahogado, la ahogada** drowned man, drowned woman
  **ahogar(se) (gu)** to drown; to choke; to smother
  **ahorrar** to save *(money);* to hoard
**el aislamiento** isolation
  **ajeno, -a** pertaining to or belonging to another
**el ajo** garlic
  **alborotar** to upset; to disturb; to agitate; to excite
**el alboroto** disturbance; excitement
**el alcance** reach
  **alcanzar (c)** to catch up to; to reach; to get; to achieve
**la aldea** village
  **alegrarse (de)** to be glad (about)
  **alejarse (de)** to move away (from)
**la alfombra** carpet; rug
  **algo** something
  **alguien** someone, somebody
  **alguno (algún), -a** *adj.* some, any; *pron.* some; someone, somebody
  **aliarse (í) (yo me alío, tú te alías, etc.)** to form an alliance; to ally oneself; to become an ally of
**el aliento** breath
  **alimentar** to feed
**el alma** *f., pl.* **las almas** soul
  **alrededor** around
  **alterar** to change; to alter
  **alucinado, -a** dazzled; deluded
  **alumbrado, -a** shining
  **alumbrar** to illuminate

**el alumnado** student body

**el amanecer** dawn

**el / la amante** lover

**amargo, -a** bitter

**amarrar** to tie

**el ambiente** atmosphere; ambiance

**el medio** — environment

**ambos, -as** both

**ambulante** traveling; wandering *(ambulatory)*

**la amenaza** threat

**amenazar (c)** to threaten

**la amistad** friendship

**el amor propio** self-esteem

**amoroso, -a** amorous; loving

**el amuleto** charm; amulet

**ancho, -a** wide

**la ancla** anchor

**andar** to walk

**anglohablante** English-speaking

**el ángulo** angle

**el anhelo** strong desire

**el anillo** ring

**el ánimo** spirit

**ansiar (í)** to want; to covet; to desire

**la ansiedad** anxiety; eagerness

**ansioso, -a** desirous; eager

**antecedente** antecedent; something that came before

**antemano** beforehand

**el antepasado** ancestor

**antes de** + *inf.* before + *verb* + -ing

**— que** *conj.* before

**antiguo, -a** old; antiquated

**antiquísimo, -a** ancient

**la antología** anthology; literary collection

**antropomórfico, -a** anthropomorphic, resembling human beings

**anunciar** to announce

**el anuncio** announcement; advertisement

**añadir** to add

**la añoranza** longing

**añorar** to long for

**apagar (gu)** to put out; to extinguish

**la apariencia** appearance

**apartar** to separate; to divide

**el apellido** last name

**apenado, -a** troubled; sad

**apenar** to trouble; to cause pain; to make sad

**apenas** hardly; barely

**el apio** celery

**el apóstrofe** poetic technique in which the poet speaks directly to someone or something

**apoyar** to support

**el apoyo** support

**apresurarse** to hurry

**apropiado, -a** appropriate; proper

**aprovechar** to profit by; to make good use of; to enjoy; to benefit from

**—se de** to take advantage of

**la aptitud** aptitude

**los apuntes** notes

**el apuro** trouble; problem

**aquel, aquella; aquellos, -as** *adj.* that (over there); those (over there)

**aquél, aquélla; aquéllos, -as** *pron.* that one (over there); those (over there); the former

**aquello** *pron.* that *(idea, concept)*

**la araña** spider; arachnid

**el archivo** file cabinet; file; archive

**el arcón,** *pl.* **los arcones** large chest or bin

**la arena** sand

**la aridez** dryness

**árido, -a** arid; dry

**el armario** closet

**arquitectónico, -a** architectural

**arrancar (qu)** to pull out; to tear off; to start

**arrastrar** to drag

**el arrebato** strong burst of emotion; fit

**el arreglo** arrangement

**arrepentido, -a** sorry

**arrepentirse (ie, i)** to repent, to be sorry

**arriba** above

**arribar** to arrive

**la artesanía** craftsmanship

**articular** to articulate; to give voice to

**el asco** repugnance; nausea

**asesinar** to kill; to murder; to assassinate

**el asesinato** murder; assassination

**el asesino, la asesina** murderer, assassin

**asfixiar** to smother; to asphyxiate

**así que** as soon as

**asombrado, -a** amazed

**asombrar** to amaze; to frighten

**—se** to be amazed

**astuto, -a** astute; clever; alert

**el asunto** subject; topic

**asustarse** to get scared, frightened, shocked

**atar** to tie; to tie up

**el ataúd,** *pl.* **los ataúdes** coffin

**atender (ie)** to attend to; to help

**atento, -a** attentive

**aterrador, -a** terrifying

**aterrorizar (c)** to terrorize; to terrify; to frighten

**—se (c)** to become frightened

**atraer** to attract

**atrapar** to trap

**atrás** behind; in the back; backward

**atreverse (a)** to dare *(to do something)*

**atrevido, -a** daring; bold

**atribuir (y)** to attribute; to credit qualities to someone or something

**el atributo** attribute

**aumentar** to make larger; to augment; to increase

**aunque** although

**la ausencia** absence

**avanzar (c)** to advance; to progress

**la avena** oatmeal

**avergonzado, -a** ashamed

**averiguar (ü)** to inquire; to investigate; to find out

**avisar** to warn; to inform

**el aviso** warning

**el azúcar** sugar

**balcánico, -a** relating to the Balkan region

**la ballena** whale

**el banco** bench; bank

**la bandera** flag

**la bañera** bathtub

**bárbaro, -a** barbaric

**el barquero, la barquera** boatman, boatwoman

**barrer** to sweep

**la barriga** belly

**¡Basta ya!** Enough already!

**bastante** enough

**bastar** to be enough

**la basura** garbage

**la belleza** beauty

**bello, -a** beautiful

**bendecir** to bless; to give a benediction

**beneficiar** to benefit

**el beneficio** benefit

**besar** to kiss

**el beso** kiss

**el bibliotecario, la bibliotecaria** librarian

**el bienestar** well-being; welfare

**bienvenido** welcome

**el bisabuelo, la bisabuela** great-grandfather, great-grandmother

**el bizcocho** cake

**el blancor** whiteness

**el bobo, la boba** foolish person; silly person

**el bocado** mouthful

**la boda** wedding

**la bondad** goodness

**bondadoso, -a** good; kind

**borgiano, -a** pertaining to Borges

**el borracho, la borracha** drunk person

**borrar** to erase

**el bote** boat

**el — de basura** garbage pail

**la botella** bottle

**brincar (qu)** to jump

**la broma** joke

**la bruja** witch

**el buey de mar,** *pl.* **los bueyes de mar** sea lion

**el buque** boat

**la burguesía** bourgeoisie; middle class

**burlarse (de)** to make fun (of)

**la búsqueda** search

**el caballo** horse

**caber (yo quepo, tú cabes, etc.)** to fit

**el cabo** end; tip; extremity; last or final part

**al fin y al —** after all, finally

**la cacerola** casserole dish

**el cadáver** dead body, cadaver

**la cadera** hip

**caer** to fall

**—se** to fall down

**la caja** box

**calato, -a** nude; naked

**el calcetín,** *pl.* **los calcetines** sock; stocking

**calentar (ie)** to heat

**la calidad** quality

**calificar (qu)** to qualify; to rate; to judge

**callarse** to be quiet

**el camión,** *pl.* **los camiones** truck

**la campanita** little bell

**el campo** field; country

**las canas** gray hair

**cándido, -a** frank; innocent

**el cansancio** tiredness; fatigue

**la cantidad** quantity

**el cañón,** *pl.* **los cañones** cannon

**la capa** cape

**la capacidad** capacity; capability

**el caparazón,** *pl.* **los caparazones** shell *(of a turtle)*

**capaz,** *pl.* **capaces** capable

**Caperucita Roja** Little Red Riding Hood

**caprichoso, -a** capricious; acting according to whim

**capturar** to capture

**el caramelo** candy

**la cárcel,** *pl.* **las cárceles** jail; place of incarceration

**el cardumen** school *(of fish)*

**el cariño** affection

**cariñoso, -a** affectionate

**la carlinga** rigging

**la carne** meat; flesh

**la carnicería** butcher shop

**la carrera** career

**casarse (con)** to get married (to)

**caso: en — de que** in case

**castigar (gu)** to punish; to castigate

**el castigo** punishment

**el castillo** castle

**la casualidad** coincidence; chance

**por —** by chance, by coincidence, unexpectedly

**la catadura** face; expression

**la catedral** cathedral

**cautivar** to capture; to captivate

**el cautivo, la cautiva** captive

**la cebolla** onion

**la cebolleta** tender, spring onion

**celeste** celestial; heavenly

**el cementerio** cemetery

**la Cenicienta** Cinderella

**la cercanía** nearness; proximity

**el cerdito** little pig

**el cerdo** pig

**el cerebro** brain, cerebral organ

**la certeza** certainty; sureness

**la cerveza** beer

**cesar** to stop; to cease

**la cesta** basket

**charlar** to chat

**el charol** patent leather

**chequear** to check

**el chisme** gossip

**chismoso, -a** gossipy

**el chivo** goat

**chocar (qu) (con)** to crash (into); to clash; to displease

**el chófer** driver; chauffeur

**el chorizo** sausage

**chorrear** to spout; to drip

**ciego, -a** blind

**el cielo** sky; heaven

**cierto, -a** certain; sure

**el cilantro** flavorful herb

**el cimiento** foundation

**el cínico, la cínica** cynic

**la cintura** waist

**el cinturón,** *pl.* **los cinturones** belt

**el circo** circus

**circunscrito, -a** circumscribed; limited

**clandestino, -a** secret; clandestine

la cláusula clause

el / la cobarde coward

cobrar to charge a given amount

el cocinero, la cocinera cook

la codicia greed

el código code

el codo elbow

el cofundador, la cofundadora co-founder

coger (j) to catch; to grab

el cognado cognate; word that resembles another word because of a common root

el cohete rocket

coincidir to coincide

cojo, -a walking with a limp

la cola tail

el colador strainer

colar (ue) to strain

colgar (ue) (gu) to be suspended from; to hang

el collar necklace

la colocación, pl. las colocaciones location

colocar (qu) to place; to put; to locate

el comedor eater; dining room

el comino cumin (spice)

como like

tan + adj. + — as + adj. + as

tanto(a), tantos(as) + noun + — as much (many) + noun + as

¿cómo? how?

cómodo, -a comfortable

comoquiera however

el compadre comrade

el compañero, la compañera companion

el compañero de cuarto, la compañera de cuarto roommate

compasivo, -a compassionate

la competencia competition

competir (i) to compete

complejo, -a complex; complicated

el complemento object pronoun

comportarse to behave oneself

concordar (ue) to agree

condenar to condemn

conducir to take; to lead; to drive

la confianza confidence

confundir to confuse

—se to get mixed up, to get confused

la conjetura conjecture; guess or supposition

el conjunto collection; combination

conmigo with me

conmover (ue) to move (emotionally); to inspire emotions

conocer (zc) to know, to be acquainted with

el conocimiento knowledge

la conquista conquest

conquistar to conquer

conseguir (i) (g) to get; to obtain

los consejos advice

consentir (ie, i) (en) to consent (to); to agree; to say yes

consigo with him; with her; with you

consistir en to consist of

consolar (ue) to console; to comfort

el consuelo consolation; solace

construir (y) to build

contar (ue) to tell (story)

— (ue) con to count on

el / la contendiente combatant; fighter

la contestación, pl. las contestaciones answer

contigo with you fam.

contra against

contrario, -a contrary; against

convencer (z) to convince

convertirse (ie, i) (en) to be transformed; to be changed (into)

la copa wine glass

el corazón, pl. los corazones heart

cornudo, -a with horns

corpulento, -a fleshy; fat; corpulent

corregir (i) (j) to correct

el correo post office; mail

corresponder to correspond; to respond to; to return (affection)

coser to sew

la costumbre custom

el creador, la creadora creator

crear to create

crecer (zc) to grow; to increase

la creencia belief

el criado, la criada servant

criar (í) (yo crío, tú crías, etc.) to raise (children)

la criatura creature; child

el crimen crime

el crucero cruiser; ship

la cruz, pl. las cruces cross

la cuaderna maestra midship frame

cual:

el / la / los / las —(es) pron. which; who; the one(s) that; the one(s) who

lo — pron. which

¿cuál(es)? what? which? which one(s)?

la cualidad trait; characteristic; quality

cualquier whichever

¡cuán + adj. / adv.! how + adj. / adv.!

cuando when

¿cuándo? when?

cuandoquiera whenever

cuanto: en — as soon as

¡cuánto + verb! how + verb!

¡— + noun! ¡how much + noun!

¿cuántos, -as? how many?

la cucaracha cockroach

la cucharada tablespoon

la cucharadita teaspoon

el cuello neck

la cuenta bill; accounting; account

el cuento de hadas fairy tale

cuidadoso, -a careful

cuidar to take care of

la culpa guilt; fault

culpable guilty; culpable

cumplir (con) to comply with; to fulfill

cuyo, -a whose

**dañar** to harm, to injure, to hurt
**el daño** harm
**dar** to give
   — **con** to come across; to find
   — **por** to consider
   —**le a uno la gana** to feel like *(doing something)*
   —**se cuenta de** to realize, be aware of
**deber** should; ought to
**debido, -a** owing to; because of
**débil** weak, debilitated
**debilitar** to weaken
**la decadencia** decadence; moral decline
**las decenas** tens
**la dedicatoria** dedication *(to a book, etc.)*
**decir** to say, to tell
**el dedo** finger
**deducir** to deduce
**deforme** deformed
**dejar** to leave, abandon
   — **de** to stop *(doing something)*
   —**se** to allow something to happen *(to oneself)*
**el delantal** apron
**el delfín,** *pl.* **los delfines** dolphin
**la dentición** teething
**deprimente** depressing
**deprimido, -a** depressed
**deprimirse** to get depressed
**el derecho** right *(as in legal rights)*
**derramar** to spill
**desafortunado, -a** unfortunate; unlucky
**desagradable** unpleasant; displeasing; disagreeable
**desalmado, -a** heartless; without a soul
**desanimarse** to get discouraged
**desarrollar** to develop; to unroll
**el desastre** disaster
**desbordar** to overflow
**descalzo, -a** barefoot
**el descanso** rest
**la descarga** discharge

**el desconocido, la desconocida** stranger; unknown
**desde** since; from
**desesperado, -a** desperate
**el desgarramiento** tearing; heart breaking
**la desgracia** bad luck; misery; misfortune
   **por** — unfortunately
**desgraciado, -a** unfortunate; unhappy
**la desilusión,** *pl.* **las desilusiones** disappointment
**desilusionar** to disappoint; to disillusion
**desnudo, -a** nude; naked
**desnutrido, -a** undernourished
**el desorden** disorder; disorganization; mess
**desorganizado, -a** disorganized
**despachar** to dispatch; to eat or drink a large quantity all at once
**despedirse (i) (de)** to say good-by; to take leave of
**despertarse (ie)** to wake up
**después de** + *inf.* after + *verb* + -ing
   — **que** *conj.* after
**destacarse (qu)** to stand out
**destejer** to unravel
**el desterrado, la desterrada** exiled person
**desterrar (ie)** to exile
**el destierro** exile; state of exile
**desvelado, -a** watchful; vigilant; careful
**la desventaja** disadvantage
**el detalle** detail
**detener** to detain
**devolver (ue)** to return *(something)*
**dialogar (gu)** to carry on a dialogue
**el diamante** diamond
**diario, -a** daily
**la diarrea** diarrhea
**dibujar** to draw; to sketch
**el dictador, la dictadora** dictator
**la dictadura** dictatorship
**la dignidad** dignity

**digno, -a** worthy
**dirigir (j)** to head toward; to direct something toward
   —**se (j) a** to head toward; to direct oneself to
**el disco** record; disk
**discreto, -a** discreet; prudent
**discriminar** to discriminate; to be prejudiced
**disculpar** to excuse; to clear of blame
**el discurso** speech; discourse
**disfrazar (c)** to disguise or hide one's emotions
   —**se (c)** to disguise oneself
**disfrutar** to enjoy
**disgustar** to be displeasing
**disimular** to pretend; to dissemble
**distinguir (g)** to distinguish
**distinto, -a** different
**distraer** to distract
**diverso, -a** diverse; varied; different
**divertido, -a** fun; funny
**divertir (ie, i)** to amuse
   —**se (ie, i)** to have a good time; to enjoy oneself
**doblar** to double; to fold; to bend
**la docena** dozen
**dócil** docile; submissive
**dócilmente** submissively
**la dolencia** ailment
**doler (ue)** to hurt; to ache
**el dolor** pain
**doloroso, -a** painful
**¿dónde?** where?
**dormir (ue, u)** to sleep
   —**se (ue, u)** to fall asleep
**dotar** to endow; to give as a gift
**el dramaturgo, la dramaturga** dramatist
**la duda** doubt
**dudar** to doubt
**dudoso, -a** doubtful
**el dueño, la dueña** owner
**dulce** sweet
   **el** — candy
**la dulzura** sweetness
**durar** to last

la **educación** education;
   upbringing
   la **mala** — bad manners
la **eficacia** efficiency
   **eficaz,** *pl.* **eficaces** effective;
      efficient
   **egoísta** selfish
   **egotista** conceited; egotistical
   **ejemplar** exemplary; to be used
      as an example
   **ejercer (z) (yo ejerzo, tú**
      **ejerces, etc.)** to exercise
el **ejército** army
   **el** the *m. sing.*
   **el / la / los / las** + **de** *pron.*+
      *noun* that of, those of
   **el / la / los / las** + **que** *pron.*+
      *noun* the one(s) that, the
      one(s) who
   **él** he; him *after prep.*
   **elegir (i) (j)** to elect; to choose;
      to select
   **ella** she; her *after prep.*
   **ellos, ellas** they; them *after*
      *prep.*
   **embargo: sin —** nevertheless
   **emborracharse** to get drunk
   **emplear** to employ; to use
   **empujar** to push
   **enamorarse (de)** to fall in love
      (with); to be enamored (of)
   **encadenar** to chain
   **encantar** to enchant; to charm
el **encanto** charm
   **encendido, -a** lit; lit up
   **encerrado, -a** locked up; closed
      in
   **encerrar (ie)** to lock up; to
      close in; to enclose
   **encinta** pregnant
el **encuentro** meeting; encounter
   **enfadar** to make angry
      **—se** to get angry
   **enfrentarse** to face
   **enfriar (í) (yo enfrío, tú**
      **enfrías, etc.)** to cool
   **engañar** to deceive; to fool
el **engaño** deceit
   **enojado, -a** angry
   **enojar** to anger
      **—se** to get angry
el **ensayo** essay

**enseñar** to teach; to show
**enterarse (de)** to find out
   (about)
**enterrar (ie)** to bury
el **entierro** burial
**entintado, -a** containing ink
la **entrada** ticket
la **entrevista** interview
**entristecer (zc)** to sadden,
   make sad
   **—se (zc)** to become sad
**envenenado, -a** poisoned
la **época** epoch; era; time period
la **epopeya** epic
el **equilibrio** balance; equilibrium
**equivocarse (qu) (de)** to make a
   mistake
el **escándalo** scandal
**escaso, -a** scarce
**escoger (j)** to choose, to select
**esconder** to hide (something)
   **—se** to hide (oneself)
el **escribidor,** la **escribidora**
   writer; script writer
**escrutar** to study, to scrutinize
**escúalido, -a** squalid; miserable
**escurridizo, -a** slippery
**ese, -a; -os, -as** *adj.* that; those
**ése, -a; -os, -as** *pron.* that one;
   those
**esencial** essential
**esforzarse (ue) (c)** to make an
   effort; to try
el **esfuerzo** effort
**eso** that *(idea, concept)*
   **— de** that matter of, that
   business about
el **espacio** space
la **espalda** back *(of a body)*
el **espantapájaros** scarecrow
**espantar** to scare; to frighten
**espantoso, -a** frightening
el **espárrago** asparagus
**espartano, -a** Spartan
la **especie** kind, type; species
**especular** to speculate
el **espejo** mirror
la **esperanza** hope
el **espíritu** spirit
**espiritual** spiritual
**esporádico, -a** sporadic; irregular
el **esqueleto** skeleton

la **esquina** corner; street corner
**establecer (zc)** to establish
**estacionar** to park
el **estadio** stadium
**estallar** to break out *(war)*
el **estaño** tin
**estar** to be
   **— de acuerdo** to agree
**este, -a; -os, -as** *adj.* this; these
**éste, -a; -os, -as** *pron.* this one;
   these; the latter
el **estereotipo** stereotype
el **estilo** style
**estimar** to respect; to esteem
**esto** this *(idea, concept)*
el **estómago** stomach
**estorbar** to get in the way
el **estorbo** obstacle
la **estrategia** strategy
**estrechar** to tighten; to squeeze
   **— la mano** to shake hands
la **estrechez** narrowness
**estrecho, -a** narrow
la **estrella** star
**estremecer(se) (zc)** to tremble;
   to shake
**estrenar** to present for the first
   time
**estricto, -a** strict
la **estrofa** stanza *(poem)*
la **estructura** structure
**eternizar (c)** to make eternal
**étnico, -a** ethnic
**evitar** to avoid
la **excentricidad** eccentricity;
   quirk; strange behavior
**exigir (j)** to require; to demand
**exiliar** to exile
el **exilio** exile
el **éxito** success
la **expectativa** expectation
**experimentar** to experience;
   to experiment
la **explicación,** *pl.* **las**
   **explicaciones** explanation
el **explotador,** la **explotadora**
   exploiter
**explotar** to exploit
la **exterioridad** exterior
**extinguir (g)** to extinguish
**extraer** to extract; to pull out;
   to obtain

extraño, -a strange

el / la extraterrestre
extraterrestrial; creature
from outer space

exuberante exuberant; full of
energy

la fabricación manufacture; act of
manufacturing

fabricar (qu) to produce; to
build; to fabricate; to
manufacture

la facultad ability; faculty

fallar to break down; to fail

la falta lack

hacer(le) — to be necessary;
to be missing; to be
missed; to be needed

faltar to be missing; to be
lacking

el fantasma ghost

fastidiar to annoy; to bother; to
irritate

el fastidio annoyance; anger

el fiambre cold meat

ficticio, -a fictional

la fidelidad fidelity; faithfulness

los fideos noodles

fiel faithful

la fila row

el filamento tentacle

el fin end; goal; objective

fingir (j) to pretend; to feign

firmar to sign

físico, -a physical

flaco, -a skinny

fluvial pertaining to rivers

el fondo bottom

la fonética phonetics; sound

el forastero, la forastera stranger

la fortaleza strength

fracasar to fail

la fragua blacksmith's forge

la frase sentence; phrase

freír (i) (yo frío, tú fríes, etc.)
to fry

frenético, -a frenetic; frenzied;
wild

los frijoles beans

frito, -a fried

la frivolidad frivolity; silliness

la frontera border; frontier

fuerte strong

la fuerza force; strength

el fulano, la fulana so and so,
"what's his or her name"

funcionar to work; to function

la gala elegant dress; fancy party

el galeón, pl. los galeones galleon;
ship

la galleta cookie; cracker

la gallina hen; chicken

el gallo rooster

la gana wish; desire

ganadero, -a pertaining to cattle

ganas: tener — de + inf. to feel
like (doing something)

el garaje garage

gastar to spend (money)

el gaucho cowboy of the Argentine
Pampas

el gazpacho gazpacho (cold
Spanish soup)

el género genre (literary
classification); gender

el genio talent; genius; mood

el germen germ

la gestación gestation; period of
development before birth

el gineo flowering plant

girar to revolve; to turn

el gitano, la gitana gypsy

el golfo gulf

la golondrina swallow (kind of
bird)

la golosina treat

golpear to hit

gozar (c) de to enjoy

la gracia grace

tener — to be funny

gracioso, -a charming;
humorous; gracious

griego, -a Greek

gritar to yell; to scream

a gritos heavily, in great
abundance

la grosería grossness; indecency

grosero, -a gross; ill-mannered

guardar to keep, to save; to put
away; to guard

— cama to stay in bed

la guerra war

el guerrero warrior

el guisado stew

gustar to be pleasing

hábil able; capable

el / la habitante inhabitant; dweller

habituado, -a accustomed

el hablador, la habladora
speaker; storyteller

el hacedor, la hacedora doer;
maker

hacer to do; to make

—se to become (with
volition)

el hada f., pl. las hadas fairy

el cuento de —s fairy tale

el — madrina fairy
godmother

hallar to find

el hambre f. hunger

hambriento, -a hungry

hasta que until

hay que it is necessary;
one must

el hechicero, la hechicera
sorcerer, sorceress; one
who casts spells

el helado ice cream

la hembra female person or
animal

heredar to inherit

la hermosura beauty

hervir (ie, i) to boil

la hierba grass

el hierro iron

el hilo thread

el himno hymn

el hogar hearth; fireplace; home

la hoja leaf; sheet of paper

el hombre lobo werewolf

la hombría manhood

el hombro shoulder

hondo, -a deep

la hondura depth

el horno oven

horripilante horrifying

horroroso, -a horrible

el húerfano, la húerfana orphan

el hueso bone

el huevo egg

**huir (y)** to flee
**humilde** humble
**el humo** smoke
**hundirse** to sink

**el idioma** language
**la idiotez** idiocy; stupidity
**ignorar** to be ignorant of; not to know
**ilimitado, -a** limitless
**ilustre** illustrious
**impedir (i)** to prevent; to impede
**el imperio** empire
**implacablemente** implacably; relentlessly
**imponer** to impose
**importar** to matter; to be important
**impresionante** impressive
**impresionar** to impress
**incapaz,** *pl.* **incapaces** unable; incapable
**incorporarse** to sit up
**increíble** incredible; unbelievable
**indefenso, -a** helpless; defenseless
**indefinido, -a** indefinite
**el indicio** hint; indication
**indígena** indigenous or native to a particular region
**el / la indígena** native; person who is a native of a region or country
**inesperado, -a** unexpected
**la inestabilidad** instability
**infantil** pertaining to children; childish; infantile
**la infinidad** infinity
**infinito, -a** infinite
**inmerecido, -a** undeserved
**inmerso, -a** immersed
**inofensivo, -a** inoffensive
**inquietar** to disturb; to upset
**inscrito, -a** inscribed; containing a written message
**instantáneo, -a** instantaneous
**instruir (y)** to instruct; to teach
**la insurrección,** *pl.* **las insurrecciones** uprising; revolution; insurrection

**integrar** to integrate
**intentar** to try; to attempt
**interminable** interminable; endless
**la intimidad** intimacy
**íntimo, -a** intimate; emotionally close
**intrínseco, -a** intrinsic; belonging to the real nature of a thing
**el intruso, la intrusa** intruder
**el invitado, la invitada** guest
**invocar (qu)** to invoke; to call upon
**ir** to go
**—se** to go away
**la irracionalidad** irrationality; craziness
**irremediablemente** irremediably; pertaining to that which cannot be changed or remedied
**irritar** to irritate
**-ísimo, -a** very; extremely
**la isla** island

**jamás** never; ever
**el jardín,** *pl.* **los jardines** garden
**la jaula** cage
**el jinete** horseman
**el júbilo** joy; jubilation
**el juglar** roving minstrel
**la juglaresca** oral tradition; pertaining to storytellers, roving minstrels
**el jugo** juice
**el juguete** toy
**juguetón, juguetona** playful
**el juicio** judgment
**juntar** to join; to put together
**—se** to get together
**junto, -a** together
**junto a** next to, beside
**jurar** to swear
**juvenil** pertaining to youth; juvenile
**juzgar (gu)** to judge

**la** the *f. sing.;* her, it *dir. obj. pron.*
**el labio** lip
**laborioso, -a** laborious; difficult
**el ladrillo** brick
**el ladrón, la ladrona** thief
**el lagarto** lizard
**el lago** lake
**la lágrima** tear
**lamentar** to mourn; to lament
**la langosta** lobster
**la lanza** lance; spear
**lanzar (c)** to throw; to fling
**las** the *f. pl.;* them *dir. obj. pron.*
**la lástima** shame; pity
**la lata** tin can
**el latido** beating; heartbeat
**el laurel** bay leaf *(flavorful herb)*
**le** *ind. obj. pron.* (to) him, her, it, you
**la leche** milk
**la lengua** tongue; language
**los lentes** glasses; lenses
**el león,** *pl.* **los leones** lion
**leporino, -a** harelike
**les** *ind. obj. pron.* (to) them
**el letrero** sign; billboard
**la ley,** *pl.* **las leyes** law
**la leyenda** legend
**liberar** to free; to liberate
**la libertad** freedom; liberty
**la libra** pound
**la licenciatura** educational degree
**la licuadora** food processor; blender
**el / la líder** leader
**el lienzo** canvas
**la limonada** lemonade
**la linterna** lantern
**el lío** mess; confusing situation
**liquidar** to liquidate; to destroy
**listo, -a** clever
**estar —** to be ready
**ser —** to be clever
**lívido, -a** livid; very pale
**llano, -a** plain; flat area
**la llave** key
**llegar (gu) a** to come to; to become
**— (gu) ser** to become
**llenar** to fill
**lleno, -a** full

**llorar** to cry
**lo** *dir. obj. pron.* him, it
   **— + *adj.*** the . . . part, the . . . thing
   **— cual** which
   **— que** what, which
   *subj.* **+ — que +** *subj.* whatever; no matter what; no matter how much
**el lobo, la loba** wolf
**la locura** craziness; insanity
**el lodo** mud
   **lograr** to achieve; to accomplish
**el loro** parrot
   **lorquiano, -a** referring to García Lorca
**los** the *m. pl.; dir. obj. pron.* them
**el loto** lotus
**la lucidez** lucidity; clarity of thought
   **lucir (zc)** to shine; to look, to appear a certain way
   **luego que** as soon as
**el lugar** place; site; location
   **en — de** in place of; instead of
   **tener —** to happen, to take place
**el lunar** birthmark
**la luz,** *pl.* **las luces** light

   **machacado, -a** crushed
   **macho** used to describe exaggerated male characteristics
   **el —** male animal
**la madera** wood
**la madrastra** stepmother
**la madrugada** the early hours; dawn
   **madrugar (gu)** to get up early
   **maduro, -a** mature
**la magia** magic
   **mágico, -a** magical
**el mago** wizard; magician
   **maldito, -a** cursed
   **malgastar** to waste; to spend badly
**el malvado, la malvada** villain; bad guy, bad woman

**la mancha** stain; mark
   **manco, -a** crippled
**el mandato** command; order
**la manera** way
   **de ninguna —** no way
**la manía** mania; craziness; craze
**el manicomio** insane asylum
   **manifestar (ie)** to show; to reflect; to manifest
**el manotazo** movement of the hand
   **manso, -a** gentle
   **mantener** to maintain
**la manzana** apple
**el maquillaje** make-up; cosmetics
**la máquina** machine
**la maravilla** wonder; wonderful thing; marvel
   **maravilloso, -a** wonderful; marvelous
   **marcar (qu)** to mark, to register *(measurement, time, etc.)*
   **marcharse** to go (away), to leave
   **marchitar** to wilt
**el marinero** sailor
   **marino, -a** marine; pertaining to the sea
   **marquesiano, -a** pertaining to García Márquez
**más** more, *adj.* + -er
   **el / la / los / las — + *adj.*** the most + *adj.,* the *adj.* + -est
   **— + de +** *number* more than
   **— + *adj. / adv.* + que** more + *adj. / adv.* + than
**la masa** dough
   **masticar (qu)** to chew
   **mayor** older
   **el / la —** the oldest
**la mayoría** majority
   **me** *obj. pron.* me
   **mediar** to interfere; to mediate
**el medicamento** medicine
**el medio** means; method; mid(way); middle
   **el — ambiente** environment
   **por —** in the middle
   **medir (i)** to measure
**la medusa** jellyfish
   **mejor** better
   **el / la / los / las —(es)** the best

   **lo —** the best (thing, part)
   **mejorar** to improve; to get better
   **menester** necessary; needed
   **menesteroso, -a** needy
   **menor** younger
   **el / la —** the youngest
**menos** less
   **a — que** unless
   **— + *adj. / adv.* + que** less + *adj. / adv.* + than
**el mensaje** message
**la mente** mind
   **mentir (ie, i)** to lie
**la mentira** lie; act of lying
**las mercancías** merchandise
   **merecer (zc)** to deserve; to merit
   **mero, -a** mere; pure; simple
**el mesmerismo** mesmerism; hypnosis
**el mestizo, la mestiza** person of racially mixed ancestry
**el método** method
   **mezclar** to mix
   **mezquino, -a** miserable; mean spirited; vile
   **mi, mis** my
   **mí** me *after prep.*
**la miel** honey
**el miembro** member
   **mientras** while
   **— tanto** meanwhile
**la miga** crumb
**el milagro** miracle
   **minucioso, -a** tedious
   **mío, -a** my, (of) mine
**el mío, la mía** mine
**la mirada** glance; gaze; look
**el mito** myth
**los modales** manners
**el modo** manner; way
   **de cualquier —** no matter what
   **de ningún —** no way
   **mojado, -a** wet; damp
   **mojar** to wet; to dampen
   **molestar** to bother; to annoy
   **—se** to be bothered
   **molido, -a** ground
   **momentáneamente** momentarily

**la momia** mummy

**la monogamía** monogamy; the practice of marrying only one person

**el monstruo** monster

**el monte** mountain

**la moraleja** moral *(of a story)*

**morder (ue)** to bite

**la mortaja** shroud; sheet used to cover a dead person

**mortificado, -a** mortified; shocked; horrified

**la mosca** fly *(insect)*

**el mozo, la moza** young man, young woman

**mudarse** to move from one place to another; to change dwellings

**mudo, -a** mute

**los muebles** furniture

**la muestra** sample

**el mujeriego** womanizer

**mundial** *adj.* world, pertaining to the whole world

**el mundo** world

**el muñeco, la muñeca** doll; figure

**el muslo** thigh

**musulmán, musulmana** Muslim


**nadie** no one

**las narices** nostrils

**la nariz,** *pl.* **las narices** nose

**el narrador, la narradora** narrator

**la naturaleza** nature

**el naufragio** shipwreck

**nefasto, -a** ominous; unlucky

**negar (ie) (gu)** to deny

**—se (ie) (gu) a** to refuse to

**neoyorquino, -a** pertaining to New York

**neutro, -a** neuter; neither male nor female

**el nieto, la nieta** grandson, granddaughter

**ni . . . ni** neither . . . nor, not . . . or

**la ninfa** nymph

**ninguno (ningún), -a** *adj.* no, not any; *pron.* none, no one

**la niñez** childhood

**no** no, not

**la norma** norm; standard; rule

**nos** *obj. pron.* us

**nosotros, -as** we; us *after prep.*

**el noviazgo** engagement

**la nube** cloud

**nuestro, -a** our; (of) ours

**el nuestro, la nuestra** ours

**nunca** never


**o** or

**— . . . —** either . . . or

**obedecer (zc)** to obey

**obligar (gu)** to force; to obligate

**la obra** work *(book, painting, etc.)*

**el obrero, la obrera** worker

**obstante: no —** nevertheless

**obvio, -a** obvious

**ocupado, -a** busy

**la oda** ode

**odiar** to hate

**el oído** ear; (sense of) hearing

**oír** to hear

**ojalá** if only; it is hoped that

**oler (ue) (yo huelo, tú hueles, etc.)** to smell

**el olor** odor; smell

**olfatorio, -a** pertaining to the sense of smell; olfactory

**la olla** kettle; pot

**olvidar** to forget

**—se de** to forget

**el olvido** forgetfulness

**omitir** to omit; to leave out

**opinar** to think; to have an opinion

**opuesto, -a** opposite

**la oración,** *pl.* **las oraciones** prayer

**orar** to pray

**el orden** order; organization

**organizado, -a** organized

**la orilla** shore

**el oro** gold

**ortográfico, -a** pertaining to spelling

**la oscuridad** darkness

**oscuro, -a** dark; obscure

**el oso** bear

**oxidado, -a** rusted


**el país** country; nation

**la paja** straw

**la palabrota** bad word; profanity

**el pan** bread

**el pañuelo** handkerchief

**Papá Noel** Santa Claus

**el papel** role

**hacer el — (de)** to play the part (of)

**papista** pertaining to the Pope

**para** for; by + *time; comparison* for

**— +** *inf.* to, in order to

**— que** *conj.* so that

**¿— qué?** for what purpose

**servir (i) —** to be used for

**el paraíso** paradise

**parar** to stop

**parecer (zc)** to seem

**—se (zc)** to look like, to resemble

**parecido, -a** similar

**la pared** wall *(inside a house)*

**el parentesco** blood relationship

**parir** to give birth to

**la parodia** parody; spoof

**parpadear** to blink

**el partido** game; match

**el pasaje** passage

**el pasajero, la pasajera** passenger

**pasar** to spend *(time);* to pass

**pasivo, -a** passive

**pasmado, -a** stunned; astounded

**el paso** step; footstep

**el pastel** pie

**la pata** paw; foot *(of an animal)*

**el patín,** *pl.* **los patines** skate

**la patria** country; homeland

**patriarcal** patriarchal; pertaining to rule by fathers or men

**la paz** peace

**el pecho** chest *(of a man's body)*

**pedir (i)** to ask for; to order

**pegar (gu)** to stick on; to unite; to fasten to; to attach; to hit; to strike

**pelar** to peel

**la pelea** fight

**pelear** to fight

**el peligro** danger

**peligroso, -a** dangerous

**la pena** emotional pain; grief; trouble

**peor** worse

    **el / la / los / las —(es)** the worst

    **lo —** the worst (thing, part)

**el pepino** cucumber

**perecedero, -a** perishable; not lasting

**perezoso, -a** lazy

**el / la periodista** journalist; newspaper reporter

**permanecer (zc)** to stay; to remain

**el perno** bolt

    **perseguir (i) (g)** to pursue

**el personaje** character *(in a book, movie, etc.)*

**la perspectiva** perspective; point of view

    **pertenecer (zc)** to belong; to pertain to

**la perturbación,** *pl.*
      **las perturbaciones**
    disturbance; state of being perturbed

**las pes** plural de la letra *p*

**pesado, -a** heavy; unpleasant; boring

**la pesadumbre** sadness; grief

**pesar** to weigh; to cause sadness

    **a — de** in spite of

**el pescado** seafood; fish

**el peso** weight

**la peste** plague

**picante** piquant; having a strong flavor

**picar (qu)** to bite; to sting; to cut up; to chop; to dice

**picaresco, -a** picaresque; pertaining to a *pícaro,* a child alone in a tough world, fending for himself

**pico** a little bit (treinta y pico *thirty something)*

**picotear** to peck

**la piel** skin; coat, fur or hide of an animal

**el pimiento** green or red pepper

**pintoresco, -a** picturesque

**la pintura** paint; painting

**el / la pirata** pirate

**pisar** to tread; to step on

**el piso** floor; story *(of a building)*

**la pizarra** chalkboard

**el placer** pleasure

**planear** to plan

**la planificación** planning; plan

**plantado, -a** set up; established

**la plata** silver

**plenamente** fully; completely

**pleno, -a** full; complete

**el plomo** lead *(metal)*

**la pluma** feather; plume; pen

**la población,** *pl.* **las poblaciones** town; population

**el poder** power

**poderoso, -a** powerful

**la poligamía** polygamy; the practice of marrying more than one person

**el pollo** chicken

**el polvo** dust

**poner** to put; to place

    **—se** to become *(without volition)*

    **—se a** to begin to

**por** for; by; through; because of; during; in exchange for; *(agent)* by

    **— + adj. / adv. + que + subj.** no matter . . .

    **¿— qué?** why?

**la porquería** garbage *(figurative);* indecency; lowness

**portarse** to behave oneself

**el porte** bearing, the manner in which a person presents himself or herself

**el porvenir** future

**poseer (y)** to possess

**el precio** price

**predecir** to predict

**la predicción,** *pl.* **las predicciones** prediction

**predilecto, -a** favorite

**el prejuicio** prejudice

**el premio** prize; reward

**prender** to catch fire

**preocuparse (de, por)** to worry (about)

**el presagio** omen; presage; foreshadowing

**la presión,** *pl.* **las presiones** pressure

**prestar** to lend

    **— atención** to pay attention

**el pretendiente** suitor; a man seeking to marry a woman

**el primo, la prima** cousin

**principiar** to begin; to initiate

**el principio** beginning

**la prisa** haste; hurriedness

**el prisionero, la prisionera** prisoner

**privar (de)** to deprive (of)

**probar (ue)** to prove; to try; to try on; to test out; to taste

**producir** to produce

**la profecía** prophecy

**profundo, -a** deep; profound

**prohibir** to forbid; to prohibit

**la promesa** promise

**prometer** to promise

**el pronombre** pronoun

**pronosticar (qu)** to predict; to prognosticate

**el pronóstico** prediction; prophecy

**pronto: tan — como** as soon as

**la propaganda** advertisement; propaganda

**propio, -a** own

**proponer** to propose

**el propósito** purpose

**la prosa** prose; writing other than poetry

**prosaico, -a** prosaic; ordinary

**proteger (j)** to protect

**proveer (y)** to provide

**provocar (qu)** to provoke; to cause; to bring about

**próximo, -a** next

**el proyecto** project

**la prueba** proof; test

**el / la psiquíatra** psychiatrist

**el puerco** pig

**la pulsera de orientación** wrist compass

**el punto** point

    **el — de vista** point of view

    **en —** exactly, on the dot

**que** than; *pron.* who; that
  **el / la / los / las —** *pron.* the one(s) that; the one(s) who; he / she / those who
  **lo —** what, which
**¿qué?** what?
  **¡— +** *adj. / adv.!* how + *adj. / adv.!*
  **¡— +** *noun* + **más** + *adj.!* what a(n) + *adj.* + *noun!*
**quedarse** to stay; to remain
**la queja** complaint
**quejarse (de)** to complain (about)
**quemar** to burn
**querer** to want
**quien(es)** *pron.* who
**¿quién(es)?** who? whom?
**quienquiera** whoever

**la rabia** ire; anger; rage
**la radionovela** serial drama on radio
**la raíz,** *pl.* **las raíces** root
**la rama** branch; twig
  **raro, -a** unusual; strange; rare
**el rasgo** characteristic
  **raspar** to scrape off
**el rato** short time, while
**la razón,** *pl.* **las razones** reason; reasonableness
  **reaccionar** to react
  **realizar (c)** to realize; to make real; to become real
  **rebelde** rebellious
**el / la rebelde** rebel
**la receta** recipe
  **rechazar (c)** to reject
  **recluido, -a** like a recluse or hermit; alone
  **recobrar** to recover
  **recoger (j)** to gather up; to pick up
  **reconciliar** to reconcile; to make peace with
  **reconfortante** comforting
  **reconocer (zc)** to recognize
  **recordar (ue)** to remember; to remind

**el recuerdo** memory; souvenir
  **recuperar** to recover
  **—se** to recover from an illness
**el recurso** resource
  **reducir** to reduce
  **refugiarse** to take refuge
**el refugio** refuge; shelter
  **regalar** to give as a gift
**la regla** rule
**la reina** queen
  **reírse (í) (de)** to laugh (at)
  **relacionarse (con)** to relate (to)
**el relámpago** lightning
  **relatar** to tell a story; to relate
**el relato** story
  **rellenar** to stuff; to fill
**el reloj** clock; watch
**el remedio** remedy
  **remojar** to soak
  **remoto, -a** remote; far off
  **reñir (i)** to quarrel
**el repente** sudden movement
  **de —** suddenly
  **repudiar** to repudiate; to dismiss
  **resistente** strong; resistent
  **respirar** to breathe, to respire
  **responder (a)** to respond; to answer
**la respuesta** answer
**los restos** remains
  **resueltamente** with resolve; with determination
**el resumen,** *pl.* **los resúmenes** summary
  **retener** to keep, to retain
  **retirar** to retire; to withdraw
  **reunirse (ú)** to get together; to meet
**el revés** reverse
  **al —** in reverse; backward
**el rey,** *pl.* **los reyes** king
  **rezar** to pray
  **Ricitos de Oro** Goldilocks
**la rigidez** rigidity
**el rincón,** *pl.* **los rincones** corner
**la riña** quarrel, argument
**la risa** laughter
**el ritmo** rhythm
**el rito** rite; ceremony
**la rivalidad** rivalry; competition

  **robar** to steal; to rob
**el robo** robbery
  **robustecer (zc)** to make stronger, more robust
  **rodear** to surround
**la rodilla** knee
  **rubio, -a** blond
**el ruido** noise
**el rumbo** route

**la sábana** bed sheet
  **saber** to know (how)
**la sabiduría** wisdom
**el sabor** flavor
  **sabroso, -a** flavorful; savory
  **sagrado, -a** sacred
**la sal** salt
  **salir** to go out, to leave
**la salsa** sauce
  **saltar** to jump
**la salud** health
  **saludar** to greet, to offer a salutation
  **salvadoreño, -a** from El Salvador
  **salvaje** savage; wild
  **salvar** to save; to rescue
  **salvo, -a** safe; unharmed; except
  **sano, -a** healthy
  **santamente** in a holy way
  **santo, -a** holy; saint
**el sastre** tailor
  **satisfecho, -a** satisfied
  **seco, -a** dry
  **seguir (i) (g)** to continue, to follow
  **— +** *present participle* to continue + *verb* + -ing
  **según** according to
**la seguridad** security
**la selva** jungle
**el semblante** look; expression; aspect
  **sembrar (ie)** to plant
**la semejanza** similarity
  **sencillo, -a** simple
**el seno** bosom, bust
  **sensible** sensitive
  **sentir (ie, i)** to feel; to hear; to perceive
**la señal** sign; signal

**ser** to be

**el ser** being

    **el — humano** human being

**la serie** series

**servicial** obliging; helpful

**servir (i): — para** to be used for

**severo, -a** harsh; severe

**sexto, -a** sixth

**sí** yes; *after prep.* himself; herself; yourself; itself; oneself; themselves; yourselves

    **— mismo, -a** *after prep.* himself; herself; yourself, itself; oneself

    **— mismos, -as** *after prep.* themselves; yourselves

**siempre** always

**sigilosamente** quietly; sneakily

**sigiloso, -a** quiet; sneaky

**el siglo** century

**el significado** meaning

**la sílaba** syllable

**simétrico, -a** symmetrical; even

**simular** to pretend; to simulate

**sin** without

    **— que** *conj.* without

**sino** but rather

**el síntoma** symptom

**la sirena** mermaid, sea nymph

**el sirviente, la sirvienta** servant

**el sitio** site; location; siege

**sobrevivir** to survive

**la soga** rope

**el soldado, la soldada** soldier

**la soledad** state of being alone

**soler (ue)** to have the habit or custom of doing something

**la solidaridad** solidarity; unity

**solitario, -a** alone; lonely; solitary

**soltar (ue)** to let loose; to set free

**la sombra** shade; shadow; spirit; ghost

**sombrío, -a** dark; gloomy

**sonar (ue)** to sound; to produce a sound

**sonreír (i)** to smile

**el soñador, la soñadora** dreamer

**soñar (ue) (con)** to dream (about)

**soplar** to blow

**sordo, -a** deaf

**sorprendente** surprising

**sorprender** to surprise

**la sorpresa** surprise

**sospechar** to suspect

**sospechoso, -a** suspicious

**sostener** to sustain; to support

**su, sus** his, her; your *formal,* their

**suave** soft

**subrayar** to underline

**suceder** to happen

**el suceso** event

**sucio, -a** dirty

**el suegro, la suegra** father-in-law, mother-in-law

**el suelo** floor

**suelto, -a** free; loose

**la suerte** luck

**sugerir (ie, i)** to suggest

**el / la suicida** person who commits suicide

**suicidarse** to commit suicide

**el suicidio** suicide

**sumar** to add

**sumiso, -a** submissive; docile

**la superficie** surface

**superior** upper; superior

**la supervivencia** survival

**suplicar (qu)** to beg; to ask or request urgently

**suspirar** to sigh

**el suspiro** sigh

**el sustantivo** noun

**sustituir (y)** to substitute

**el susto** shock; fright

**susurrar** to whisper

**sutil** subtle

**sutilmente** subtly

**suyo, -a** his (of his), her (of hers), your (of yours), their (of theirs)

**el suyo, la suya** yours, his, hers, theirs

**la tabla** wooden plank

**tal** such

    **con — de que** provided that

**el talento** talent; cleverness

**el tamaño** size

**también** also, too

**el tambor** drum

**tampoco** either, neither, not either

**tan** + *adj. / adv.* + **como** as + *adj. / adv.* + as

**tanto(a), tantos(as)** + *noun* + **como** as much / as many + *noun* + as

**la tapa** cover; lid

**tardar en** to delay; to take time (to)

**el tatuaje** tattoo

**tatuarse** to tattoo oneself

**la taza** cup

**te** *fam. obj. pron.* you

**tejer** to knit; to weave

**la tela** fabric; cloth

**la telenovela** serial drama on television

**la telepatía** telepathy; communication through the mind

**la telequinesia** telekinesis; the ability to move objects through mental powers

**el tema** theme

**temblar (ie)** to tremble

**tembloroso, -a** shaky; trembling

**temer** to fear

**temible** fearsome; frightening

**temido, -a** feared

**el temor** fear

**la tempestad** storm; tempest

**templado, -a** temperate; neither hot nor cold

**tenaz,** *pl.* **tenaces** stubborn; tenacious

**tender (ie)** to stretch out; to spread out

**tener** to have

**la tentación,** *pl.* **las tentaciones** temptation

**la teoría** theory

**la terminación,** *pl.* **las terminaciones** ending

**terrorífico, -a** terrifying

**el tesoro** treasure

**el / la testigo** witness

**ti** you *fam. after prep.*

**la timidez** shyness

**tímido, -a** shy

el tipo type

la tira strip *(of leather, paper, etc.)*

la tiranía tyrant

tiránico, -a tyrannical, acting like a dictator

el tirón, *pl.* los tirones pull; yank

titulado, -a titled; entitled

la tiza chalk

la toalla towel

todavía still

todos, -as all; everyone

la tontería nonsense; foolishness

tonto, -a foolish; silly

tormentoso, -a stormy; turbulent

torpemente awkwardly

la torre tower

la torta cake

la tortuga turtle; tortoise

traducir to translate

traer to bring

la trama plot *(of a novel, play, etc.)*

tranquilizar (c) to calm; to make tranquil

transcurrir to pass; to elapse

trastabillar to stagger; to stumble

el través inclination; bias

a — de through

el travesaño wooden beam

la tribu tribe

triunfar to triumph; to win

tropezar (ie) (c) (con) to trip (on, over)

el tropiezo obstacle in one's path

el trozo fragment; selection; part

el truco trick

el trueno thunder

tu, tus your *fam.*

tú you *fam.*

tumultuoso, -a tumultuous; stormy

tuyo, -a yours, (of) yours

el tuyo, la tuya yours

último, -a last; ultimate

unamuniano, -a pertaining to Unamuno

unir to unite; to combine; to mix

la uña finger nail

usted (Ud.) you *formal sing.*

ustedes (Uds.) you *formal pl.*

útil useful

la utilidad use; usefulness; utility

utilitario, -a utilitarian; useful; practical

utilizar (c) to use; to utilize

la vaca cow

vacío, -a empty

el vacío emptiness; vacuum

vago, -a vague

la valentía valor; courage; bravery

vale la pena it's worth it, it's worth the trouble

valer to be worth

el valor value; valor

el vals waltz

vanidoso, -a vain; conceited

vano, -a vain; useless

el varón, *pl.* los varones male *(person)*

el vaso drinking glass

el vecino, la vecina neighbor; one who lives in the vicinity

el vehículo vehicle

la vejez old age

velar to stay awake; to keep a vigil over; to watch over; to have a wake for a dead person

la velocidad speed

venidero, -a coming; approaching

venir to come

la ventaja advantage

verdadero, -a real; true

vergonzoso, -a shameful

la vergüenza shame; embarrassment

vertebral vertebral, having a backbone

la vez, *pl.* las veces time *(countable)*

en — de instead of

la vía route; road

vibrar to vibrate

el vicio vice; bad habit

el vidrio glass

el vientre stomach

vigilar to keep watch over; to keep a vigil

vil vile; wicked

el vino wine

la virtud virtue

la vista vision, eyesight; view

la viuda widow

la vocal vowel

volar (ue) to fly

el voltaje voltage; electric power

la voluntad volition; will

volver (ue) a to do *(something)* again

volverse (ue) to become *(suddenly)*

vosotros, -as you *fam. pl.*

la voz, *pl.* las voces voice

vuestro, -a your, (of) yours *fam. pl.*

el vuestro, la vuestra yours *fam. pl.*

vulgarón, vulgarona very vulgar

y and

ya already

— no no longer

— que since; seeing that

el yerno son-in-law

yo I

la yuca yucca *(root vegetable)*

la zumaya owl